T0209873

Printed in the United States
By Bookmasters

بسم الله الرحمن الرحيم

نشأة علاقة العمل الفردية
في التشريع الجزائري والمقارن

نشأة علاقة العمل الفردية في التشريع الجزائري والمقارن

الدكتور

بن عزوز بن صابر

أستاذ محاضر بكلية الحقوق

جامعة

عبدالحميد بن باديس

مستغانم / الجزائر

الطبعة الأولى

1432هـ /2011م

المملكة الأردنية الهاشمية
رقم الإيداع لدى دائرة المكتبة الوطنية
(٢٠١٠/٨/٣٠٢٣)

٣٤٤,٦٥٠١

محمد، عزوز صابر
نشأة علاقة العمل الفردية في التشريع الجزائري والمقارن/ عزوز صابر محمد
.- عمان : دار ومكتبة الحامد للنشر والتوزيع، ٢٠١٠
(   ) ص .
ر. إ. : (٢٠١٠/٨/٣٠٢٣) .
الواصفات: تشريعات العمل// الجزائر// قانون العمل/
*يتحمل المؤلف كامل المسؤولية القانونية عن محتوى مصنفه ولا يعبّر هذا المصنف عن رأي دائرة المكتبة الوطنية أو أي جهة حكومية أخرى.

❖ أعدت دائرة المكتبة الوطنية بيانات الفهرسة والتصنيف الأولية .

* (ردمك) ISBN ٩٧٨-٩٩٥٧-٣٢-٥٥٥-٨

الحامد

دار الحامد للنشر والتوزيع

شفا بدران - شارع العرب مقابل جامعة العلوم التطبيقية
هاتف: ٠٠٩٦٢-٥٢٣١٠٨١ فاكس : ٠٠٩٦٢-٥٢٣٥٥٩٤
ص.ب . (٣٦٦) الرمز البريدي : (١١٩٤١) عمان – الأردن

Site : www.daralhamed.net
E-mail : info@daralhamed.net
E-mail : daralhamed@yahoo.com
E-mail : dar_alhamed@hotmail.com

المحتويات

مقدمة

تقوم علاقة العمل الفردية في التشريع الجزائري ومختلف التشريعات المقارنة على مبدأ الحرية التعاقدية، انطلاقا من مبدأ حرية العمل المكرسة بموجب الدستور، ويعد عقد العمل الذي يربط كل من العامل وصاحب العمل الوسيلة الوحيدة التي تجسد هذه العلاقة ن فمن خلال هذا العقد يحدد الطرفان بمحض إرادتهما الحقوق والالتزامات التي تقع على عاتقهما.

غير أن حرية الطرفين هذه ليست مطلقة إذ كثيرا ما يتدخل المشرع بموجب قواعد آمرة متعلقة بالنظام العام الاجتماعي في تحديد العديد من القواعد مرتبا على عدم احترامها عقوبات جزائية من أهم تلك القواعد تحديد الأجر الوطني الأدنى المضمون، المدة القانونية العمل، السن الأدنى للتشغيل، الأحكام الخاصة بتشغيل القصر والنساء، الأحكام الخاصة بتشغيل العمال الأجانب وغيرها من القواعد.

قبل التطرق إلى نشأة هذه العلاقة ومراحل سريانها، والآثار المترتبة عنها تجدر الإشارة بنا أن نتناول أولا المرحلة التي تسبق إنشاء علاقة العمل أو إبرام عقد العمل، و التي تتمثل في تحديد شروط التشغيل وفق ما نصت عليه الأحكام التشريعية والتنظيمية، وما تضمنته بنود الاتفاقيات الجماعية للعمل لمختلف الهيئات المستخدمة.

إلماما بالموضوع ارتأينا أن نستهل موضوعنا بفصل تمهيدي نتناول من خلاله الأحكام المتعلقة بشروط التشغيل، ثم نقسمه إلى فصلين نتناول في الفصل الأول نشأة علاقة العمل الفردية، ونخصص الفصل الثاني للآثار المترتبة عن نشأة تلك العلاقة.

الفصل التمهيدي

الأحكام المتعلقة بشروط التشغيل

الفصل التمهيدي
الأحكام المتعلقة بشروط التشغيل

يعتبر الحق في العمل Le droit au travail من أهم الحقـوق الأساسـية التـي أقرتهـا المواثيـق والإعلانات الدولية المتعلقة بحقوق الإنسان[1]، والاتفاقيات الصادرة عن منظمة العمل الدولية[2]. كما يعد الحق في العمل من أهم الحقوق المكرسة في دسـاتير الـدول المعـاصرة بغـض النظر عـلى طبيعـة نظامهـا السياسي والاقتصادي والاجتماعي[3]، وهو أيضا ما أقره الدستور الجزائري الساري المفعول[4]، غير أن

---

[1] المادة 23 فقرة أ من الإعلان العلمي لحقوق الإنسان المعتمد من قبل الجمعية العامة للأمم المتحدة في 10 سبتمبر 1948: " لكل شخص الحق في العمل، وفي حرية اختيار عمله، وفي شروط عمل عادلة ومرضية.....". والمادة 6 فقرة 1 مـن العهد الدولي الخاص بالحقوق الاقتصادية والاجتماعية والثقافية المعتمد بقرار من الجمعية العامة للأمم المتحدة في 16 كانون الأول 1966 وبدأ نفاذه في 3 كانون الثاني عام 1976: " تعترف الـدول الأعضـاء في هـذا العهـد بـالحق في العمـل، الـذي يشمل ما لكل شخص من حق في أن تتاح له إمكانية كسب رزقه بعمل يختاره أو يقبله بحرية وتقوم باتخاذ تـدابير مناسبة لصون هذا الحق ".

[2] المادة 1 من الاتفاقية الدولية رقم 122 لسنة 1964 المتعلقة بسياسة العمالة: " على كـل عضـو سـعيا وراء تحفيـز النمـو والنماء الاقتصاديين، ورفع مستوى المعيشة، وتلبية المتطلبات من اليد العاملة والتغلب على البطالة والعمالة الناقصة، أن يعلن سياسة نشطة ترمي إلى تحقيق العمالة الكاملة والمنتجة والمختارة بحرية... يجب أن تسـتهدف السياسـة المـذكورة كفالة تحقيق ما يلي:
أ – أن يكون هناك عمل متاح لجميع أولئك المستعدين للعمل والباحثين عنه.
ب – أن يكون هذا العمل منتجا قدر المستطاع.
ج – أن تتوفر الحرية في اختيار نوع العمل وتتاح لكل عامل فرصة ممكنة ليصبح أهلا للعمل الذي يناسبه.....".

[3] انظر الدكتور محمود سلامة جبر – الوسيط في عقد العمل الفردي – الجزء الأول مطبعـة أبنـاء وهبة حسـان – القـاهرة الطبعة الأولى 1999 ص. 266.

[4] المادة 55 فقرة 1 من دستور 1996 المعدل والمتمم: " لكل المواطنين الحق في العمل ".

الظروف الاقتصادية جعلت من هذا الحق الدستوري، مجرد حق نظري، حيث أثبتت الإحصائيات أن ظاهرة البطالة في تزايد مستمر، ومست مختلف الشبان بما فيهم حاملي الشهادات الجامعية. إذا كان المشرع الجزائري قد أقر حرية التعاقد في العمل، بين العامل وصاحب العمل وجعلها ضمن الحريات الأساسية للأفراد، فأنه بمقابل ذلك أخضع هذه الحرية عند ممارستها لضوابط وقيود والتي سنتطرق إليها خلال المبحث الأول، كما ألزم الهيئات المستخدمة التصريح بالمناصب الشاغرة لدى الوكالة الوطنية للتشغيل والتي سنتناولها في المبحث الثاني.

المبحث الأول

القيود الواردة على حرية العمل

ارتأينا تقسيم هذا المبحث إلى مطلبين نتناول في المطلب الأول شروط تشغيل اليد العاملة الوطنية، ونخصص المطلب الثاني لشروط تشغيل اليد العاملة الأجنبية.

المطلب الأول

شروط تشغيل اليد العاملة الوطنية

اعترف المشرع الجزائري للشركاء الاجتماعيين بالحق في التفاوض الجماعي حول الشروط العامة المتعلقة بالتشغيل داخل الهيئات المستخدمة[1] فبعد تحديد المناصب الشاغرة والمناصب الجديدة، تقوم الهيئات المستخدمة بالإعلان عن الشروط الواجب توافرها في من يرغب الترشح للمنصب حددت هذه الشروط بموجب النصوص التشريعية والتنظيمية، وهو ما نسخته أغلبية الاتفاقيات الجماعية للعمل وسوف نتعرض إلى هذه الشروط من خلال الفرع الأول، كما أن بعض الاتفاقيات الجماعية للعمل منحت بعض الفئات أولوية عند التشغيل وسوف نتطرق إليها في الفرع الثاني.

---

[1] المادة 120 فقرة 1 من المادة 120 من القانون رقم 90 – 11 المتعلق بعلاقات العمل: " تعالج الاتفاقيات الجماعية التي تبرم حسب الشروط التي يحددها هذا القانون، شروط التشغيل والعمل.......".

الفرع الأول

شروط الترشح للمناصب الشاغرة

تعرضت أغلبية الاتفاقيات الجماعية لمختلف المؤسسات إلى شروط الواجب توافرها في المترشح للمنصب الشاغر، تمثل هذه الشروط في تسوية الوضعية تجاه الخدمة الوطنية، وتوافر السن القانونية للتشغيل، وخضوع المترشح للفحوصات الطبية، وأخيرا التمتع بالجنسية الجزائرية وسوف نتطرق إلى هذه الشروط تبعا.

1: تسوية الوضعية تجاه الخدمة الوطنية

اعتبرت أحكام القانون رقم 90 – 11 المتعلق بعلاقات العمل أداء الخدمة الوطنية حالة من حالات تعليق علاقة العمل[1]، وهز نفس المبدأ كرسته الأحكام الواردة في النصوص التشريعية الملغاة[2]، بل وهو أيضا ما أقره القانون الأساسي العام للوظيفة العمومية، الذي اعتبر الخدمة الوطنية حالة من حالات الانتداب[3].

إذا كانت أغلبية الاتفاقيات الجماعية للعمل اشترطت تسوية وضعية المترشح إزاء الخدمة الوطنية لقبول ملفه، فإنه من الناحية العملية اشترطت بعض الهيئات

---

(1) المادة 64 فقرة 3 من القانون رقم 90 – 11 السالف الذكر: " تعلق علاقة العمل قانونا للأسباب التالية: * أداء التزامات الخدمة الوطنية الخدمة الوطنية وفترات الإبقاء ضمن قوات الاحتياط أو التدريب في إطارها ".

(2) المادة 39 فقرة 3 من القانون رقم 82 – 06 المؤرخ في 27 فبراير 1982 المتعلق بعلاقات العمل الفردية: " يستفيد العامل من الانتداب لأداء مدة الخدمة الوطنية "

(3) المادة 75 فقرة 4 من الأمر رقم 06 – 03 المتضمن القانون الأساسي العام للوظيفة العمومية: " لا يمكن أن يوظف أيا كان في وظيفة عمومية ما لم يكن في وضعية قانونية تجاه الخدمة الوطنية " انظر أيضا المادة 54 من نفس الأمر المذكور أعلاه: " يوضع الموظف المستدعى لأداء خدمته الوطنية في وضعية تسمى " الخدمة الوطنية ". يحتفظ الموظف في هذه الوضعية بحقوقه في الترقية في الدرجات والتقاعد".

المستخدمة على المترشحين لمناصب العمل تقديم وثيقة تثبت الإعفاء التام مـن التزامـات الخدمـة الوطنية، وهو شرط مخالف للقانون.

2: شرط توافر السن القانونية للتشغيل

أجمعت أغلبية الاتفاقيات الجماعية على أن السن الأدنى للتشغيل، لا يمكن أن يقل في أي حال مـن الأحوال عن 16 سنة، إلا في الحالات المقررة في إطار عقد التمهين[1].

إذا كانت أغلبية الاتفاقيات الجماعية قـد نسخت السـن الأدنى للتشغيل مـن الأحكـام الـواردة في النصوص التشريعية العمالية المتعاقبة[2]، ومن أحكام القانون رقم 90 – 11 المتعلق بعلاقات العمل السـاري المفعول[3]، فإن بعضها حددت السن الأدنى بثمانية عشر ـ 18 سـنة كاملة[4]، وفي اعتقادنا أن هـذا الشرط مخالف للتشريع

---

[1] انظر المادة 26 من الاتفاقية الجماعية (Société des Abttoirs de l'Ouest)S.A.O. والمادة 9 فقرة 2 مـن الاتفاقيـة الجماعيـة لدواوين الترقية والتسيير العقاري. والمادة 16 فقرة2 من الاتفاقية الجماعية لمؤسسة PETRO-SER. والمـادة 49 فقـرة 1 من الاتفاقية الجماعية لصناديق الضمان الاجتماعي.والمادة 13 الاتفاقيـة الجماعيـة لمؤسسة تكرير السكر بمستغانم SORASUCRE.

[2] المادة 180 من الأمر 75 – 31المتعلق بالشروط العامة لعلاقات العمل في القطاع الخاص: " يحـدد سـن القبـول في العمـل بستة عشر 16 عاما ". انظر كذلك المادة 44 من القانون رقم 78 – 12 المتعلق بالقانون الأساسي العام للعامل.

[3] المادة 15 من القانون رقم 90 – 11 المتعلق بعلاقات العمل: " لا يمكن في أي حـال مـن الأحـوال أن يقـل العمـر الأدنى للتوظيف عن 16 سنة إلا في الحالات التي تدخل في إطار عقود التمهين التي تعد وفقا للتشريع والتنظيم المعمول بهما.

[4] Article 33 de la convention collective de SONATRACH: "L'âge minimum , requis pour un recrutement , est fixé à 18 ans révolus , sauf dans du contrat d'apprentissage.

المعمول به، ويمس بالحقوق القانونية المكرسة للعمال، مما يتعين عرضه على الجهة القضائية المختصة لبطلانه[1].

الأجدر بالاتفاقيات الجماعية التي حددت سن أدنى أعلا من السن القانوني أن تتقيد بالسن الأدنى المحدد قانونا كمبدأ عام، واستثناء عن المبدأ العام وعند الضرورة تضع سنا أعلا يتناسب مع خصوصية بعض مناصب العمل التي تتميز بنوع من الخطورة أو المضرة بالصحة، الأصل ألا تتعرض الاتفاقيات الجماعية للعمل للأحكام التشريعية المتعلقة بتحديد السن الأدنى للتشغيل ولا تلك المتعلقة بشروط تشغيل القصر[2]، ما دام أن المشرع تعرض إليها وجعلها من المسائل المتعلقة بالنظام العام الاجتماعي، رتب على مخالفتها أحكاما جزائية[3].

يبدو من خلال المادة 15 فقرة 2 من القانون رقم 90 - 11 المتعلق بعلاقات العمل أن المشرع الجزائري وقع في خلط في المصطلحات القانونية، حيث اشترط لتشغيل القاصر ترخيص من وصيه، والأصل أن يكون الترخيص من الولي

---

[1] المادة 134 من القانون رقم 90 – 11: " إذا لاحظ مفتش العمل أن اتفاقية جماعية أو اتفاق جماعي مخالف للتشريع المعمول بهما، يعرضها (يعرضه) تلقائيا على الجهة القضائية المختصة "- المادة 135 من القانون رقم 90 – 11: " تعد باطلة وعديمة الأثر كل علاقة عمل غير مطابقة لأحكام التشريع المعمول به ".

[2] المادة 15 فقرة 2 من القانون رقم 90 – 11 المتعلق بعلاقات العمل: "... لا يجوز توظيف القاصر إلا بناء على رخصة من وصيه الشرعي. كما أنه لا يجوز استخدام العامل القاصر في الأشغال الخطيرة أو التي تنعدم فيها شروط النظافة أو تضر صحته أو تمس بأخلاقياته). نفس النص ذكر في المادة 34 من الاتفاقية الجماعية لمؤسسة SONATRACH. والمادة 27 الاتفاقية الجماعية (Société des Abttoirs de l'Ouest)S.A.O. والمادة 16 فقرة 3 من الاتفاقية الجماعية لمؤسسة PETRO-SER

[3] انظر المادتين 140 و 141 من القانون رقم 90 – 11 السالف الذكر.

الشرعي للقاصر، وهو أبوه وفي غيابه أمه، وفي حالة غياب الولي يكون الترخيص من الوصي الشرعي للقاصر، طبقا لأحكام الوصاية[1].

الأصل أن تكمل الاتفاقيات الجماعية النقص الوارد في التشريع ولا تقوم بنسخ ما ورد فيه وفي هذا المجال، وبغية تفصيل ما ورد عاما في الأحكام التشريعية، كان على أطراف التفاوض الجماعي، أن يتعرضوا إلى تحديد مدة قانونية خاصة بالعمال القصر أو تحديد قائمة الأعمال الخطيرة أو التي تنعدم فيها النظافة أو تضر بصحتهم، على غرار ما هو معمول به في التشريعات المقارنة[2].

3: الخضوع إلى الفحوصات الطبية

اشترطت كل الاتفاقيات الجماعية لمختلف المؤسسات المستخدمة، خضوع المرشح للمنصب للفحوصات الطبية، حتى يتسنى لها تقييم قدراته الجسمية لذلك على المرشح أن يقدم ملفا يتضمن الشهادات الطبية التي تثبت سلامته وصحته وقدرته التي تؤهله للمنصب[3]. كما اعتبرت بعض الاتفاقيات أن خضوع العامل للفحوصات الطبية الخاصة بالتشغيل التزام يقع على عاتق الهيئة المستخدمة، إذ عليها أن تعرض المرشح للمنصب على طبيب العمل الخاص بها[4]، والهدف من هذا الفحص الطبي البحث عن سلامة العامل من أي داء خطير على بقية العمال

---

[1] انظر مقال الدكتور بن عزوز بن صابر تحت عنوان الأحكام الخاصة بالعمال القصر في التشريع الجزائر منشور في موسوعة الفكر القانوني الصادرة عن دار الهلال للخدمات الإعلامية العدد العاشر ص 48.

[2] انظر نفس المقال المذكور سالفا ص 48 إلى 53.

[3] انظر المادة 30 من الاتفاقية الجماعية لمؤسسة SONATRACH، والمادة 39 – 6 من اتفاقية اتصالات الجزائر، المادة 9 فقرة 3 من الاتفاقية الجماعية لدواوين الترقية والتسيير العقاري.

[4] المادة 17 من القانون رقم 88 – 07 المؤرخ في 26 يناير 1988 المتعلق بالوقاية الصحية والأمن وطب العمل: " يخضع وجوبا كل عامل أو متمهن للفحوص الطبية الخاصة بالتوظيف.."

والتأكد أنه مستعد صحيا للمنصب المرشح له[1]. يتعرض المستخدم الذي يخالف هذا الالتزام إلى متابعة جزائية طبقا للأحكام المنصوص عليها قانونا[2].

لم يقص المشرع فئة المعوقين من حقهم في الترشح لمناصب العمل، ولم يعتبر الإعاقة سببا من أسباب حرمان هذه الفئة منها، لذلك خصهم عبر مختلف التشريعات المتعاقبة بأحكام خاصة، تتناسب وطبيعة العاهات التي تعاني منها[3].

أما القانون رقم 90 – 11 الساري المفعول، ألزم المستخدمين بتخصيص مناصب عمل لهذه الفئة وفق كيفيات تحدد عن طريق التنظيم[4]، غير أن النص التنظيمي المشار إليه لم يصدر إلى غاية كتابة هذا البحث.

في غياب النص الخاص بتنظيم عمل المعوقين، لجأنا إلى الاتفاقيات الجماعية للوقوف على بعض الأحكام المنظمة لعمل هذه فئة من العمال غير أن أغلبية هذه الاتفاقيات لم تعرض إلى هذا الموضوع أصلا، إلا البعض منها وتطبيقا لنص المادة 16 من القانون رقم 90 – 11 السالف الذكر، القاضي بتخصيص مناصب عمل للعمال المعوقين ومن أجل تسهيل حياة العمال المعوقين، فإن بعض المؤسسات المستخدمة، وضعت أحكاما خاصة من شانها تكييف أوقات ومناصب عمل هذه

---

[1] انظر المادة 13 فقرة 1 و 2 من القانون رقم 88 – 07 السالف الذكر.

[2] انظر المادة 38 من القانون رقم 88 – 07 السالف الذكر.

[3] المادة 47 من القانون رقم 78 – 12 المتضمن القانون الأساسي العام للعامل: " يستفيد الأشخاص المعوقون الذين لا يمكنهم أن يعملوا في ظروف عادية، من التشغيل في أعمال تلائمهم، وعند الاقتضاء في معامل مأمونة، كما يستفيدون من الحق في تكوين تخصصي وفقا للشروط المحددة بموجب مرسوم ".- تطبيقا لنص المادة 47 السالفة الذكر صدر 82 – 180 المؤرخ في 15 ماي 1982 المتعلق بالشروط والأحكام الخاصة بتشغيل العمال المعوقين وإعادة تأهيلهم المهني جريدة رسمية عدد 20 المؤرخة في 18 ماي 1982 ص 1047

[4] المادة 16 من القانون رقم 90 – 11 المتضمن علاقات العمل: " يجب على المؤسسات المستخدمة أن تخصص مناصب عمل للأشخاص المعوقين وفق كيفيات تحدد عن طريق التنظيم ".

الفئة، بعد أخذ رأي طبيب العمل كما وفرت الوسائل والآلات الضرورية لتنقلهم داخل أماكن العمل، وتمكينهم من الاستفادة من تكوين تخصصي، كما منحتها امتيازات مقارنة مع العمال الآخرين منها تمديد فترة الإشعار في حالة الاستقالة أو التسريح[1].

وفي هذا الإطار نرى أن تحدوا باقي الاتفاقيات الجماعية لمختلف الهيئات المستخدمة الاتفاقيات التي خصت فئة العمال المعوقين بأحكام خاصة، كما نرى ضرورة تدخل الدولة لمساعدة هذه الفئات أثناء ممارسة نشاطهم المهني بالوسائل المادية والمالية لتكوينهم على غرار ما ذهب إليه المشرع الفرنسي[2]، لأن تشغيل العمال المعوقين يشكل عنصرا هاما ضمن السياسية الوطنية للتشغيل.

الفرع الثاني
الفئات التي منحت الأولوية عند التشغيل

منحت العديد من الاتفاقيات الجماعية للعمل لبعض الفئات، حق الأولوية في التشغيل لاعتبارات اجتماعية، من بين هذه الفئات عمال المؤسسة المجاهدون وأرامل الشهداء وأبناؤهم، وأخيرا العمال المسرحون لأسباب اقتصادية وأراملهم وأبناؤهم.

1: عمال المؤسسة

منحت أغلبية الاتفاقيات الجماعية الأولوية في التشغيل لعمالها، وذلك باللجوء في أول الأمر إلى الترقية الداخلية، أو إلى تحويل علاقة عمل - من يرغبون في

---

[1] انظر المادة 37 من الاتفاقية الجماعية لمؤسسة SONATRACH. وانظر كذلك المادة 40 فقرة 1 و2 من الاتفاقية الجماعية لمؤسسة اتصالات الجزائر.
[2] انظر المواد 323 - 9 إلى 323 - 21 من قانون العمل الفرنسي.

ذلك - من علاقة محددة إلى علاقة غير محددة[1]، غير أن تلك الاتفاقيات الجماعية نسخت هذه الأحكام من النصوص القانونية الملغاة بالقانون رقم 90 – 11 المتعلق بعلاقات العمل[2].

يبدو أن هذه الأولوية هدفها موضوعي، مادام أن الهيئة المستخدمة أدرى بعمالها وكفاءتهم ومؤهلاتهم من درايتها بالعمال الجدد، ولذلك من مصلحتها منح الأولوية لهم.

2: المجاهدون وأرامل الشهداء وأبناؤهم

منحت أغلبية الاتفاقيات الجماعية لمختلف الهيئات المستخدمة الأولوية في التشغيل وفي التكوين والترقية للمجاهدين وأرامل الشهداء وأبنائهم[3]، لقد نسخت الاتفاقيات الجماعية هذا الامتياز لهذه الفئة من نص المادة 46 من القانون رقم 78 – 12 المتضمن القانون الأساسي العام للعامل[4]، غير أن هذه المادة ألغيت بموجب القانون رقم 90 – 11 المتعلق بعلاقات العمل وبالتالي لم يعد المستخدمون ملزمون بمنح الأولوية لهذه الفئات، حيث أن أحكام قانون العمال الساري المفعول لم

---

[1] انظر المادة 39 – 2 من الاتفاقية الجماعية لمؤسسة اتصالات الجزائر. انظر المادة 49 من الاتفاقية الجماعية لمؤسسة SONALGAZ.

[2] انظر المادة 45 فقرة من القانون رقم 78 – 12 المتعلق بالقانون الأساسي العام للعامل الملغى بالقانون رقم 90 – 11 المتعلق بعلاقات العمل.

[3] انظر المادة 38 من الاتفاقية الجماعية لمؤسسة SONATRACH. وانظر كذلك المادة 4/39 من الاتفاقية الجماعية لاتصالات الجزائر. انظر كذلك المادة 51 فقرة 1 من الاتفاقية الجماعية لمؤسسة SONALGAZ.

[4] المادة 46 من القانون رقم 87 – 12: " طبقا للمادة 85 من الدستور يضمن حق الأولوية في العمل للمجاهدين وذوي حقوقهم بموجب هذا القانون. ويتمتع المجاهدون وأرامل الشهداء بحق الأولوية في التكوين المهني وفي عمل لا يتنافى وصفتهم " ونصت المادة 85 من دستور 1976 التي أسست بموجبها المادة 46 السالفة الذكر على أنه: "يحظى المجاهدون وأولو الحق من ذويهم بحماية خاصة من طرف الدولة".

تعرض أصلا لهذا الامتياز لهذه الفئة وهو ما جعل العديد من الاتفاقيات الجماعية لمختلف الهيئات المستخدمة لا تتعرض إلى هذا الامتياز[1].

3: العمال المسرحون لأسباب اقتصادية وأراملهم وأبناؤهم

منحت بعض الاتفاقيات الجماعية الأسبقية عند التشغيل، ومتى تساوت الكفاءات والمؤهلات للعمال المسرحين لأسباب اقتصادية، ولأرملة العامل المتوفى وابنه[2]، كما أضافت بعض الاتفاقيات الجماعية إلى هؤلاء أبناء العمال المتقاعدين، بل حتى أبناء العمال العاملين بالمؤسسة[3].

بالنسبة للعمال المسرحين لأسباب اقتصادية، الذين منحتهم الاتفاقية الجماعية لمؤسسة SONALGAZ الأولوية عند شغور مناصب العمل، فهو امتياز جديد كون هذا النوع من التسريح من الناحية العملية حديث العهد بالجزائر لقد نص المشرع الفرنسي صراحة على هذا الامتياز لهذه الفئة من العمال غير أنه قيد بجملة من الشروط أهمها، ضرورة إبداء العامل رغبته في الرجوع إلى منصب العمل خلال 4 أشهر من تاريخ انتهاء علاقة عمله بالهيئة المستخدمة[4]، ونحن نستحسن ما ذهبت إليه الاتفاقية الجماعية لهذه المؤسسة لأن انتهاء علاقة هؤلاء العمال بالهيئة المستخدمة لم تكن لا بإرادة العمال، ولا بإرادة المستخدم، وإنما بسبب الظروف الطارئة التي مرت بها المؤسسة، ومن ثم ومتى رجعت المؤسسة إلى وضعيتها الطبيعية، من المنطق أن تمنح عمالها المسرحين لأسباب اقتصادية هذه الأولوية في

---

(1) راجع في ذلك الاتفاقية الجماعية لمجمع GIPEC. وكذلك الاتفاقية الجماعية لصناديق الضمان الاجتماعي.و الاتفاقية الجماعية لدواوين الترقية و التسيير العقاري. وانظر كذلك الاتفاقية الجماعية لمؤسسة SONALGAZ.

(2) انظر المادة 51 فقرة 2 من الاتفاقية الجماعية لمؤسسة SONALGAZ.

(3) انظر المادة 5/39 من الاتفاقية الجماعية للعمل لمؤسسة اتصالات الجزائر.

(4) Le salarié licencié pour motif économique ….. bénéficie d'une priorité de réembauchage durant un délai d'un ans à compter de la date de rupture de son contrat s'il manifeste le désir d'user de cette priorité dans un délai de 4 mois à partir de cette date.

إعادة التشغيل. أما منح بعض الاتفاقيات الجماعية للعمل، الأولوية في التشغيل لأرملة العامل المتوفى وابنه، فهو يرجع في اعتقادنا لاعتبارات اجتماعية محضة لأن شخصية العامل المتوفى كانت محل اعتبار عند أبرام عقد العمل وبالتالي فهي عنصر جوهري في العقد.

يترتب على اعتبار شخصية العامل عنصرا جوهريا في إبرام عقد العمل أنه لا يجوز لورثة العامل المتوفى مطالبة صاحب العمل بتعويض مورثهم في منصب عمله، حتى ولو توفرت في الوارث جميع المؤهلات التي كان يمتاز بها المورث، غير أنه من الناحية العملية، ونظرا لاعتبارات اجتماعية وإنسانية، كثيرا ما يتفق أطراف التفاوض الجماعي على تشغيل أرملة العمل أو ابنه في منصب أبيه إن توفرت فيه الشروط المطلوبة لذلك المنصب أو في منصب آخر يتناسب مع قدراته، ومؤهلاته العلمية،غير أن العقد المبرم بين أحد ورثة العامل المتوفى وبين المستخدم، يعد عقدا جديدا لا صلة له بالعقد القديم المبرم بين العامل المتوفى وصاحب العمل. غير أن إعطاء الأولوية عند التشغيل لأبناء العمال المتقاعدين، وكذا أبناء العمال العاملين بالمؤسسة يعد مساس بمبدأ مساواة جميع الموطنين في الحقوق والواجبات المكرس في الدستور، الذي يعد تشريعا أساسيا تستمد منه باقي التشريعات العادية والفرعية [1]،كما يعد هذا الامتياز المكرس في الاتفاقيات الجماعية مخالفا للأحكام الواردة في القانون رقم 90 – 11 المؤكدة على مساواة العمال في الحقوق والواجبات، وعدم التمييز بينهم في التشغيل على أساس الاعتبارات الاجتماعية أو النسبية، أو القرابة العائلية[2].

---

[1] المادة 29 من دستور 1996: " كل المواطنين سواسية أمام القانون " - المادة 55 فقرة 1 من الدستور: " لكل المواطنين الحق في العمل ".

[2] المادة 17 من القانون رقم 90 – 11 المتعلق بعلاقات العمل: " تعد باطلة وعديمة الأثر كل الأحكام المنصوص عليها في الاتفاقيات أو الاتفاقات الجماعية أو عقد العمل التي من شأنها أن تؤدي إلى التمييز بين العمال، كيفما كان نوعه في مجال الشغل أو الأجرة أو ظروف العمل، على أساس السن والجنس أو الوضعية الاجتماعية، أو النسبية أو القرابة العائلية والقناعات السياسية والانتماء إلى نقابة أو عدم الانتماء إليها ".

المطلب الثاني

شروط تشغيل اليد العاملة الأجنبية

يقصد بالأجنبي كل من لا يتمتع بالجنسية الجزائرية، فهو يحمل جنسية دولة أجنبية أروبية كانت أو عربية، كما يعد أجنبيا أيضا الشخص عديم الجنسية[1]. أقر المشرع الجزائري[2]، على غرار مختلف التشريعات العمالية المقارنة مبدأ يقضي توفير الحماية القانونية لليد العاملة الوطنية من منافسة اليد العاملة الأجنبية، والحد من البطالة إذ لا يعقل أن توفر الدولة مناصب عمل للأجانب وتترك مواطنيها بدون عمل[3].

عمدت الجزائر منذ الاستقلال على إصدار ترسانة من النصوص التشريعية والتنظيمية تتعلق بشروط تشغيل الأجانب[4] خاصة بعد أن أصبحت ورشة كبيرة في

---

[1] المادة 2 من الأمر رقم 66 – 211 المؤرخ في 2 ربيع الثاني 1386 الموافق 21 يوليو 1966 المتعلق بوضعية الأجانب في الجزائر جريدة رسمية عدد 64 المؤرخة في 29 يوليو 1966.

[2] المادة 21 من القانون رقم 90 – 11: " يجوز للمستخدم توظيف العمال الأجانب عندما لا توجد يد عاملة وطنية مؤهلة، وحسب الشروط المحددة في التشريع والتنظيم المعمول بهما ". ويقصد بالتنظيم المعمول به في إطار تشغيل العمال الأجانب القانون رقم 81 – 10 المؤرخ في 11 جويلية 1981 المتضمن كيفيات وشروط تشغيل الأجانب. جريدة رسمية عدد 28 المؤرخة في 14 جويلية 1981 ص 946. والقرار المؤرخ في 26 أكتوبر 1983 الذي يحدد خصائص جواز العمل ورخصة المؤقتة للعمال الأجانب.

[3] انظر الدكتور احمد حسن البرعي – المرجع السالف الذكر ص 405 و 406.

[4] تتمثل النصوص التشريعية والتنظيمية المتعلقة بعمل الأجانب في: الأمر رقم 66 – 211 المؤرخ في 21 يوليو 1966 المتعلق بوضعية الأجانب في الجزائر و الأمر رقم 71 – 60 المؤرخ في 5 غشت 1971 المتعلق بشروط تشغيل الأجانب ثم المرسوم 72 – 33 المتضمن كيفية تطبيق الأحكام الواردة في الأمر 71 – 60 السالف الذكر فالقانون رقم 81 – 10 المؤرخ في 11 يوليو 1981 المتعلق بشروط تشغيل الأجانب الذي ألغى الأمر 71 – 60 السالف الذكر. ثم المرسوم التنفيذي رقم 86 – 276 المعدل والمتمم بالمرسوم التنفيذي رقم 04 – 315 الذي يحدد شروط توظيف المستخدمين الأجانب في مصالح الدولة والجماعات المحلية والمؤسسات والهيئات العمومية. وأخيرا المرسوم الرئاسي رقم 03 – 251 المؤرخ في 19 يوليو 2003 المتعلق بوضعية الأجانب في الجزائر المعدل والمتمم للأمر 66 – 211 السالف الذكر.

العديد من القطاعات وخاصة قطاع البناء الذي استعانت فيه باليد العاملة الصينية بناء على الاتفاقية الثنائية المبرمة في هذا الشأن.

وقوفاً عند موضوع تشغيل الأجانب في التشريع الجزائري، سنقسم هذا المطلب إلى فرعين نتناول في الفرع الأول الشروط الموضوعية الخاصة بتشغيل العمال الأجانب ونخصص الفرع الثاني للشروط الشكلية.

الفرع الأول

الشروط الموضوعية لتشغيل الأجانب

حصر المشرع الجزائري الشروط الموضوعية لتشغيل الأجانب في شرطين أساسيين، يتمثل الشرط الأول في إثباته لمستوى التأهيل المطلوب، والثاني في السلامة والصحة البدنية.

1: شرط إثبات مستوى التأهيل المطلوب

منع المشرع الجزائري تسليم جواز أو رخصة العمل للأجنبي إذا كان منصب العمل المتوفر يمكن شغله من قبل عامل جزائري، سواء بواسطة الترقية الداخلية أو عن طريق التشغيل الخارجي، كما اشترط المشرع أن يكون العامل الأجنبي حائزا على الشهادات والمؤهلات المهنية اللازمة للمنصب الواجب شغله [1]، ومن ثم يمنع على كل مستخدم تشغيل عمال أجانب لا يتمتعون بمستوى تأهيل، وهو ما ذهبت إليه الغرفة الاجتماعية بالمحكمة العليا في إحدى قراراتها [2].

---

[1] انظر المادة 5 فقرة 1 و 2 من القانون رقم 81 – 10 المؤرخ في 9 رمضان 1401 الموافق 11 يوليو 1981 المتعلق بشروط تشغيل الأجانب.

[2] انظر القرار الصادر عن الغرفة الاجتماعية رقم 47289 المؤرخ في 27 جوان 1988 قرار غير منشور.

إن الجهاز المؤهل قانونا لتحديد مدى توافر هذين الشرطين هو الوكالة الوطنية للتشغيل، لكونها على إطلاع كاف بمتطلبات سوق العمل لكون بحوزتها جميع طلبات وعروض العمل، ومن تم على الجهة المختصة بتسليم رخصة العمل التنسيق مع الوكالة.

رغم أن المشرع الجزائري قد اشترط توافر الأجنبي على شهادات ومؤهلات غير متوفرة في العامل الجزائري، إلا أننا لا حظنا من الناحية العملية وخاصة في مجال قطاع البناء سيطرة اليد العاملة الصينية التي لا تتمتع بالشهادات والمؤهلات على اليد العاملة الجزائرية، وهو ما أثار تساؤلات كبيرة في هذا الشأن، غير أننا نرى أن مسألة اليد العاملة الصينية تخضع لاتفاقية ثنائية بين الجمهورية الجزائرية والجمهورية الصين الشعبية من جهة، كما أن اليد العاملة الصينية أثبتت كفاءة عالية في قطاع البناء من جهة أخرى، ومع ذلك كان على الدولة الجزائرية أن تشترط على المقاولات الصينية نسبة محددة من اليد العاملة الوطنية حتى تكتسب خبرة في مجال البناء من جهة وتمتص من نسبة البطالة من جهة أخرى.

2: تمتع الأجنبي بالصحة والسلامة البدنية

اشترط المشرع الجزائري في العامل الأجنبي أن يتمتع بصحة وسلامة بدنية[1]، وهو الشرط الذي اشترطه حتى في العامل الجزائري كما سبق الإشارة إليه، والعامل الأجنبي يخضع عند تشغيله للفحص الطبي الأولي الذي يخص به طبيب العمل، ولقد حددت أحكام القانون رقم 71 - 60 المتعلق بشروط تشغيل الأجانب أنواع الأمراض التي تمنع الأجنبي من مزاولة النشاط المهني بالجزائر والتي تتمثل في الأمراض المعدية والسرطانية والعقلية[2].

---

(1) - انظر المادة 5 فقرة 3 من القانون رقم 81 - 10 المذكور أعلاه.

(2) - انظر المادة 6 من الأمر رقم 71 - 60 المتعلق بشروط تشغيل الأجانب.

الفرع الثاني

الشروط الشكلية لتشغيل الأجانب

إذا كانت أغلبية الاتفاقيات الجماعية للعمل لم تتعرض إلى الأحكام الخاصة بتشغيل الأجانب[1]، فإن بعضها تعرضت إلى الموضوع ناسخة الأحكام من النصوص التشريعية والتنظيمية[2]، علما أن الأحكام المنظمة لتشغيل الأجانب متعلقة بالنظام العام الاجتماعي، يترتب على مخالفتها توقيع عقوبات جزائية[3]، لذا كان على الشركاء الاجتماعيين ألا يتفاوضوا أصلا حول هذه الأحكام، مكتفيين في ذلك بما ورد في التشريع.

من المقرر قانونا، أنه يجب على كل أجنبي يرغب في ممارسة نشاط مدفوع الأجر بالجزائر، أن يكون حائزا على جواز أو رخصة للعمل المؤقتة تسلمها له المصالح المختصة، وهو ما سنتناوله في العنصر الأول، كما يجب أن تكون علاقة العمل بين العامل الأجنبي والهيئة المستخدمة محددة المدة وسوف نتطرق إليه في العنصر الثاني.

1: حصول الأجنبي على رخصة عمل

تتمثل الشروط الشكلية لتشغيل العمال الأجانب في حصول العامل الأجنبي على جواز أو رخصة للعمل المؤقت تسلمها له المصالح التابعة للسلطة المكلفة

---

[1] انظر المادة 2 من الاتفاقية الجماعية لمؤسسة SONATRACH والمادة 1 فقرة 4 من الاتفاقية الجماعية لمؤسسة اتصالات الجزائر.

[2] نسخت المادة 27 من الاتفاقية الجماعية لمؤسسة SONATRACH المادة 21 من القانون رقم 90 - 11 نسخا حرفيا.

[3] انظر المواد من 19 إلى 25 من القانون رقم 81 - 10 السالف الذكر.

بالعمل[1] وهو أيضا ما اشترطه كل من المشرع المصري[2] والمشرع المغربي[3] والتونسي[4]. يقصد بالمصالح التابعة للسلطة المكلفة بالعمل في التشريع الجزائري مصالح التشغيل[5] أي مفتشية العمل المختصة إقليميا. ولكي يتحصل العامل الأجنبي على الرخصة يجب على الهيئة المستخدمة أن تتقدم بطلب إلى مصالح التشغيل المختصة يتضمن الوثائق التالية: تقرير معلل من الهيئة المستخدمة صاحبة العمل ومتضمن رأي ممثلي العمال[6]، كشف معلومات تتعلق بالعامل الأجنبي، نسخ مصدقة مطابقة لأصولها مع الشهادات أو غيرها من الوثائق التي تثبت أهلية العامل

---

[1] انظر المادة 2 من القانون رقم 81-10 المؤرخ في 11 جويلية 1981 المتعلق بشروط تشغيل العمال الأجانب ج.ر عدد 28 المؤرخة في 14 جويلية 1981.

[2] المادة 28 من القانون رقم 12 لسنة 2003 المتضمن قانون العمل المصري الصادر بالجريدة الرسمية عدد 14 مكرر في 7 أبريل 2003: " لا يجوز للأجانب أن يزاولوا عملا إلا بعد الحصول على ترخيص بذلك من الوزارة المختصة، وأن يكون مصرحا لهم بدخول البلاد والإقامة بقصد العمل ".

[3] المادة 516 من الظهير الشريف رقم 1.03.194 المؤرخ في 14 رجب 1424 الموافق 11 سبتمبر 2003 الصادر بتنفيذ القانون رقم 99 - 65 المتعلق بمدونة الشغل - جريدة رسمية عدد رقم 5167: " يجب على كل مشغل يرعب في تشغيل أجير أجنبي أن يحصل على رخصة من قبل السلطة الحكومية المكلفة بالشغل تسلم على شكل تأشيرة توضع على عقد الشغل.....".

[4] المادة 258 - 2 من قانون العمل التونسي رقم 66 - 27 المؤرخ في 30 أبريل 1966 المعدل والمتمم بالقانون رقم 73 - 77 المؤرخ في 8 ديسمبر 1973 وبالقانون رقم 76 - 84 المؤرخ في 11 أوت 1976 والقانون رقم 96 - 62 المؤرخ في 15 يوليو 1996: « Tout étranger , qui veut exercer en Tunisie un travail salarié de quelque nature qu'il soit , doit être muni d'un contrat de travail et d'une carte de séjour portant la mention (autorisé à exercer un travail salarié en Tunisie).

[5] انظر المادة 6 من المرسوم رقم 82-510 المؤرخ في 25 ديسمبر 1982 الذي يحدد كيفيات منح جواز أو رخصة العمل المؤقت للعمال الأجانب ج.ر عدد 56 المؤرخة في 28 ديسمبر 1982 صفحة 3610.

[6] انظر المادة 6 من القانون رقم 81-10 المتعلق بشروط تشغيل العمال الأجانب المذكور أعلاه.

الأجنبي المهنية، نسخ مصدقة مطابقة لأصولها من الوثائق التي تشهد بـأن العامـل الأجنبـي دخـل الجزائر بطريقة قانونية الشهادات الطبية المقررة في التشريع الجاري به العمل نسخة مـن عقـد العمـل المصادق عليه قانونيا[1] كما يجب على الهيئة المشغلة أن تتأكد لدى مصالح التشغيل أن منصب العمـل المراد تعيين العامل أجنبي فيه لا يمكن أن يشغله عامل جزائري[2].

يبلغ القرار الذي تتخذه مصالح التشغيل المختصة بشان الطلب المقدم إلى الهيئة المستخدمة خلال 45 يوما لتاريخ إيداع الطلب، وبعد انقضاء هذه المهلة يعتبر عدم رد المصالح المختصة على الطلب بمثابـة قبول[3].

يتضمن الجواز أو الرخصة المعلومـات المتعلقـة بحالـة العامـل الأجنبـي المدنيـة وجنسـيته، واسـم الهيئة المسموح له بشغل منصب لديها أو عنوانها الاجتماعي، ومنصب العمل المعـين فيـه والولايـة التـي يوجد بها مكان هذا المنصب، ومدة الوثيقة المسلمة وصلاحيتها[4]، للإطلاع عـلى شـكل وخصـائص جـواز ورخصة العمل المؤقت للأجانب ارجع إلى الملحق المذكور في المادة 2 من القرار المؤرخ في 26 أكتوبر 1983.

يترتب على تشغيل أجنبي دون الحصول عـلى تـرخيص مـن المصالح المختصة بـذلك بطلان عقـد العمل بطلانا مطلقا، لمخالفته لقاعدة آمرة متعلقة بالنظام العـام الاجتماعي[5] ومـن ثـم يعاقـب بغرامـة مالية تتراوح بين 5000دج و 10000

---

[1] انظر المادة 8 من المرسوم رقم 82-510 الذي يحدد كيفيات منح جواز أو رخصة العمل المؤقت للعمال الأجانب المذكور أعلاه.

[2] المادة 7 من المرسوم رقم 82-510 المذكور أعلاه.

[3] انظر المادة 9 من المرسوم رقم 82-510 السالف الذكر.

[4] انظر المادة 3 من المرسوم رقم 82-510 الذي يحدد كيفيات منح جواز أو رخصة العمل المؤقت للعمال الأجانب السالف الذكر.

[5] انظر الدكتور محمد لبيب شنب- شرح قانون العمل- الطبعة الرابعة 1987 ص 162 والدكتور السيد عيد نايل - شرح قانون العمل الجديد - دار النهضة العربية طبعة 2005 ص 114. وهو أيضا مـا أقـره المشرع الجزائري في الفقرة 1 من المادة 135 من القانون رقم 90 – 11: " تعد باطلة وعديمة الأثر كـل علاقـة عمـل غـير مطابقة لأحكام التشريع المعمول به ".

دج عن كل مخالفة لأحكام هذا القانون المتعلقة بتشغيل عامل أجنبي ملزم بجواز العمل المؤقت أو رخصة إذا كان هذا العامل غير حائز على إحدى الوثيقتين، أو حائز على سند سقطت صلاحيته، أو يعمل في منصب آخر غير المنصب الوارد في الوثيقتين المذكورتين[1].

2: ارتباط العامل الأجنبي بالهيئة المستخدمة بعقد محدد المدة

اشترط المشرع أن تكون علاقة العمل التي تربط العامل الأجنبي بالهيئة المستخدمة محددة المدة[2]، وذلك خلافا لعلاقة العمل الخاصة بالمواطنين الجزائريين والتي يجب أن تبرم كقاعدة عامة لمدة غير محددة واستثناء عن القاعدة العامة يمكن أن إبرامها لمدة محددة وفقا للشروط القانونية[3]، وهو المبدأ الذي أقره المشرع التونسي[4]. تسلم رخصة للعمل المؤقت للعمال الأجانب المدعوين لممارسة نشاط مدفوع الأجر، لمدة تقل عن 3 أشهر أو تساويها بطلب معلل من الهيئة المستخدمة صاحبة العمل بعد استشارة ممثلي العمال، ولا يمكن تجديد هذه الرخصة أكثر من مرة واحدة في السنة. كما لا يمكن أن تتجاوز مدة جواز العمل سنتين يتم تجديد هذا الجواز إذا كان منصب العمل والمؤهلات المهنية اللازمة للوظيفة الواجب شغلها، كما أنه لا يجوز للمصالح التابعة لوزارة العمل قبول تجديد رخصة العمل ما لم يكن مرفوقا بالتقرير المعلل من الهيئة صاحبة العمل والمتضمن رأي ممثلي العمال، ولا يجوز أن تتحول هذه العلاقة إلى مدة غير محددة مهما تعدد تجديدها[5].

---

[1] المادة 19 من نفس القانون رقم 81 – 10 السالف الذكر.

[2] المادة 4 من القانون رقم 81-10: "يسمح جواز أو رخصة العمل المؤقت للمستفيد أن يمارس نشاطا مدفوع الأجر، لمدة محددة ولدى هيئة صاحبة عمل واحدة دون سواها".

[3] انظر المواد 11و12و12 مكرر من القانون رقم 90 – 11 المتعلق بعلاقات العمل.

[4] المادة 258-2 فقرة 2 من قانون العمل التونسي- « Le contrat du travail est conclu pour une durée n'excédant pas une année renouvelable d'une seule fois ...... ».

[5] انظر المادتين 8 و10 من القانون رقم 81-10 المتعلق بشروط تشغيل الأجانب السالف الذكر.

المبحث الثاني

التصريح بالمناصب الشاغرة لدى وكالة التشغيل

لم تعد للهيئات المستخدمة حرية في اختيار العمال الذين تتعاقد معهم وبصفة مباشرة، بل عليها اللجوء إلى وكالة التشغيل، ولعل السبب الذي دفع المشرع إلى تقييد حرية الهيئات المستخدمة في التعاقد مباشرة مع طالبي الشغل، هو تكريس مبدأ المساواة وتكافؤ الفرص في الحصول على مناصب العمل، وسوف نتعرض خلال هذا المبحث إلى التعريف بالوكالات الوطنية للتشغيل ومهامها وهياكلها في المطلب الأول ثم إلى علاقتها بالهيئات المستخدمة والمشاكل التي تواجهها في المطلب الثاني.

المطلب الأول

التعريف بالوكالة الوطنية للتشغيل ومهامها

يعد المكتب الوطني لليد العاملة أول جهاز يكلف بتأمين تشغيل اليد العاملة والجهاز عبارة عن مؤسسة عامة ذات طابع إداري يتمتع بالشخصية القانونية والاستقلال المالي، مقره الجزائر العاصمة ووضع تحت وصاية وزير العمل والشؤون الاجتماعية[1]، منذ 1990 تغيرت تسمية المكتب الوطني للتشغيل وحلت محله الوكالة الوطنية للتشغيل بموجب نص تنظيمي[2]، غير أنه في عام 2006 تم

---

[1] انظر المواد 1 و 2 و 3 من الأمر رقم 71 – 42 المؤرخ في 24 ربيع الثاني عام 1391 الموافق 17 يوليو 1971 المتضمن تنظيم المكتب الوطني لليد العاملة جريدة رسمية مؤرخة في 6 جمادى الأولى ص 882.
[2] تغيرت تسمية المكتب الوطني لليد العاملة بالوكالة الوطنية للتشغيل بموجب المادة 1 من المرسوم التنفيذي رقم 90- 259 المؤرخ في 18 صفر عام 1411 الموافق 8 سبتمبر 1990 المعدل للأمر 71 – 42 جريدة رسمية عدد 39 لسنة 1990.

إلغاء الأحكام الخاصة بالمكتب الوطني لليد العاملة والنصوص التطبيقية لها، لتحل محلها النصوص الخاصة بالوكالة الوطنية للتشغيل[1]. وقوفا عند التعديلات الأخيرة ارتأينا أن نقسم هذا المطلب إلى فرعين نتناول في الفرع الأول التعريف بالوكالة الوطنية للتشغيل ونخصص الفرع الثاني لمهامها.

الفرع الأول

التعريف بوكالة التشغيل في التشريع الجزائري و المقارن

نتعرض من خلال هذا الفرع إلى التعريف بالوكالة الوطنية للتشغيل في التشريع الجزائري (العنصر الأول)، ثم إلى التعريف بها في كل من التشريع المصري والمغربي والفرنسي (العنصر الثاني).

1: التعريف بالوكالة الوطنية للتشغيل في التشريع الجزائري

الوكالة الوطنية للتشغيل مؤسسة عمومية ذات طابع إداري تتمتع بالشخصية المعنوية والاستقلال المالي وتوضع تحت وصاية الوزير المكلف بالعمل مقرها بالجزائر العاصمة[2]، تضم الوكالة ممثلين عن مختلف الوزارات منها ممثل الوزير المكلف بالعمل رئيسا، وممثل بالوزير المكلف بالداخلية والجماعات المحلية، وممثل الوزير المكلف بالشؤون الخارجية، وممثل الوزير المكلف بالمالية وممثل الوزير المكلف بالتشغيل، ممثل الوزير المكلف بالتكوين المهني، ممثل الوزير المكلف بالمؤسسات والصناعات الصغيرة والمتوسطة، ممثل السلطة المكلفة بالتخطيط،

---

[1] ألغيت أحكام الأمر رقم 71 – 42 المتضمن تنظيم المكتب الوطني لليد العاملة وأحكام المرسوم التنفيذي رقم 90 – 259 المعدل له بموجب المادة 34 من المرسوم التنفيذي رقم 06 – 77 المؤرخ في 19 محرم عام 1427 الموافق 18 فبراير 2006 المحدد مهام الوكالة الوطنية للتشغيل وتنظيمها وسيرها. جريدة رسمية عدد 09 لسنة 2006.

[2] انظر المادتين 2 و 3 من المرسوم التنفيذي رقم 06 – 77 المذكور أعلاه.

ممثل السلطة المكلفة بالوظيفة العمومية، بالإضافة إلى المدير العام للديوان الوطني للإحصاء أو ممثله و3 ممثلين للمنظمات المهنية للمستخدمين العموميين والخواص الأكثر تمثيلا على الصعيد الوطني، و 3 ممثلين للمنظمات النقابية للأجراء الأكثر تمثيلا على الصعيد الوطني، وأخيرا ممثل منتخب عن مستخدمي الوكالة[1].

إذا كان المشرع الجزائري كقاعدة عامة قد أسند مهمة تنصيب العمال للوكالة الوطنية للتشغيل ولهياكلها، فإنه استثناء عن هذه القاعدة منح للهيئات الخاصة المعتمدة من قبل الوزير المكلف بالتشغيل، بعد أخذ رأي لجنة وزارية مشتركة الحق في القيام بهذه المهمة على أن تحدد شروط منح وسحب الاعتماد وكيفياته وكذا صلاحيات وتنظيم وسير الهيئة الخاصة عن طريق التنظيم[2].

لقد أقر منح المشرع الجزائري للهيئات الخاصة المعتمد حق القيام بمهمة تنصيب العمال لكون الجزائر صادقت على الاتفاقية الدولية رقم 181 المتعلقة بوكالات الاستخدام الخاصة[3]، وبالرجوع إلى النص التنظيمي المتعلق بالهيئات الخاصة المعتمدة المكلفة بتنصيب العمال، نجده يعرف هذه الهيئات على أنها كل شخص من القانون الخاص يكلف بتقديم خدمات تتعلق بسوق العمل لاسيما في

---

[1] انظر المادة 7 من المرسوم التنفيذي رقم 06 – 77 السالف الذكر.

[2] انظر المادة 9 من القانون رقم 04 – 19 المؤرخ في 13 ذي القعدة 1425 الموافق 25 ديسمبر 2004 المتعلق بتنصيب العمال ومراقبة التشغيل – جريدة رسمية عدد 83 المؤرخة في 26 ديسمبر 2004 ص 8.

[3] اطلع على أحكام المرسوم الرئاسي رقم 06 – 61 المؤرخ في 12 محرم سنة 2006 المتضمن التصديق على الاتفاقية رقم 181 بشان وكالات الاستخدام الخاصة المعتمدة بجنيف في 19 يونيو سنة 1997 جريدة رسمية عدد 07 المؤرخة في 12 فبراير 2006 ص 16. وكذا أحكام المرسوم التنفيذي رقم 07 – 123 المؤرخ في 6 ربيع الثاني عام 1428 الموفق 24 أبريل 2007 يضبط شروط وكيفيات منح الاعتماد للهيئات الخاصة لتنصيب العمال وسحبه منها ويحدد دفتر الأعباء النموذجي المتعلق بممارسة الخدمة العمومية لتنصيب العمال جريدة رسمية عدد 28 المؤرخة في 2 مايو 2007ص 4

مجال التقريب بين عروض وطلبات الشغل دون أن تصبح الهيئة الخاصة المعتمدة للتنصيب طرفا في علاقة العمل التي يمكن أن تنتج عنها، على طالب الاعتماد إيداع الملف الإداري والتقني مرفقا بالاكتتاب في دفتر الأعباء النموذجي المحدد وفقا للتنظيم المعمول به لدي مديرية التشغيل للولاية [1]

أنشأ المشرع الجزائري على غرار التشريعات العمالية المقارنة الوكالة الوطنية للتشغيل بهدف وضع " استراتيجية للتشغيل " والاستفادة إلى أقصى حد من فرص العمل المتاحة أيا كان مكانها، داخل الوطن أو خارجه ومن تم فهي تسعى للحد من تفاقم ظاهرة البطالة [2].

الملاحظ أن المشرع الجزائري اعتمد في تشكيل اللجنة الوطنية على مبدأ " الثلاثية " أي بمشاركة الحكومة عن طريق ممثلي الوزارات المختلفة وممثلي منظمات أرباب العمل والعمال الأجراء الأكثر تمثيلا على الصعيد الوطني، وهو المبدأ الذي أقرته الاتفاقيات الدولية الصادر عن منظمة العمل الدولية.

2: التعريف بوكالات التشغيل في التشريعات المقارنة

الجزائر ليست الدولة الوحيدة التي عمدت على إنشاء هيئة وطنية عليا في مجال التشغيل، فالمشرع المصري أطلق على هذه الهيئة " الجنة العليا للتخطيط والاستخدام" يرأسها وزير العمل وهي تضم أيضا ممثلين عن الوزارات المعنية، وكذلك ممثلين للاتحاد العام لنقابات عمال مصر ومنظمات أصحاب الأعمال [3].

---

[1] انظر المادتين 2 و 8 من المرسوم التنفيذي رقم 07 – 123 المؤرخ في 6 ربيع الثاني عام 1428 الموافق 24 أبريل 2007 الذي يضبط شروط وكيفيات منح الاعتماد للهيئات الخاصة لتنصيب العمال وسحبه منها ويحدد دفتر الأعباء النموذجي المتعلق بممارسة الخدمة العمومية لتنصيب العمال – جريدة رسمية عدد 28 المؤرخة في 2 مايو 2007 ص 4.

[2] انظر الدكتور أحمد حسن البرعي – الوسيط في القانون الاجتماعي – الجزء الثاني – شرح عقد العمل الفردي دار النهضة العربية القاهرة طبعة 2033 ص 368.

[3] انظر المادة 11 من القانون رقم 12 لسنة 2003 المتضمن القانون المصري.

أما المشرع المغربي فقد خصص الكتاب الرابع للوساطة في الاستخدام وتشغيل الأجراء ويقصد بالوساطة في تشريع العمل المغربي " جميع العمليات الهادفة إلى تسهيل التقاء العرض والطلب في مجال التشغيل، وكذا جميع الخدمات المقدمة لطالبي الشغل والمشغلين من أجل إنعاش التشغيل وتنشيط الإدماج المهني"[1] كما خص المشرع الفرنسي الكتاب الثالث لتنصيب العمال ومنح هذه المهمة للوكالة الوطنية للتشغيل[2]، وبذلك يكون المشرع الجزائري قد تأثر بالمشرع الفرنسي ـ من حيث تسمية الجهاز وهيكلته. بالرجوع إلى التشريعات العربية المقارنة وجدنا أن قانون العمل المغربي القانون الوحيد الذي تعرض إلى الوكالات الخاصة بالتشغيل محددا شروط إنشائها، وصلاحياتها وسيرها[3].

الفرع الثاني

مهام الوكالة الوطنية للتشغيل وهياكلها

نتناول في هذا الفرع مهام الوكالة الوطنية للتشغيل وفق ما هو محدد في التنظيم المعمول به من خلال العنصر الأول، ونخصص العنصر الثاني لهياكلها الجهوية المحلية.

1: مهام الوكالة الوطنية للتشغيل

من أهم اختصاصات الوكالة الوطنية للتشغيل رسم السياسة العامة للتشغيل داخل الوطن وخارجه، وذلك بوضع منظومة إعلامية تسمح بالإطلاع وبكيفية دقيقة

---

[1] انظر المادة 475 من الظهير الشريف رقم 1.03.194 المؤرخ في 14 رجب 1424 الموافق 11 سبتمبر 2003 الصادر بتنفيذ القانون رقم 99 – 65 المتعلق بمدونة الشغل – جريدة رسمية رقم 5167 الصادرة يوم 8 سبتمبر 2003.

[2] Article. L. 311-1 du code de travail Français: « Le service public du placement est assuré par l'Agence nationale pour l'emploi ».

[3] انظر المواد من 477 إلى 491 من مدونة الشغل المغربية المشار إليها أعلاه.

ومنتظمة على تقلبات سوق التشغيل وباللجوء إلى التحاليل والخبرات في هـذا المجـال، كـما تسـهر الوكالة على جمع عروض وطلبات العمل بغية الوصول إلى عملية التنصيب، وحتى تتمكن من تحقيق هذا الهدف أي تنصيب العمال تسهر الوكالة الوطنية للتشغيل عـلى ضـمان اسـتقبال طـالبي العمـل وإعلامهـم وتوجيههم، وعلى القيام بالبحث عن عروض العمل لدى الهيئات المستخدمة وجمعها تنظـيم المقاصـة بـين هذه العروض وطلبات العمل على المستوى الوطني والجهوي والمحلي، كما تعمل الوكالة على البحـث عـن كل الفرص التي تسمح بتنصيب العمال الجزائريين في الخارج وعلى متابعـة تطـور اليـد العاملـة الأجنبيـة بالجزائر في إطار التشريع والتنظيم المتعلقين بتشغيل الأجانب، وتنظيم البطاقية الوطنية للعـمال الأجانـب وتسييرها إلى جانب هذه الصلاحيات تتميع الوكالـة بصـلاحيات واسـعة تتمثـل في ضـمان تطبيـق التـدابير الناجمة عن الاتفاقيات الدولية في مجال التشغيل، وضمان تطبيق الرقابة في مجال تنصيب العمل وقف مـا تضمنته أحكام القانون رقم 04 – 19 المتعلق بتنصيب العمال ومراقبة التشغيل[1].

2: هياكل الوكالة الوطنية للتشغيل

زود المشرع الجزائري الوكالة الوطنية من أجل أداء مهامها بهياكـل تتمثـل في المـديريات الجهويـة للتشغيل، الوكالات الولائية و المحلية للتشغيل[2] وحدد لهذه الوكالات صلاحيات.

على رأس هياكل الوكالة الوطنية للتشغيل المديريات الجهوية للتشغيل، تضم كل مديرية 3 مصالح مصلحة الإدارة والوسائل، مصلحة الإعلام والتسيير

---

[1] انظر المادة 5 من المرسوم التنفيذي رقم 06 – 77 المذكور أعلاه.

[2] انظر المادة 26 من المرسوم التنفيذي رقم 06 – 77 المحـدد لمهـام الوكالـة الوطنيـة للتشـغيل وتنظيمهـا وسـيرها السـالف الذكر. و المادة 12 من القرار المؤرخ في6 محرم 1428 الموافق 25 يناير 2007 المتضمن التنظيم الداخلي للوكالـة الوطنيـة للتشغيل جريدة رسمية عدد 32 لسنة 2007.

المعلوماتي، وأخيرا مصلحة تنشيط الوكالات الولائية والمحلية وتنسيقها ومراقبتها، إلى جانب المديريات الجهوية للتشغيل تحتوي الوكالة الوطنية على وكالات ولائية ومحلية يديرها رئيس، ولها 3 مصالح مصلحة طالبي الشغل، ومصلحة المستخدمين، وأخيرا مصلحة معالجة نشاطات التدخل في سوق التشغيل المحلية ومتابعتها. الأصل أن تخضع الوكالة المحلية لرقابة الوكالة الولائية، باعتبار أن الوكالة الولائية تقع في دائرة اختصاصها عدة وكالات محلية[1]، كما تخضع الوكالات الولائية إلى رقابة المديرية الجهوية للتشغيل التي تقع في دائرة اختصاصها[2].

أهم الصلاحيات التي خولت للوكالات الولائية للتشغيل تنصيب العمال ومراقبة التشغيل، يقصد بتنصيب العمال إقامة علاقة بين طالبي العمل والمستخدمين لتمكينهم من إبرام عقود عمل وفقا للأحكام التشريعية والتنظيمية المعمول بهما، وحتى تتمكن الوكالة من القيام بهذا الدور على أحسن وجه يجب على كل راغب في العمل أن يتقدم بطلب لتسجيل اسمه بالوكالة التي يقع في دائرتها محل إقامته مع تقديم وثائق سنه و مؤهلاته وخبراته السابقة، وعلى الوكالة قيد تلك الطلبات بأرقام تسلسلية ومنح طالب العمل وصل إيداع الطلب دون مقابل، لم يحدد المشرع الجزائري شكلا معينا للطلب الذي يتقدم به طالب العمل، فهل يمكن أن يكون الطلب شفهيا و من تم تقوم الوكالة بتسجيل المعلومات والبيانات التي يدلي بها العامل كما ذهب إلى ذلك المشرع المصري[3].

---

[1] انظر المادة 15 من القرار الوزاري المشار إليه.
[2] انظر الملحق رقم 1 المذكور في القرار الوزاري والمادة 13 فقرة 7 منه.
[3] انظر الدكتور أحمد حسن البرعي - الوسيط في القانون الاجتماعي - المرجع السالف الذكر ص 370.

المطلب الثاني

وكالات التشغيل وعلاقتها بالهيئات المستخدمة

سبق القول أن من أهم صلاحيات الوكالة الوطنية للتشغيل القيام بعملية تنصيب العمال، وذلك من خلال إيجاد علاقة بين عروض العمل المقدمة من الهيئات المستخدمة وبين طلبات الشغل، ومن ثم هناك علاقة وطيدة بين الوكالة والهيئات المستخدمة وسوف نتطرق إليها في الفرع الأول، كما أن هذا الجهاز هو جهاز حديث النشأة، وتجربة جديدة تبنتها الجزائر بعد تكريسها لنظام اقتصاد السوق ومن ثم واجهته بعض الصعوبات والمشاكل والتي سنتطرق إليها في الفرع الثاني.

الفرع الأول

علاقة الوكالة الوطنية للتشغيل بالهيئات المستخدمة

تنحصر علاقة الوكالة الوطنية للتشغيل بالهيئات المستخدمة في التزامات الهيئات المستخدمة تجاه الوكالة من جهة وهو ما سوف نتطرق إليه في العنصر ـ الأول، ثم التزامات الوكالة الوطنية للتشغيل وهياكلها تجاه الهيئات المستخدمة من جهة أخرى، وسوف نخصص له العنصر الثاني.

1: التزامات الهيئات المستخدمة تجاه وكالات التشغيل

ألزم المشرع الجزائري الهيئات المستخدمة خاصة كانت أم عامة بتقديم عروض العمل لدى الوكالة تتضمن عروض العمل، المناصب الشاغرة لدى المؤسسة والشروط الواجب توافرها في المترشحين لهذه المناصب[1]، في المناطق التي لا تتوفر فيها وكالة التشغيل تقوم البلديات باستقبال عروض المستخدمين

---

[1] انظر المواد 17 و 18 و 19 من القانون رقم 04 – 19 المذكور أعلاه.

وطلبات عمل مواطنيها والقيام بعمليات التنصيب في حدود اختصاصها الإقليمي[1]. تكريسا لمبدأ حرية العمل و التعاقد المنصوص عليه في الاتفاقيات الدولية المصادق عليها من قبل الجزائر، لا يمكن لوكالة التشغيل أن تفرض على المستخدم إبرام عقد عمل مع طالب شغل معين حتى ولو توفرت فيه جميع الشروط التي عرضها المستخدم، ولهذا وجدنا من الناحية العملية أن وكالة التشغيل تقدم للهيئة المستخدمة مجموعة من طالبي العمل الذين توفرت فيهم الشروط المطلوبة يتراوح عددهم مابين 3 إلى 5 وعلى الهيئة المستخدمة اختيار العامل التي تريده.

يتعرض كل مستخدم لم يلتزم بتبليغ الوكالة المختصة بالتشغيل بالمناصب الشاغرة لديه أو بإرسال المعلومات المتعلقة بالاحتياجات من اليد العاملة وكذا المستخدمين الذين يبرمون عقود عمل مباشرة دون اللجوء إلى الوكالة إلى عقوبات جزائية تتمثل في غرامات مالية تتراوح بين 10.000 دج و30.000 دج عن كل منصب شاغر لم يتم التبليغ عنه، أو عن كل تشغيل تم دون إعلام الوكالة[2].

يتضح مما سبق أنه لم تعد للهيئات المستخدمة حرية التعاقد المباشر مع العمال، بل عليها اللجوء إلى الوكالة الوطنية للتشغيل ولهياكلها المحلية ولعل الغرض من استحداث هذه الأجهزة، تحقيق مبدأ المساواة بين جميع المواطنين المكرس في الدستور، بحيث تعطى لكل مواطن تتوفر فيه شروط الترشح لمنصب العمل فرصة الالتحاق به، كما يبدو أن الغرض من استحداث هذه الوكالة الوصول إلى إحصائيات دقيقة في مجال عالم الشغل بغية وضع إستراتيجية فعالة لتحقيق التوازن بين طلبات العمل والعروض المقدمة في سوق العمل.

---

[1] انظر المواد 2 و 5 و 8 من القانون رقم 04 - 19 المؤرخ في 13 ذي القعدة 1425 الموافق 25 ديسمبر 2004 المتعلق بتنصيب العمال ومراقبة التشغيل جريدة رسمية عدد 83 لسنة 2004.

[2] انظر المادتين 24 و 25 من القانون رقم 04 - 19 السالف الذكر.

2: التزامات الوكالة الوطنية وهياكلها تجاه الهيئات المستخدمة

يجب على وكالة التشغيل المختصة تلبية العرض المقدم من قبل الهيئة المستخدمة في أجل أقصاه 21 يوما من تاريخ تسجيله، وفي حالة عدم تلبية العرض، يمكن للهيئة المستخدمة اللجوء إلى التشغيل المباشر مع إعلام الوكالة بذلك فورا [1].

لم يحدد المشرع الجزائري المهلة الممنوحة للهيئة المستخدمة من أجل إبلاغ الوكالة بالمناصب التي تم شغلها، وفي اعتقادنا أنها نفس المهلة التي أقرتها قوانين الضمان الاجتماعي المتعلقة بالتصريح بالعمال لديها والمحددة 10 أيام التي تشغيل العامل[2].

منح المشرع الجزائري للمصالح المختصة التابعة للإدارة المكلفة بالتشغيل وفي حدود اختصاصها السهر على احترام تطبيق الأحكام التشريعية والتنظيمية المتعلقة بتنصيب العمال[3]، ومن تم فللمصالح التابعة للوكالة حق القيام بالزيارات الميدانية للهيئات المستخدمة والإطلاع على جميع السجلات والدفاتر المتعلقة بتشغيل العمال وعلى رأسها سجل العمال الذي يتضمن المعلومات التالية اسم ولقب العامل نوع الجنس، تاريخ الميلاد، العنوان العائلي، منصب العمل المشغول، تاريخ التشغيل، تاريخ إنهاء علاقة العمل سبب إنهاء العلاقة رقم التسجيل في هيئة الضمان الاجتماعي، طبيعة علاقة العمل[4].

---

[1] انظر المادة 14 من القانون رقم 04 – 19المذكور أعلاه.

[2] المادة 10 من القانون رقم 83 – 14 المؤرخ في 21 رمضان عام 1403 الموافق 2 يوليو 1983 المعدل والمتمم والمتعلق بالتزامات المكلفين في مجال الضمان الاجتماعي " يجب على أصحاب العمل أن يوجهوا طلب انتساب المستفيدين من الضمان الاجتماعي وذلك في ظرف 10 أيام التي تلي توظيف العامل ".

[3] انظر المادة 22 من القانون رقم 04 – 19 السالف الذكر.

[4] انظر المادة 5 من المرسوم التنفيذي رقم 96 – 98 المؤرخ في 17 شوال 1416 الموافق 6 مارس 1996 المحدد لقائمة ومحتوى السجلات والدفاتر الخاصة الملزمة للمستخدمين – جريدة رسمية عدد 17 لسنة 1996.

لم يمنح المشرع الجزائري للوكالة سلطة اتخاذ الإجراء والتدابير التي من شأنها متابعة الهيئة المستخدمة التي لا تراعي احترام تطبيق النصوص التشريعية والتنظيمية المتعلقة بالتنصيب، فالوكالة لا تتمتع بالضبطية القضائية التي يتمتع بها مفتش العمل في مجال اختصاصه، وبالتالي فللوكالة في هذه الحالة إخطار مفتشية العمل المختصة إقليميا التي خولها المشرع سلطة تحرير محاضر مخالفة في حالة خرق النصوص الآمرة المتعلقة بالنظام العام الاجتماعي[1].

الفرع الثاني

المشاكل التي تواجه وكالات التشغيل والحلول المقترحة

نتناول في هذا الفرع أولا الصعوبات والمشاكل التي تواجه الوكالة الوطنية للتشغيل وفروعها في العنصر الأول، ونخصص العنصر الثاني للحلول التي بدت لنا مناسبة من خلال احتكاكنا الميداني بهذه الوكالات.

1: الصعوبات والمشاكل التي تواجه وكالات التشغيل

تواجه الوكالة الوطنية للتشغيل وهياكلها الجهوية والمحلية عدة صعوبات ومشاكل من الناحية العملية نذكلا منها:

- خرق هيئة المستخدمة للنصوص التشريعية والتنظيمية وذلك بتشغيل عمال دون تقديم عروض العمل على الوكالة.

(1) المادة 7 من القانون رقم 90 - 03 المؤرخ في 10 رجب 1410 الموافق 6 فبراير 1990 المتعلق بمفتشية العمل المعدل والمتمم - جريدة رسمية عدد 6 لسنة 1990: "مفتشو العمل أعوان محلفون مؤهلون في إطار مهمتهم وحسب الأشكال المنصوص عليها في التنظيم القيام بالأعمال التالية: أ ملاحظات كتابية.ب تقديم الأعذار. ج محاضر مخالفات. - محاضر المصالحة وعدم المصالحة قصد الوقاية من الخلافات الجماعية في العمل وتسويتها "

- عدم الحضور الدوري لطالبي العمل لوكالة الولائية لتشغيل لتمديد مدة البطاقة وتجديد صلاحيتها والتصريح في حالة حصولهم على عمل.
- انعدام الثقة بين طالبي العمل والوكالة الوطنية للتشغيل، وفي اعتقادنا أن السبب يرجع إلى جهلهم لها ولدورها.
- عدم التوازن بين طلبات العمل وعروضه، وصعوبة إدراج حاملي الشهادات الجامعية في العلوم الإنسانية لقلة العروض المقدمة بشأنها.

2: الحلول المقترحة في مواجهة المشكل التي تواجه وكالات التشغيل

بغية الحد من المشاكل التي تواجه الوكالة الوطنية للتشغيل فإننا نقترح ما يلي

- اعتماد الوكالة على استراتيجية في الإعلام للتعريف بها وبدورها ومهامها وذلك باللجوء إلى الأبواب المفتوحة والقيام الملتقيات والأيام الدراسية في هذا الشأن.
- تأهيل الوكالة من جميع النواحي من خلال تزويدها بالوسائل المادية عصرنة مناهج تسيرها بالوسائل التكنولوجية الحديثة من خلال إحداث موقع على الإنترنت للتسجيل المباشر لعرض عروض العمل وطلباته.
- الاتصال والاحتكاك بالوكالات التشغيل الأجنبية قصد الاستفادة من خبرتها وتجربتها في الميدان.
- التنسيق مع مفتشية العمل بغية تفعيل جهاز الرقابة.

الفصل الأول

نشأة علاقة العمل الفردية

الفصل الأول

نشأة علاقة العمل الفردية

تنشأ علاقة العمل الفردية بموجب عقد عمل لذا سنتطرق من خلال هـذا الفصـل إلى نتطـرق مـن خلال هذا الباب إلى التعريف بعقد العمل وتمييزه عن العقود المشابهة له (المبحث الأول)، ثم بيـان أهـم عناصره الأساسية التي يقوم عليها (المبحث الثاني).

المبحث الأول

التعريف بعقد العمل وتمييزه عن العقود المشابهة له

سنقسم هذا المبحث إلى مطلبين نتناول في المطلب الأول التعريف بعقد العمل باعتباره الوسيلة والأداة التي بواسطته تنشأ علاقة العمل الفردية، ونخصص المطلب الثاني للتمييز بين هذا العقد عن سائر العقود المشابهة له.

المطلب الأول

التعريف بعقد العمل وبيان خصائصه

يعتبر مصطلح عقد العمل حديث العهد، إذ لم يستعمل إلا في بداية هذا القرن وجاء ليحل محل مصطلح قبله عرف اسم " إيجار الخدمات " Louage de service " وسمي كذلك لكون العامل يؤجر قوة عمله لصاحب العمل لمدة معينة مقابل أجر، فقوة العمل عبارة عن بضاعة يعرضها صاحبها لأرباب العمل، ومن خلال هذه التسمية يتضح مدى بشاعة الاستغلال الذي تعرض له العمال من قبل الطبقة البرجوازية بعد ظهور الثورة الصناعية[1].

مازالت حرية الإرادة تعلب دورا هاما وأساسيا في إبرام عقد العمل باعتبارها تكريسا لمبدأ حرية العمل والذي بموجبه يحق لكل طرف في عقد العمل اختيار من يتعاقد معه، وإن وردت على هذه الحرية بعض القيود والتحفظات الاجتماعية والاقتصادية، إلا أنها تضل حقيقة مكرسة من الناحية القانونية فالتقاء إرادتي العامل وصاحب العمل لإبرام عقد العمل، هو السبيل الوحيد لإنشاء العلاقة بينهما، أما

---

[1] انظر ذيب عبد السلام – قانون العمل الجزائري والتحولات الاقتصادية – المرجع السالف الذكر ص 26. والدكتور محمود سلامة جبر – الوسيط في عقد العمل الفردي – الجزء الاول – الطبعة الأولى القاهرة 1999ص 13.

تدخل وكالة التشغيل العمومية والخاصة السالف ذكرهما في الفصل التمهيدي، لا يعد منشأ لهذه العلاقة بل هو إجراء اشترطه المشرع لتنظيم سوق العمل[1].

سنقسم هذا المطلب إلى فرعين نتناول في الفرع الأول التعريف التشريعي والفقهي لعقد العمل، ونخصص الفرع الثاني لأهم الخصائص التي يمتاز بها عن غيره من العقود.

الفرع الأول

التعريف التشريعي والفقهي لعقد العمل

نتناول في هذا العنصر أهم التعريفات الـواردة في التشريعات العمالية المقارنة وخاصة العربيـة منها، ثم ننتقل لأهم التعريفات الفقهية الواردة بشأنه.

1: التعريف التشريعي

ترددت التشريعات العمالية المقارنة في إحاطتها بتعريف عقد العمل، فمنها مـن اكتفـت بالإشارة إلى طرفيه العامل وصاحب العمل على غرار ما ذهب إليه المشرع الجزائري، لأنه اعتبر العقـد أداة شكلية لانعقاد علاقة العمل مقتديا في ذلك إلى ما ذهب إليه كل من المشرعين المغربي و الفرنسي. ومن التشريعات العمالية من وضعت تعريفا خاصا بعقد العمل فلقد عرفه المشرع المصري على أنه:"عقـد العمـل الفـردي هو العقد الذي يتعهد بمقتضاه عامل بأن يعمل لدى صاحب عمل وتحت إدارته أو إشرافه لقاء أجر"[2].

---

[1] الدكتور أحمد حسن البرعي – الوسيط في القانون الاجتماعي – الجزء الثاني شرح عقد العمل الفردي ص 108.

[2] انظر المادة 31 من قانون العمل المصري رقم 12 لسنة 2003.

نفس التعريف أورده كل من التشريع العماني[1]، والسعودي[2]، غيـر أن المشـرع التونسي‑ كـان أكـثر دقة وشمولا في تعريفه لعقد العمل حيث عرفه على أنه: "اتفاق من خلاله يلتزم أحد أطرافه يدعى عامـل أو أجير بتقديم لشخص آخر يدعى مستخدم خدمات تحت إشراف ومراقبة هذا الأخير لقـاء أجـر"[3]. وفي غياب التعريف القانوني لعقد العمل في التشريع الجزائري يكون المشرع قد تـرك تعريفه للمبـادئ العامـة الواردة في النظرية العامة للالتزام من خلال تعريف العقد بصفة عامة.

2: التعريفات الفقهية لعقد العمل

عرف الفقه الفرنسي عقد العمل على أنه: " اتفاق يتعهد بمقتضـاه شخص بوضع نشـاطه في خدمـة شخص آخر وتحت إشرافه مقابل أجر"[1]. بينما عرفه الفقه المصري على أنه: "اتفـاق يتعهـد بمقتضـاه أحـد طرفيه - يسمى حسب الأحوال مستخدم أو عامل أو خادم - بأداء عمل مادي تحت إدارة العاقد الآخر - يسمى

---

[1] المادة 7/1 من قانون العمل العماني " عقد العمل كل عقد يتعهد بمقتضاه شخص طبيعي بأن يعمل لمصلحة صاحب عمل وتحت إدارته وإشرافه لقاء أجر". ورد التعريف في مرجع الدكتور مصطفى عبد الحميد عدوي - الوجيز في قانون العمل لسلطنة عمان بدون طبعة ص24.

[2] المادة 50 من قانون العمل السعودي الصادر بالمرسوم الملكي رقم 51 المـؤرخ في 22 / 08 / 1426: " عقـد العمـل هـو عقـد مبرم بين صاحب عمل وعامل، يتعهد الأخير بموجبه أن يعمل تحت إدارة صاحب العمل أو إشرافه مقابل أجر" المـادة مذكورة في مرجع الدكتور محمد بن براك الفوزان - نظام العمل السعودي الجديد مكتبة القانون والاقتصاد الريـاض طبعة 2007 ص 145.

[3] Art 6 du code de travail Tunisie: « Le contrat du travail est une convention par laquelle l'une des parties appelée travailleur ou salarié s'engage à fournir à l'autre partie appelée employeur ses services personnels sous la direction et le contrôle de celle-ci , moyennant une rémunération ».

[1] كاميرلنك-قانون العمل- الجزء الأول- "عقد العمل" الطبعة الثانية دالوز 198 ص 52

رب عمل أو صاحب عمل - في مقابل أجر يحصل عليه"[1]، كما عرفه آخرون على أنه: " عقد مبرم بين بين صاحب عمل يتعهد وعامل يتعهد هذا الأخير أن يعمل تحت إدارة صاحب العمل وإشرافه مقابل أجر أيا كان نوعه. على أن يتضمن هذا العقد شروط العمل المتفق عليها، وذلك لمدة محددة أو غير محددة، أو من أجل القيام بعمل معين".[2]

يتبين من هذا التعريف السالف الذكر أن لعقد العمل ثلاثة عناصر أساسية هي عنصر العمل وهو محل التزام العامل، وعنصر الأجر وهو محل التزام صاحب العمل وعنصر التبعية وهي العلاقة التي ينشئها العقد بين طرفيه.[3]

حصرت التعريفات السالفة الذكر عناصر عقد العمل في العمل والتبعية والأجر وأغفلت عنصرا أساسيا آخر وهو عنصر المدة، لهذا نقترح التعريف التالي: " عقد العمل هو اتفاق يتعهد بمقتضاه أحد طرفيه يدعى عاملا بأداء عمل تحت إدارة وإشراف شخص آخر يدعى مستخدما لمدة محددة أو غير محددة مقابل أجر معين ومحدد سالفا ".

3: عقد العمل في بنود الاتفاقيات الجماعية للعمل

ذهبت بعض الاتفاقيات الجماعية إلى أن الوسيلة التي بموجبها تنشا علاقة العمل الفردية، هي وثيقة الالتزام أو التعهد document d'engagement التي تعدها وتسلهما الهيئة المستخدمة إلى العامل بعد قبول ترشحه للمنصب على أن يمضي عليها الطرفان، يجب أن تحدد هذه الوثيقة على الخصوص تاريخ شروع العامل في عمله، تحديد منصب العمل ومكانه، الأجر الأساسي والعناصر المكملة له، مدة فترة

---

[1] الدكتور محمود جمال الدين زكي - عقد العمل في القانون المصري - الطبعة 2 مطابع الهيئة المصرية العامة للكتاب 1982 ص 356.

[2] انظر الدكتور سعيد عبد السلام - الوسيط في قانون العمل الجديد رقم 12 لسنة 2003 - دار النهضة العربية القاهرة طبعة 2004 ص 76.

[3] الدكتور محمود جمال الدين زكي - المرجع السالف الذكر ص 357.

التجربة، طبيعة علاقة العمل[1]. الأصل أن تستعمل هذه الوثيقة في قطاع الوظيفة العمومية، وليس في قطاع علاقات العمل، كون هذه الوثيقة تعبر على العلاقة اللائحية التي تربط الإدارة بالموظف، وهو ما كرسته أحكام قانون الوظيفةالعمومية[2] الملغاة بالقانون الأساسي للوظيفة العمومية الجديد[3]. اعتبرت أغلبية الاتفاقيات الجماعية لمختلف الهيئات المستخدمة، أن الوسيلة الوحيدة التي تنشأ بموجبها علاقة العمل الفردية هي " عقد العمل le contrat du travail الذي يجب أن يحرر في نسختين يوقعهما الطرفان، على أن تحدد فيه طبيعة علاقة العمل (محددة المدة أم غير محددة المدة) ومدة العلاقة إذا كان العقد لمدة محددة، تحديد تاريخ بداية العلاقة ونهايتها مكان تنفيذ علاقة العمل، المهام الموكلة للعامل، تحديد الأجر الأساسي والتعويضات المختلفة المرتبطة بمنصب العمل، ومدة فترة التجربة[4]، لقد

---

[1] انظر المادتين 56 و 57 من الاتفاقية الجماعية للعمل لمؤسسة SONALGAZ والمادة 16 من الاتفاقية الجماعية لمؤسسة NAFTEC.إن مواد هذه الاتفاقيات الجماعية نسخت من المادة 56 من القانون رقم 78 - 12، والمادتين 3 و 4 من المرسوم رقم 82 - 302 المتعلق بكيفيات تطبيق الأحكام التشريعية الخاصة بعلاقات العمل الفردية.

Article 19 de la convention collective cadre – Secteur Economique Privé Adoptée par La tripartite du 30 / 09 / 2006: « Tout recrutement donne lieu à l'établissement d'un contrat de travail ou d'une lettre d'engagement qui précise notamment les éléments essentiels suivants: - le lieu de travail.- la description sommaire de l'activité rattachée au poste du travail.- la date de début du contrat et s'il s'agit d'un contrat à durée déterminée le terme de celui-ci.- la durée de la répartition hebdomadaire du travail.- le salaire et les indemnités liées au poste de travail.- la durée de la période d'essai ».

[2] المادة 39 فقرة 2 من المرسوم رقم 85 - 59 المتضمن القانون الأساسي النموذجي لعمال المؤسسات والإدارات العمومية: " تصدر وثيقة التعهد المنصوص عليها في المادة 56 من القانون رقم 78 - 12 في شكل مقرر توظيف يعين بدقة: منصب العمل، الرتبة والصنف وقسم وتصنيف المنصب المذكور الراتب المصلحة التي عين فيها ".

[3] الأمر رقم 06 - 03 المؤرخ في 15 جويلية 2006 المتضمن القانون الأساسي للوظيفة العمومية جريدة رسمية عدد 46 المؤرخة في 16 جويلية 2006 ص 3.

[4] انظر المواد التالية:- المادة 39 - 8 من الاتفاقية الجماعية لمؤسسة اتصالات الجزائر.والمادة 40 من الاتفاقية الجماعية لمؤسسة SONATRACH. والمادة 12 من الاتفاقية الجماعية لدواوين الترقية والتسيير العقاري. والمادة 19 من الاتفاقية الجماعية لمؤسسة تربية الدواجن بمعسكر. والمادة 15 من الاتفاقية الجماعية لمؤسسة تكرير السكر بمستغانم SORASUCRE. والمادة 23 من الاتفاقية الجماعية لمؤسسةPETRO-SER

نسخت الاتفاقيات الجماعية للعمل هذه الأحكام من النصوص التشريعية والتنظيمية الملغاة[1].

يعد عقد العمل الوسيلة الوحيدة التي تنشأ بموجبها علاقة العمل، وهو ما كرسه المشرع الجزائري في أحكام القانون رقم 90 - 11 المتعلق بعلاقات العمل الساري المفعول[2]. بعدما تطرقنا في الفرع الأول إلى التعريف عقد العمل في التشريعات المقارنة والآراء الفقهية ننتقل إلى الفرع الثاني لبيان أهم الخصائص التي تميز هذا العقد عن سائر العقود الأخرى.

الفرع الثاني

خصائص عقد العمل

من خلال التعريفات السالفة الذكر يتبين لنا أن عقد العمل يمتاز بثلاثة خصائص أساسية فهو عقـد رضائي، كما أنه عقد ملزم للجانبين، وهو من العقود المستمرة، وسوف نتطرق إلى هذه الخصائص بنوع مـن التحليل.

1: عقد العمل عقد رضائي

العقد الرضائي هو العقد الذي يكفي لانعقاده مجـرد التراضي ن سواء حصـل التـراضي باللفظ أو الكتابة أو الإشارة[2]، والقاعدة العامة أن عقد العمل من العقود

---

[1] المادة 7 من الأمر رقم 75 - 31 المؤرخ في 29 أفريل 1975 المتعلق بالشروط العامة لعلاقات العمل في القطاع الخاص: " عندما يكون عقد العمل مكتوبا يحدد فيه على الخصوص ما يلي: - المنصب أو المهام التي يعهد بها إلى العامل. – الأجر الأساسي وملحقاته. - مكان الاستخدام. – المدة وفترة التجربة. – المدة إذا كان العقد لمدة محدودة.

[2] المادة 8 من القانون رقم 90 - 11 المتعلق بعلاقة العمل: " تنشأ علاقة العمل بعقد كتابي أو غير كتابي ".

[2] انظر الدكتور عبد الرزاق السنهوري - الوسيط في شرح القانون المدني - نظرية الالتزام بوجه عـام - المجلـد الأول مصادر الالتزام دار النهضة العربية القاهرة طبعة 1981 ص187. وانظر كذلك الدكتور محمد صبري السعدي – شرح القانون المدني الجزائري - النظرية العامة للالتزام - الجزء الأول العقد والإرادة المنفردة - طبعة 1991 - 1992 دار الهـدى الجزائر ص 55.

الرضائية، إذ يتم انعقاده بمجرد التعبير عن الإرادتين المتطابقتين لكل من العامل وصاحب العمل وهو ما نص عليه المشرع الجزائري[1]، كما أنه لم يشترط المشرع الكتابة في العقود غير المحددة المدة ومن ثم يمكن إثبات هذه العقود بكافة وسائل الإثبات[2] إلا أنه استثناء عن القاعدة العامة، اشترط المشرع الكتابة في العقود المحددة المدة تقريرا لمصلحة الطرف الضعيف في العقد[3]، ورتب على تخلفها في مثل هذه العقود جزاء مدني يتمثل تحويل العقد من مدة محدودة إلى مدة غير محدودة[4] وجزاء جنائي يتمثل في غرامة مالية تتراوح بين 1000 دج و2000 دج حسب عدد المخالفات[5].

2: عقد العمل عقد ملزم للجانبين

كما يعتبر عقد العمل من العقود الملزمة للجانبين والعقد الملزم للجانبين هو العقد الذي ينشئ التزامات على كل من طرفيه، فيكون كل منهما دائنا ومدينا في نفس الوقت[6]، ففي عقد العمل يلتزم العامل بأداء العمل المتفق عليه وصاحب العمل بدفع الأجر المتفق عليه في الزمان والمكان المحددين، ومن ثم يعد هذا العقد من العقود التبادلية[7].

---

(1) المادة 9 من القانون رقم 90 – 11: " يتم العقد حسب الأشكال التي تتفق عليها الأطراف المتعاقدة ".

(2) المادة 10 من القانون رقم 90 – 11: " يمكن إثبات عقد العمل أو علاقة العمل بكافة وسائل الإثبات ".

(3) المادة 11 فقرة 1 من القانون رقم 90 – 11: " يعتبر العقد مبرما لمدة غير محدودة إلا إذا نص على غير ذلك كتابة ".

(4) انظر المادة 14 من القانون رقم 90 – 11 المذكور أعلاه.

(5) انظر المادة 146 مكرر من القانون رقم 90 – 11 المذكور أعلاه.

(6) انظر الدكتور عبد الرزاق السنهوري – المرجع السالف الذكر ص196. وانظر كذلك الدكتور محمد صبري السعدي – شرح القانون المدني الجزائري –المرجع السالف الذكر ص 60.

(7) انظر الدكتور توفيق حسن فرج – قانون العمل في القانون اللبناني والقانون المصري الجديد – الدار الجامعية بيروت طبعة 1986 ص 118.

3: عقد العمل من العقود المستمرة في الزمان

العقد الزمني أو المستمر أو عقد المدة هو العقد الذي يكون الزمن عنصرا جوهريا فيه، حيث يعد القياس الذي تقدر به الالتزامات المتبادلة[1]. يعتبر عقد العمل في غالب الحالات من العقود المستمرة في الزمان أو عقود المدة إذ يلتزم العامل بتقديم عمله لمدة زمنية معينة أو غير معينة، بحيث يكون الزمن فيه ضروريا لقياس العمل[2]، كما يلتزم صاحب العمل بدفع الأجر خلال مدة زمنية معينة، ومن ثم يكون الزمن أيضا ضروريا لتحديد مقدار الأجر[3]. يترتب على اعتبار عقد العمل من عقود المدة أن انحلال هذا العقد لا يكون إلا بالنسبة إلى المستقبل فقط دون أن يمتد إلى الماضي[4].

المطلب الثاني

تمييز عقد العمل عن غيره من العقود المشابهة له

للتفرقة بين عقد العمل وغيره من العقود الأخرى المشابهة له أهمية كبرى ذلك أن تطبيق لأحكام قانون العمل، وما يخوله من مزايا بالنسبة لمن يسري عليهم قاصرة على الحالات التي توجد فيها علاقة عمل، أي عندما يوجد عقد عمل فقط، فإذا تعلق الأمر بعقد آخر، لا تنطبق المزايا التي تمنحها عليها قوانين العمل. ومن

---

[1] انظر الدكتور عبد الرزاق السنهوري - المرجع السالف الذكر ص 206. وانظر كذلك الدكتور محمد صبري السعدي - شرح القانون المدني الجزائري -المرجع السالف الذكر ص 70.

[2] انظر الدكتور محمد لبيب شنب- شرح قانون العمل-المرجع السالف الذكر ص 92 وانظر كذلك الدكتور سعيد عبد السلام، الوسيط في قانون العمل الجديد، المرجع السالف الذكر ص77

[3] انظر الدكتور السيد عيد نايل - شرح قانون العمل الجديد - دار النهضة العربية القاهرة طبعة 2005 ص 85.

[4] انظر الدكتور توفيق حسن فرج -المرجع المذكور أعلاه ص 118.

العقود التي تتشابه مع عقد العمل عقد المقاولة وسوف نتناوله في الفرع الأول وعقد الشركة نخصص له الفرع الثاني وأخيرا عقد الوكالة في الفرع الثالث.

الفرع الأول

تمييز عقد العمل عن عقد المقاولة

عرف المشرع الجزائري عقد المقاولة على أنه: "عقد يتعهد بمقتضاه أحد المتعاقدين أن يصنع شيئا أو أن يؤدي عملا مقابل أجر يتعهد به المتعاقد الآخر"[1]، نفس التعريف أورده المشرع المصري [2].

يتبين من خلال تعريف كل من العقدين العمل والمقاولة أنهما يردان على العمل، وهذا ما يدعو إلى اللبس بينهما، غير أنه عند إجراء المقارنة بينهما يتضح أن هناك تشابه في عنصرين، عنصر العمل والأجر ففي كل من العقدين يلتزم أحد طرفيه بأن يقدم نتاج عمله مقابل أجر، غير أن الاختلاف بينهما يتجلى في نواحي عديدة أهمها[3]:

---

[1] انظر المادة 549 من الأمر 75 – 58 المؤرخ في 20 رمضان 1395 الموافق 26 سبتمبر 1975 المتضمن القانون المدني، المعدل والمتمم بالقانون رقم 07 – 05 المؤرخ في 13 مايو 2007.

[2] انظر المادة 646 من القانون المدني المصري رقم 131 لسنة 1948 المعدل والمتمم

[3] انظر الدكتور محمد لبيب شنب- شرح قانون العمل- المرجع السالف الذكر ص 93 وانظر كذلك الدكتور سعيد عبد السلام – الوسيط في قانون العمل الجديد – المرجع السالف الذكر ص80. والدكتور محمود سلامة جبر – الوسيط في عقد العمل الفردي – الجزء الأول الطبعة الأولى القاهرة 1999 ص 235. وانظر كذلك الدكتور مصطفى عبد الحميد عدوي – الوجيز في قانون العمل لسلطنة عمان – المرجع السالف الذكر ص 31.

- يعتبر العامل تابعا لرب العمل، ومن ثم يكون هذا الأخير مسؤولا عن الخطأ الـذي يقـع مـن العامل ثناء وبسبب تأدية عمله، أما المقاول فلا يعتبر تابعا لرب العمل ولا يسال هذا الأخير عن أخطائه.

- تعتبر شخصية العامل محل اعتبار دائما عند إبرام عقد العمل، في حين أن شخصية المقاول لا تعتبر بحسب الأصل محل اعتبار عند إبرام عقد المقاولة، ومن ثـم لا يلتـزم المقـاول أن يعمل بنفسه، لأن كل ما يجب عليه هو أن يقدم الشيء الذي تعهد بانجازه، سواء كان ذلك بنفسـه أو بواسطة عمال استخدمهم هو لذلك الغرض. أما العامل يلتـزم أن يـؤدي العمـل بنفسـه ولا يستطيع أن يحل آخر محله.

- لا ينطبق النظام القانوني الخاص بالأجور والتعويضات المنصوص عليها في أحكام قانون العمـل على أجور المقاولين.

- يخضع إنهاء عقد العمل لأحكام خاصة تهدف إلى التقليل من حالات الإنهاء وضـمان اسـتمرار وثبات علاقات العمل، ولا تسري هذه الأحكام على عقد المقاولة.

- غالبا ما ينصب التزام المقاول على تحقيق نتيجة معينة، أما التـزام العامـل ينصـب علـى بـذل عناية الرجل العادي.

لعل أهم معيار استقر عليه الفقه الحديث في التمييز بين عقد العمل وعقد المقاولـة هـو " معيـار التبعية القانونية " فالعامل يقوم بالعمل المكلف به تحت إدارة وإشراف صاحب العمل، أما المقاول يقوم بالعمل المعهود إليه مستقلا فلا يخضع في تنفيذه لأي إشراف أو توجيه من قبل صاحب العمل، فهو الـذي يختار وسائل التنفيذ من أدوات، وهو الذي يحدد كيفية تنفيذ وقته ومن ثم متى تـوافرت رابطـة التبعيـة بين المتعاقدين اعتبر العقد عقد عمل ومتى انتفت كان العقد مقاولة[1].

[1] انظر الدكتور محمد لبيب شنب- المرجع السالف الذكر ص 94 و 95 وانظر كذلك الدكتور سعيد عبد السلام - المرجع السالف الذكر ص 82. والدكتور محمود سلامة جبر - المرجع

الفرع الثاني

تمييز عقد العمل عن عقد الوكالة

عرف المشرع الجزائري الوكالة أو الإنابة على أنها: "عقد بمقتضاه يفوض شخص شخصا آخر للقيام بعمل شيء لحساب الموكل وباسمه"[1] بينما عرفها المشرع المصري على أنها: " عقد بمقتضاه يلتزم الوكيل بأن يقوم بعمل قانوني لحساب الموكل"[2]. ينشأ التشابه بين العقدين في قيام أحد طرفيه (العامل والوكيل) بعمل معين لمصلحة الطرف الآخر (صاحب العمل و الموكل)، كما يتلقيان في غالب الأمر أجرا مقابل العمل المؤدى. اعتمد الفقه على معيارين أساسيين للتمييز بين العقدية، يتمثل الأول في طبيعة العمل، والثاني التبعية القانونية.

1: معيار طبيعة العمل

يرى أصحاب هذا الاتجاه أن المعيار المميز لعقد العمل عن عقد الوكالة هو أن عقد الوكالة يقـوم على الأعمال القانونية دون الأعمال المادية، فينوب الوكيل عن الموكل في إجراء العمل القانوني وينصرف أثاره إلى الوكيل دون الموكل، أما إذا كان العمل المنوط به هو عمل مادي يقوم به الشخص لصالح شخص آخر كانت العلاقة علاقة عمل يحكمها عقد عمل[3].

السالف الذكر ص 236. وانظر كذلك الدكتور توفيق حسن فرج المرجع السالف الذكر ص 135.وانظر كذلك الدكتور أحمية سليمان التنظيم القانوني لعلاقات العمل في التشريع الجزائري - الجزء الثاني علاقة العمل الفردية - ديوان المطبوعات الجامعية - الجزائرص75.

[1] انظر المادة 571 من الأمر 75 - 58 المتضمن القانون المدني المعدل والمتمم.

[2] انظر المادة 699 من القانون المدني المصري.

[3] انظر الدكتور محمد لبيب شنب- المرجع السالف الذكر ص 100 و 101.

انتقد هذا الاتجاه على أساس أن قانون العمل لم يشترط في العمل الذي ينصب عليه العقد أن يكون العمل ماديا فقط، فقد يكون العمل محل التعاقد ماديا أو قانونيا[1]، وهنا يثور التساؤل إذا كنا بصدد عقد محله القيام بعمل قانوني مقابل أجر، فهل نحن بصدد عقد وكالة أم عقد عمل؟ إجابة على هذه الإشكالية ذهب الفقه الحديث إلى اعتماد معيار أدق وهو معيار التبعية القانونية.

2: معيار التبعية القانونية

يرى أنصار هذا الاتجاه أن المعيار السليم المعتمد للتمييز بين عقد الوكالة وعقد العمل هو معيار التبعية القانونية، بحيث يعتبر العقد عقد عمل متى كان القائم بالعمل خاضعا لرقابة وإشراف صاحب العمل، وذلك بصرف النظر عن طبيعة العمل المطلوب أي سواء كان ماديا أو قانونيا وهو ما أقرته الغرفة الاجتماعية بمحكمة النقض الفرنسية في إحدى قراراتها[2]، وقد ذهبت محكمة النقض المصرية إلى أنه لا يوجد ما يمنع من أن يعهد صاحب العمل إلى احد عماله بإبرام تصرفات قانونية لحسابه إلى جانب ما يباشره من أعمال مادية أو فنية أخرى، فيجمع بذلك بصفته كأجير وصفته كوكيل.[3]

---

(1) انظر الدكتور محمود سلامة جبر - المرجع السالف الذكر ص 244 و 245.

(2) الغرفة الاجتماعية بمحكمة النقض الفرنسية 24 فبراير 1956 مجلة القانون الاجتماعي 1956 ص 354

(3) نقض مصري رقم 31/3ق جلسة 2/24 / 1965 س16ص215، صلاح محمد ص 1185 وجاء في هذا الحكم: " وإذ يتبين من الحكم المطعون فيه أنه كيف العلاقة بين طرفي الخصومة على أنها وكالة لا عقد عمل استنادا إلى توكيلات عامة صرح فيها الموكل (صاحب العمل) بحضور المزايدات الرسمية وغير الرسمية والتزايد فيها والشراء باسمه".

الفرع الثالث

تمييز عقد العمل عن عقد الشركة

عرف المشرع الجزائري الشركة على أنها: " عقد بمقتضاه يلتـزم شخصان طبيعيـان أو اعتباريـان أو
أكثر على المساهمة في نشاط مشترك بتقديم حصة من عمل أو مال أو نقد، بهدف اقتسام الربح الـذي قـد
ينتج أو تحقيق اقتصاد أو بلوغ هدف اقتصادي ذي منفعة مشتركة. كما يتحملون الخسائر التي قـد تنجـر
عن ذلك"[1] غير أن المشرع المصري كان أكثر دقة ووضوحا في تعريفـه للشركة حيـث عرفها أنها: " عقـد
بمقتضاه يلتزم شخصان أو أكثر بأن يساهم كل منهم في مشروع مالي، بتقديم حصة مـن مـال أو مـن عمـل
لاقتسام ما قد ينشأ عن هذا المشروع من ربح أو من خسارة "[2].

قد يختلط عقد العمل مع عقد الشركة إذا كان أحد الشركاء قد ساهم بعمله في رأس مال الشركة،
أو عندما يكون أجر العامل نسبة من الأرباح، ولقد ذهب بعض الفقه في محاولة للتمييز بين عقـد العمـل
وعقـد الشركة أن ما يميز عقـد العمـل عـن عقـد الشركة هـو أن العامـل لا يتحمل الخسائر التـي تلحـق
المؤسسة، بل يتحملها صاحب العمل لوحده، أما في عقد الشركة يتحمل الشريك مخاطر المشروع وله أيضا
مغانمه، غير أن ما ذهب إليه أنصار هذا الاتجاه لا يصلح كمعيار لوضع حـد بـين العقـدين، لذلك ذهـب
أغلبية الفقه الحديث إلى اعتماد معيار رابطة التبعية القانونية[3].

---

[1] انظر المادة 416 من الأمر 75 – 58 المتضمن القانون المدني الجزائري.
[2] انظر المادة 505 من القانون المدني المصري.
[3] انظر الدكتور محمد لبيب شنب- المرجع السالف الذكر ص 98 و 99 وانظر كذلك الدكتور سعيد عبد السـلام – المرجـع
السالف الذكر ص 95. والدكتور محمود سلامة جبر – المرجع السالف الـذكر ص 259 و 260. وانظـر كـذلك الـدكتور
توفيق حسن فرج المرجع السالف الذكر ص 166.وانظر كذلك الدكتور أحمية سليمان التنظيم القانوني لعلاقـات العمـل
في التشريع الجزائري – المرج السالف الذر ص 78 و 79.

المبحث الثاني

عناصر عقـد العمل وارتباطه بفترة التجربة

بعد تعرضنا في المبحث الأول إلى التعريف بعقد العمل وبيان خصائصه وكذا تمييزه عـن العقـود المشابهة له، ننتقل إلى المبحث الثاني لبيان أهم العناصر التـي يقـوم عليهـا هـذا العقـد (المطلـب الأول) و لارتباطه بشرط فترة التجربة (المطلب الثاني).

المطلب الأول

عناصر عقـد العمل

إلى جانب الأركان العامة المنصوص عليها في أحكام الشريعة العامة   (القانون المدني) والمتمثلة في التراضي والمحل والسبب، يجب أن يحتـوي عقـد العمـل عـلى العنـاصر الأساسـية المسـتنبطة مـن خـلال تعريفه وهي عنصر العمل والتبعية وسوف نتعرض إليهما في الفرع الأول، ثم عنصر المـدة وسوف نتناولـه في الفرع الثاني، وأخيرا عنصر الأجر الذي سنخصص له الفر ع الثالث.

الفرع الأول

عنصرا العمل والتبعية

توضيحا لهذين العنصرين، سنقسم هـذا الفـرع إلى جـزأين نتنـاول في الجـزء الأول عنصرـ العمـل، ونخصص الجزء الثاني لعنصر التبعية بنوعيها القانونية والاقتصادية.

1: عنصر العمل

يعتبر عنصر العمل من العناصر الأساسية التي يقوم عليها عقد العمل توضيحا لهذا العنصر سنتناول أولا مفهوم العمل، وثانيا طبيعة العمل المؤدى من قبل العامل الأجير وشروطه.

1 - 1: مفهوم العمل

يقصد بالعمل: " كل نشاط أو جهد بدني أو فكري أو فني يقوم به العامل بصفة شخصية "[1] فمن العمال من يمارسون نشاطا وجهدا بدنيا فقط، ومن منهم من يؤدون جهدا بدنيا وفكريا في آن واحد ومنهم من لا يؤدون سوى جهدا فكريا أو فنيا، تجسدت هذه الأصناف من العمال على مستوى أغلبية المؤسسات المستخدمة، حيث وبالجوع إلى الاتفاقيات الجماعية لمختلف المؤسسات نجدها تقسم العمال إلى أربعة أصناف يتفاوتون فيما بينهم حسب كفاءتهم ومؤهلاتهم العلمية الصنف الأول هم عمال التنفيذ Les Agents d'exécutions وعادة يحتلون المرتبة السفلى في التصنيف المهني كونهم لا يملكون أي مؤهل فهؤلاء يؤدون عملا بدني الحراسة وعمال النظافة و عمال الصيانة وغيرهم.

أما الصنف الثاني فهم عمال التأهيل Les Agents de maîtrises يحتلون المرتبة الثانية ضمن التصنيف المهني لكونهم يتمتعون بمؤهلات متوسطة كالمستوى المتوسط أو الثانوي وهم يقومون بأعمال بدنية وفكرية في آن واحد، أما الصنف الثالث والرابع فهم الإطارات Les cadres والإطارات العليا Les cadres supérieures وعادة ما يؤدون أعمالا فكرية أو فنية كالمهندسين والمحاسبين والمستشارين القانونيين ورؤساء المصالح وغيرهم.

[1] الدكتور محمود جمال الدين زكي ص 521. وانظر كذلك أحمية سليمان المرجع السالف الذكر ص 20. انظر الدكتور توفيق حسن فرج _ قانون العمل في القانون اللبناني والقانون المصري الجديد _ دار الجامعية بيروت _ طبعة 1986 صفحة 121 " وانظر كذلك الدكتور السيد عيد نايل - شرح قانون العمل الجديد ص 86.

1 - 2: طبيعة العمل المؤدى وشروطه

على العامل أن يقوم بهذا الجهد البدني أو الفكري أو الفني بصفة شخصية لأن شخصيته محل اعتبار عند أبرام عقد العمل، لأن صاحب العمل لا يتعاقد معه إلا لثقته به وكفاءته وأمانته، أو لما يتوافر لديه من صفات أخرى تجعله كفئا للقيام بالعمل المطلوب[1]. يترتب على اعتبار شخصية العامل عنصرا جوهريا في إبرام عقد العمل أ يقوم بالعمل بنفسه، ولا يجوز له دون رضاء صاحب العمل أن يعهد إلى غيره بتنفيذ العمل الموكل إليه، أو أن يطلب مساعدة الغير في أدائه[2]، غير أن الطابع الشخصي ـ في أداء العمل لا يعد من النظام العام، إذ يجوز الاتفاق على خلافه عند إبرام العقد، بأن يعهد العامل بعمله لشخص آخر بشرط موافقة صاحب العمل، والموافقة تكون صريحة كأن يتفق بواب البناية مع صاحب العمل أن يقوم شخص آخر غير البواب بحلول محل هذا الأخير أثناء العطلة السنوية، أو ضمنية تستخلص من إرادة المتعاقدين أو يستدل عليها بالعرف المهني، كما لا يمكن لصاحب العمل أن يلزم ورثة العامل المتوفى بأداء عمل ألتزم مورثهم بأدائه كما لا يجوز لهم مطالبة صاحب العمل بتعويض مورثهم في منصب عمله حتى ولو توفرت في الوارث جميع المؤهلات التي كان يمتاز بها المورث[3]، غير أنه من الناحية العملية ونظرا لاعتبارات اجتماعية وإنسانية تضمنت بعض الاتفاقيات الجماعية للعمل منح الأولوية في التشغيل لورثة العامل المتوفى في منصب مورثهم

---

[1] الدكتور محمد لبيب شنب - شرح قانون العمل - المرجع السالف الذكر ص 180.

[2] انظر أحمية سليمان المرجع السالف الذكر ص 22 و 23. وانظر كذلك الدكتور محمود سلامة جبر - الوسيط في عقد العمل الفردي - الجزء الأول - الطبعة الأولى القاهرة 1999 ص 82 و83.وانظر الدكتور محمود جمال الدين زكي - عقد العمل في القانون المصري - المرجع السالف الذكر ص 718.

[3] الدكتور أحمد حسن البرعي - الوسيط في القانون الاجتماعي - الجزء الثاني شرح عقد العمل الفردي - دار النهضة العربية القاهرة طبعة 2003 ص 581.

متى توفرت فيهم الشروط المطلوبة لذلك المنصب، أو في منصب آخر يتناسب مع قدراتهم ومؤهلاتهم العلمية.

كما أنه لا يجوز لصاحب العمل كقاعدة عامة أن يغير نوع العمل المتفق عليه إلا برضاء العامل، ولو كان يقصد من هذا التغيير مصلحة المؤسسة، غير أنه استثناء عن القاعدة العامة يجوز لصاحب العمل أن يكلف العامل بعمل غير متفق عليه في العقد إذا دعت إلى ذلك الضرورة أو القوة القاهرة، فإذا رفض العامل أداء هذا العمل كان مخلا بالتزامه، والضرورة عارض لا يدوم، وتغيير نوع العمل إنما أجيز لمواجهة هذه الضرورة فقط، ولذلك فإن هذا التغيير لابد أن يكون بصفة مؤقتة، بحيث يتعين إعادة العامل إلى عمله الأصلي بعد زوال حالة الضرورة أو القوة القاهرة، ويقع على صاحب العمل عبء إثبات توافر الضرورة، فإذا عجز عن ذلك فلا يكون العامل مخلا بأي التزام إن امتنع عن القيام بالعمل الذي كلف به.

كما يجوز لصاحب العمل أن يكلف العامل بعمل غير متفق عليه إذا كان هذا العمل لا يختلف اختلافا جوهريا عن عمله الأصلي المتفق عليه، شريطة عدم المساس بحقوقه المالية، وأن يكون الغرض من التغيير تحقيق المصلحة الاقتصادية للمؤسسة، أما إذا ثبت أن التغيير تم بقصد الإساءة إلى العامل أو تحقيق مصلحة غير مشروعة، فلا يلتزم هذا الأخير بطاعة أمر صاحب العمل ولا يكون مخلا بأي التزام إذا امتنع عن تنفيذ هذا الأمر. إن تقدير ما إذا كان العمل الجديد لا يختلف اختلافا جوهريا عن العمل المتفق عليه، مسألة موضوعية يرجع فيها الاختصاص إلى قاضي الموضوع، مستهديا بظروف العمل وملابساته[1].

2: عنصر التبعية

ذهبت محكمة النقض المصرية أن عقد العمل يتميز بخاصيتين أساسيتين هما عنصر التبعية والأجر بحيث لا يقوم إلا بهما مجتمعتين، وأن المناط في تكييف

---

[1] الدكتور محمد لبيب شنب – شرح قانون العمل – المرجع السالف الذكر ص 182.

عقد العمل وتمييزه عن غيره من العقود هو توافر عنصر التبعية التي تتمثل في خضوع العامل لصاحب العمل وإشرافه ورقابته[1]، فقانون العمل لا يحكم إلا العمل التابع الذي يقوم به شخص لحساب آخر وتحت رقابته أما العمل الذي يؤديه شخص لحسابه الخاص لا يخضع لقانون العمل. والتبعية نوعان قانونية واقتصادية.

2 - 1: التبعية القانونية

يقصد بالتبعية القانونية قيام العامل بالعمل تحت إدارة وإشراف صاحب العمل، بحيث يكون من حق هذا الأخير إصدار أوامر وتوجيهات للعامل بشان تحديد المطلوب منه، وكيفية القيام به ووقت ومكان أدائه، وأن يوقع عليه الجزاء إذا لم يراع هذه الأوامر"[2]. تظهر التبعية القانونية سلطة وحق صاحب العمل في توجيه العامل ورقابته أثناء قيامه بالعمل، كما تظهر في الجزاءات التي يمكن لصاحب العمل توقيعها على العامل في حالة مخالفته لها والملاحظ أن المشرع الجزائري يعتد بمعيار بالتبعية القانونية وظهر ذلك جليا من خلال تعريفه للعمال الأجراء[3].

تتفاوت التبعية القانونية في درجاتها بتفاوت إمكانيات رب العمل في استعمال سلطته فقد تكون فنية بموجبها يشرف صاحب العمل على العامل إشرافا كاملا، وفي

---

(1) الطعن رقم 283 / 33 جلسة 8 / 11 / 1967 مجموعة الهواري 1967 ص 12 رقم 8 - والطعن رقم 38 / 33 جلسة 23 /2 / 1972 مجموعة الهواري 1976 ص 13 رقم 9. القراران مذكوران في مرجع الدكتور أحمد حسن البرعي - ص 127.

(2) الدكتور حسن البرعي - المرجع السالف الذكر ص 128. وانظر كذلك الدكتور محمود سلامة جبر المرجع السالف الذكر ص 31. وانظر كذلك محمود جمال الدين زكي المرجع السالف الذكر ص 488.

(3) المادة 2 من القانون رقم 90 - 11 السالف الذكر: " يعتبر عمالا أجراء، في مفهوم هذا القانون، كل الأشخاص الذين يؤدون عملا يدويا أو فكريا مقابل مرتب، في إطار التنظيم ولحساب شخص آخر، طبيعي أو معنوي عمومي أو خاص يدعى مستخدم "

كل أوقات العمل وتفترض هذه التبعية إلمام صاحب العمل بالأصول الفنية للعمل. كما تكون التبعية إدارية أو تنظيمية، بحيث يكتفي صاحب العمل بالإشراف على الظروف الخارجية للعمل، كأن يحدد للعامل وقتا للعمل ومكانه، دون أن يتدخل في العمل من الناحية الفنية[1].

حدد المشرع الجزائري صور التبعية القانونية من خلال تحديد الالتزامات القانونية والتنظيمية الملقاة على عاتق العمال[2].

2 - 2: التبعية الاقتصادية

تقوم التبعية الاقتصادية على حاجة العامل إلى الأجر باعتباره المصدر الوحيد الذي يعيش منه، فهو المصدر الأساسي لحياته من جهة، ومن جهة أخرى فإن صاحب العمل يستنفد كل نشاط العامل لصالحه، ومن هنا يبدو أن عنصر التبعية الاقتصادية يقضي بأن يحصل العامل على مصدر رزقه كله أو مجمله من عمله، كما يقضي بأن يكرس العامل كل جهده ونشاطه لصالح صاحب العمل. إن فكرة التبعية الاقتصادية تربط تكييف العقد بعنصر خارجي عنه وهو العنصر الاقتصادي المحض، إذ أن هذه التبعية تقوم على حاجة العامل إلى أجره واعتماده عليه في

---

[1] انظر الدكتور محمود جمال الدين زكي المرجع السالف الذكر ص 488 و 489 وكذا الدكتور أحمد حسن البرعي المرجع السالف الذكر ص 134 و 135.وانظر كذلك الدكتور محمود سلامة جبر المرجع السالف الذكر ص 45 و 46.

[2] المادة 7 من القانون رقم 90 ـ 11 المتعلق بعلاقات العمل: " يخضع العمال في إطار علاقات العمل للواجبات الأساسية التالية:

- أن ينفذوا التعليمات التي تصدرها السلطة السلمية التي يعينها المستخدم أثناء ممارسته العادية لسلطاته في الإدارة.
- أن يراعوا تدابير الوقاية الصحية والأمن التي يعدها المستخدم وفقا للتشريع والتنظيم.
- أن يتقبلوا أنواع الرقابة الطبية الداخلية والخارجية التي قد يباشرها المستخدم في إطار طب العمل أو مراقبة المواظبة".

حياته، مع أن القانون لا يدخل حالة الشخص في الاعتبار عند وصف الروابط العقدية[1].

تقوم التبعية الاقتصادية على عنصرين: الأول أن يكون الدخل الناتج عن العمل هو مصدر الرزق الرئيسي لمن يقوم بالعمل، والثاني أن يقدم العامل كل نشاطه لخدمة صاحب العمل والذي، والذي يلتزم بدوره بأن يوفر له عملا منتظما يعتمد عليه كمصدر لرزقه[2].

الفرع الثاني

عنصر المدة

تنشأ علاقة العمل الفردية كقاعدة عامة لمدة غير محددة، وذلك حفاظا وضمانا لاستمرارية تلك العلاقة التي تربط بين العامل والهيئة المستخدمة غير أنه استثناء عن القاعدة العامة يمكن إبرام علاقة العمل لمدة محددة بالتوقيت الكلي أو الجزئي[3]، وهو أيضا ما كرسه المشرع الفرنسي حيث لم يعد الأطراف أحرارا في اختيار طبيعة علاقة العمل كما كان عليه الأمر قبل 1982، أورد حالات معينة قانونا تبرم من خلالها عقود العمل المحددة المدة[4]، ونفس الشيء أقره المشرع المغربي[5].

---

[1] انظر الدكتور عبد الغني عمرو الرويمض – علاقات العمل الفردية في القانون الليبي – المرجع السالف الذكر ص 120. وانظر كذلك محمود جمال الدين زكي – عقد العمل في القانون المصري – المرجع السالف الذكر ص 491 وانظر كذلك.

[2] انظر الدكتور محمود سلامة جبر – الوسيط في عقد العمل الفردي – المرجع السالف الذكر ص 62.

[3] المادة 11 من القانون رقم 90 – 11 المتعلق بعلاقات العمل: " يعتبر العقد مبرما لمدة غير محدودة إلا إذا نص على غير ذلك كتابة ".

[4] Jean Pélissier – Alain Supiot –Antoine Jeammaud (Droit du travail) 20 édition Dalloz 2000 P 314.

[5] المادة 16 فقرة 2 من مدونة الشغل المغربية: " يمكن إبرام عقد الشغل محدد المدة في الحالات التي لا يمكن أن تكون فيها علاقة الشغل غير محددة المدة..".

لم يشترط المشرع الجزائري كتابة عقد العمل لمدة غير محددة، فمثل هـذه العقـود يمكـن إبرامها بالكتابة أو غيرها وهو ما نصت عليه المادة 8 من قانون 90 – 11 المتعلق بعلاقات العمـل: " تنشـأ علاقـة العمل بعقد كتابي أو غير كتابي "، أما العقود المحددة المدة اشترط فيها المشرـع الكتابـة، وإذا تخلـف شرط الكتابة منها اعتبر العقد مبرما لمدة غير محددة[3].

وقوفا عند الأحكام المنظمة للعقود المحددة المدة، سنقسم هذا الفـرع إلى ثلاثـة أجـزاء نتنـاول في الجزء الأول حالات إبرام عقود العمل المحددة المدة و في الجزء الثـاني الآثـار المترتبـة عـلى مخالفـة حـالات إبرام هذه العقود، على أن نخصص الجـزء الثالـث لموقـف المشرـع الجزائـري مـن مسـألة تجديـد العقـود المحددة المدة.

1: حالات إبرام عقود العمل لمدة محددة

أورد المشرع الجزائري خمس حالات يمكن من خلالها إبرام عقود العمـل المحـددة المـدة[2]، وردت هذه الحالات على سبيل الحصر لا المثال، ومن تم فكل عقد عمـل يـبرم خارجهـا يعـد بـاطلا وعـديم الأثـر وسنتعرض إلى هذه الحالات تبعاً.

---

[3] المادة 11 فقرة 2 من قانون 90 – 11 السالف الذكر: " وفي حالة انعدام عقد عمل مكتوب، يفترض أن تكون علاقة العمـل قائمة لمدة غير محددة ".

[2] المادة 12 من قانون 90-11 المعدلة والمتممة بالأمر 96-21 المتعلق بعلاقات العمل، والتي نصت عـلى أنـه: " يمكـن إبـرام عقد العمل لمدة محدودة بالتوقيت الكامل أو الجزئي في الحالات المنصوص عليها صراحة أدناه.

- عندما يوظف العامل لتنفيذ عمل مرتبط بعقود أشغال أو خدمات غير متجـددة - عنـدما يتعلـق الأمـر باسـتخلاف عامـل مثبت في منصب تغيب عنه مؤقتا، ويجب على المستخدم أن يحتفظ بمنصب العمل لصاحبه - عندما يتطلب الأمر مـن الهيئة المستخدمة إجراء أشغال دورية ذات طابع متقطع - عندما يبرر ذلـك تزايـد العمـل أو أسـباب موسـمية - عنـدما يتعلق الأمر بنشاطات أو أشغال ذات مدة محدودة أو مؤقتة بحكم طبيعتها

1- 1: الحالة الأولى: عندما يوظف العامل لتنفيذ عمل مرتبط بعقود أشغال أو خدمات غير متجددة

يمكن تصور هذه الحالة في العقود التي تبرمها مؤسسة البناء والأشغال العمومية مع بعض العمال من أجل إنجاز عمل أو خدمة غير متجددة كإنجاز مؤسسة تعليمية أو قطاع صحي أو دار للثقافة، فالعقود المبرمة من أجل إنجاز هذه الأعمال يجب أن تكون محددة المدة، ومدة هذه العقود هي نفس مدة إنجاز العمل أو الخدمة، فبانتهاء هذه الأعمال والخدمات ينتهي عقد العمل ذي المدة المحددة يكمن السبب في تحديد المدة في هذه الحالة في أن طبيعة النشاط غير مستمر[1].

1 - 2 الحالة الثانية: (عندما يتعلق الأمر باستخلاف عامل مثبت في منصب تغيب عنه مؤقتا ويجب على المستخدم أن يحتفظ بمنصب العمل لصاحبه).

وردت هذه الحالة في كل من التشريع الفرنسي[2] والمغربي[3]، من الشروط التي يجب على المستخدم مراعاتها عند إبرام مثل هذه العقود :

- أن يكون العامل المستخلف أي المتغيب عن منصب عمله مثبتا في منصب عمله، وهذا يعني أن العقد الذي كان يربط هذا الأخير بالمستخدم هو عقد غير محدد المدة، فالعامل المثبت يتمتع بحصانة لا يمكن في أي حال من الأحوال تعديل أو إنهاء هذه العلاقة، إلا وفق إجراءات خاصة نص عليها القانون صراحة.

- أن يكون غياب العامل المستخلف مؤقتا، وهذا يعني أن العلاقة بين هذا الأخير والمستخدم لم تنقطع بل توقفت لمدة معينة وفق حالة من الحالات

---

(1) تدخل الأستاذ محمد لعناني – إشكالية قعود العمل المحددة المدة - المجلة الجزائرية للعمل عدد خاص رقم 23 / 98 الصادرة عن المعهد الوطني للعمل ص 67 و 68.

(2) Art.L. 122-1-1 Alinéa 1 du code de travail français: Le contrat du travail ne peut être conclu pour une durée déterminée que dans les cas suivants:

1 – Remplacement d'un salarié en cas d'absence , de suspension de son contrat de travail...».

(3) المادة 16 فقرة 2 من مدونة الشغل المغربية: " تنحصر حالات إبرام عقد الشغل محدد المدة فيما يلي: - إحلال أجير محل أجير آخر في حالة توقف عقد شغل هذا الأخير.

المنصوص عليها قانونا كانتداب العامل، وهي الحالة التي ينتقل فيها العامل المثبت من مؤسسته الأصلية إلى مؤسسة أو هيئة أو منظمة أخرى، كانتداب العامل للقيام بمهمة انتخابية أو كالعضوية في مجلس منتخب، كما يخص الانتداب فترة الخدمة الوطنية، ومن الحالات التي يتوقف فيها العامل عن عمله حالة المرض، عطلة الأمومة التي تدوم 14 أسبوعا الإحالة على الاستيداع وهي الحالة التي يتعذر فيها على العامل المثبت في منصب عمله القيام بالعمل الموكل إليه، لأسباب موضوعية أقرها القانون، كالمرض الخطير الذي يلحق زوج العامل أو أبنائه، أو مزاولة العامل دراسات وأبحاث ذات النفع العام.

وفي جميع هذه الحالات على المستخدم أن يحتفظ بمنصب العمل لصاحبه لأن العلاقة بينه وبين العامل المثبت في منصب عمله لم تنقطع بل توقفت لأسباب قانونية، إلا أنه في مثل هذه الحالات كثيرا ما يجد صاحب العمل صعوبة في تحديد مدة العقد المبرم بينه وبين العامل الجديد، لصعوبة معرفة تاريخ إعادة إدماج العامل المستخلف.[1]

1- 3 الحالة الثالثة: (عندما يتطلب الأمر من الهيئة المستخدمة إجراء أشغال دورية ذات طابع متقطع).

تتعلق هذه الحالة بأعمال وأشغال دائمة ولكن ليس لها طابع مستمر، فهذه الأعمال تتجدد وتتكرر خلال مدد متقطعة، ومن أمثلتها عمليات الصيانة (opérations de maintenance) أو عمليات الشحن والتفريغ للسلع والبضائع (opérations de chargement ou déchargement de marchandises) من البواخر والقطارات[2].

[1] انظر ذيب عبد السلام - قانون العمل الجزائري والتحولات الاقتصادية - دار القصبة للنشر طبعة 2003 ص 90
[2] انظر مقال الأستاذ لعناني محمد - إشكالية عقود العمل المحددة المدة السالف الذكر ص 70. وانظر كذلك ذيب عبد السلام المرجع السالف الذكر ص 91.

1 - 4 الحالة الرابعة: (عندما يبرر ذلك تزايد العمل، أو أسباب موسمية)

تشمل هذه الحالة سببين، يتعلق السبب الأول بتزايد العمل، والثاني بالأسباب الموسمية .

أولا: حالة تزايد العمل Le surcroît de travail

نكون أمام هذه الحالة عند الارتفاع المفاجئ والاستثنائي في نشاط المؤسسة ويكون ذلك بصفة مؤقتة بسبب الطلب المتزايد وغير العادي على المنتوج ويظهر تزايد العمل بالمقارنة مع العمل العادي الذي تقوم به المؤسسة في الظروف العادية، الذي لا يمكن مواجهته بالعدد الاعتيادي للعمال فيضطر المستخدم إلى زيادة الإنتاج لمواجهة الظرف المفاجئ، مما يدفعه إلى إبرام عقود محددة المدة كارتفاع نشاط محطة البنزين أثناء العطلة الصيفية وارتفاع النشاط في المحلات التجارية الكبرى أثناء الأعياد والدخول المدرسي[1].

ثانيا: الأسباب الموسمية Les motifs saisonniers

تتعلق الأسباب الموسمية بأشغال تتجدد دوريا وبصفة منتظمة لا تنتج عن إرادة صاحب العمل بل عن ضغوطات خارجية ن طبيعية ن اقتصادية واجتماعية ن فقد يتعلق الأمر ببعض الفصول كموسم الشتاء الذي تكثر فيه السياحة للحمامات المعدنية وجني بعض المحاصيل الزراعية وفصل الصيف للشواطئ ما يميز السبب الموسمي عن حالة تزايد العمل هو أن الأسباب الموسمية أيضا دورية ومتكررة، إلا أنها مرتبطة بنشاط ذي طبيعة موسمية متوقعة.

---

[1] - انظر ذيب عبد السلام المرجع السالف الذكر ص 92.

1 - 5 الحالة الخامسة: (عندما يتعلق الأمر بنشاطات وأشغال ذات مدة محدودة أو مؤقتة بحكم طبيعتها).

وهي الحالة التي أضافها الأمر رقم 96-12 في مادته2 المتممة للمادة 12 من قانون 90-11 المتعلق بعلاقات العمل، لقد ذكر القانون الفرنسي هذه الحالة في مادته 122 - 2. من خلال الصياغة القانونية لهذه الحالة يظهر أنها جمعت كل الحالات السالف ذكرها، لذا يصعب التمييز بينها وبين غيرها من الحالات، غير أن المرسوم الفرنسي الصادر في 27 مارس 1987 حدد صور هذه الحالة على سبيل الحصر- من بينها الفندقة، التظاهرات المختلفة، الإنتاج السنيمائي استغلال الغابات، عمليات الإحصاء، الاحتراف في مجال الرياضة.Sports professionnel

2: الآثار المترتبة على مخالفة أحكام العقود المحددة المدة

سبق القول أن علاقات العمل كقاعدة عامة تنعقد لمدة غير محددة، وبصفة استثنائية ولعدة اعتبارات عملية يمكن أن تنعقد هذه العلاقة لمدة محددة وأن الحالات الواردة في المادة 12 من القانون رقم 90-11 المعدلة بالأمر رقم 96-21 المتعلق بعلاقات العمل وردت على سبيل الحصر- لا المثال، لذا أخضع المشرع الجزائري العقود المحددة المدة لرقابة مفتش العمل المختص إقليميا، على هذا الأخير التأكد من أن عقد العمل لمدة محددة أبرم من أجل إحدى الحالات المنصوص عليها قانونا، وعليه أن يتأكد أيضا أن المدة المحددة في العقد موافقة للنشاط الذي وظف من أجله العامل[1].

---

[1] المادة 12 مكرر من الأمر رقم 96 - 21 المؤرخ في 09 جويلية 1996 المعدل للقانون رقم 90 - 11 المتعلق بعلاقات العمل جريدة رسمية عدد 43 لسنة 1996: "يتأكد مفتش العمل المختص إقليميا بحكم الصلاحيات التي يخولها إياه التشريع والتنظيم المعمول بهما، من أن عقد العمل لمدة محدودة أبرم من أجل إحدى الحالات المنصوص عليها صراحة في المادة 12 من هذا القانون، وأن المدة المنصوص عليها في العقد موافقة للنشاط الذي وظف من أجله العامل ".

إذا تبين لمفتش العمل المختص أن عقد العمل المحدد المدة المبرم بين الهيئة المستخدمة والعامل الأجير تم خارج الحالات المنصوص عليها قانونا، يلزم المستخدم الامتثال للأحكام القانونية في أجل لا يتجاوز 8 أيام، وفي حالة عدم استجابة صاحب العمل للإعذار الموجه إليه خلال المدة المحددة قانونا يحرر مفتش العمل محضر مخالفة يوجهه إلى السيد وكيل الجمهورية وعلى المحكمة الجزائية أن تبث في الدعوى خلال الجلسة الأولى بحكم قابل للتنفيذ رغم المعارضة والاستئناف[1]. سبق القول أن المشرع أورد الحالات الواردة في المادة 12 على سبيل الحصر لا المثال، ومن تم فالمستخدم ملزم بإبرام عقود العمل المحددة المدة داخل حالة من الحالات المنصوص عليها قانونا يترتب على إبرام عقود العمل المحددة المدة المبرمة خارج الحالات المنصوص عليها في المادة 12 من القانون رقم 90-11 المعدل والمتمم بالأمر رقم 96-21 المتعلق بعلاقات العمل، وكذلك العقود التي تكون مدتها غير مطابقة للنشاط الذي من أجله وظف العامل الأجير، تحول علاقة العمل المحددة المدة إلى علاقة غير محددة المدة بقوة القانون[2].

لم يكتف المشرع الجزائري بذلك، بل خص هذه المخالفات بعقوبات جزائية خاصة[3]، ومن تم يتضح أن نص المادة 12 السالف الذكر قاعدة آمرة لا يجوز الاتفاق على مخالفتها لأنها تتعلق بالنظام العام الاجتماعي. وأخيرا يمكن القول أن

---

[1] المادة 12 من القانون رقم 90 – 03 المؤرخ في 6 فبراير 1990 المتعلق بمفتشية العمل جريدة رسمية عدد 6 المؤرخة في 07 فبراير 1990 ص 237.

[2] المادة 14 من القانون رقم 90 – 11 السالف الذكر: "يعتبر عقد العمل المبرم لمدة غير محدودة خلافا لما تنص عليه أحكام هذا القانون، عقد عمل لمدة غير محدودة، دون الإخلال بالأحكام الواردة في هذا القانون "

[3] المادة 146 من القانون رقم 90 – 11: "يعاقب على كل مخالفة لأحكام هذا القانون المتعلقة باللجوء إلى عقد العمل ذي المدة المحدودة خارج الحالات والشروط المنصوص عليها صراحة في المادتين 12 و12 مكرر من هذا القانون، بغرامة مالية من 1000 إلى 2000 دج مطبقة حسب عدد المخالفات ".

الأصل في علاقة العمل أن تكون لمدة غير محددة، وبصفة استثنائية يمكن إبرام علاقة العمل لمدة محددة وذلك لعدة اعتبارات اقتصادية واجتماعية، وفي كلتا الحالتين لا يجب على المستخدم أن يميز بين العمال الدائمين والعمال المؤقتين من حيث الحقوق والواجبات[1].

3: موقف المشرع من تجديد عقود العمل المحددة المدة

لم يتعرض المشرع الجزائري في ظل قانون 90-11 لمسألة تجديد عقود العمل المحددة المدة، بل ترك الحرية في ذلك لأطراف علاقة العمل لأنهم أدرى بتسيير شؤونهم، ولكن بالجوع للمرسوم التنفيذي رقم 90-290 المؤرخ في 29 سبتمبر 1990 والمتعلق بالنظام الخاص بعلاقات العمل الخاصة بمسيري المؤسسات نجد أن المشرع تعرض إلى هذه المسألة تاركا حرية تجديد عقد العمل المحدد المدة لإرادة الأطراف[2].

تعرض المشرع إلى موضوع تجديد عقود العمل المحددة المدة في ظل القوانين السابقة الملغاة بالقانون رقم 90 –11 المتعلق بعلاقات العمل حيث أورد أحكاما خاصة فكمبدأ عام لا يمكن تجديد علاقة العمل لمدة محددة ولكن استثناء عن المبدأ يمكن تجديد علاقة العمل لمدة محددة وتجديد عقد العمل المحددة المدة أكثر

---

[1] المادة 17 من القانون رقم 90 – 11 السالف الذكر: " تعد باطلة وعديمة الأثر كل الأحكام المنصوص عليها في الاتفاقيات والاتفاقات الجماعية أو عقد العمل والتي من شأنها أن تؤدي إلى التمييز بين العمال، كيفما كان نوعه في مجال الشغل أو الأجرة أو ظروف العمل.....".

[2] المادة 7 من المرسوم التنفيذي رقم 90 – 290 المؤرخ في 29 سبتمبر 1990 المتعلق بالنظام الخاص بعلاقات العمل الخاصة بمسيري المؤسسات الاقتصادية.

من مرة يحوله إلى عقد عمل غير محدد المدة[1] وهو أيضا ما كرسه الاجتهاد القضائي خلال تلك المرحلة[2].

الفرع الثالث

عنصر الأجر

يعتبر الأجر من أهم الحقوق الأساسية المعترف بها للعمال[3]، لم يتعرض المشرع الجزائري إلى تعريف الأجر مكتفيا بتحديد أهم عناصره، وعلى خلاف ذلك عرفه المشرع المصري على أنه: " كل ما يحصل عليه العامل لقاء عمله ثابتا كان أو متغيرا، نقداً أو عيناً"[4]، كما عرفه جانب من الفقه على أنه: " ذلك المقابل المالي

---

[1] المادة 28 من القانون رقم 82 - 06 السالف الذكر: " لا يمكن تجديد أي علاقة عمل محددة المدة أكثر من مرة واحدة عندما تقتضيه ضرورات العمل أو طبيعته، وإذا تم تجديدها أكثر من مرة، تصبح علاقة عمل غير محددة المدة ".

[2] انظر المجلة القضائية العدد الثاني لسنة 1990 ملف رقم 41726 صادر بتاريخ 19 جانفي 1989: اعتبرت المحكمة العليا أن الأصل في علاقة العمل أن تكون لمدة غير محددة، ويصبح عقد العمل المحددة المدة مبرما لمدة غير محددة، إذا تم تجديده لأكثر من مرة، ومتى حكم بخلاف هذه القاعدة اعتبر ذلك خطأ في تطبيق القانون، لذلك يستوجب نقض القرار الذي قضى بأن عقد العمل يبقى محدد المدة.

[3] المادة 6 الفقرة 5 من القانون رقم 90 - 11 المتعلق بعلاقات العمل: " يحق للعامل أيضا في إطار علاقات العمل: - الدفع المنتظم للأجر "

- المادة 80 من القانون رقم 90 - 11 المتعلق بعلاقات العمل: " للعامل الحق في الأجر مقابل العمل المؤدى و يتقاضى بموجبه مرتبا أو دخلا يتناسب ونتائج العمل ".

[4] انظر المادة 1 فقرة ج من القانون رقم 12 لسنة 2003. و انظر الدكتور أحمد حسن البرعي- الوسيط في القانون الاجتماعي- الجزء الثاني- شرح عقد العمل الفردي وفقا لأحكام القانون رقم 12 لسنة 2003 دار النهضة العربية القاهرة طبعة 2003 ص 173.

الذي يدفعه صاحب العمل للعامل نتيجة العمل المؤدى "[1]. وظف المشرع الجزائري ثلاثة مصطلحات مختلفة: -الأجر - المرتب – الدخل للدلالة على ما يتقاضاه العامل مقابل العمل المؤدى وفي اعتقادنا أن المصطلح الأنسب للتعبير عما يتقاضاه العامل هو الأجر، إذ على أساسه سمي عمال المؤسسات الاقتصادية بالأجراء، تمييزا لهم هن عمال الإدارات العمومية أي الموظفين. أما مصطلح الراتب فهو خاص بالموظفين، وهو ما أشار إليه المشرع في مجال الوظيفة العمومية[2].

كما وقع المشرع الجزائري في خلط عند ترجمة المصطلحات المتعلقة بالأجر من اللغة العربية إلى اللغة الفرنسية[3]، فعبر عن مصطلح الأجر Rémunération وهي ترجمة سليمة [4].

---

[1] الأستاذ أحمية سليمان - التنظيم القانوني لعلاقات العمل في التشريع الجزائري – علاقات العمل الفردية – الجزء الثاني – المرجع السالف الذكر ص 212.

[2] المادة 16 فقرة 1 من المرسوم رقم 85 – 59 المؤرخ في 23 مارس 1985 المتضمن القانون الأساسي النموذجي لعمال المؤسسات والإدارات العمومية: " يتمتع العمال في إطار التشريع والتنظيم المعمول بهما بالحق فيما يأتي خاصة: - الراتب بعد أداء الخدمة. - المادة 32 من الأمر رقم 06 – 03 المؤرخ في 15 جويلية 2006 المتضمن القانون الأساسي العام للوظيفة العمومية جريدة رسمية عدد 46 لسنة 2006: " للموظف الحق بعد أداء الخدمة، في راتب ".

[3] المادة 80 من القانون رقم 90 – 11 المتعلق بعلاقات العمل: " للعامل الحق في الأجر مقابل العمل المؤدى و يتقاضى بموجبه مرتبا أو دخلا يتناسب ونتائج العمل ". ويقابله النص الفرنسي على النحو التالي:

Art - 80 de la loi 90 – 11: « En contrepartie du travail fourni , le travailleur a droit à une rémunération au titre de laquelle il perçoit un salaire ou un revenu proportionnel aux résultats du travail ».

[4] انظر بورحلة محمد – الزاد – قاموس فرنسي عربي لأهم المصطلحات المستعملة في تسيير الموارد البشرية – قصر الكتاب البليدة بدون طبعة ص 82 و يوسف شلالة – المعجم العلمي – المصطلحات القانونية والتجارية والمالية – فرنسي- عربي – دار المعارف الاسكندرية بدون طبعة ص 1093 – انظر أيضا الدكتور سهيل إدريس – المنهل قاموس فرنسي عربي – دار الأدب بيروت – طبعة 2005 ص 1045 – الأستاذ الدكتور حسين فهمي – عميد كلية الحقوق جامعة الاسكندرية – قاموس المصطلحات القانونية والاقتصادية والتجارية – فرنسي عربي - دار المعارف الاسكندرية طبعة 1955 ص 503.

كما ترجم مصطلح أجر إلى[1] Salaire وهي الترجمة الأنسب، بينما ترجم مصطلح المرتب إلىSalaire، والأصل أن يترجم المرتب إلى Traitement كما أشارت إليه مختلف القواميس[2].

1: الطرق المتبعة في تحديد الأجور

أجمعت مختلف التشريعات العمالية الحديثة على أن هناك ثلاث طرق مختلفة لتحديد أجور العمال تتمثل الوسيلة الأولى في تحديد الأجور وفقا لوحدة زمنية معينة، والثانية تحديد الأجر بالإنتاج، أما الثالثة فهي وسيلة مزدوجة.

1 - 1: تحديد الأجر وفق وحدة زمنية معينة

لما كان عقد العمل من العقود الزمنية، فإن أجر العامل وفقا للطريقة الأولى يحسب على أساس وحدة زمنية معينة كالساعة أو اليوم أو الأسبوع أو الشهر، وأفضل هذه الصور للعامل هو تحديد الأجر بالشهر، لأنها تحقق له استقرارالدخل[3]، فالعامل يتحصل على أجره على أساس المدة الزمنية التي اشتغل فيها، سواء أنتج القليل أو الكثير[4]. يعتبر الأجر الشهري من أكثر صور الأجر الزمني انتشارا في الواقع العملي، فهو يحدد جزافا دون أن يأخذ في الاعتبار ساعات

---

[1] انظر بورحلة محمد - الزاد - المرجع السالف الذكر ص 86، و انظر يوسف شلالة - المعجم العلمي - المرجع السالف الذكر ص 1152، وانظر المنهل ص 1090 والأستاذ الدكتور حسين فهمي ص 535.

[2] انظر الدكتور سهيا إدريس - المنهل المرجع السالف الذكر ص 1218 - انظر كذلك الدكتور حسين فهمي المرجع المذكور سالفا ص 597.

[3] انظر الدكتور سعيد عبد السلام - الوسيط في قانون العمل الجديد رقم 12 لسنة 2003 - الطبعة الأولى - دار النهضة العربية القاهرة 2004 ص139.

Jean Pélissier - Alain SUPIOT - Antoine JEAMMAUD - Droit du travail - 20 édition Dalloz 2000 note 991 p 1005.

[4] انظر الدكتور محمود سلامة جبر - الوسيط في عقد العمل الفردي - الجزء الأول الطبعة الأولى القاهرة 1999 ص 132.

العمل، أو أيام العمل الفعلي المؤداة خلال الشهر فلا يتأثر بانخفاض ساعات العمل خلال الشهر، ما دام السبب لا يرجع إلى العامل، ولا بأيام التي لم يعمل فيها مادام أنها تدخل ضمن العطل والراحة القانونية[1]. يعاب على هذه الطريقة من الناحية العملية أنها تسوي في الأجر بين جميع عمال المنصب الواحد، رغم أن مجهود كل منهم متفاوت، مما يؤدي إلى تراخي البعض منهم في أداء واجبهم، فهي لا تحفز العامل على تحسين الإنتاج وزيادته وبذلك يرتفع سعر تكلفته، مما يلحق ضررا بالمصالح الاقتصادية للمؤسسات [2].

1 - 2: تحديد الأجور حسب الإنتاج

تقوم الطريقة الثانية على تحديد الأجور حسب الإنتاج، على أساس ارتباط الأجر ارتباطا وثيقا بمعدل إنتاج العامل، أو بمتوسط إنتاج مجموعة من العمال[3]. تطبق هذه طريقة عادة في الصناعات والأعمال التي يسهل فيها قياس كمية إنتاج العامل أو مجموعة العمال بدقة، والذي لا شك فيه أن هذه الطريقة خير حافز على زيادة الإنتاج، وبالتالي زيادة أجر العامل، إلا أنه يجب ألا تكون الزيادة في الإنتاج على حساب صحة العامل وسلامته لذا وضع مجموعة من خبراء منظمة العمل الدولية عام1951 الأسس والضمانات التي يجب توافرها في هذه الطريقة[4].

---

(1) Dans une espéce où le salarié avait participé à une " gréve perlée" consistant en une baisse de la production , la cour de cassation a jugé que la réduction du salaire pour baisse de la production s'analysait en une sanction pécuniaire , puisque le salaire mensuel n'était pas function du rendement (soc.12avr.1995 , Dr.soc 1995,599, note j.Savatier). و انظر الدكتور محمود سلامة جبر – المرجع السالف الذكر - ص 133

(2) انظر الدكتور سعيد عبد السلام – المرجع السالف الذكر ص 139.

(3) Jean Pélissier – Alain SUPIOT– Antoine JEAMMAUD – Droit du travail – note 992 p 1007

(4) انظر الدكتور السيد عيد نايل – شرح قانون العمل الجديد ص 248 – انظر الدكتور حسن كيرة – أصول قانون العمل طبعة 3 1979 ص 422.

يرى جانب من الفقه أن هذه الطريقة أفضل لصاحب العمل، حيث يرتبط ما يحصل عليه العامل بما يعطيه لصاحب العمل، كما أنها تحث العامل على بذل أقصى جهد في الإنتاج، لأن كل زيادة فيه يقابلـه زيادة في دخله.

تعتمد هذه الطريقة في تحديد أجر عمال البناء، إذ يتقاضى البناء أجره عـلى حسب عـدد الأمتار المبنية وكذا في تحديد أجر عمال مصنع الأحذية على أساس مبلغ محدد لكل زوج مـن الأحذية، وعـمال مصنع النسيج والغزل على أساس مبلغ محدد عن كل متر من القماش [1].

انتقدت هذه الطريقة في تحديد أجر العمال، كونها تؤدي إلى الإضرار بصحة العامل نظرا لاهتمامه الكبير بكميات الإنتاج [2].

1 – 3: الطريقة المزدوجة في تحديد الأجور

أمام الانتقادات الموجهة لكل من الطريقتين (تحديد الأجر وفقا لوحدة زمنية وتحديـده حسـب كمية الإنتاج) لجأت بعض التشريعات إلى طريقة ثالثة تجمع بين الطريقتين أطلق عليها المشرـع المصري " الأجر بالطريحة " بمقتضى هذه الطريقة يكون للعامل جزء ثابت من الأجر على أساس من الزمن، ثم يزداد هذا الأجر تبعا لمساهمة العامل في الإنتاج [3].

---

[1] انظر الدكتور سعيد عبد السلام – الوسيط في قانون العمل الجديد – المرجع السالف الذكر ص 140 - انظر كذلك الـدكتور السيد عيد نايل – شرح قانون العمل الجديد – المرجع السالف الذكر ص 250.

[2] انظر الدكتور أحمد حسن البرعي – الوسيط في القانون الاجتماعي – الجزء الثاني – شرح عقد العمل الفردي – دار النهضة العربية القاهرة طبعة 2006 ص 274 - و انظر كذلك الدكتور سعيد عبد السلام – المرجع السالف الذكر ص 141.

[3] انظر الدكتور سعيد عبد السلام- المرجع السالف الذكر ص 141. وانظر كذلك الـدكتور السيد عيـد نايـل المرجع السـالف الذكر ص 248.

اعتمد المشرع الجزائري طريقتين مختلفتين في تحديد الأجر: الطريقة اللائحية أو التنظيمية التـي كرستها القوانين الصادرة في ظل الاقتصاد المخطط أو الموجه[1]، والطريقة التفاوضية أو التعاقدية المكرسة بموجب القانون رقم 90 – 11 المتعلق بعلاقات العمل[2]، الـذي جاء ليساير الإصلاحات الاقتصـادية والاجتماعية المكرسة في دستور1989 المعدل والمتمم بدستور1996.

حدد المشرع الجزائري وسيلتين يمكن لطرفي التفاوض الجماعـي الاعـتماد عليهـا في تحديـد الأجور تتمثل الوسيلة الأولى في وضع الأجور الأساسية الناجمة عـن التصنيف المهنـي على مسـتوى كـل هيئـة مستخدمة، إضافة إلى التعويضات المدفوعة بحكم أقدمية العامل أو مقابل السـاعات الإضـافية، أو بحكـم ظروف عمل خاصة لاسيما العمل التناوبي والعمل المضر والإلزامي بما فيه العمل الليلي وعلاوة المنطقـة والعلاوات المرتبطة بإنتاجية العمل ونتائجه[3].

يلاحظ أن المشرع الجزائري بموجب هذه الوسيلة اعتمد الطريقتين السالفتين الـذكر. أمـا الوسيلة الثانية التي اعتمدها المشرع الجزائري هي تحديد الأجر حسب

---

[1] المادة 127 من القانون رقم 78 – 12 المتعلق بالقانون الأساسي العام للعامل الملغى بموجب القانون رقم 90 – 11 المتعلق بعلاقات العمل: " إن تحديد الأجور الذي يجب أن يكون مرتبطا بأهداف المخطط من صلاحيات الحكومة، ولا يمكن أن يؤول لفائدة المؤسسات المستخدمة ".

[2] انظر المادة 120 فقرات من 3 إلى 7 من القانون رقم 90 – 11 السالف الذكر.

[3] المادة 81 من القانون رقم 90 – 11 السالف الذكر: " يفهم من عبارة مرتب حسب هذا القانون ما يلي:

* الأجر الأساسي الناجم عن التصنيف المهني في الهيئة المستخدمة.

* التعويضات المدفوعة بحكم أقدمية العامل أو مقابل الساعات الإضافية بحكم ظروف عمل خاصة، لا سيما العمل التناوبي والعمل المضر والإلزامي، بما فيه العمل الليلي وعلاوة المنطقة.

* العلاوات المرتبطة بإنتاجية العمل ونتائجه.

الإنتاج أو المردود La rémunération au rendement لاسيما العمل بـالالتزام أو بالقطعـة أو العمـل بالحصة Le travail à la tâche ou à la pièce أو حسب رقم الأعمال[1].

2: تحديد الاتفاقيات الجماعية للعمل للأجور

نتعرض في هذا العنصر إلى أسس تحديد الأجور الأساسية وفـق أحكـام الاتفاقيـات الجماعيـة، ثـم ننتقل للتمييز بين الأجر الأساسي والأجر الوطني الأدنى المضمون.

2 - 1: أسس تحديد الاتفاقيات الجماعية للأجور الأساسية

اعتمدت الاتفاقيات الجماعية في تحديدها للأجور الأساسي Le salaires de base على أسـاس وضـع جدول يتضمن التصنيف المهني لمختلف عمال المؤسسة فالتصنيف المهني مرحلـة سـابقة يتم التفـاوض حولها قبل تحديد الأجور الأساسية، لذا اعتبر المشرع الجزائري هـذه المرحلـة مـن أهـم عنـاصر التفـاوض الجماعي[2]. خصصت أغلبية الاتفاقيات الجماعية لمختلف المؤسسـات فصلا خاصا بموضـوع التصنيف المهني[3]، فهو يشكل الأداة المفضلة التي تحدد سياسة الأجور داخل

---

[1] المادة 82 من القانون رقم 90 - 11 السالف الذكر: " يفهم من عبارة الدخل المتناسب مـع نتـائج العمل، الأجـرة حسـب المردود، لاسيما العمل بالالتزام أو بالقطعة أو العمل بالحصة أو حسب رقم الأعمال ".

[2] انظر المادة 120 فقرة 1 من القانون رقم 90 - 11 السالف الذكر.

[3] - انظر الفصل الأول من الباب الثالث من اتفاقية مؤسسة سوناطراك (المواد مـن 53 إلى 60) - انظر أيضا الفصل الأول من الباب الخامس من الاتفاقية الجماعية لمؤسسة سونلغاز (المواد مـن 226 إلى 234) - انظر الفصـل الأول مـن البـاب الخامس لمؤسسة NAFTEC (المواد من 128 إلى 131). - انظر الباب الثالـث عشر- المعنون بالتصنيف والأجـر لمؤسسـة اتصالات الجزائر (المادة 78 -1 إلى 78 - 6 و المادة 79 - 1 إلى 79 - 2).

المؤسسة، حيث ترتب مناصب العمل ترتيبا تدرجيا[1]، وفقا لمعايير دقيقة كالمهام المرتبة على كل منصب وأهمية تلك المهام وتعقيدها ودرجة المؤهلات والمسؤولية، والجهود البدنية والفكرية والعصبية المترتبة على أدائها، ودرجة الضرر النوعي الخاص بالمنصب[2]. نفس المعايير كرستها الاتفاقية الجماعية التي تعد إطارا عاما للقطاع الاقتصادي الخاص الموقعة من قبل الثلاثية[3]، غير أن هذه المعايير التي اعتمدت عليها الاتفاقيات الجماعية لمختلف المؤسسات نسخت من أحكام النصوص القانونية الملغاة[4].

صنفت الكثير من الاتفاقيات الجماعية للعمل لمختلف المؤسسات المستخدمة العمال إلى مجموعات اجتماعية مهنية مرتبة ترتيبا سلميا تسمى المجموعة الأولى بمجموعة عمال التنفيذ Groupe d'exécution والثانية بمجموعة عمال التأهيل Groupe de maîtrise، والثالثة مجموعة الإطارات Groupe des cadres، والرابعة والأخيرة مجموعة الإطارات العليا[5] Groupe des cadres supérieurs. أما عن الأجهزة المكلفة بالتصنيف على مستوى المؤسسات، فقد أسندت بعض الاتفاقيات

---

(1) انظر المادة 226 من الاتفاقية الجماعية مؤسسة سونلغاز - والمادة 78 – 1 من الاتفاقية الجماعية لمؤسسة اتصالات الجزائر.

(2) والمادة 128 من الاتفاقية الجماعية لمؤسسة نفتك NAFTEC – المادة 78 -5 من الاتفاقية الجماعية لمؤسسة اتصالات الجزائر – المادة 58 من اتفاقية مؤسسة سوناطراك الأصل المعايير المعتمدة في هذه الاتفاقيات الجماعية.

(3) انظر المادة 101 من الاتفاقية الجماعية التي تعد إطارا عاما للقطاع الاقتصادي الخاص المبرمة بين الثلاثية (الاتحاد العام للعمال الجزائريين و منظمات أرباب العمل والحكومة بتاريخ 30 / 09 / 2006.

(4) المادة 106 من القانون رقم 78 – 12 المتعلق بالقانون الأساسي للعمل الملغى بموجب القانون رقم 90 – 11 السالف الذكر: " يرتكز نظام مناصب العمل على المقاييس وحدها، التي تميز طبيعة المهام المرتبطة بكل منصب وأهمية تلك المهام وتعقيدها ودرجة المؤهلات والمسؤولية، والجهود البدنية أو الفكرية أو العصبية المترتبة على أدائها...."

(5) انظر الاتفاقية الجماعية لمؤسسة سونلغاز والمواد 229 و230 والمادة 129 من الاتفاقية الجماعية لمؤسسة نفتك. والمادة 86 من الاتفاقية الجماعية لمؤسسة PETRO - SER المسجلة بمكتب مفتشية العمل ومودعة لدى كتابة ضبط محكمة معسكر بتاريخ 01 جوان 2006.

الجماعية هذه المهمة للجان مختصة، أطلقت عليها باللجنة الوطنية للاتفاقية المكلفة بعملية ترتيب وتقييم لمناصب العمل[1].

حتى يتمكن العمال من الإطلاع على أجورهم الأساسية، خصصت مجموعة من الاتفاقيات الجماعية ملاحق، تتضمن جداول لهذا الغرض، يحتوي الجدول على مجموعة من مناصب العمل حسب كل فئة مهنية، و يتضمن كل منصب عمل أجر أساسيا مناسبا[2].

بالرجوع مثلا إلى جدول الأجور الأساسية لعمال صناديق الضمان الاجتماعي، نجد أن العامل المصنف في التصنيف 3/15 رقمه الاستدلالي 915، علما أن هذا الرقم الاستدلالي، ما هو إلا مجموعة نقاط استدلالية فالرقم الاستدلالي 915 = 915 نقطة استدلالية، ولكل نقطة استدلالية قيمة مالية، فلو فرضنا أن القيمة المالية للنقطة الاستدلالية المتفق عليها بين أطراف التفاوض الجماعي على مستوى صناديق الضمان الاجتماعي هي 16 دج، فإن الأجر الأساسي يساوي = حاصل ضرب الرقم الاستدلالي للمنصب × القيمة النقدية للنقطة الاستدلالية أي915× 16 = 14640 دج.

من المتفق عليه أن موضوع الأجور لا يعرف الثبات والاستقرار، فهو من المواضيع المرنة، تراجع وترتفع كلما عرف الوضع الاقتصادي نموا وارتفاعا، أو كلما انخفضت القدرة الشرائية للمواطن، ولقد رأينا أن المشرع الفرنسي ألزم أطراف التفاوض الجماعي على مستوى المؤسسة التفاوض حول مسألة الأجور سنويا، وهذا يعني أن مسألة الأجور قابلة للمراجعة سنويا، فما هي الطريقة التي

---

(1) انظر المادة 233 من الاتفاقية الجماعية لمؤسسة سونلغاز.

(2) انظر الملاحق الواردة بعد المادة 288 من الاتفاقية الجماعية لمؤسسة سونلغاز والملاحق الواردة بعد المادة 186 من الاتفاقية الجماعية لمؤسسة نفتك. انظر الملحق التابع للاتفاقية الجماعية لقطاع صناديق الضمان الاجتماعي والوارد بعد المادة 195.

يمكن الاعتماد عليها لمراجعة الأجور الأساسية للعمال على مستوى الهيئات المستخدمة؟.

هناك وسائل مختلفة يمكن اللجوء إليهما لرفع الأجور الأساسية الدنيا على مستوى المؤسسة تتمثل الوسيلة الأولى في التفاوض بين الطرفين على رفع قيمة النقطة الاستدلالية، فلو فرضنا مثلا، أن القيمة المالية للنقطة الاستدلالية داخل المؤسسة ارتفعت من 16 دج إلى 18 دج فإن أجر منصب العمل المصنف في 3/15، والذي رقمه الاستدلالي 915 = 915 × 18 دج = 16470 دج بعدما كان 14640 دج.

أما الوسيلة الثانية فهي رفع الأجر الأساسي حسب نسبة مئوية معينة كأن تكون 10% أو 15% أو 20% فلو فرضنا أن الزيادة هي 10% فإن الأجر الأساسي للعامل المصنف في 3/15 والمحدد 14640دج سيرتفع إلى 16104 دج.

أما الوسيلة الثالثة، تتمثل في إعادة التصنيف المهني، وذلك برفع الأرقام الاستدلالية لمختلف مناصب العمل ضمن مختلف المجموعات المهنية، وهذه الطريقة اعتمدها المشرع الفرنسي على مستوى قطاع النشاط الاقتصادي حيث ألزم أطراف التفاوض كل 5 سنوات التفاوض حول موضوع التصنيف المهني، ومثال ذلك أن يتفق الطرفان على رفع التصنيف المهني للمستشار القانوني من 15 / 3 إلى 17 /1 وبالتالي رفع الرقم الاستدلالي من 915 إلى 1250، وفي هذه الحالة يرتفع الأجر من 14640 دج إلى 20000 دج. ومن الناحية العملية أسهل طريقة يعتمد عليها الطرفان للزيادة في الأجور هي رفعه حسب نسبة مئوية متفق عليها تضاف إلى قيمة الأجر الأساسي لكل منصب عمل.

في غياب الاتفاقيات الجماعية، أو عدم تعرضها لموضوع التصنيف المهني وتحديد الأجور، نجد أن قضاة القسم الاجتماعي يعتمدون في تصنيف مناصب العمل، وتحديد أجور العمال عند النزاع على الأحكام الواردة في المرسوم 86 -

179 المؤرخ في 05 / 08 1986 المتعلق بتصنيف[1]، علما أن أحكام هـذا المرسـوم ألغيت بموجـب القانون رقم 90 – 11 المتعلق بعلاقات العمل، الذي منح حق التصنيف وتحديد الأجور لأطراف التفاوض الجماعي.

بعد ما تعرفنا على طريقة تحديد الأجور الأساسية، وفقا لما كرسته مختلـف الاتفاقيـات الجماعيـة، ننتقل إلى العنصر الثاني للتمييز بين الأجر الأساسي والأجر الوطني الأدنى المضمون.

2 - 2: التمييز بين الأجر الأساسي والأجر الوطني الأدنى المضمون

ليس هناك تعريف قانوني للأجر الوطني الأدنى المضمون في التشريع الجزائـري بـل اكتفـى المشرـع بالإشارة إلى أهم مكوناته، على خلاف ذلك عرفه المشرع المغربي على أنه: " القيمة الدنيا المستحقة للأجير، والذي يضمن للأجراء ذوي الدخل الضعيف قدرة شرائية مناسبة لمسايرة تطور مستوى الأسعار، والمساهمة في التنمية الاقتصادية والاجتماعية وتطوير المقاولة"[2]، كما عرفه المشرـع الفرنسي- علـى أنـه: "الحد الأدنى الذي يضمن لذوي الأجور المتدنية "الضعيفة " قدرة شرائية ومساهمة في التنمية الاقتصادية للأمة"[3].

يتبين من خلال التعريفين السالفين الذكر، أن الأجر الوطني الأدنى المضمون هو الأجر الذي لا يجوز بأي حال من الأحوال النزول عنه في علاقات العمل، فردية كانـت أم جماعيـة، وهـو الـذي يغطـي نفقـات المعيشة في حدودها الإنسانية، دون الإخلال بالتوازن الاقتصادي الواجب بين الأجور والأسعار[3].

---

[1] انظر القرار رقم 174546 المؤرخ في 12 / 10 / 1999 ديب عبد السلام قانون العمل والتحولات الاقتصادية ص 276 – 277.

[2] انظر المادة 358 فقرة 1 من مدونة الشغل المغربية الصادرة بالقانون رقم 65.99 ظهيـر الشريف رقم 1.03.194 بتـاريخ 11 سبتمبر 2003 ص 102.

[3] Art. L. 141 - 2: « Le salaire minimum de croissance assure aux salariés dont les rémunérations sont les plus faibles la garanties de leur pouvoir d'achat et une participation au développement économique de la nation ».

[3] الدكتور المختار أعمرة – التنظيم القانوني للحد الأدنى للأجر في ظل المتغيرات الاقتصادية – دار النهضة العربيـة القاهرة طبعة 2006 ص 48 و 49.

إن الأجر الوطني الأدنى المضمون غير مرتبط بمستوى العمل المؤدى، ولا يمكن الاتفاق في عقد العمل أو الاتفاقيات الجماعية على أجر أقل منه كونه يغطي الحاجات الأساسية للعامل وعائلته[1]. حدد المشرع الجزائري الأجر الوطني الأدنى المضمون الموافق لمدة عمل قانونية أسبوعية قدرها 40 ساعة، وهو ما يعادل 173،33 ساعة في الشهر (12000 دج) في الشهر أي ما يعادل 69،23 دينار لساعة عمل وذلك ابتداء من 1 جانفي 2007[2]. أما إذا كان عدد الساعات المؤدات أقل من 40 ساعة في الأسبوع فلا يمكن للعامل التمسك بالحد الأدنى من الأجر الوطني المضمون، بل يمنح أجرا حسب مدة العمل الفعلي[3].

يتضمن الأجر الوطني الأدنى المضمون الأجر القاعدي، والعلاوات والتعويضات مهما كانت نوعها باستثناء التعويضات المدفوعة لتسديد المصاريف التي دفعها العامل[4]. يبدو أن الأجر الوطني الأدنى المضمون بهذه المكونات، لا يحقق مبدأ المساواة بين العمال الأجراء، بحيث لوحظ من الناحية العملية أنه سوى بين العمال الذين يتمتعون بأقدمية والعمال الجدد الذين هم في نفس التصنيف المهني داخل الهيئة المستخدمة الواحدة الأمر الذي يؤدي إلى القضاء على روح المبادرة، ولا يشجع على المنافسة بين العمال التي هي مصدر الزيادة في الإنتاج.

إن المادة 87 مكرر من القانون رقم 90 - 11 المتضمن علاقات العمل كانت ولا تزال محل انتقاد من قبل الباحثين والممثلين النقابيين للعمال الأجراء، ويبدو أن حل مشكلة هذه المادة، يكون بالرجوع إلى ما ذهب إليه الاجتهاد القضائي الفرنسي الذي استبعد منح الأقدمية Les primes d'ancienneté من حساب الأجر

(1) انظر ذيب عبد السلام قانون العمل الجزائري والتحولات الاقتصادية ص 289.

(2) انظر المادتين 1 و3 من المرسوم الرئاسي رقم 06 / 395 المؤرخ في 12 نوفمبر 2006 المحدد للأجر الوطني الأدنى المضمون.

(3) انظر ذيب عبد السلام المرجع السالف الذكر ص 289.

(4) انظر المادة 87 مكرر من القانون رقم 90 - 11 المتعلق بعلاقات العمل.

الوطني الأدنى المضمون[1]، كما استبعد منح المواظبة[2] Les primes d'assiduité والعلاوات عن العمل في أيام الأحد والأعياد أي التعويضات عن الساعاتالإضافية[3]، كما تستبعد المكافآت المرتبطة بالنتائج المالية للمؤسسةLes primes de résultats fondées sur les résultats financiers de l'entreprise [4]

تعد القواعد المنظمة للأجر الوطني الأدنى المضمون، من النظام العام الاجتماعي بإجماع كافة التشريعات العمالية، يترتب على مخالفة هذه الأحكام توقيع عقوبات مدنية، وأخرى جزائية[5]. يتجلى الجزاء المدني في البطلان القانوني لأي اتفاق، من شأنه منح العامل أجرا أقل من الحد الأدنى للأجر المعمول به[6]، غير أن المشرع المغربي كان أكثر دقة في بطلانه لعلاقة العمل، بسبب تقاضي العمل أجرا أقل من الحد الوطني الأدنى المضمون[7].

رتب المشرع الجزائري عقوبة جزائية، تلحق كل مستخدم يدفع إلى العامل أجرا يقل عن الحد الأدنى الوطني المضمون[8]، لا تعد هذه العقوبة ردعية إذا ما قرناها بالعقوبة التي أقرها المشرع ضد المستخدم الذي لا يقوم بالتصريح بالعمال

---

(1) Cass. Soc 12 novembre 1992 , RJS12/92 n' 1385 ; Cass. Soc 19 Juin 1996 n' 2853 D.RJS 10/96 n' 1048.

(2) Cass. Crim. 27 janvier 1987 , B Crim n' 46 ; JS 1987.F 21 ; Cass. Soc 19 juin 1996 précité.

(3) Cass. Soc 29 mars 1995 , RJS 5/95 n' 514:

(4) Cass. Crim 5 novembre 1996 , B, crim , n' 393 ; RJS 2/97 n' 145.

(5) انظر محمد عزمي بكري – مدونة الفقه والقضاء في قانون العمل الجديد – الجزء الأول القاهرة 1985 ص 294 وانظر كذلك الدكتور إدريس فجر – دور القضاء في حماية الأجير " المجلة المغربية لقانون واقتصاد التنمية الدار البيضاء المغرب 1990 ص 17 إلى 20.

(6) المادة 135 فقرة 1 من القانون رقم 90 – 11 السالف الذكر: " تعد باطلة وعديمة الأثر كل علاقة عمل غير مطابقة لأحكام التشريع المعمول به ".

(7) المادة 360 من مدونة الشغل المغربية: " يكون باطلا بقوة القانون كل اتفاق فرديا كان أو جماعيا، يرمي إلى تخفيض الأجر إلى ما دون الحد الأدنى القانوني للأجر ".

(8) المادة 149 من القانون رقم 90 – 11 السالف الذكر: " يعاقب بغرامة مالية تتراوح من 1000دج إلى 2000 دج كل مستخدم يدفع لعامل أجرا يقل عن الأجر الوطني الأدنى المضمون أو الأجر الأدنى المحدد في اتفاقية جماعية أو اتفاق جماعي للعمل وذلك دون الإخلال بالأحكام الأخرى الواردة في التشريع المعمول به، وتضاعف العقوبة حسب عدد المخالفات. وفي حالة العود، تتراوح الغرامة المالية من 2000 إلى 5000 دج وتضاعف حسب عدد المخالفات".

لدى هيئات الضمان الاجتماعي في ظرف 10 أيام التي تلي تشغيل العامل[1]، أو عدم تبليغ المستخدم الوكالة المؤهلة أو البلدية أو الهيئة الخاصة المعتمدة بالمناصب الشاغرة لدى مؤسسته التي يريد شغلها[2]. بعدما تعرضنا إلى كل من الأجر الأساسي والأجر الوطني الأدنى المضمون ننتقل إلى التعويضات والمنح التي تضاف إلى الأجر الأساسي.

3: تحديد الاتفاقيات الجماعية لمختلف التعويضات والمنح

اعتبر المشرع الجزائري المنح والتعويضات، أهم العناصر التي ينبغي التفاوض بشأنها ومن تم تكريسها في الاتفاقيات الجماعية، ومن أهم تلك المنح والتعويضات: التعويضات المرتبطة بالأقدمية والساعات الإضافية والتعويضات

---

[1] - المادة 10 من القانون رقم 83 – 14 المؤرخ في 2 جويلية 1983 المتعلق بالتزامات المكلفين في مجال الضمان الاجتماعي جريدة رسمية عدد 28 لسنة 1983: " يجب على أصحاب العمل أن يوجهوا طلب انتساب المستفيدين من الضمان الاجتماعي وذلك في ظرف 10 أيام التي تلي توظيف العامل ".

- المادة 41 فقرة 2 من القانون رقم 98 – 12 المؤرخ في 31 ديسمبر 1998 المتضمن قانون المالية لسنة 1999 المعدل للقانون رقم 83 – 14 السالف الذكر جريدة رسمية عدد 98 لسنة 1998: " يتعرض المستخدم الذي لم يقم بتسجيل العمال الذين يشغلهم في الضمان الاجتماعي في الآجال القانونية لدفع غرامة مالية من 10.000 دج إلى 20.000 دج عن كل عامل غير مسجل وعقوبة الحبس من 2 شهرين إلى 6 أشهر أو إحدى هاتين العقوبتين.

وفي حالة العود يتعرض إلى دفع غرامة من 20.000 دج إلى 50.000 دج عن كل عامل غير مسجل وعقوبة حبس شهرين إلى 24 شهرا ".

[2] المادة 24 من القانون رقم 04 – 19 المؤرخ في 25 ديسمبر 2004 المتعلق بتنصيب العمال ومراقبة التشغيل جريدة رسمية عدد 83 لسنة 2004: " يعاقب كل مخالف لأحكام المادة 18 من هذا القانون والمتعلقة بتبليغ العروض بغرامة من 10.000 دج إلى 30.000 دج عن كل منصب شاغر لم يتم التبليغ عنه. وفي حالة العود تضاعف الغرامة المنصوص عليها في الفقرة السابقة ".

المرتبطة بمنصب العمل تشمل التعويضات المرتبطة بمنصب العمل كتعويض الضرر L'indemnité de nuisance وتعويض العمل التناوبي l'indemnité de travail posté ومنحة المسؤولية La prime de responsabilité وتعويض المنطقة، ثم التعويضات ذات الطابع الاجتماعي كالمنح العائلية، وكذا منحة الإحالة على التقاعد، وتعويض ذوي الحقوق في حالة وفاة العامل إلى جانب التعويض عن المصاريف التي تؤدى من قبل العامل، ونختم ذلك بالتعويضات المرتبطة بالإنتاجية ونتائج العمل.

3 - 1: تعويض الأقدمية و الساعات الإضافية

نتعرض أولا إلى تحديد الاتفاقيات الجماعية لتعويض الأقدمية أو الخبرة ثم إلى تحديد التعويض عن الساعات الإضافية.

أولا: تعويض الاقدمية

تعرض المشرع الجزائري إلى تعويض الخبرة المهنية في ظل النصوص التشريعية والتنظيمية المسايرة للاقتصاد الموجه[1]، غير أنه بصدور القانون رقم 90 - 11 المتعلق بعلاقات العمل، أصبح تقدير تعويض الخبر من اختصاص الاتفاقيات الجماعية للعمل. أطلقت أغلبية الاتفاقيات الجماعية على تعويض الأقدمية تعويض الخبرة المهنية Indemnité d'expérience professionnelle (I.E.P) بينما استعملت بعض الاتفاقيات مصطلح منحة الأقدمية Prime d'ancienneté [2].

---

[1] انظر المادتين 160 و 161 من القانون رقم 78 - 12 المؤرخ في 5 أوت 1978 المتضمن القانون الأساسي العام للعامل وكذا المواد من 1 إلى 10 من المرسوم رقم 85 - 58 المؤرخ في 23 مارس 1985 المتعلق بتعويض الخبرة جريدة رسمية عدد 13 لسنة 1985 ص 332.

[2] انظر ملاحق الاتفاقية الجماعية لدواوين الترقية والتسيير العقاري المحررة في الجزائر العاصمة بتاريخ 27 سبتمبر 2006 ص 21.

يقصد بتعويض الخبرة المهنية الأقدمية المتحصل عليها من الخبرة المهنية المكتسبة داخل، أو خـارج المؤسسة المستخدمة، يتم حساب تعويض الخبرة المهنية في شكل نسبة مئوية للأجر القاعـدي، تزيـد هـذه النسبة مع سنوات الأقدمية خلال المسار المهني بالمؤسسة أو خارجها.[1] ذهبت بعـض الاتفاقيـات الجماعيـة إلى تحديد قيمة تعويض الخبرة المهنية على أساس قيمة مالية عن كل سنة بحسب كل صنف مهني [2].

إذا كان المشرع الجزائري قد ترك تقدير منحة الأقدمية للاتفاقيات الجماعية فإن المشرـع المغربي والذي يعد تشريعه تجربة رائدة في إطار علاقات العمل كونه تبنى نظام اقتصاد السـوق منـذ بدايـة استقلاله، وذلك باعتراف خبراء منظمة العمل العربية، فإنه حدد نسبة منحة الأقدمية بموجب نص قـانوني ولم يترك تقديرها للشركاء الاجتماعيين[3]. رغم أن المشرع الجزائري منح للشركاء الاجتماعيين

---

[1] المادة 3 من الاتفاقية الجماعية لمؤسسة PETRO – SER المحررة بمعسكر بتاريخ 1 جوان 2006، منحـت لعمالهـا الـذين تتراوح مدة عملهم من سنة 1 سنة إلى 3 سنوات نسبة الخبرة المهنية 1 % من الأجـر القاعـدي، ومـن 4 إلى 8 سنوات 1,5 %، من 9 إلى 12 سنة 2 %، ومن 13 إلى 20 سنة 2,5 %، أما أكثر من 20 سنة 3 % على ألا تتعدى أقصى نسبة 70 % خلال المسار المهني، تحسب الخبرة المهنية المكتسبة خارج القطاع بنسبة 1 % للسنة الواحدة. بينما حددت المـادة 178 من الاتفاقية الجماعية لصناديق الضمان الاجتماعي تعويض الخبرة المهنية على أسـاس 1,5 % ابتداء مـن السـنة الأولى إلى السنة السابعة (7)، وبنسبة 2% من السنة 8 إلى السنة 23 و 2,5 % من السنة 24 إلى 32 سنة.

[2] المادة 65 من الاتفاقية الجماعية لمستخدمي فروع وهيكل المجمع الصناعي لـلورق والسـيليلوز GIPEC. منحـت لعـمال التنفيذ 144 دج عن كل سنة عمل يقضيها العامل في هذه الفئة الاجتماعية المهنية، 148 دج لعاملي التنفيذ المـؤهلين، 154 دج لعاملي التنفيذ ذوي التأهيـل العـالي، 165 دج لعاملي التحكيم 180دج لعاملي التحكـيم العـالي، 240 دج للإطارات البسيطة 300 للإطارات الكبيرة 360 دج للإطارات العليا

[3] المادة 350 من مدونة الشغل المغربية: " يجب أن يستفيد كل أجير ما لم يحتسب له الأجر على أسـاس الأقدميـة بموجب بند من بنود عقد الشغل، أو النظام الداخلي، أو اتفاقية الشغل الجماعية، من علاوة الأقدمية تحدد نسبتها عـلى النحـو التالي:5% من الأجر المؤدى له بعد قضائه سنتين في الشغل.10% من الأجر المـؤدى لـه بعـد قضائه خمس سنوات في الشغل.15% من الأجر المؤدى له بعد قضائه اثنتي عشرة سنة في الشغل - 20% من الأجر المؤدى لـه بعـد قضائه عشريـن سنة في الشغل - 25% من الأجر المؤدى له بعد قضائه خمسة وعشرين سنة في الشغل".

الحق في تقدير التعويضات المرتبطة بالأقدمية إلا أنه من الناحية العملية نجد أن قضاة القسم الاجتماعي يعتمدون في حل النزاعات المرتبطة بهذا الموضوع على المرسوم 85/58 المؤرخ في 23مارس1985 المتعلق بتعويض الخبرة[1]، علما أن أحكام هذا المرسوم ألغيت بموجب القانون رقم 90 – 11 المتعلق بعلاقات العمل.

ثانيا: التعويض عن الساعات الإضافية

حدد المشرع الجزائري المدة القانونية الأسبوعية للعمل بأربعين 40 ساعة في ظروف العمل العادية على أن توزع هذه المدة على 5 أيام عمل في الأسبوع على الأقل، كما ترك تنظيم ساعات العمل الأسبوعية وتوزيعها للاتفاقيات والاتفاقات الجماعية[2]، بينما حددها المشرع المغربي بأربعة وأربعين 44 ساعة في الأسبوع[3]، والمشرع التونسي والمصري بثمانية وأربعين 48 ساعة[4]، أما المشرع الفرنسي حددها بخمسة وثلاثين ساعة في الأسبوع[5]. لم تراجع بعض الهيئات

---

[1] انظر القرار رقم 193781 المؤرخ في 2000/4/14 المذكور في مرجع ذيب عبد السلام ص 280.

[2] انظر المواد 1 و 2 و 3 من الأمر رقم 97 – 03 المؤرخ في 11 جانفي 1997 المحدد للمدة القانونية للعمل جريدة رسمية عدد 3 لسنة 1997.

[3] المادة 184 من مدونة الشغل المغربية: " تحدد في النشاطات غير الفلاحية مدة الشغل العادية المقررة للأجراء في 2288 ساعة في السنة أو 44 ساعة في الأسبوع ".

[4] Article 79 du code de travail Tunisie: (La durée du travail effectif ne peut excéder 48 par semaine..).

- المادة 80 من قانون العمل المصري: " مع عدم الإخلال بأحكام القانون رقم 133 لسنة 1961 في شأن تنظيم تشغيل العمال في المنشآت الصناعية، لا يجوز تشغيل العامل تشغيلا فعليا أكثر من 48 ساعة في الأسبوع، لا تدخل فيها الفترات المخصصة لتناول الطعام والراحة ".

[5] Art.L. 212 – 1 du code de travail Français: (dans les établissements ou professions mentionnées à l'article L. 200-1 ainsi que dans les établissements artisanaux et coopératifs et leurs dépendances, la durée légale du travail effectif des salariés est fixée à trente- cinq 35 heures par semaine.

المستخدمة اتفاقياتها الجماعية، لتساير التعديلات القانونية الخاصة بالمدة القانونية، إذ لا تزال تكرس المدة القانونية الأسبوعية السابقة والمحددة 44 ساعة[1].

يمكن أن تخفض المدة القانونية الأسبوعية للعمل عن 40 ساعة، بالنسبة للأشخاص الذين يمارسون أشغالا شديدة الإرهاق وخطيرة، والتي ينجر عنها ضغط في الحالة الجسدية والعصبية، كما يمكن أن ترفع المدة القانونية الأسبوعية بالنسبة للمناصب المتميزة بتوقف عن العمل، لقد أحالنا المشرع الجزائري إلى الاتفاقيات الجماعية للعمل لتحديد قائمة مناصب العمل التي تنخفض وترتفع فيها مدة العمل[2]. حدد المشرع الجزائري المدة القانونية الأسبوعية للعمل، ومنح لأطراف التفاوض الجماعي سلطة توزيع تلك المدة خلال أيام الأسبوع، و ليس من حق صاحب العمل استدعاء العامل للعمل خارج تلك المدة المحددة قانونا ولا في يوم الراحة الأسبوعية وأيام الأعياد، ولا في أيام العطلة السنوية، وكل اتفاق بين العامل وصاحب العمل على خلاف ذلك يعد باطلا وعديم الأثر[3]، غير أنه استثناء عن هذا المبدأ واستجابة لضرورة الخدمة الملحة أجاز المشرع للمستخدم استدعاء أي عامل للقيام بالعمل خارج المدة القانونية وفي أيام الراحة والعطل القانونية، وذلك بأداء ساعات إضافية دون أن تتعدى تلك الساعات 20% من المدة القانونية للعمل[3]، وهو الحجم العادي

---

[1] Article 142 de la convention collective de SONATRACH: (La durée hebdomadaire légale du travail est fixée à 44 heures conformément à la législation en vigueur …).

[2] انظر المادة 4 من الأمر رقم 97 – 03 السالف الذكر.

[3] المادة 39 من القانون رقم 90 – 11: " لكل عامل الحق في عطلة سنوية مدفوعة الأجر، يمنحها إياه المستخدم وكل تنازل من العامل عن عطلته أو عن بعضها يعد باطلا وعديم الأثر.

[3] المادة 31 من القانون رقم 90 – 11 السالف الذكر: " يجب أن يكون اللجوء إلى الساعات الإضافية استجابة لضرورة مطلقة في الخدمة، كما يجب أن يكتسي هذا اللجوء طابعا استثنائيا. وفي هذه الحالة يجوز للمستخدم أن من أي عامل أداء ساعات إضافية زيادة عن المدة القانونية للعمل، دون أن تتعدى 20% من المدة القانونية المذكورة.

المرخص به قانونا أي بمعدل 8 ساعات في اليوم، يلجأ المستخدم إلى ذلك دون حاجة إلى ترخيص من مفتش العمل، ودون استشارة الشركاء الاجتماعيين[1].

كما منح المشرع الجزائري للمستخدم إمكانية تجاوز مدة الساعات الإضافية 20% من المدة القانونية لكن ضمن الشروط المحددة في الاتفاقيات والاتفاقات الجماعية، والتي تتمثل في:

- الوقاية من الحوادث الوشيكة الوقوع أو إصلاح الأضرار الناجمة عن الحوادث.
- إنهاء الأشغال التي يمكن أن يتسبب توقفها بحكم طبيعتها في أضرار

وفي هذه الحالات يجب على المستخدم أن يستشير ممثلي العمال، غير أن النص لم يحدد من هم الممثلون المعنيون بالاستشارة أهم الممثلون النقابيون؟ أم مندوبي المستخدمين أي أعضاء لجنة المشاركة؟ وفي اعتقادنا أن الممثلين المقصودين هم أعضاء لجنة المشاركة كونهم يتمتعون بهذه الصلاحية أي: صلاحية الاستشارة، في مواضيع كثيرة أهمها تنظيم العمل(مقاييس العمل وطرق التحفز، ومراقبة العمل وتوقيت العمل)[2]، كما يجب عليه أن يخطر مفتش العمل المختص إقليميا[3] لم يحدد المشرع الجزائري الغرض من إخطار مفتش العمل، فهل الغرض هو مراقبة شرعية العملية ومعارضتها إن اقتضى الأمر، أم هو لتسجيل الطلب لا غير، واعتمادا على الدور القانوني المنوط بمفتش العمل يتعين القول أن الحكمة من الإخطار تكمن في مراقبة شرعية ملائمة العملية[4]، ولهذا الغرض رتب المشرع الجزائري أحكاما جزائية على مخالفة الإجراءات المتبعة عند

---

[1] انظر ذيب عبد السلام قانون العمل الجزائري والتحولات الاقتصادية – ص 177.

[2] انظر المادة 94 -4 فقرة 2 من القانون رقم 90 – 11 السالف الذكر.

[3] انظر المادة 31 فقرة 3 و4 من القانون رقم 90 – 11 السالف الذكر.

[4] انظر ديب عبد السلام – المرجع السالف الذكر ص 177.

اللجوء إلى العمل بالساعات الإضافية[1]. رغم أن المشرع الجزائري أحالنا إلى الاتفـاقيات الجماعيـة للوقوف عند الشروط التي تمنح الحق للمستخدم بأن يتجاوز 20% من المدة القانونية للساعات الإضافية، إلا أن أغلبية الاتفاقيات الجماعية لمختلف المؤسسات لم تحدد تلك الشروط، بـل اكتفـت بنسـخ الشرطين القانونيين السالفين الذكر. كما أن العديد من الاتفاقيات الجماعية للعمل، لم تتعرض أصلا إلى تلك الشروط ولا إلى تجاوز 20% من المدة القانونية للساعات الإضافية[2].

رغم أن المشرع الجزائري أحالنا لتحديد كيفيات العمل بالساعات الإضافية وكذا التعويضات المتعلقة بها إلى الاتفاقيات الجماعية للعمل، إلا أننا وجدنا بعض أحكام هذه الاتفاقيات تحيلنا هي الأخرى إلى القانون وهو أمر غير معقول[3].

منح المشرع الجزائري للاتفاقيات الجماعية الحق في تحديد التعويضات المتعلقة بالساعات الإضافية، على ألا تقل الزيادة بأي حال من الأحوال عن 50 % من الأجر العادي للساعة[4]، تعد هذه الزيادة الدنيا من النظام العام الاجتماعي، غير أنه يجوز رفع نسبتها بموجب الاتفاقيات الجماعية[5].

---

(1) المادة 143 من القانون رقم 90 – 11 السالف الذكر: " يعاقب كل من خالف أحكام هذا القانون المتعلقة...بالحدود في مجال اللجوء إلى الساعات الإضافية....... بغرامة مالية تتراوح من 500 دج إلى 1000 دج وتطبق العقوبة عند كل مخالفة معاينة وتكرر بحسب عدد العمال المعنيين ".- المادة 143 مكرر: " يعاقب كل من خالف أحكام هذا القانون المتعلقة بالتجاوزات المرخصة في مجال الساعات الإضافية كما هو محدد في المادة 31 من هذا القانون بغرامة مالية من 1000 دج إلى 2000 دج مطبقة حسب عدد العمال المعنيين ".

(2) أهم الاتفاقيات الجماعية التي لم تتعرض إلى الشروط التي تمنح الحق للمستخدم بتجاوز 20% من المدة القانونية للساعات الإضافية اتفاقية مؤسسة سوناطراك و سونلغاز.

(3) Article 187 alinéa 2 de la convention collective des caisses nationales de sécurité sociale: (Les modalités de recours aux heures supplémentaires ainsi que la rémunération de celles – ci sont fixées par les dispositions législatives et réglementaires et de la présente convention collective.

(4) انظر المادة 120 فقرة 4 من القانون رقم 90 -11 السالف الذكر.

(5) انظر ذيب عبد السلام – المرجع السالف الذكر ص 281.

أما المشرع المغربي منح للعمال الذين يؤدون ساعات إضافية في غير النشاطات الفلاحية تفوق المدة القانونية الحق في تعويض نسبته 25% ما كانت هذه الساعات ما بين 6 صباحا و9 ليلا، كما منح نفس النسبة للعاملين في النشاط الفلاحي ما بين 5 صباحا و8 ليلا. ومنح نسبة 50 % للعمال في القطاع غير الفلاحي ما بين 9 ليلا و6 صباحا ولعمال القطاع الفلاحي ما بين 8 ليلا و5 صباحا. ترفع هذه الزيادة إلى 100 % إذا قضى الأجير الساعات الإضافية في اليوم المخصص لراحته الأسبوعية، حتى ولو عوضت له فترة الراحة الأسبوعية براحة تعويضية[1].

أما المشرع المصري منح نسبة 35% عن الساعات الإضافية المنجزة في النهار و70% عن الساعات المنجزة في الليل، وإذا وقع التشغيل في يوم الراحة استحق العامل مثل أجره تعويضا عن هذا اليوم ويمنحه صاحب العمل يوما آخر عوضا عنه خلال الأسبوع التالي[2].

أما المشرع التونسي منح لعمال القطاعات غير الفلاحية نسبة 75% بالنسبة لنظام العمل بالتوقيت الكامل المحدد 48 ساعة في الأسبوع، ونسبة 25% لنظام العمل بالتوقيت الكامل الأقل من 48 ساعة في الأسبوع و50% بالنسبة للساعات الإضافية التي تفوق 48 ساعة في الأسبوع وكذا بالنسبة لنظام العمل بالتوقيت الجزئي وإذا وقع التشغيل في يوم الراحة استحق العامل مثل أجره تعويضا عن هذا اليوم إضافة إلى يوم آخر تعوضا عنه[3].

أما المشرع الفرنسي منح للعمال الذين يؤدون ساعات إضافية، تصل إلى 8 ساعات بعد المدة القانونية للعمل والمحددة 35 ساعة تعويضا نسبته 25% وترتفع نسبة التعويض إلى 50% بالنسبة للساعات الإضافية التي تليها[4].

---

(1) انظر المادة 201 من مدونة الشغل المغربية

(2) انظر المادة 85 فقرة 2 و 3 من قانون العمل المصري.

(3) انظر المادة 90 من قانون العمل التونسي.

(4) Voir.L. 212 – 5 du code de travail français.

إذا كانت التشريعات العمالية المقارنة، تدخلت لتحدد نسبا مختلفة عن الساعات الإضافية حسب قطاعات النشاط، وحسب مدة الساعات الإضافية المنجزة، فإن المشرع الجزائري وأحسن ما فعل عندما منح حدا أدنى 50% لا يجوز النزول عنه، مهما كانت مدة الساعات الإضافية، ومهما كانت طبيعة النشاط، تاركا للاتفاقيات الجماعية وللشركاء الاجتماعيين سلطة واسعة في تقدير نسبة التعويض.

اختلفت الاتفاقيات الجماعية لمختلف الهيئات المستخدمة في تقديرها لنسبة التعويض عن الساعات الإضافية فالبعض منها منحت 50% بالنسبة للساعات الأربعة الأولى[1]، ومنح بعضها الآخر هذه النسبة للعمال الذين يؤدون ساعات إضافية ابتداء من الساعة الأولى في حدود 20% من المدة القانون الأسبوعية، إذا كان العمل المؤدى في النهار[2]. كما منحت نسبة 75% بالنسبة للساعات الإضافية، المنجزة ابتداء من الساعة الخامسة[3] بينما منحت بعض الاتفاقيات الجماعية لبعض الهيئات المستخدمة هذه النسبة للعمال الذين يؤدون ساعات العمل الإضافية في النهار، وفي أيام العطل والراحة الأسبوعية[4].

يتبين من خلال ما سبق أن أغلبية الاتفاقيات الجماعية لمختلف الهيئات المستخدمة منحت نسبة 50% تعويض عن الساعات الإضافية، بالنسبة للساعات

---

[1] انظر المادة 62 – 4 فقرة 1 من الاتفاقية الجماعية لمؤسسة اتصالات الجزائر. انظر كذلك المادة 102 فقرة 1 من الاتفاقية الجماعية لمؤسسة SONATRACH.

[2] انظر المادة 250 من الاتفاقية الجماعية لمؤسسة SONALGAZ. وانظر كذلك المادة 36 فقرة 1 من الاتفاقية الجماعية لتربية الدواجن بمعسر المصادق عليها من قبل مفتشية العمل بتاريخ 200/04/11 تحت رقم 2000/001.

[3] انظر كذلك انظر المادة 05 فقرة 2 من الاتفاق الجماعي لمؤسسة تكرير السكر بمستغانم SORASUCRE. انظر كذلك المادة 62 – 4 فقرة 2 من الاتفاقية الجماعية لمؤسسة اتصالات الجزائر. انظر كذلك المادة 102 فقرة 1 من الاتفاقية الجماعية لمؤسسة SONATRACH.

[4] انظر المادة 250 فقرة 2 من الاتفاقية الجماعية لمؤسسة SONALGAZ. وانظر كذلك المادة 36 فقرة 2 من الاتفاقية الجماعية لتربية الدواجن بمعسكر.

الأربعة الأولى ونسبة 75% بالنسبة للساعات الإضافية الزائدة عن الأربع ساعات الأولى، وبذلك تكون قد نسخت ما ورد في الأحكام التشريعية الملغاة بموجب القانون رقم 90 – 11 المتضمن علاقات العمل[1]، فأين هي عملية التفاوض الجماعي بين الشركاء الاجتماعيين في هذا المجال؟.

كما منحت بعض الاتفاقيات الجماعية نسبة 100% بالنسبة للساعات المنجزة ما بين التاسعة 9 ليلا والخامسة 5 صباحا، شريطة عدم احتسابها في إطار المناوبة[2]، بينما منحت أغلبيتها هذه النسبة بالنسبة للساعات الإضافية المنجزة في الليل، وتلك المنجزة في أيام الأعياد ويوم الراحة الأسبوعية وكذا أيام الراحة القانونية[3].

إذا كانت أغلبية الاتفاقيات منحت نسبة 100% بالنسبة للساعات المنجزة ما بين التاسعة 9 ليلا والخامسة 5 صباحا، فإن البعض منها 125%[4]. زيادة على الاستفادة من التعويض عن الساعات الإضافية، منح المشرع الجزائري للعامل الذي

---

[1] انظر المادة 189 فقرة 2 و 3 من 75 – 31 المؤرخ في 29 أفريل 1975 المتعلق بالشروط العامة لعلاقات العمل في القطاع الخاص.

[2] انظر المادة 62 – 4 فقرة 3 من الاتفاقية الجماعية لمؤسسة اتصالات الجزائر. انظر المادة 250 فقرة 1 من الاتفاقية الجماعية لمؤسسة SONALGAZ. انظر كذلك المادة 102 فقرة 1 من الاتفاقية الجماعية لمؤسسة SONATRACH.

[3] انظر المادة 72 فقرة 3 من الاتفاقية الجماعية لمجمع GIPEC. انظر المادة 102 فقرة 3 من الاتفاقية الجماعية لمؤسسة SONATRACH. وانظر كذلك المادة 139 من اتفاقية:
(Société des Abttoirs de l'Ouest)S.A.O.

[4] انظر المادة 102 فقرة 4 من الاتفاقية الجماعية لمؤسسة SONATRACH و انظر كذلك المادة 250 فقرة 2 من الاتفاقية الجماعية لمؤسسة SONALGAZ.

يشتغل في يوم الراحة القانونية الحق في التمتع براحة تعويضية مماثلة لها[1]، وهو أيضا ما كرسته أغلبية الاتفاقيات الجماعية[2].

ألزمت كل الأنظمة الداخلية لمختلف الهيئات المستخدمة، العمال القيام بالساعات الإضافية ولا يجوز رفض هذا الالتزام، إلا إذا قدم العامل عذرا مقبولا، وإلا تعرض إلى عقوبات تأديبية حسب الأحكام الواردة في النظام الداخلي[3]، اعتبرت أغلبية الأنظمة الداخلية للهيئات المستخدمة رفض القيام بالساعات الإضافية خطأ مهنيا من الدرجة الثانية[4].

كما أجمعت أغلبية الأنظمة الداخلية لمختلف الهيئات المستخدمة، على أن العقوبات المقررة للأخطاء من الدرجة الثانية، تتراوح بين التوبيخ والتوقيف عن العمل لمدة معينة، وقد يؤدي ذلك إلى عدم التسجيل على قوائم التأهيل الخاصة بالترقية[5].

---

[1] انظر المادة 36 من القانون رقم 90 – 11 السالف الذكر.

[2] انظر المادة 132 من الاتفاقية الجماعية لمؤسسة SONALGAZ. انظر المادة 103 من الاتفاقية الجماعية لمؤسسة SONATRACH.

[3] انظر المادة 32 من النظام الداخلي للشركة الجزائرية للكلور SOACHLORE: "باستثناء حالة القوة القاهرة المبررة والمعترف بها من قبل المستخدم يقوم العامل بالساعات الإضافية التي أمرته بها السلطة السلمية وإلا تجرى عليه العقوبات التأديبية المنصوص عليها في هذا القانون الداخلي".

[4] انظر المادة 109 فقرة 7 من النظام الداخلي لمؤسسة اتصالات الجزائر المصادق عليه من قبل مفتشية العمل للدار البيضاء الجزائر العاصمة بتاريخ 2004/05/06: " تعتبر أخطاء من الدرجة الثانية: - رفض تنفيذ أو ضمان بدون سبب مقبول ساعات إضافية أمر بها السلم الإداري لإنجاز أعمال خاصة مرتبطة بمهام المنصب المشغول". وانظر المادة 76 فقرة 10 من النظام الداخلي للصندوق الوطني للتأمينات الاجتماعية للعمال الأجراء المصادق عليه من قبل مفتشية العمل بن عكنون الجزائر العاصمة بتاريخ 1996/07/20 تحت رقم 96/03: " تعتبر أخطاء مهنية من الدرجة الثانية التصرفات التالية: - رفض القيام بالساعات الإضافية بدون مبرر مقبول".

[5] انظر المادة 118 من النظام الداخلي لمؤسسة اتصالات الجزائر: " العقوبة من الدرجة الثانية التوقف عن العمل من 4 أيام إلى 8 أيام ". وانظر كذلك الجدول الملحق بالنظام الداخلي لمؤسسة SONATRCH: " تترتب عنه عقوبة من الدرجة الثانية المتمثلة في التوبيخ والتوقيف عن العمل من 1 إلى 3 أيام ".

3 - 2: التعويض عن الضرر و العمل التناوبي

سنتناول في الجزء الأول التعويض عن الضرر ونخصص الجزء الثاني للتعويض عن العمل التناوبي.

أولا: التعويض عن الضرر

أجمعت أغلبية الاتفاقيات الجماعية للعمل لمختلف الهيئات المستخدمة، على أنه يدفع للعامل تعويضا عن الضرر Indemnité de nuisance، عندما يمثل منصب العمل الذي يشغله على مهام وظروف عمل تنطوي على جهود شاقة، أو قذرة أو عناصر غير صحية ومتميزة بالخطورة، يمكن لهذا التعويض، أن يعدل أو يلغى بناء على تخفيض أو زوال الضرر[1].

يبدو أن الاتفاقيات الجماعية نسخت تعريف التعويض عن الضرر من الأحكام القانونية الملغاة بالقانون رقم 90 – 11[2]. أخضعت بعض الاتفاقيات الجماعية تحرير قائمة مناصب العمل، التي تعطي الحق في التعويض عن الضرر، وكذا المبالغ المناسبة للضرر للهيئة المستخدمة، بعد استشارة لجنة الأمن والوقاية ويترجم ذلك في اتفاق جماعي[3].

---

[1] انظر في ذلك المادة 247 من الاتفاقية الجماعية لمؤسسة SONALGAZ. انظر كذلك المادة 72 من الاتفاقية الجماعية لمؤسسة SONATRACH.

[2] انظر المادة 152 من القانون رقم 78 – 12 المؤرخ في 8 أوت 1978 المتضمن القانون الأساسي العام للعامل.

[3] انظر المادة 247 فقرة 3 من الاتفاقية الجماعية لمؤسسة SONALGAZ: " تحرر قائمة مناصب العمل التي تعطي الحق في التعويض عن الضرر وكذا المبالغ الموافقة من طرف المؤسسة بعد استشارة لجنة الأمن والوقاية ".

خلافا للعديد من الاتفاقيات الجماعية لمختلف الهيئات المستخدمة تضمنت بعض الاتفاقيات الجماعية قائمة مناصب العمل المعنية بالتعويض عن الضرر وكذا قيمته[1].

ثانيا: التعويض عن العمل التناوبي

بالإضافة إلى التعويض عن الضرر، يشمل التعويض عن المنصب التعويض عن العمل التناوبي Le travail posté. تعرض المشرع الجزائري إلى هذا النوع من التعويض عبر مختلف التشريعات العمالية الملغاة بموجب القانون رقم 90 – 11 المتعلق بعلاقات العمل[2].

يقصد بالعمل التناوبي حسب ما ورد في العديد من الاتفاقيات الجماعية "العمل ضمن فرق متناوبة يمكن اللجوء إليه، كلما اقتضت ضرورات الخدمة الملحة، أو ضرورات الإنتاج ذلك يتم العمل التناوبي، بتقسيم اليوم إلى قسمين أو عدة أقسام،

---

[1] المادة 97 من الاتفاقية الجماعية لمؤسسة PETRO-SER: " يدفع تعويض عن ضرر العمال الذين يشغلون مناصب عمل تتضمن مهاما وظروف عمل تتسم بالمشقة الوسخ....... يمكن لهذا التعويض أن يبلغ 20% كحد أقصى-". انظر الملحق رقم 3 من الاتفاقية الجماعية S.A.O(Société des Abttoirs de l'Ouest): فمثلا منصب منظفة له كتعويض 300دج عن الأوساخ عن الأتعاب أو المشقة لا شيء وعن الأضرار الصحية 470 دج مجموع التعويض الشهري 770 دج.

[2] المادة 153 من القانون رقم 78 – 12 المتضمن القانون الأساسي العام للعامل: " يجوز للمؤسسة أن تنظم العمل على أساس أفواج متعاقبة، إذا اقتضت ذلك حاجات الإنتاج أو الخدمة، ولاسيما المصلحة العمومية، أي أن يقسم يوم العمل إلى مرحلتين أو عدة مراحل من الدوام تسمى مناصب أو نوبات، ويتعاقب على هذه النوبات عمال مختلفون يعينون في عمل تابع لمنصب. يعطي العمل التابع لمنصب أيضا الحق في التعويض عن العمل التابع لمنصب يحدده القانون الأساسي النموذجي لقطاع النشاط". وانظر كذلك أحكام المرسوم رقم 81 – 14 المؤرخ في 31 يناير 1981 المحدد لكيفيات حساب تعويض العمل التناوبي جريدة رسمية عدد 5 المؤرخة في 3 فبراير 1981، ص 101.

وفق نظام متواصل أو نصف متواصل أو متقطع وذلك، إما مع فترات راحة أو بدونها حسب خصوصية نشاط كل مؤسسة[1].

يلاحظ أن الاتفاقيات الجماعية لمختلف الهيئات المستخدمة نسخت طريقة العمل التناوبي من الأحكام التشريعية الملغاة بموجب القانون رقم 90 – 11 المتضمن علاقات العمل. أخضعت بعض الاتفاقيات الجماعية، تحديد قوائم المناصب التي تمنح الحق للعامل في التعويض عن العمل التناوبي إلى إدارة الوحدة التابعة للمؤسسة، بعد أخذ رأي اللجنة المؤهلة[2]، وفي اعتقادنا أن اللجنة المؤهلة هي لجنة الوقاية الصحية والأمن ما دام أن هذا العمل يدخل ضمن صلاحياتها المحددة قانونا، بينما أخضعت بعض الاتفاقيات الجماعية تحديد قائمة هذه المناصب إلى التنظيم الداخلي[3]. ذهبت أغلبية الاتفاقيات الجماعية، في تقديرها للتعويض عن العمل التناوبي على تحديد نسبة مئوية من الأجر القاعدي[4]، وهي الطريقة التي اعتمدها المشرع من خلال النصوص التنظيمية الملغاة[5].

---

[1] حسب المادة 151 من الاتفاقية الجماعية لمؤسسة SONATRACH يتم تنظيم العمل التناوبي على النحو التالي: النظام المتواصل 2 × 12 بدون فترة راحة - نظام متواصل 3 × 8 بدون فترة راحة - نظام متواصل 3 × 8 مع فترة راحة - نظام نصف دائم 3 × 8 مع فترة راحة - نظام نصف دائم 3 × 8 بدون فترة راحة - نظام متقطع 2 × 8 بدون فترة راحة - نظام متقطع 2 × 8 مع فترة راحة. أما على مستوى مؤسسة SONALGAZ وحسب المادة 251 فقرة 2 يتم تنظيم العمل التناوبي على النحو التالي: - نظام دائم 3 × 8 لفترة كلية - نظام دائم 3 × 8 لفترة متقطعة - نظام نصف دائم 3 × 8 لفترة كلية - نظام نصف دائم 3 × 8 لفترة متقطعة - نظام متقطع 2 × 8 لفترة كلية - نظام متقطع 2 × 8 لفترة متقطعة.

[2] انظر المادة 74 من الاتفاقية الجماعية لمؤسسة SONATRACH.

[3] انظر المادة 251 فقرة أخيرة من الاتفاقية الجماعية لمؤسسة SONALGAZ.

[4] انظر المادة 98 فقرة 2 من الاتفاقية الجماعية لمؤسسة PETRO-SER حسب نظام 3 × 8 متواصل يتقاضى العامل 30% من الأجر القاعدي أما 3 × 8 متقطع 15%.

[5] انظر المواد من 3 إلى 6 من المرسوم رقم 81 – 14 المتعلق بكيفيات حساب تعويض العمل التناوبي، حسب المادة 1 من نفس المرسوم فإن العمال الموزعين في أفواج يعملون في نظام مستمر 3 × 8 أي النظام الذي يتم فيه العمل طوال 24 ساعة كاملة وكل أيام الأسبوع يتقاضون تعويضا يساوي 25% من الأجر الأساسي.

3 - 3: **التعويض عن المسؤولية و المنطقة**

سنقسم هذا العنصر إلى جزأين نتناول في الجزء الأول منحة المسؤولية ونخصص الجزء الثاني للتعويض عن المنطقة.

أولا: التعويض عن المسؤولية

تمنح منحة المسؤولية La prime de responsabilité للإطارات والإطارات السامية، الذين يشغلون مناصب ذات مسؤولية[1]، حددت بعض الاتفاقيات قيمة هذه المنحة، حسب درجة المسؤولية ووفقا جدول محدد[2] أما البعض الآخر منها قدر منحة المسؤولية بنسبة مئوية حسب الأجر القاعدي[3].

ثانيا: تعويض المنطقة

يندرج ضمن التعويضات المرتبطة بمنصب العمل، تعويض المنطقة أطلقت عليها بعض الاتفاقيات الجماعية مصطلح "التعويض عن المنطقة وشروط الحياة

---

(1) انظر المادة 256 فقرة 1 من الاتفاقية الجماعية لمؤسسة SONALGAZ. انظر كذلك المادة 173 فقرة 1 من الاتفاقية الجماعية لمؤسسة NAFTEC. وكذلك المادة 85 من الاتفاقية الجماعية لمؤسسة SONATRACH.

(2) انظر الجدول الوارد بعد المادة 256 من الاتفاقية الجماعية لمؤسسة SONALGAZ فمثلا رئيس مصلحة مدعم Soutien يتقاضى منحة شهرية قدرها 1200 دج، أما رئيس مصلحة عملي Opérationnel يتقاضى 1800 دج أما مدير الدراسات يتقاضى منحة 3500 دج.انظر كذلك الجدول الوارد بعد المادة 173من الاتفاقية الجماعية لمؤسسة NAFTEC، فمثلا رئيس مصلحة الإنتاج والصيانة والمصلحة التقنية يتقاضوا منحة شهرية قدرها 6065 دج أما رئيس مصلحة الأمن 5188 دج، ورئيس مصلحة الموارد البشرية يتقاضى منحة قدرها 4708 دج.

(3) حددت المادة 101 فقرة 2 من الاتفاقية الجماعية لمؤسسة PETRO-SER منحة المسؤولية بالنسبة للإطارات 15% من الأجر القاعدي و 20% بالنسبة للإطارات السامية كما حددت المادة 83 -فقرة 5 من الاتفاقية الجماعية لمؤسسة اتصالات الجزائر منحة الإدارة والمسؤولية 20% من الأجر القاعدي.

L'indemnité de zone et de conditions de vie" [1] وهو التعويض الذي يمنح للعامل عندما يكون منصب يقع في منطقة جغرافية نائية[2]. اختلفت الاتفاقيات الجماعية للعمل لمختلف الهيئات المستخدمة في تحديدها للمنطقة التي تستحق التعويض، فبعضها منحت التعويض للعمال الذين يمارسون عملهم في مناطق جغرافية محددة أو في ظروف عزلة خاصة[3]، غير أن البعض الآخر منها حصر التعويض لفائدة العمال، الذين يمارسون نشاطهم في هياكل المؤسسة الموجودة في الجنوب فقامت بتحديد المناطق المعنية بالتعويض ثم منحت تعويضا خاص بكل منطقة فهو يرتفع كلما ابتعدت المنطقة وينخفض كلما اقتربت[4].

بالإضافة إلى التعويض المالي الذي يمنح للعمال الذين يمارسون نشاطا في مناطق الجنوب، خص المشرع الجزائري عمال هذه المناطق بعطلة إضافية لا تقل

(1) انظر المادة 80 من الاتفاقية الجماعية لمؤسسة SONATRACH. انظر كذلك المادة 169 فقرة من الاتفاقية الجماعية لمؤسسة NAFTEC.

(2) أحمية سليمان - التنظيم القانوني لعلاقات العمل في التشريع الجزائري - المرجع السالف الذكر ص 236.

(3) انظر المادة 259 فقرة 1 من الاتفاقية الجماعية لمؤسسة SONALGAZ. انظر المادة 182 فقرة 1 من الاتفاقية الجماعية لصناديق الضمان الاجتماعي.

(4) المادة 259 من الاتفاقية الجماعية لمؤسسة SONALGAZ قسمت المناطق المعنية بالتعويض إلى 12 منطقة وحددت قيمة التعويض لكل منطقة حسب الملحق رقم 5 و6 التابع للاتفاقية فمثلا منطقة ميناء الجزائر مصنفة في صنفA1 رقم 2041 والتعويض المحدد لهذه المنطقة هو 10 دج عن كل يوم، بينما منطقة وهران في صنف A1 رمز 2601 حدد قيمة التعويض 14 دج، بينما منطقة سعيدة في صنف A1 تحت رمز 5761 حددت قيمة التعويض 24 دج و نفس الطريقة اعتمدتها الاتفاقية الجماعية لمؤسسة NAFTEC انظر المادة 169 من الاتفاقية والملحق رقم 6 منها.

عن 10 أيام عن سنة العمل الواحدة، وترك للاتفاقيات الجماعية تقدير تلك العطلة[1] منحت بعض الاتفاقيات الجماعية للعاملين الذين يؤدون عملا متواصلا خلال السنة، عطلة سنوية إضافية تقدر 20 يوما للعمال، و10 أيام بالنسبة للعمال الذين يعملون بنواحي تسمى ما قبل الجنوب[2] Pré-sud.

3 - 4: التعويضات ذات الطابع الاجتماعي

تشمل التعويضات ذات الطابع الاجتماعي المنح العائلية والدراسية والأجر الوحيد، كما تشمل التعويض عن الإحالة على التقاعد و تعويض ذوي حقوق العامل المتوفى، إلى جانب التعويضات المرتبطة بالنفقات المصرفية وسوف نتطرق إلى هذه التعويضات تبعا.

أولا: المنح العائلية و الدراسية والأجر الوحيد

يستفيد العامل الذي تحت كفالته أبناء من منحة شهرية قيمتها 600 دج في لكل طفل واحد حدود 5 أطفال[3]، كما حددت قيمة المنحة الشهرية بـ 300 دج ابتداء من الطفل السادس ولأطفال العمال الأجراء الذين يتجاوز أجرهم الشهري الخاضع للاشتراك في الضمان الاجتماعي 15000 دج[4].

هل تعتبر المنحة الشهرية لكل طفل مكفول، والمقدرة بـ 600 دج كافية لضمان مستوى معيشي ملائم لهؤلاء الأبناء؟ علما أنه لم يتم رفع مبلغ المنح

---

(1) المادة 42 من القانون رقم 90 – 11 السالف الذكر: " يمنح العامل في ولايات الجنوب عطلة إضافية لا تقل عن 10 أيام عن سنة العمل الواحدة. تحدد الاتفاقيات أو الاتفاقات الجماعية كيفيات منح هذه العطلة ".

(2) انظر المادة 157 فقرة 1 و2 من الاتفاقية الجماعية لمؤسسة SONALGAZ

(3) انظر المادة 2 من المرسوم التنفيذي رقم 96 – 298 المؤرخ في 8 سبتمبر 1996 المتضمن رفع مبلغ المنح العائلية ج ر عدد 52 لسنة 1996.

(4) انظر المادة 3 من المرسوم التنفيذي رقم 95 – 289 المؤرخ في 26 سبتمبر 1995 المتضمن رفع مبلغ المنح العائلية المعدل والمتمم ج ر عدد 56 لسنة 1995.

الشهرية للأطفال المكفولين منذ 1996 رغم أن الأجر الأدنى الوطني المضمون تم رفعه من سنة 1997 إلى 2007 حوالي5 مرات. كما حدد المبلغ السنوي للمنحة الدراسية 800 دج عن كل طفل متمدرس في حدود 5 أطفال، بينما لا يستفيد الأجراء والموظفين، الذين يتجاوز مبلغهم الشهري 15000 دج والذين يتجاوز عدد أطفالهم المتمدرسين 6 أطفال، سوى من نصف منحة دراسية أي 400 دج[1].

هل مبلغ 800 دج كاف لتغطية مصاريف الدخول المدرسي المتمثلة في المحفظة المدرسية والأدوات والكتب التي ارتفعت إلى أسعارها بصورة غير متوقعة؟ على سبيل المثال بلغت تكفلة الكتب المدرسية لتلميذ في السنة الثالثة متوسط خلال السنة الدراسية 2008 - 2009 حوالي 2300 دج ناهيك عن المحفظة والأدوات المدرسية ومن الناحية العملية وجدنا أن بعض الاتفاقيات الجماعية للعمل منحت لعمالها منحة دراسية سنوية أكثر من تلك التي أقرتها النصوص التنظيمية[2]، وبذلك تعد أحكام هذه الاتفاقيات أكثر امتيازا من الأحكام التشريعية مما يستوجب تطبيق الأحكام الواردة في الاتفاقية الجماعية.

بالإضافة إلى المنح العائلية ومنحة الدراسة، تتضمن المنح ذات الطابع العائلي منحة الأجر الوحيد. إذا كانت بعض الاتفاقيات الجماعية للعمل تقيدت بالمصطلح الوارد في المرسوم السالف الذكر، فإن بعضها الآخر أطلق على هذه المنحة منحة المرأة الماكثة في البيت[3] Prime pour femme au foyer وهو مصطلح في نظرنا غير سليم، لأن هذه المنحة لا تستفيد منها المرأة الماكثة في البيت فقط، بل حتى المرأة العاملة التي لا يمارس زوجها أي نشاط مأجور، وكذلك الأرملة العاملة المربية للأبناء، والمطلقة العاملة الحاضنة، شريطة أن تكون حضانة الأبناء

---

[1] انظر المادتين 4 و 6 من المرسوم التنفيذي رقم 96 – 298 السالف الذكر.

[2] منحت المادة 22 من الاتفاق الجماعي الملحق باتفاقية مؤسسة تكرير السكر بمستغانم لكل طفل متمدرس منحة سنوية قيمتها 1000 دج إلى غاية بلوغه 18 سنة.

[3] انظر المادة 18 من الاتفاق الجماعي لدواوين الترقية والتسيير العقاري

مسندة لها عن طريق حكـم قضائي حـددت قيمة هـذه المنحة الشهرية 400 دج ابتـداء مـن 1 جانفي 2004[1] وارتفعت مؤخرا إلى 800 دج.

منحت بعض الاتفاقيات الجماعية لعمالها منحة عن الأجر الوحيد تفوق قيمتها القيمة المحددة قانونا[2]، وبذلك تكون هذه الاتفاقيات منحت لعمالها حقوقا أكثر امتيازا من الحقوق المكرسة قانونا، غير أن هذه المنحة لا تدفع إلا لزوجة واحدة مهما تعددت الزوجات.

ثانيا: التعويض عن الإحالة على التقاعد

تندرج ضمن التعويضات ذات الطابع الاجتماعي أيضا منحة الإحالة عـلى التقاعد، التـي أقرتهـا مجموعة من الاتفاقيات الجماعية لبعض الهيئات المستخدمة[3]، كما أطلق عليها البعض الآخر اسم منحـة نهاية الحياة المهنية.

أجمعت أغلبية الاتفاقيات الجماعية، على منح العمال المحالين على التقاعد منحة تـدعى منحـة أو علاوة نهاية الخدمة، تختلف قيمتها المالية، باختلاف سنوات العمل الفعليـة داخل الهيئـة المستخدمة، قدرتها بعض الاتفاقيات الجماعية للعمل بأجر

---

[1] انظر المرسوم التنفيذي 04 / 28 المؤرخ في 14 فبراير 2004 المعدل للمرسوم 65 / 75 المـؤرخ في 23 مـارس 1965 المتعلـق بالمنح ذات الطابع العائلي.

[2] المادة 83 – 13 من الاتفاقية الجماعية لمؤسسة اتصالات الجزائر تحت عنوان منحة الـزوج دون دخـل: " يتحصل العامـل المتزوج والذي لا يمارس زوجه أي نشاط مأجور منحة شهرية تسمى منحة الراتب الوحيد قيمتها الشهرية 750 دج. كمـا نصت المادة 133 من الاتفاقية الجماعية لمؤسسة NAFTEC: " يتحصل العامل المتزوج والذي لا يمارس زوجه أي نشاط مأجور منحة شهرية تسمى منحة الراتب الوحيد قيمتها الشهرية 500 دج بينما حددتها المـادة 18 مـن الاتفـاق الجماعية لدواوين الترقية والتسيير العقاري 1200 دج شهريا.

[3] انظر المادة 179 من الاتفاقية الجماعية لمؤسسة NAFTEC. وانظر كذلك المـادة 279 مـن الاتفاقيـة الجماعية لمؤسسة SONALGAZ. – و انظر كذلك المادة 319 مـن الاتفاقية الجماعية لمؤسسـة SONATRACH.والمـادة 190 مـن الاتفاقية الجماعية لصناديق الضمان الاجتماعي. – انظر الملحق بالاتفاقية الجماعية لدواوين الترقية والتسيير العقاري ص 21.

شهرين 2 عن مدة عمل تزيد عن 5 سنوات، وترتفع إلى أجر 4 أشهر إذا تجاوزت مدة العمل 10 سنوات وتصل المنحة إلى أجر 6 أشهر مقابل مدة عمل تفوق 15 سنة، لترتفع إلى أجر 8 أشهر متى تجاوزت مدة العمل 20 سنة، كما ترتفع هذه المنحة إلى أجر 10 أشهر عن مدة عمل تفوق 25 سنة، وأخيرا إلى أجر 12 شهرا عندما تفوق مدة العمل 30 سنة[1].

ذهب البعض الأخر من الاتفاقيات الجماعية إلى إقرار منحة أقل من المنحة السالفة الذكر[2]، ربما يعود السبب في ذلك إلى نقص الإمكانيات المالية لهذه المؤسسات من جهة أو ضعف مستوى طرف التفاوض الجماعي الممثل للعمال في هذه المؤسسات للمطالبة بمنحة أكبر من جهة أخرى. وعلى خلاف ذلك، ونظرا لتوافر الشرطين السالفين، نجد أن بعض الاتفاقيات الجماعية للعمل، منحت لعمالها المحالين على التقاعد منحة نهاية الخدمة بقيمة معتبرة [3].

[1] انظر الجدول الملحق بالمادة 319 من الاتفاقية الجماعية لمؤسسة SONATRACH. والمادة 190 فقرة 2 من الاتفاقية الجماعية لصناديق الضمان الاجتماعي. وانظر كذلك المادة 83-12 فقرة 1 من الاتفاقية الجماعية لاتصالات الجزائر.

[2] حسب المادة 119 من الاتفاقية الجماعية لمؤسسة PETRO-SER يتقاض العامل الذي أدى مدة عمل 10 سنوات في القطاع منحة أجر شهرين، ومنحة أجر 4 أشهر لمن أدى 15 سنة عمل فعلي في القطاع، وأجر 6 شهر عن مدة عمل 20 سنة، وأجر 10 أشر بعد 30 سنة من العمل داخل القطاع، والأجر الواجب أخذه بعين الاعتبار هو الأجر المتوسط السنوي للعامل الخاضع للضمان الاجتماعي خلال آخر سنة من النشاط المهني.

[3] أما الاتفاق الجماعي لدواوين الترقية والتسيير العقاري منح لكل عامل أدى فترة عمل تتراوح بين 1 و5 سنوات أجر 3 أشهر، أما الذين تتراوح مدة عملهم بين 6 و10 سنوات أجر 7 أشهر، وما بين 11 و 15 سنة أجر 10 أشهر أما ما فوق 16 سنة أجر 15 شهرا حسب الملحق رقم 6 للاتفاقية الجماعية لمؤسسة NAFTEC يستفيد العامل المحال على التقاعد من منحة تقدر بأجر 2 شهرين متى أدى مدة عمل تفوق 5 سنوات، وأجر 5 أشهر بعد مدة عمل تزيد عن 10 سنوات، وأجر 8 أشهر بعد مدة عمل تفوق 15 سنة وأجر 10 أشهر عن مدو عمل تزيد عن 20 سنة، وأجر 13 شهرا عن مدة عمل تزيد عن 25 سنة، وأخيرا أجر 16 شهرا عن مدة عمل تزيد عن 30 سنة.

اعتبر بعض العمال المحالين على التقاعد المسبق والذين حرموا من منحة نهاية الخدمة التي استفاد منها زملاؤهم المحالين على التقاعد العادي، تمييزا بين العمال وعدم المساواة بينهم في الحقوق طبقا لنص المادة 17 من القانون رقم 90 – 11 المتعلق بعلاقات العمل بينما ذهبت الغرفة الاجتماعية بالمحكمة العليا، إلى اعتبار ذلك شرعيا وغير مخالف للقانون، ما دام أن الاتفاقية الجماعية للمؤسسة استثنت العمال المحالين على التقاعد المسبق من هذه المنحة[1].

ثالثا: تعويض ذوي حقوق العامل المتوفى

إلى جانب منحة الإحالة على التقاعد أقرت أغلبية الاتفاقيات الجماعية لمختلف الهيئات المستخدمة لذوي حقوق العامل المتوفى الحق في التعويض عن الوفاة، علما أن التعويضات التي أقرتها الاتفاقيات الجماعية، هي تعويضات إضافية عن التعويضات التي أقرتها تشريعات الضمان الاجتماعي[2].

يقصد بذوي حقوق العامل المتوفى الزوج ثم الأولاد والأصول المكفولين[3].

ذهبت الغرفة الاجتماعية بالمحكمة العليا إلى حرمان أصول العامل المتوفى أي أولياؤه، من منحة الوفاة، كونهم غير مكفولين من طرفه، حيث أثبت القرار أن أب العامل المتوفى يمارس نشاطا مهنيا وأن أم المتوفى مكفولة قانونا من قبل زوجها، ومن ثم فليس للطاعنين صفة ذوي الحقوق المحقين للمطالبة بالمنحة

---

[1] انظر القرار رقم 289675 المؤرخ في 12 جانفي 2005 المجلة القضائية العدد رقم 2 لسنة 2005 ص 235 أسست الغرفة الاجتماعية قرارها على أساس المادة 110 من الاتفاقية الجماعية للمؤسسة الوطنية للأسمدة والمنتوجات المبيدة للحشرات.

[2] انظر في هذا المجال القانون رقم 83 – 11 المؤرخ في 2 جويلية 1983 المتعلق بالتأمينات الاجتماعية المعدل والمتمم جريدة رسمية عدد 28 المؤرخة في 05 جويلية 1983 ص1792. والقانون رقم 83 – 13 المتعلق بحوادث العمل والأمراض المهنية.

[3] انظر المادة 67 من القانون رقم 83 – 11 السالف الذكر.

المنصوص عليها قانونا[1]. منحت تشريعات الضمان الاجتماعي تعويضات لذوي الحقوق العامل المتوفى في حالة وفاة العامل الطبيعية، وتعويضات خاصة في حالة إذا كانت الوفاة بسبب حادث عمل أو مرض مهني ففي حالة الوفاة الطبيعية، التي لا يعود سببها لحادث عمل أو مرض مهني، يستفيد ذوي حقوق العامل المتوفى وفاة طبيعية من رأسمال الوفاة Le capital décès الذي يقدر 12 مرة مبلغ الأجر الشهري الأكثر نفعا المتقاضى خلال السنة السابقة لوفاة العامل المؤمن له اجتماعيا والمعتمدة كأساس لحساب الاشتراكات[2]، وإذا نتجت وفاة العامل عن حادث عمل أو مرض مهني يستفيد ذوي الحقوق من منحة الوفاة أي رأسمال الوفاة وريع Une rente يدفع لكل واحد من ذوي حقوق العامل المتوفى وذلك ابتداء من اليوم الموالي لتاريخ الوفاة [3].

بالإضافة إلى التعويضات التي أقرتها تشريعات الضمان الاجتماعي لذوي حقوق العامل المتوفى، منحت بعض الاتفاقيات الجماعية تعويضات إضافية على عاتق الهيئة المستخدمة أطلقت عليها البعض منها رأسمال الوفاة، غير أنها اختلفت

---

[1] انظر القرار رقم 129009 المؤرخ في 24 أكتوبر 1995 الصادر عن الغرفة الاجتماعية بالمحكمة العليا المجلة القضائية العدد الأول لسنة 1996 ص 134.

[2] المادة 47 من القانون رقم 83 – 11: " يستهدف التأمين على الوفاة إفادة ذوي حقوق المؤمن له المتوفى من منحة الوفاة "
- المادة 48 من القانون 83 – 11 المعدلة بالأمر 96 – 17 المؤرخ في 6 جولية 1996 جريدة رسمية عدد 42 لسنة 1996:
" يقدر مبلغ رأسمال الوفاة باثني عشر 12 مرة مبلغ الأجر الشهري الأكثر نفعا، المتقاضى خلال السنة السابقة لوفاة المؤمن له والمعتمدة كأساس لحساب الاشتراكات. لا يمكن بأي حال من الأحوال أن يقل هذا المبلغ عن 12 مرة مبلغ الأجر الوطني الأدنى المضمون. يدفع مبلغ رأسمال الوفاة دفعة واحدة فور وفاة المؤمن له ".

[3] انظر المادة 53 من القانون رقم 83 – 13 المتعلق بحوادث العمل والأمراض المهنية المعدلة بالأمر 96 – 19 المؤرخ في 6 جولية 1996.

في تقديره، فبينما قدرته البعض منها بمبلغ جزافي محدد[1]. ذهب البعض الآخر في تقديره بضرب الأجر الشهري المتحصل عليه في عدد محدد من الأشهر يرتفع مبلغ التعويض متى ارتبطت الوفاة بحادث عمل أو مرض مهني[2]، حسبما ورد تعريفهما في تشريع الضمان الاجتماعي المعمول به[3]، بينما لم تميز بعض الاتفاقيات الجماعية في تقدير منحة الوفاة بين الوفاة الطبيعية والوفاة الناتجة عن حادث عمل أو مرض مهني مانحة مبلغا متساويا في الحالتين[4]. وفي اعتقادنا أنه كان لهذه الاتفاقيات الجماعية تحدو حدوا الاتفاقيات التي منحت ذوي حقوق العامل المتوفى بسبب حادث عمل أو مرض مهني تعويضا أكبر.

كما منحت بعض الاتفاقيات الجماعية لذوي حقوق العامل المتوفى الحق في الاستفادة من امتيازات الخدمات الاجتماعية للهيئة المستخدمة[5]، إذا كانت بعض

---

(1) منح ديوان الترقية والتسيير العقاري لذوي حقوق العامل المتوفى مهما كان المنصب الذي شغله أو التصنيف الذي ينتمي إليه تعويضا قدره مائة ألف دينار 100.000 دج انظر الملحق للاتفاقية الجماعية لدواوين الترقية والتسيير العقاري ص 40 رقم 19 تحت عنوان رأسمال الوفاة - منحت المادة 122 من الاتفاقية الجماعية لغرفة التجارة والصناعة الظهرة بمستغانم لذوي حقوق العامل المتوفى تعويضات ماليا قدره 40.000 دج وفي حالة وفاة الزوج أو أحد أبناء العامل يدفع تعويضا قدره 20.000 دج.

(2) حددت المادة 279 فقرة 3 من الاتفاقية الجماعية لمؤسسة SONALGAZ التعويض عن الوفاة بأجر ثمانية عشر 18 شهرا، و ترتفع قيمة التعويض إلى 36 شهرا إذا كانت الوفاة بسبب حادث عمل أو مرض مهني - حددت المادة 83 فقرة 14 من الاتفاقية الجماعية لاتصالات الجزائر قيمة رأسمال الوفاة الطبيعية بأجر خمسة عشر 15 شهرا، أما إذا كانت الوفاة بسبب حادث عمل أو مرض مهني يرتفع رأسمال الوفاة إلى أجر 30 شهرا.

(3) للوقوف عند تعريف حادث العمل انظر المادة 6 القانون رقم 83 – 13 السالف الذكر والمادة 63 من نفس القانون لتحديد مفهوم المرض المهني.

(4) حددت المادة 146 من الاتفاقية الجماعية لمؤسسة SORASUCRE 12 شهرا.

(5) انظر المادة 320 من الاتفاقية الجماعية لمؤسسة SONATRACH.

الاتفاقيات الجماعية قد أقرت تعويضا لذوي حقوق العامل المتوفى، فإن مجموعة كبيرة من الاتفاقيات الجماعية لم تتعرض إلى هذا التعويض[1].

رابعاً: التعويضات المرتبطة بالنفقات المصرفية

تشمل التعويضات المرتبطة بالنفقات المصرفية التعويضات عن المصاريف التي يؤديها العامل أثناء مزاولة نشاطه المهني، ومنها منحة الوجبة أو الفطور أو السلة Indemnité de panier وهي عبارة عن تعويض يدفعه صاحب العمل للعمال، الذين يتناولون وجباتهم في مواقع العمل أو في محالات هيئت لهذا الغرض، في حالة عدم توفير الهيئة المستخدمة الوجبات لعمالها، وهي تختلف من مؤسسة لأخرى[2].

كما تشمل أيضا تعويض التنقل Indemnité de transport وهو تعويض العامل عن التكاليف التي ينفقها خلال التنقل من حمل سكنه الاعتيادي إلى مقر عمله، إذا لم تضمن المؤسسة النقل لمستخدميها ويعد المقياس العام لمنحة تعويض النقل حسب المسافات المقطوعة[3]. يلاحظ أن هاتين المنحتين مكرستين في إطار علاقات العمل أي في قطاع النشاط الاقتصادي بموجب الاتفاقيات الجماعية، بينما حرم منها

---

[1] الاتفاقية الجماعية لصناديق الضمان الاجتماعي. الاتفاقية الجماعية لمؤسسة NAFTEC. الاتفاقية الجماعية لمؤسسة PETRO-SER.

[2] حددتها المادة 83.7 فقرة 1 من الاتفاقية الجماعية لمؤسسة اتصالات الجزائر بمائة وخمسين 150 دج عن كل يوم عمل. - حددتها المادة 269 فقرة 1 من الاتفاقية الجماعية لمؤسسة SONALGAZ بحوالي 85 دج يوميا لعمال الشمال و95 دج لعمال الجنوب. - حددتها الاتفاقية الجماعية لدواوين الترقية والتسيير العقاري 180دج عن كل يوم عمل سواء كان العمل في النهار أو في الليل انظر الملحق ص 23.

[3] حددت المادة 8/83 من الاتفاقية الجماعية لمؤسسة اتصالات الجزائر مبلغ تعويض التنقل على النحو التالي: من 2 إلى 5 كلم 500 دج شهريا، من 5 إلى 10 كلم 700 دج شهريا، من 10 إلى 15 كلم 1000 دج من 15 إلى 30 كلم 1500دج وأخيرا أكثر من 30 كلم 2000 دج - حددتها المادة 270 من اتفاقية مؤسسة SONALGAZ من 1 إلى 3 كلم 200 دج شهريا، من 3 إلى 8 كلم 300 دج، من 8 إلى 12 كلم 500 دج، من 12 إلى 25 كلم 700 دج – أكثر من 25 كلم 1000دج.

الموظفون في قطاع الوظيفة العمومية، رغم أن الكثير من الموظفين يقطعون مسافات طويلة للوصول إلى مكان عملهم، تكلفهم مبالغ معتبرة على حسابهم الخاص لذا نرى ضرورة إدماج هذه التعويضات في قطاع الوظيفة العمومية.

3 - 5: التعويضات المرتبطة بالمردود والإنتاجية

منح المشرع الجزائري للشركاء الاجتماعيين حق التفاوض حول المكافآت المرتبطة بالإنتاجية ونتائج العمل، وكيفيات مكافأة فئات العمال المعنيين على المردود [1]. يقصد بالمكافآت المرتبطة بالإنتاجية ونتائج العمل، مبلغ من المال يدفع للعامل أو العمال مقابل ما قاموا به من زيادة جهد ترتب عليها توفير في النفقة، أو زيادة في الأرباح أو تفادي لخسائر[2]، فهي إذن منحة يقمها صاحب العمل لعماله عن المردود الفردي والجماعي، ومناط استحقاق منحة المردود هو تحقيق السبب الذي من أجله تقررت ومن ثم فهو لا يستحقها إلا إذا تحقق سببها، المتمثل في المثابرة في العمل والزيادة في الإنتاج ومن ثم يحرم منها العامل أو العمال، إذا كانت الزيادة في الإنتاج وليدة تغير الآلات، لانتفاء الجهد الموجب لاستحقاق المنحة، وهو ما ذهبت إليه محكمة النقض المصرية في قراراتها[3].

أولا: منحة المردود الفردي

منحت أغلبية الاتفاقيات والاتفاقات الجماعية للعمل مكافأة عن المردود الفردي La prime de rendement individuel لكل عامل شارك في تحقيق أهداف أو

(1) انظر المادة 120 فقرة 5 و 6 من القانون رقم 90 – 11 المتعلق بعلاقات العمل السالف الذكر

(2) انظر الدكتور محمود سلامة جبر – الوسيط في عقد العمل الفردي – الجزء الأول – الطبعة الأولى 1999 القاهرة ص 204.

(3) نقض رقم 43/73 ق. جلسة 1978/2/3 الهواري ج 3 ص 80 رقم 373/ 47 ق جلسة 19/ 12 / 1982 مجموعة المستشار صلاح أحمد ج 1 ص 1090.القرار مذكور في مرجع الدكتور محمود سلامة جبر السالف الذكر ص 205.

برنامج العمل الذي كلف به ضمن المجموعة التي ينتمي إليها[1]، كما أن بعض الاتفاقيات الجماعية للعمل جعلت من معيار نوعية العمل وكميته والمواظبة والانضباط شروطا للاستفادة من هذه المنحة[2].

أما فيما يتعلق بقيمة منحة المردود الفردي، ذهبت أغلبية الاتفاقيات والاتفاقات الجماعية للعمل إلى تحديد نسبة مئوية خاصة بها[3]، كما أقرت معظمها على أن تدفع هذه المنحة شهريا[4]، على خلاف ذهب البعض منها على أن تسدد خلال كل 3 أشهر[5].

ثانياً: منحة المردود الجماعي

إلى جانب منحة المردود الفردي أقرت أغلبية الاتفاقيات الجماعية لعمالها منحة المردود الجماعي La prime de rendement collectif موجه إلى جماعة العمال عن الإنتاجية يتم تقدير إنتاجية الجماعة وحساب مكافأة المردود الجماعي المناسبة لها انطلاقا من أهداف الإنتاج، والمواد أو الخدمات المحددة لهذه الجماعة، يطلق على جماعة العمال التي تكون أهدافها ذات طابع كمي Les objectifs

---

(1) انظر المادة 253 من الاتفاقية الجماعية لمؤسسة SONALGAZ. والمادة 175 فقرة 2 من الاتفاقية الجماعية لمؤسسة NAFTEC. انظر المادة 185 فقرة 1 من الاتفاقية الجماعية لصناديق الضمان الاجتماعي. المادة 89 من الاتفاقية الجماعية لمؤسسةSONATRACH .

(2) انظر ملحق الاتفاقية الجماعية لدواوين الترقية ص 36 رقم 12 فقرة 2.

(3) حددت المادة 254 من الاتفاقية الجماعية لمؤسسة SONALGAZ القصوى لمنحة المردود الفردي 40% من الأجر الأساسي، ونفس النسبة حددتها المادة 185 فقرة 3 من الاتفاقية الجماعية لصناديق الضمان الاجتماعي. بينما حددتها الاتفاقية الجماعية لدواوين الترقية والتسيير العقاري بموجب الملحق رقم 12 ص 36 بعشرين 20% حسب قيمة المعايير التالية: المواظبة 8 نقاط – نوعية العمل 6 نقاط – كمية العمل 6 نقاط.

(4) انظر كل من الاتفاقية الجماعية لمؤسسة PETRO-SER. والاتفاقية الجماعية لصناديق الضمان الاجتماعي.

(5) انظر المادة 254 فقرة 2 من الاتفاقية الجماعية لمؤسسة SONALGAZ.

quantifiables اسم جماعة الإنتاج collectif de production، ويطلق على الجماعة التي تكون أهدافها ذات طابع كمي باسم جماعة المساندة collectif de soutien[1]، قدرت مختلف الاتفاقيات الجماعية منحة المردود الجماعي بنسبة مئوية على أساس الأجر الأساسي، اختلفت هذه النسبة من هيئة مستخدمة لأخرى[2]. رغم أن المشرع الجزائري منح للشركاء الاجتماعيين، حق منحة المردود الفردي والجماعي إلا أن قضاة القسم الاجتماعي يعتمدون في حل النزاع على أحكام المرسوم رقم 88 / 221 المؤرخ في 2 نوفمبر 1988 المتعلق بشروط تطبيق المكافآت على المردود، وطرق ربط الأجور بالإنتاج[3] بالرغم من أن أحكام هذا المرسوم ألغيت بإلغاء الأحكام الواردة في القانون رقم 78 - 12 المتعلق بالقانون الأساسي العام للعامل.

4: المبادئ التي تقوم عليها الأجور

تقوم الأجور على مجموعة من المبادئ الثابتة المكرسة في مختلف التشريعات بصفة عامة والتشريع الجزائري بصفة خاصة، أهم تلك المبادئ مبدأ الارتباط الشرطي بين الأجر والعمل، ومبدأ مساواة العمال في الأجور ومبدأ الدفع النقدي للأجر، ومبدأ الدفع الكلي والمنتظم، ومبدأ امتياز الأجور عن بقية الديون وغيرها من المبادئ التي سنتعرض إليها تبعا.

---

[1] انظر المادة 252 فقرة 1 و 2 من الاتفاقية الجماعية لمؤسسة SONALGAZ.

[2] 50% من الأجر الأساسي بالنسبة لمؤسسة تكرير السكر بمستغانم SORASUCRE (انظر المادة 24 فقر2 من الاتفاقية الجماعية). 40% من الأجر الأساسي بالنسبة صناديق الضمان الاجتماعي (انظر المادة 185 فقرة 2) 20% من الأجر الأساسي بالنسبة لعمال دواوين الترقية والتسيير العقاري. 30% من الأجر الأساسي بالنسبة لعمال مؤسسة PETRO-SER.

[3] القرار رقم 208667 المؤرخ في 11 / 07 / 2000 ذكر هذا القرار في مرجع ذيب عبد السلام ص 277 - 278.

4 – 1: الارتباط الشرطي بين الأجر والعمل والدفع النقدي له

سنقسم هـذا العنصر ـ إلى جـزأين، نتنـاول في الجـزء الأول الارتبـاط الشرطـي بيـن الأجـر والعمـل، ونخصص الجزء الثاني للدفع النقدي له، معتمدين في ذلك على التشريع الجزائري والتشريعات المقارنة، وما كرسه الاجتهاد القضائي في هذا الشأن.

أولا: مبدأ الارتباط الشرطي بين الأجر والعمل

بمقتضى هذا المبدأ لا يمكن للعامل أن يتمسك بحقه في الأجر، إلا مقابل العمل المؤدى خـلال المـدة القانونية الفعلية التي قضاها داخل مكان العمل[1] وهو ما نص عليه المشرع الجزائري[2]، ومن ثم لا يمكنـه المطالبة بأجور الشهري بعد إعـادة إدماجه إلى منصب عمـله نتيجـة التسـريح التعسـفي، بـل مـن حقـه التمسك بالتعويض في حدود الأجر وكرسته الغرفة الاجتماعية للمحكمة العليا في عدة قرارات لها[3].

---

[1] انظر السيد عيد نايل شرح قانون العمل الجديد – المرجع السالف الذكر ص 242 وانظر كذلك – الدكتور محمـود سـلامة جبر– الحماية القانونية للأجور– ط2005 ص12. وانظر كذلك الدكتور عبد الغنـي عمـرو الـرويمـض – علاقـات العمـل في القانون الليبي دار الكتب الوطنية بنغازي ليبيا - طبعة 2004 ص 208.

[2] المادة 53 من القانون رقم 90 / 11: " لا يمكن للعامل أن يتقاضى أجر فترة لم يعمل فيها مهما كانـت وضـعيته في الترتيـب السلمي، ما عدا الحالات التي ينص عليها القانون أو التنظيم صراحة وذلك دون الإخلال بالتـدابير التأديبيـة الـواردة في النظام الداخلي. والمادة 80 من نفس القانون: " للعمال الحق في أجر مقابل العمل المؤدى ".

[3] انظر القرارات الصادر عن الغرفة الاجتماعية بالمحكمة العليا تحت رقم 156622 المؤرخة في 10 / 03 / 1998 والقرار رقم 157790 المؤرخ في 1998/02/10 والقرار رقم 160550 المؤرخ في 10 / 03 / 1998 والقرار رقم 164177 المـؤرخ في 17 / 07 / 1998 كل هذه القرارات ذكرها السيد ذيب عبد السلام في مرجعه قانون العمل الجزائري والتحـولات الاقتصـادية ص 292 و 294.

كما لا يمكن للعامل المضرب التمسك بحقه في الأجر حتى ولو كان الإضراب مشروعا وقانونيا[1]، غير انه يمكن أن يقع الاتفاق على دفع الأجر كله أو قسط منه بموجب اتفاق جماعي بين الممثلين النقابيين للعمال والهيئة المستخدمة[2].

القاعدة العامة إذن ألا يتقاضى العامل أجر فترة لم يعمل فيها، إلا في الحالات التي أقرها القانون أو التنظيم صراحة. يقصد بالحالات التي نص عليها القانون والتنظيم صراحة الراحة القانونية العادية والاستثنائية[3] وسنفصل كل حالة على حدة عندما نتعرض لحق العامل في الراحة.

ثانيا: مبدأ الدفع النقدي للأجر

يعتبر مبدأ التقدير والدفع النقدي للأجر من المبادئ الحديثة المكرسة في التشريعات العمالية بمختلف إيديولوجياتها وأنظمتها الاقتصادية، حيث اتخذ الوفاء بالأجر في القرن الماضي صورا مختلفة عرفت باسم "نظام المقايضة" الذي ظهر في بريطانيا باسم Truck- system وانتقل إلى مختلف دول العالم، بمقتضى هذا النظام كان أرباب العمل يؤدون أجر العمال بصورة عينية وذلك بتسليم العامل سلعة ينتجها المصنع، ويقوم هذا الأخير بتحويلها وتصريفها نقدا بعد بيعها[4] أو بتسليمه

---

[1] الدكتور محمود جمال الدين زكي – عقد العمل في القانون المصري – الطبعة الثانية 1982 ص 752.

[2] انظر ذيب عبد السلام – قانون العمل والتحولات الاقتصادية ص 382. والدكتور أحمية سليمان – المرجع السالف الذكر ص 247.

[3] للإطلاع على حالات الراحة القانونية والعطل والغيابات المرخص بها راجع المواد من 33 إلى 56 من القانون رقم 90 – 11 المتعلق بعلاقات العمل.

[4] انظر مثلا كاركاسون Carcassonne – دراسة القانون الخاص بدفع الأجور للعمال والمستخدمين – رسالة باريس سنة 1913 ص 15 و 16 المرجع مذكور في كتاب الدكتور محمود جمال الدين زكي – ص 758.

مواد غذائية بأعلى من سعر السوق فيضطر هذا الاخير بعدما قبل في العقد الوفاء على هذا النحو إلى بيع ما تسلمه أو ما زاد عن حاجته منه بسعر أقل[1].

كما ألزم البعض الآخر العامل لديهم بالشراء في محال معينة - لهم فيها مصلحة - سلعا أقل جودة وأكثر ثمنا مما يباع في غيرها ويستردون منه بالتالي الأجر النقدي الذي قبضه، وقد يسلمون للعامل بدل النقود " بطاقات " أو "بونات" تعتبر عملة اتفاقية للشراء بها في تلك المحال أو عملة أجنبية ليضطر إلى خصمها أو إلى استبدالها، ويتلخص نظام المقايضة أيا كانت صورته في سلب جزء من أجر العامل بالوفاء به عينا له[2].

أثار نظام المقايضة في صوره المختلفة ثائرة العمال، وقاموا بإضراباتهم المتكررة حربا عليه، حتى عمدت التشريعات العمالية في الدول المختلفة منذ نهاية القرن الماضي إلى تحريمه، وإلزام صاحب العمل بوفاء الأجر إلى العامل نقدا، ولا يكون وفاؤه بغير النقود مبرئا لذمته[3]، فالمشرع الفرنسي على غرار باقي التشريعات العمالية كرس هذا المبدأ بموجب 1 من القانون المؤرخ في 7 ديسمبر 1909 التي نصت على أن: " أجور العمال والمستخدمين يجب دفعها بنقود معدنية أو ورقية تتمتع بتداول قانوني " نفس الصياغة أوردها المشرع الجزائري في أول تشريع للعمل متعلق بعلاقات العمل في القطاع الخاص[4].

[1] انظر بودي Boudy – حماية أجر العامل في القانون الفرنسي – رسالة باريس سنة 1899ص62. وانظر كذلك ركوربيه RECORBET – دراسة تاريخية وتشريعية لدفع الأجر عينا – رسالة ليون سنة 1899 ص 33 و 34.

[2] انظر كابوات CABOUAT – التنظيم التشريعي للأجور – المجلة النقدية سنة 1894 ص 228 و 229 وانظر كذلك لامبير LAMBERT – دراسة في حماية الاجر في مواجهة صاحب العمل – رسالة Montpellier سنة 1896 ص 12و13. المراجع مذكورة في كتاب محمود جمال الين زكي ص 759.

[3] انظر الدكتور محمود جمال الدين زكي – المرجع السالف الذكر ص 760.

[4] المادة 149 من الأمر رقم 75 31 المؤرخ في 29 أبريل 1975 المتعلق بالشروط العامة لعلاقات العمل في القطاع الخاص: " كل مبلغ يستحقه العمال أو العمال المتدربون يجب أن يدفع لهم بنقود معدنية أو ورقية لها سعر قانوني رغم كل شرط مخالف وذلك تحت طائلة البطلان ".

إذا كان الأمر السالف الذكر أوجب على المستخدم دفع أجور العمال بنقود معدنية أو ورقية لها سعر قانون تحت طائلة البطلان، فإن التشريعات العمالية الموالية له اشترطت أن يكون التعبير عن الأجر بمبالغ نقدية، وأن تدفع بوسائل نقدية، دون أن تحدد صور تلك المبالغ النقدية "معدنية أو ورقية"[1].

رغم أن المشرع الجزائري اشترط الدفع النقدي للأجر، إلا أنه لم يحدد طبيعة ونوع العملة التي يجب أن تدفع بها الأجور، على خلاف ذلك اشترط المشرع المغربي أن يدفع الأجر بالعملة المغربية[2] والمشرع المصري بالعملة المتداولة قانونا[3]، والمقصود بها العملة الوطنية، فلا يجوز الوفاء بهذه الأجور والمبالغ بأية عملة أجنبية، ولو كانت هذه العملة لإحدى الدول العربية، والحكمة من ذلك عدم الرغبة في تحميل العامل فروق استبدال العملة الوطنية بالعملة الأجنبية، وكذلك تسهيل التصرف للعامل في أجره بمجرد قبضه حتى يتمكن من قضاء حاجيات معيشته[4].

4 - 2: مبدأ مساواة العمال في الأجور والدفع الكلي والمنتظم له

بعدما تعرفنا على مدلول مبدئي الارتباط الشرطي بين الأجر والعمل والدفع النقدي له ننتقل للحديث عن مبدأ مساواة العمال في الأجور من خلال الجزء الأول، ونخصص الجزء الثاني لمبدأ الدفع الكلي والمنتظم له.

---

[1] المادة 137 من القانون رقم 78 - 12 السالف الذكر: " يعبر عن الأجر بمبالغ نقدية فقط، ويدفع بوسائل نقدية فقط ".
المادة 85 من القانون رقم 90 - 11 السالف الذكر: " تحدد الأجور بعبارات نقدية محضة وتدفع عن طريق وسائل نقدية محضة ".

[2] المادة 362 من مدونة الشغل المغربية " يجب أن تؤدى الأجور بالعملة المغربية.."

[3] المادة 38 من قانون العمل المصري: " تؤدى الأجور وغيرها من المبالغ المستحقة للعامل بالعملة المتداولة قانونا ".

[4] انظر الدكتور سيد عيد نايل المرجع السالف الذكر ص 276 وانظر كذلك الدكتور محمد عزمي البكري - قانون العمل الجديد - الجزء الثاني - دار محمود للنشر والتوزيع القاهرة ص 45 و 46.

أولا: مبدأ مساواة العمال في الأجور

مبدأ مساواة العمال في الأجور مبدأ دولي كرسته أحكام الاتفاقيات الدولية الصادرة عن منظمة العمل الدولية ومنظمة العمل العربية[1]، كما يعتبر هذا المبدأ دستوريا[2] وكرسه المشرع الجزائري من خلال التشريعات العمالية المتعاقبة[3]، وجعله من المسائل المتعلقة بالنظام العام الاجتماعي، ومن ثم يعد باطلا وعديم الأثر كل بند في الاتفاقية جماعية للعمل أو عقد العمل من شانه أن يؤدي إلى التمييز بين العمال، كيفما كان نوعه في مجال الشغل أو الأجر أو ظروف العمل[4]، يترتب على مخالفة هذا المبدأ المتعلق بالنظام العام توقيع عقوبات جزائية تتمثل في الغرامة المالية، بل قد تصل إلى عقوبات جسدية في حالة العود[5].

---

[1] انظر أحكام الاتفاقية الدولية رقم 100 المتعلقة بالمساواة في الأجور المعتمدة من قبل المؤتمر العام لمنظمة العمل الدولية في 29 يونيو 1951 في دورته 34 وبدأ نفاذها 23 مايو 1953. وانظر المادة 13 من اتفاقية العمل العربية رقم 15 المتعلقة بتحديد وحماية الأجور المعتمدة من قبل مؤتمر العمل العربي في دورته 11 في مارس 1983.

[2] المادة 28 من دستور 1989 المعدل والمتمم بدستور 1996: " كل المواطنين سواسية أمام القانون، ولا يمكن أن يتذرع بأي تمييز يعود سببه إلى المولد أو العرق، أو الجنس أو الرأي أو أي شرط أو ظرف آخر شخصي أو اجتماعي ".

[3] المادة 7 من القانون رقم 78 – 12: " العمال سواسية في الحقوق والواجبات يتقاضون عن العمل الواحد أجورا مماثلة وينتفعون بمزايا واحدة، إذا تساووا في التأهيل والمردود ". والمادة 84 من القانون رقم 90 – 11 السالف الذكر: " يجب على كل مستخدم ضمان المساواة في الأجور بين العمال لكل عمل مساوي القيمة بدون تمييز ".

[4] المادة 17 من قانون 90 – 11: " تعد باطلة وعديمة الأثر كل الأحكام المنصوص عليها في الاتفاقيات والاتفاقات الجماعية أو عقود العمل والتي من شأنها أن تؤدي إلى التمييز بين العمال كيفما كان نوعه في مجال الشغل أو الأجرة أو ظروف العمل على أساس السن والجنس أو الوضعية الاجتماعية، أو النسبية أو القرابة العائلية والقناعات السياسية و الإنتماء إلى نقابة أو عدم الانتماء إليها".

[5] المادة 142 من القانون رقم 90 – 11 السالف الذكر: " يعاقب بغرامة مالية تتراوح من 2000دج إلى 5000 دج كل من يوقع اتفاقية جماعية أو اتفاقا جماعيا للعمل يكون من شأن أحكامهما إقامة تمييز بين العمال في مجال الشغل أو الراتب أو ظروف العمل كما وردت في المادة 17 من هذا القانون. ويعاقب في حالة العود بغرامة تتراوح من 2000 دج إلى 10000 دج وبالحبس مدة 3 أيام أو بإحدى هاتين العقوبتين ".

إن مبدأ المساواة وإن قصد به تحقيق العدالة بين العمال، فهو لا يعني المساواة المطلقة بينهم، بل يقتضي لتطبيقه أن يكون العمال الذين يطبق عليهم متساوين في طبيعة العمل الذي يقومون به، وفي المؤهل والكفاءة والخبرة والاقدمية[1].

ثانيا: مبدأ الدفع الكلي والمنتظم للأجر

طبقا للقواعد العامة الواردة في القانون المدني يجوز إيقاع المقاصة بين الديون أيا كان مصدرها ويترتب عليها انقضاء الدينين بقدر الأقل منهما منذ الوقت الذي يصبحان فيه صالحين للمقاصة[2]، غير أنه تطبيقا لمبدأ الخاص يقيد العام يجب على صاحب العمل أن يدفع أجر العامل بصفة كلية، ومن ثم لا يمكن الاعتراض على الأجور المترتبة على المستخدم، كما لا يمكن حجزها أو اقتطاعها مهما كان السبب حتى لا يتضرر العمال الذين يستحقونها[3].

إذا كان المشرع الجزائري قد أورد في أحكام قانون العمل قاعدة عامة مفادها عدم جواز الاعتراض على الأجور أو حجزها أو اقتطاعها فإن المشرع المصري أورد استثناء عن هذه القاعدة، بحيث أجاز لصاحب العمل أن يقتطع من أجر العامل في حدود 10% وفاء لما يكون قد أقرضه من مال أثناء سريان العقد[4]، وهو أيضا

---

[1] الدكتور حسن كيرة أصول قانون العمل – عقد العمل – الإسكندرية الطبعة الثالثة ص 533. وانظر الدكتور عبد الودود يحي – شرح قانون العمل – مكتبة القاهرة طبعة 1996 ص 277 وانظر عبد الغني عمرو الرويمض المرجع السالف الذكر ص 252.

[2] انظر المادتين 297 فقرة 1 و300 فقرة 2 من القانون المدني الجزائري.

[3] انظر المادة 90 من القانون رقم 90 – 11 السالف الذكر

[4] المادة 43 من قانون العمل المصري: " لا يجوز لصاحب العمل أن يقتطع من أجر العامل أكثر من 10% وفاء لما يكون قد أقرضه من مال أثناء سريان العقد، أو أن يتقاضى فائدة عن هذه القروض، ويسري ذلك الحكم على الأجور المدفوعة مقدما ".

ما كرسه المشرع المغربي[1]. نرى ضرورة إتباع المشرع الجزائري ما حدا إليه كل من التشريع المصري والمغربي لأن في ذلك تسهيل على العامل في حل ما يعترضه من مشاكل مالية بالاقتراض من صاحب العمل، وفي نفس الوقت الحرص على مصلحة صاحب العمل في استرداد قرضه بغير أن يؤدي ذلك إلى اقتطاع كبير من الأجر يؤثر على مورد رزق العامل[2]، مع العلم أنه سبق للمشرع الجزائري أن سار في هذا الاتجاه في ظل القوانين السابقة الملغاة حيث أجاز لصاحب العمل اقتطاع ما اقترضه لفائدة العامل في حدود 10% من الأجر الشهري إذا كانت الديون تقل أو تساوي 4 أضعاف الأجر الوطني الأدنى المضمون و15% بالنسبة لاقتطاعات الأجور التي تزيد عن 4 أضعاف الأجر الوطني الأدنى المضمون[3].

إذا كان المشرع الجزائري منع الحجز على الأجور مهما كان السبب حتى لا يتضرر العمال الذين يستحقونها فإن المشرع المصري أجاز لدائني العامل الحجز على الأجر في حدود ربع الأجر الفعلي للعامل، وقد يرتفع إلى النصف استيفاء لدين النفقة[4].

---

[1] المادة 386 من مدونة الشغل المغربية: " لا يمكن لأي مشغل قدم لأجرائه سلفة مالية، أن يسترد سلفته إلا على شكل أقساط تقتطع من أجورهم تباعا، بحيث لا يتجاوز القسط المقتطع عشر الأجر الذي حل أداؤه.....".

[2] الدكتور همام محمد محمود زهران - قانون العمل (عقد العمل الفردي) دار الجامعة الجديدة الإسكندرية طبعة 2007 ص 553.

[3] انظر المادة 157 من الأمر رقم 75 - 31 المتعلق بالشروط العامة في القطاع الخاص السالف الذكر.

[4] المادة 44 من قانون العمل المصري: "....... يجوز في جميع الأحوال الاستقطاع أو الحجز أو النزول عن الأجر المستحق للعامل لأداء أي دين إلا حدود 25% من هذا الأجر ويجوز رفع نسبة الخصم إلى 50% في حالة دين نفقة......".

من المبادئ الأساسية التي تقوم عليها الأجور الدفع المنتظم للأجر، وحتى يكون الدفع منتظما، يجب أن يتم في الزمان المحدد، غير أن المشرع الجزائري لم يحدد زمان تسديد الأجر، تاركا ذلك لإرادة الطرفين أو ما يقضي به العرف المهني، على خلاف ذلك تعرضت بعض التشريعات العمالية المقارنة إلى تحديد زمان تسديد الأجور، منها التشريع المصري والتشريع المغربي، فالمشرع المصري ميز بين زمان استحقاق الأجر أثناء استمرار علاقة العمل، وبين زمان استحقاقه بعد انتهاء علاقة العمل[1] فبالنسبة لزمان استحقاق الأجر أثناء استمرار علاقة العمل، ميز المشرع المصريين عمال المشاهرة، والعمال بالقطعة، وباقي العمال الآخرين[2].

بالنسبة لعمال المشاهرة أوجب المشرع المصري أن تدفع أجورهم مرة على الأقل في الشهر[3]، والأصل أن يتم هذا الأداء مؤخرا لا مقدما أي في نهاية الشهر الذي قام فيه العامل بالعمل، ولكن ليس ثمة ما يحول دون الاتفاق على أداء الأجر مقدما[4]، إنما لا يجوز الاتفاق على تجميع أجر العامل بحيث يؤدى إليه كل شهرين أو كل 3 أشهر، وإن وجد مثل هذا الاتفاق كان باطلا وحق للعامل أن يطالب رب العمل بأن يدفع له أجره مرة كل شهر[5].

أما إذا كان أجر العامل يحسب على أساس القطعة كما يحدث بالنسبة لعمال البناء، ونجارة الأثاث، واستلزم العمل مدة تزيد على أسبوعين، وجب أن يحصل العامل كل أسبوع - على الأقل - على دفعة تحت الحساب تناسب ما أتمه من

---

[1] انظر المادة 38 من قانون العمل المصري.
[2] الدكتور همام محمد محمود زهران. المرجع السالف الذكر ص 540. والدكتور أحمد حسن البرعي - الوسيط في القانون الاجتماعي المرجع السالف الذكر ص 282.
[3] انظر المادة 38 فقرة أ من قانون العمل المصري. والمادة 363 من مدونة الشغل المغربية.
[4] انظر الدكتور محمد عزمي البكري - المرجع السالف الذكر ص 70 و 71.
[5] الدكتور محمد لبيب شنب - شرح قانون العمل - الطبعة الرابعة 1987 ص 475.

عمل، على أن يؤدى له باقي الأجر خلال الأسبوع التالي لتسليم ما كلف به[1]. أما إذا كان أجر العامل يحسب على أساس الساعة أو اليوم أو الأسبوع فالأصل أن يؤدى أجره مرة في الأسبوع على الأكثر[2]، إلا أنه يجوز أن يؤدى له أجره مرة كل أسبوعين أو كل شهر شريطة موافقة العامل كتابة على ذلك[3]، على خلاف المشرع المصري حدد المشرع المغربي المدة القصوى لدفع أجر العامل على أساس الساعة أو اليوم خلال 24 ساعة الموالية لفصله عن شغله، وخلال 72 ساعة الموالية لمغادرته شغله إذا ترك مشغله من تلقاء نفسه[4].

4 - 3: مبدأ امتياز الأجور عن بقية الديون و إلزامية تسليم قسيمته

سنقسم هذا العنصر إلى جزأين نتناول في الجزء الأول مبدأ امتياز الأجور عن بقية الديون الأخرى، ونخصص الجزء الثاني لمبدأ إلزامية تسليم قسيمته للعامل.

أولا: مبدأ امتياز الأجور عن بقية الديون

إذا حدث أن توقف صاحب العمل عن سداد ديونه وأفلس، تزاحم الدائنون لاستيفاء حقوقهم، وتطبيقا لمبدأ امتياز الأولوية يتقدم الدائنون الممتازون عن الدائنين العاديين، ومن هنا حرصت الاتفاقيات الدولية والعربية للعمل على تقرير حق امتياز أجور العمال في حالة إفلاس المؤسسة أو تصفيتها[5] وهو ما أقرته المادة 11 من الاتفاقية الدولية للعمل رقم 95 حيث نصت على أنه: "عند إفلاس مؤسسة ما أو تصفيتها قضائيا يعامل عمالها كدائنين ممتازين بالنسبة لما لهم من أجور عن الخدمة

---

(1) انظر المادة 38 فقرة ب من قانون العمل المصري. والمادة 364 من مدونة الشغل المغربية.

(2) انظر المادة 38 فقرة ج من قانون العمل المصري.

(3) انظر الدكتور محمد لبيب شنب - المرجع السالف الذكر ص 475. و انظر أيضا الدكتور محمد عزمي البكري - المرجع السالف الذكر ص 73.

(4) انظر المادة 365 من مدونة الشغل المغربية.

(5) الدكتور أحمد حسن البرعي- الوسيط في القانون الاجتماعي المرجع السالف الذكر ص 301

التي أدوها في الفترة السابقة على الإفلاس أو التصفية القضائية...... تدفع الأجور التي تشكل دينا ممتازا بالكامل قبل أن يطالب الدائنون العاديون بنصيب من الأصول. تحدد القوانين أو اللوائح الوطنية الأولوية بالنسبة للأجور التي تشكل دينا ممتازا، وغيرها من الديون الممتازة ". إذا كانت الاتفاقية الدولية للعمل تركت للتشريعات العمالية الحرية في تحديد مرتبة أجور العمال باعتبارها ديون ممتازة، فإن المادة 8 الاتفاقية العربية للعمل رقم 15 لسنة 1983 حيث جعلت الامتياز المقرر لأجور العمال مقدما على ما عداه من الديون الممتازة بما فيها ديون الدولة (الخزينة العامة)[1]. اختلفت التشريعات العمالية العربية في تحديدها لمرتبة امتياز ديون العمال عن سائر الديون الممتازة الأخرى، فبينما جعلها المشرع المصري في المرتبة الثالثة[2] بعد مباشرة بعد المصروفات القضائية والمبالغ المستحقة للخزينة العامة، جعلتها بعض التشريعات في المرتبة الأولى ضمن الديون الممتازة[3] مقتدية في ذلك بما كرسته أحكام الاتفاقية العربية للعمل السالفة الذكر. يكرس هذا المبدأ قاعدة امتياز الأجور و مختلف ملحقاتها عن باقي الديون التي تقع على عاتق صاحب العمل حتى ولو كانت تلك الديون متعلقة بالمصلحة العامة كمستحقات الخزينة العامة والضمان الاجتماعي وهذا ما يجسد الطابع الاجتماعي لقانون العمل

---

[1] المادة 8 من الاتفاقية العربية للعمل رقم 15 المؤرخة في مارس 1983 المتعلقة بتحديد وحماية الأجور: " تعتبر الأجور والمبالغ المستحقة للعامل الناشئة عن عقد العمل دينا ممتازا ويتمتع بأعلى درجات الامتياز على ما عداه من ديون بما فيها ديون الدولة (على الأموال المنقولة وغير المنقولة لصاحب العمل)".

[2] المادة 7 من قانون العمل المصري رقم 12 لسنة 2003 السالف الذكر: " تكون للمبالغ المستحقة للعامل أو المستحقين عنه بمقتضى أحكام هذا القانون امتياز على جميع أموال المدين من منقول وعقار، وتستوفى مباشرة بعد المصروفات القضائية، والمبالغ المستحقة للخزينة العامة ".

[3] انظر المادة 51 من قانون العمل الأردني رقم 8 لسنة 1996 المعدل بالقانون رقم 51 لسنة 2002. وانظر كذلك المادة 382 من مدونة الشغل المغربية.

وهو ما كرسه المشرع الجزائري في أحكام قانون القانون العمل[1]، غير أن أحكام القانون المدني جعلت الديون المترتبة على عدم تسديد الأجور تقع في الرتبة الرابعة بعد المصاريف القضائية وديون الخزينة العامة وبعد مصاريف الحفظ والترميم[2]. يبدو أن الحكم الوارد في من القانون المدني متناقض مع ما ورد في أحكام قانون العمل وكذا أحكام القانون التجاري[3]، و في مثل هذه الحالات يطبق المبدأ المشهور " الخاص يقيد العام " أي تطبق أحكام قانون العمل باعتبارها خاصة ومقيدة لما ورد عاما في القانون المدني. فأجر العامل كيفما كان شكله وقدره وطريقة تحديده هو أجر ممتاز، فهو لا يقتصر على الأجر الثابت بل يشمل جميع ملحقاته التي لها تكييف الأجر أي الأجر المتغير كالمنح والتعويضات[4].

---

[1] المادة 89 من القانون رقم 90 – 11 السالف الذكر: " تمنح الأفضلية لدفع الأجور وتسبيقاتها على جميع الديون الأخرى بما فيها ديون الخزينة والضمان الاجتماعي، مهما كانت طبيعة علاقة العمل وصحتها وشكلها ".

[2] المادة 993 فقرة 4 من القانون المدني: " يكون للديون التالية امتياز على جميع أموال المدين من منقول وعقار: ـ المبالغ المستحقة للخدم وللكتبة والعمال وكل أجير آخر من أجرهم وراتبهم من أي نوع كان عن 12 شهرا الأخيرة. وتستوفى هذه المبالغ مباشرة بعد المصاريف القضائية والمبالغ المستحقة للخزينة العامة ومصاريف الحفظ والترميم..."

[3] المادة 294 من القانون التجاري تتطابق مع ما ورد في المادة 89 من قانون العمل حيث نصت على ما يلي: " يجب على وكيل التفلسة خلال عشرة أيام من الحكم بشهر الإفلاس أو التسوية القضائية أن يؤدي الأجور والتعويضات والتوابع من كل نوع الناشئة بمناسبة عقود العمل والتي لا زالت مستحقة للعمال المستخدمين مباشرة من طرف المدين وذلك بمجرد أمر صادر من القاضي المنتدب وذلك رغم وجود أي دائن آخر بشرط وحيد هو وجود الأموال اللازمة لهذا الغرض ".

[4] انظر محمود جمال الدين زكي – عقد العمل في القانون المصري – المرجع السالف الذكر ص 770.

ثانيا: مبدأ إلزامية تسليم قسيمة الأجر

يقصد بقسيمة الأجر وثيقة تثبت الأجر المدفوع للعامل تسمى هذه الوثيقة وهي تتضمن اسم صاحب العمل وعنوانه التجاري، اسم صندوق الضمان الاجتماعي الذي تدفع إليه الاشتراكات، هوية العامل وتحديد منصب العمل نوع ومختلف المكافآت والتعويضات، مبلغ الأجر الإجمالي مبلغ ونوع الاقتطاعات المحسومة من الأجر الإجمالي، مبلغ الأجر الصافي وتاريخ الدفع[1]. يجب على صاحب العمل إدراج البيانات الواردة في قسيمة الأجر في الأجور المنصوص عليه في المادتين 2 و3 من المرسوم التنفيذي 96 / 98 المؤرخ في 6 مارس 1996 [2].

رتب المشرع الجزائري عقوبة جزائية ضد كل صاحب عمل لم يسلم قسيمة الأجر المقبوض للعامل أو يغفل فيها عن عنصر أو عدة عناصر مكونة للأجر، تتمثل هذه العقوبة الجزائية في غرامة مالية من 500 دج إلى 1000 دج "[3]. والملاحظ أن هذه العقوبة غير ردعية بالمقارنة مع طبيعة المخالفة المرتكبة من قبل صاحب العمل، الأمر الذي يؤدي إلى ارتفاع مثل هذه المخالفات وهو ما تم تأكيده

---

[1] المادة 86 من القانون رقم 90 – 11: " يدرج مبلغ الأجور وجميع عناصره بالتسمية في قسيمة الأجور الدورية التي يعدها المستخدم ".

[2] المادة 3 من المرسوم التنفيذي رقم 96 ـ 98 المؤرخ في 17 شوال 1416 الموافق 6 مارس 1996 يحدد قائمة الدفاتر والسجلات الخاصة التي يلزم بها المستخدمون ومحتواها – جريدة رسمية عدد 17 مؤرخة في 13 مارس 1996: " يتضمن دفتر الأجور العناصر التالية: اسم العامل ولقبه، فترة العمل، منصب العمل المشغول، الأجر القاعدي العلاوات والتعويضات والزيادات مقابل ساعات العمل الإضافية والاقتطاعات المستحقة قانونا، لاسيما الاقتطاعات المتعلقة بالضمان الاجتماعي والضرائب ".

[3] المادة 148 من القانون رقم 90 – 11: " يعاقب بغرامة مالية تتراوح بين 500 دينار إلى 1000 دج كل من دفع أجرا لعامل دون أن يسلمه قسيمة الراتب المطابقة للأجر المقبوض، أو يغفل فيها عن عنصرا أو عدة عناصر يتكون منها الراتب المقبوض وتضاعف العقوبة حسب عدد المخالفات ".

من الناحية العملية. لقد أولى المشرع الجزائري أهمية خاصة بالمنازعات المتعلقة بإثبات الأجر وتسليم قسيمته حيث جعل الأحكام الصادرة عن القسم الاجتماعي بشأنها ابتدائية ونهائية وفي ذلك خروج عن القاعدة العامة [1].

المطلب الثاني

ارتباط عقد العمل بفترة التجربة

يمكن أن تمر علاقة العمل بعد إنشائها، أي بعد إبرام عقد العمل بين كل من العامل وصاحب العمل بفترة التجربة[2]، ولقد منح المشرع الجزائري لأطراف التفاوض الجماعي، الحق في تحديد فترة التجربة ضمن مضمون الاتفاقيات الجماعية للعمل [3]. فما المراد بفترة التجربة؟ وما طبيعتها القانونية؟ وما مدتها والآثار القانونية المترتبة عنها؟ إجابة على هذه التساؤلات قسم هذا المطلب إلى فرعين نتناول في الفرع الأول مفهوم فترة التجربة وتحديد طبيعتها القانونية ونخصص الثاني لتحديد مدتها والآثار القانون المترتبة عنها.

---

[1] المادة 21 فقرة 2 من القانون رقم 90 / 04 المؤرخ في 6 نوفمبر 1990 المتعلق بتسوية المنازعات الفردية في العمل: " باستثناء الاختصاص الأصلي تبث المحاكم عند النظر في المسائل الاجتماعية ابتدائيا ونهائيا عندما تتعلق الدعوى أساسا: ـ بتسليم شهادات العمل وكشوف الرواتب أو الوثائق الأخرى المنصوص عليها قانونا لإثبات النشاط المهني للمدعي".

[2] انظر المادة 18 فقرة 1 من القانون رقم 90 – 11 المتعلق بعلاقات العمل.

[3] المادة 120 فقرة 8 من القانون رقم 90 – 11 السالف الذكر: " تعالج الاتفاقيات الجماعية التي تبرم حسب الشروط التي يحددها هذا القانون، شروط التشغيل والعمل ويمكنها أن تعالج العناصر التالية: 8 – فترة التجريب والإشعار المسبق ".

الفرع الأول

مفهوم عقد العمل تحت التجربة وتحديد طبيعته القانونية

نتناول من خلال هذا الفرع تحديد مفهوم فترة التجربة في التشريع الجزائري والتشريعات المقارنة (العنصر الأول)، م ننتقل لتحديد طبيعتها القانونية   (العنصر الثاني).

1: مفهوم عقد العمل تحت التجربة

عقد العمل تحت التجربة أو الاختبار كما أطلق عليه المشرع المصري عقد يبرمه صاحب العمل والعامل و يضمناه شرط التجربة يقصد بفترة التجربة المدة الزمنية التي يمكن لصاحب العمل من خلالها أن يتحقق من مدى صلاحية العامل وكفاءته الفنية واستعداده للقيام بالعمل المطلوب منه، كما يمكن للعامل خلالها التحقق ملاءمة ظروف العمل، وهي تسمح له إظهار كفاءته واستعداداته للقيام بالعمل الموكل إليه، فعد العمل إذن يحقق مصلحة الطرفين المتعاقدين فمصلحة صاحب العمل في مراقبة قدرات العامل ومؤهلاته الفنية ومدى اندماجه في مسار المؤسسة وبصفة أعم هل أن في وسعه الإتيان بالفائدة المرجوة من وراء تشغيله، ومصلحة العامل في منحه فرصة الإطلاع على ظروف العمل ومدى ملاءمتها مع ما يطمح إليه[1].

يرى البعض أن المرحلة التجريبية هي المرحلة التي يوضع فيها العامل الجديد تحت الملاحظة في فترة تدريبية وتجريبية قصد التأكد من مدى كفاءته

---

[1] انظر الدكتور همام محمد محمود زهران " قانون العمل – عقد العمل الفردي " دار الجامعة الجديدة - طبعة 2003 ص 101. وانظر كذلك الدكتور احمد حسن البرعي الوسيط في القانون الاجتماعي المرجع السالف الذكر ص 429. وكذا الدكتور وحمد لبيب شنب المرجع السالف الذكر ص 119. وانظر كذلك – ذيب عبد السلام – قانون العمل الجزائري والتحولات الاقتصادية ص 52.

وقدرته واستعداداته للقيام بالعمل الموكل إليه، وكذلك هي فرصة للعامل نفسه لإثبات مهارته وخبراته في إتقان العمل الذي كلف به[1].

2: الطبيعة القانونية لعقد العمل تحت التجربة

اختلف الفقه في تحديد الطبيعة القانونية لعقد العمل تحت التجربة، رأى جانب أن عقد العمل تحت التجربة عقد تمهيدي محدد المدة، ينتهي بانتهاء الفترة المحددة للاختبار، فإذا كان صاحب العمل راضيا عن نتائج التجربة أبرم العقد بصفة نهائية، أما إذا انتهت نتائج التجربة بالفشل، ترتبت عنها انتهاء العقد التمهيدي دون إبرام العقد النهائي[2]، ولقد انتقد هذا الرأي لأنه لا يتفق مع قصد ونية المتعاقدين، كما أنه لا يتفق مع النصوص القانونية، ذلك أن المتعاقدين - بالنص على شرط الاختبار في العقد - لا يقصدان إبرام عقدين متتاليين أحدهما تلو الآخر، وإنما يقصدان إبرام عقد يلتزمان بشروطه منذ البداية، وكل ما يضيفه شرط الاختبار هو تمكينهما من عدم استمرار في هذا العقد متى كانت نتائج التجربة غير مرضية، بشرط أن يتم ذلك خلال الفترة المحددة للاختبار[3].

ذهب أغلب الفقه وهو الرأي الذي نرجحه على أن عقد العمل تحت التجربة عقد معلق على شرط فاسخ وهو عدم رضا أحد المتعاقدين عن نتائج التجربة يتفق هذا التكييف مع قصد المتعاقدين، لأن كل ما يميز العقد في تلك الحالة هو إمكان إنهائه في أي وقت، وينبني على هذا التصور أن تنطبق على علاقة الطرفين في

---

(1) انظر الدكتور أحمية سليمان التنظيم القانوني لعلاقات العمل في التشريع الجزائري - المرجع السالف الذكر ص 82.

(2) انظر الدكتور عبد الله مبروك النجار - مبادئ في تشريع العمل وفقا لأحكام القانون رقم 12 لسنة 2003 دار النهضة العربية القاهرة الطبعة الرابعة 2004 ص 216.

(3) انظر الدكتور عبد الودود يحيي - شرح قانون العمل - دار النهضة العربية طبعة 1989 ص142 وما يليها. وانظر كذلك الدكتور عبد الله مبروك النجار - المرجع السالف الذكر ص217.

فترة التجربة قواعد عقد العمل، فإذا تخلف الشرط تأكد العقد، واحتسبت أقدمية العامل في المؤسسة من تاريخ إبرام العقد، وإذا تحقق الشرط فسخ العقد دون أثر رجعي لأن طبيعة العقد المستمر تجعل زوال الالتزام " إنما يكون في الوقت الذي تحقق فيه الشرط " وهذا التكييف هو الذي استقرت عليه أحكام القضاء[1]. نفس الاتجاه ذهب إليه المشرع الجزائري من خلال أحكام القانون الساري المفعول[2]، وكرسته قرارات الغرفة الاجتماعية بالمحكمة العليا[3].

الفرع الثاني
مدة التجربة والآثار المترتبة عن انقضائها

بعد ما تعرفنا على مفهوم عقد العمل تحت التجربة وعن طبيعته القانونية ننتقل للحديث عن مدة التجربة حسب ما كرسته أحكام الاتفاقيات الجماعية ثم عن الآثار القانونية المترتبة عن انقضائها.

---

[1] انظر محمود جمال الدين زكي – عقد العمل في القانون المصري – المرجع السالف الذكر ص 679. وانظر كذلك الدكتور عبد الرزاق حسن فرج – محاضرات في شرح قانون العمل – طبعة 1973 ص 76.والدكتور حسن كيرة – أصول قانون العمل – عقد العمل – الطبعة الثالثة دار المعارف الإسكندرية 1983 ص 218. انظر الدكتور توفيق حسن فرج " قانون العمل في القانون اللبناني والقانون المصري الجديد ص 222 و 223 ".

[2] المادة 20 من القانون رقم 90 / 11 المتعلق بعلاقات العمل: " يجوز لأحد الطرفين أن يفسخ في أي وقت علاقة العمل خلال المدة التجريبية دون تعويض ومن غير إشعار مسبق "

[3] القرار رقم 211422 المؤرخ في 11 أفريل 2001 الصادر عن الغرفة الاجتماعية بالمحكمة العليا – المجلة القضائية العدد 2 لسنة 2002 ص 295. جاء فيه ما يلي: تطبيقا للمادة 20 من القانون رقم 90 – 11 المتعلق بعلاقات العمل يمكن فسخ علاقة العمل خلال فترة التجربة في أي وقت من أحد الطرفين دون تعويض أو إشعار، ومن ثم فإن المحكمة الابتدائية أخطأت عندما ألزمت صاحب العمل بإدماج العامل خلال فترة التجربة إلى منصبه مع دفع التعويضات"

1: مدة فترة التجربة وطبيعة العقد الذي يخضع لها

ما تجدر الإشارة إليه في هذا العنصر أولا التطرق إلى الجهة المخول لها قانونا بتحديد مدة التجربة، ومعرفتها لدى كل فئة من الفئات المهنية داخل الهيئات المستخدمة، وثانيا تحديد طبيعة العقد الذي يخضع لفترة التجربة بتعبير آخر هل تكون هذه الفترة في العقود غير المحددة؟ أم تشمل أيضا العقود المحددة المدة.

1 – 1: مدة فترة التجربة

تدخل المشرع الجزائري خلال فترة النظام اللائحي بتحديد المدة التجريبية وهي تختلف من فئة مهنية لأخرى⁽¹⁾، أما القانون الساري المفعول أي القانون رقم 11/90 الذي ألغى كل القوانين السابقة السالفة الذكر، وضع حدا أقصى لمدة التجربة لعمال التأهيل والإطارات فهي لا يتجاوز 6 أشهر , كما وضع حدا أقصى للإطارات العليا 12 شهرا تاركا مسألة تحديد فترة مدة التجربة لكل فئة من فئات العمال للاتفاقيات الجماعية⁽²⁾. ما تجدر الإشارة إليه أنه في ظل قانون العمل الساري المفعول لم يعد إخضاع العامل الجديد لفترة التجربة أمرا إلزاميا، ففترة التجربة إذن ليست من القواعد الآمرة المتعلقة بالنظام العام، ومن ثم يجوز لصاحب

⁽¹⁾ حددت المادة 5 من المرسوم رقم 82 /302 المتعلق بكيفية تطبيق الأحكام التشريعية الخاصة بعلاقات العمل الفردية فترات التجربة لمختلف الأصناف المهنية على النحو التالي: - شهرا بالنسبة لمستخدمي التنفيذ - شهران بالنسبة للمستخدمين الماهرين أو المؤهلين - 6 أشهر بالنسبة لمستخدمي التأطير أو الإطارات - 9 أشهر بالنسبة للمستخدمين الذين يشغلون مناصب عليا.

⁽²⁾ المادة 18 من القانون رقم 90 – 11 السالف الذكر: " يمكن أن يخضع العامل الجديد توظيفه لمدة تجريبية لا تتعدى 6 أشهر، كما يمكن أن ترفع هذه المدة إلى 12 شهرا لمناصب العمل ذات التأهيل العالي. تحدد المدة التجريبية لكل فئة من فئات العمال أو مجموع العمال عن طريق التفاوض الجماعي ".

العمل الاستغناء عنها[1]، على خلاف ذلك اعتبرت القوانين السابقة أن فترة التجربة من النظام العام[2].

يبدو أنه مادام المشرع الجزائري في ظل القانون المعمول به، منح لأطراف التفاوض الجماعي الحرية في تحديد أو عدم تحديد فترة التجربة، فمن الأجدر أن تحدد هذه الفترة لأنها تحقق مصلحة الطرفين المتبادلة كما سبق ذكره لذلك نجد من الناحية العملية إجماع الاتفاقيات الجماعية على تحديد هذه الفترة

حددت الاتفاقيات الجماعية لمختلف الهيئات المستخدمة مدة تجريبية، وهي تختلف باختلاف الفئات المهنية داخل الهيئة المستخدمة الواحة، كما أنها تختلف من مؤسسة لأخرى[3].

1 – 2: طبيعة العقد الذي يخضع لفترة التجربة

ميزت بعض الاتفاقيات بين مدة التجربة في العقود المحددة، وفي العقود غير المحددة المدة[4]، ومن ثم نتساءل ما أهمية فترة التجربة في العقود المحددة المدة؟.

---

(1) المادة 18 فقرة 1 من القانون رقم 90 – 11: " يمكن أن يخضع العامل الجديد توظيفه لمدة تجريبية....."

(2) المادة 57 من القانون رقم 78 / 12 المتضمن القانون الأساسي العام للعامل: " يخضع المترشح المعين حديثا للملاحظة لمدة تجريبية.....".

(3) حددت المادة 59 من الاتفاقية الجماعية للعمل لمؤسسة SONALGAZ مدة التجربة بثلاثة 3 أشهر لعمال التنفيذ و6 أشهر بالنسبة للعمال المهرة وكذا للإطارات.

- حددتها المادة 42 من الاتفاقية الجماعية لاتصالات الجزائر شهرين 2 لعمال التنفيذ 3 أشهر لأعوان التحكم، 6 أشهر للموظفين السامين. ونفس المدة حددتها المادة 16 من الاتفاقية الجماعية لمؤسسة NAFTEC.

(4) بالنسبة للاتفاقية الجماعية لدواوين الترقية والتسيير العقاري حددت المادة 18 فترة التجربة في العقود غير المحددة المدة شهرين لعمال التنفيذ، و4 أشهر لعمال التحكم، 6 أشهر للإطارات أما بالنسبة للعقود المحددة المدة إذا كانت المدة المحددة تقل أو تساوي 6 أشهر فإن مدة التجربة حددت بشهر بالنسبة للإطارات و15 يوما لعمال التحكم و 8 أيام بالنسبة لعمال التنفيذ.

لم يتعرض المشرع الجزائري، عبر النصوص التشريعية المتعاقبة إلى تحديد فترة التجربة في العقود المحددة المدة، على خلاف ذلك نجد أن المشرع المغربي حدد فترة تجريبية للعقود غير المحددة المدة، وكذا للعقود المحددة المدة[1]. في اعتقادنا أن العقود المحددة المدة لا تستوجب فترة التجربة، كون أن الغاية من هذه الفترة، التأكد من القدرات المهنية للعامل الجديد، قصد تثبيته في منصب العمل بعد نجاح التجربة، وهو ما أكده المشرع الجزائري في ظل القوانين السابقة الملغاة[2]، وهو أيضا ما كرسته أحكام قانون العمل الساري المفعول[3].

يرى البعض أن تحديد الاتفاقيات الجماعية فترة التجربة ضرورية حتى في العقود المحددة المدة، والغاية منها تثبيت المدة المحددة في العقد، ومن ثم لو فرضنا

أما إذا كانت مدة العقد تفوق 6 أشهر وتقل عن 12 شهرا فإن فترة التجربة بالنسبة للإطارات تساوي شهرين، شهر واحد بالنسبة لعمال التحكم، و15 يوما بالنسبة لعمال التنفيذ، أما إذا زادت مدة العقد عن 12 شهرا فإن فترة التجربة تساوي 3 أشهر للإطارات و شهرين لعمال التنفيذ. أما بالنسبة للاتفاقية الجماعية لمؤسسة SONATRACH فقد حددت مدة التجربة في العقود المحددة المدة 12/1 من المدة المحددة في العقد على ألا تتجاوز فترة التجربة شهرين بالنسبة لعمال التحكم والإطارات و30 يوما بالنسبة لعمال التنفيذ، أما بالنسبة للعقود غير المحددة المدة فإن مدة التجربة حددت باثني عشر شهرا بالنسبة للإطارات العليا و6 أشهر للإطارات، 4 أشهر لعمال التحكم وشهرين لعمال التنفيذ.

(1) المادة 14 من مدونة الشغل المغربية: " تحدد فترة الاختبار للعقود غير المحددة المدة كما يلي: - 3 أشهر للأطر وأشباهه – شهر ونصف بالنسبة للمستخدمين. – 15 يوما بالنسبة للعمال. لا يمكن أن تتجاوز فترة الاختبار في العقود المحددة يوما واحدا عن كل أسبوع شغل على ألا تتعدى أسبوعين بالنسبة للعقود المبرمة لمدة تقل عن ستة أشهر. - شهرا واحدا بالنسبة للعقود المبرمة لمدة تفوق 6 أشهر.

(2) المادة 7 من المرسوم رقم 82 / 302 السالف الذكر على أنه: " يجب على الهيئة المستخدمة إذا كانت فترة التجربة مرضية أن تثبت العامل في منصبه......"

(3) المادة 19 من القانون رقم 90 / 11:"..... تؤخذ مدة فترة التجربة بعين الاعتبار في حساب الأقدمية لدى الهيئة المستخدمة، عندما يثبت في منصبه بعد انتهاء فترة التجربة ".

أن المدة المحددة في العقد هي سنة واحدة ولم تحدد فترة التجربة لهذا العقد، فإن صاحب العمل لا يستطيع أن ينهي علاقة العمل مع العامل الذي ثبتت عدم كفاءته المهنية إلا بعد انتهاء المدة المحددة في العقد، غير الحقيقة ليست كذلك، بحيث يمكن للهيئة المستخدمة أن تضمن عقد العمل المحدد المدة بندا، يقضي بإمكانية فسخه من قبل أحد الطرفين، في أي وقت إما بمهلة وتعويض أو بدونهما[1] وهو ما لاحظناه من الناحية العملية حيث أن عددا كبيرا من الهيئات المستخدمة لجأت إلى وضع بند في عقد العمل المحدد المدة، يقضي بإنهاء العقد قبل انتهاء المدة المحددة بناء على اتفاق الطرفين[2]، وهو ما كرسه أيضا المشرع التونسي في أحكامه[3]. يبدو أن هذا البند يجعل العلاقة أكثر مرونة، وحرية لتتماشى وفلسفة قانون العمل الساري المفعول. طرح إشكال من الناحية العملية بصدد العمال الذين قدموا عطلة مرضية

---

(1) الأستاذ ناصري حفناوي - تكوين وانتهاء علاقة العمل في التشريع الجزائري -طبعة 1992 صفحة 89 و90.

(2) المثال الأول: بتاريخ 09 مارس 1999 تم إبرام عقد عمل لمدة محددة بين ديوان الترقية والتسيير العقاري بمستغانم من جهة وبين السيدة (م. ع) من جهة أخرى وتم الاتفاق على ما يلي: المادة الأولى: يتم إبرام هذا العقد لمدة ستة أشهر. المادة الرابعة: يمكن فسخ هذا العقد في أي وقت من الأوقات من الطرفين بدون اللجوء إلى منحة الطرد أو المطالبة بأي منحة أخرى تتعلق بهذا الفسخ. - المثال الثاني: بتاريخ 01 أفريل 1999 تم إبرام عقد عمل محدد المدة بين مؤسسة ميناء مستغانم من جهة وبين السيد (م. م) من جهة أخرى وتم الإتفاق على ما يلي :

المادة الأولى: طبقا للقانون رقم 90-11 الصادر بتاريخ 21 أفريل 1990 المتضمن علاقات العمل المعدل والمتمم وخاصة المادة 12 منه، وبناء على زيادة النشاط المسجل داخل المؤسسة.يوظف السيد (م. م) في منصب عون إداري بمديرية الشؤون العامة لمدة 3 أشهر ابتداء من 01 أفريل 1999 إلى 30 جوان 1999.المادة السابعة: يمكن للطرفين قطع علاقة العمل بدون إشعار مسبق أو أي تعويض.

(3) انظر المادة 14 فقرة 2 من قانون العمل التونسي: Le contrat de travail à durée déterminée ou à durée indéterminée prend fin: 1 – par l’accord des parties »

خلال فترة التجربة، فهل ينتهي عقد العمل تحت التجربة بانتهاء مدته المحددة في العقد، أم تمـدد مدته بحسب مدة العطلة المرضية؟.

ذهب بعض الفقه إلى القول بوقف علاقـة العمـل خـلال فـترة التجربـة، بسـبب العطلـة المرضـية، وامتدادها بعد ذلك بقدر فترة المرض أو فتـرة وقف علاقة العمل[1]، وهو أيضا ما كرسـه الاجتهـاد القضـائي الفرنسي في بعض قراراته [2]. الملاحظ أن الاجتهاد القضائي الجزائري لم يتناول مثل هذه المسائل، وظهر ذلـك جليا من خلال إطلاعنا على مختلف أعداد المجلات القضائية، لقد كرست بعض الاتفاقيات الجماعية للعمل ما ذهب إليه الفقه والقضاء الفرنسي، حيث اعتبرت العطلة المرضية حالة من حالات وقـف علاقـة العمـل، ومن ثم يحق للعامل الذي توقفت علاقة عمله مع الهيئة المستخدمة خلال فترة التجربة بسبب المرض، أن تمدد له فترة التجربة[3].

يبدو أن هذا الإجراء الذي كرسته هذه الاتفاقيات الجماعية إجراء قانوني حيـث أن العامـل خـلال فترة التجربة، يتمتع بنفس الحقوق التي يتمتع بهـا العـمال الـدائمون، ومـن بـين هـذه الحقـوق الحـق في التأمين على المرض[4] كما أن العطلة المرضية هي حالة من حالات وقف علاقة العمل، وليست مـن حـالات انتهائها طبقا لأحكام قانون العمل الجزائري[5]. غير أنه من الصعب في بعض الحالات تمديد

---

[1] انظر الدكتور احمد حسن البرعي المرجع السالف الذر ص 432 و 433.

[2] انظر القرار الصادر عن محكمة استئناف باريس بتاريخ 7 أكتوبر 1960 دالوز 1961 قضاء ص 145 - والقرار الصـادر عـن الغرفة الاجتماعية بمحكمة النقض الفرنسية بتاريخ 30 أفبريل 1975. القراران مذكوران في مرجع الدكتور محمـود جـمال الدين زكي المرجع السالف الذر ص 682.

[3] المادة 23 من الاتفاقية الجماعية لمؤسسة تكرير السكر بمستغانم SORASUCRE.

[4] انظر المادة 5 فقرة 4 و المادة 19 و من القانون رقم 90 - 11 السالف الذكر.

[5] المادة 64 من القانون رقم 90 - 11: " تعلق علاقة العمل قانونا للأسباب التالية: * عطلة مرضية أو ما يماثلها كتلـك التـي ينص عليها التشريع والتنظيم المتعلقين بالضمان الاجتماعي ".

فترة التجربة بعد انقضاء العطلة المرضية خاصة إذا كانت طبيعة نشاط الهيئة المستخدمة لا يسمح بذلك كما هو الحال بالنسبة لقطاع البناء والأشغال العمومية فمثل هذه الأشغال مؤقتة بحكم طبيعتها لكونها مرتبطة بعود أشغال وخدمات غير متجددة[1].

2: الآثار القانونية المترتبة على انتهاء فترة التجربة

نطرق من خلال هذا العنصر إلى الآثار القانونية المترتبة على انتهاء فترة التجربة بالفشل أو النتائج السلبية في الجزء الأول، ثم إلى الآثار المترتبة على انتهائها بنتائج إيجابية في الجزء الثاني.

2 - 1: الآثار القانونية المترتبة على الانتهاء بنتائج سلبية

إذا كانت الأحكام التشريعية السابقة الملغاة بالقانون رقم 90 - 11 منحت للهيئة المستخدمة حق تجديد فترة التجربة مرة واحدة، أو تشغيل العامل وتعيينه في منصب عمل مصنف في مستوى أقل يعادل مؤهلاته وكفاءته.

الحقيقية، أو إنهاء مهامه، متى كانت نتائج الفترة الأولى غير مرضية[2] فإن قانون العمل الساري المفعول لم يتطرق للموضوع، تاركا هذه المسألة للتفاوض الجماعي والاتفاقيات الجماعية.

بالنسبة للاتفاقية الجماعية التي تعد إطار عام لقطاع النشاط الاقتصادي منحت لصاحب العمل الحق في تجديد فترة التجربة مرة واحدة، شريطة ألا تتعدى

---

[1] انظر المادة 12 فقرة 1 من القانون رقم 90 - 11 المتعلق بعلاقات العمل

[2] المادة 8 من المرسوم 82 / 302 الملغى بالقانون رقم 90 / 11 بقولها " إذا لم تكن النتائج التي تحصل عيها العامل طوال فترة التجربة مرضية، يمكن للهيئة المستخدمة أن تقرر إما تمديد التجربة لفترة جديدة وأخيرة تساوي مدتها مدة الفترة السابقة وإما تشغيل العامل وتعيينه في منصب عمل مصنف في مستوى أقل يعادل مؤهلاته وكفاءته الحقيقية وإما إنهاء مهامه ".

الفترة التجريبية الثانية نصف مدة الفترة الأولى[1]، بينما ذهبت أغلبية الاتفاقيات لمختلف الهيئات المستخدمة إلى جواز تجديد فترة التجربة مرة واحدة، إذا كانت نتائج الفترة الأولى غير مرضية[2].

لم تكتف بعض الاتفاقيات الجماعية بجواز تجديد المدة فحسب، بل تعرضت إلى الأسباب التي تؤدي إلى تجديدها[3]، إذا كانت بعض الاتفاقيات الجماعية منحت الحق للعمال الذين انتهت فترة تجربتهم بنتائج سلبية الحق في تجديد المدة، فإن بعضها الآخر تضمنت نصا صريحا بإنهاء العلاقة، متى كانت نتائج التجربة غير مرضية شريطة، أن يبلغ العامل بإنهاء العلاقة خلال مدة محددة في الاتفاقية[4]، فإذا انقضت المدة ولم يبلغ العامل بإنهاء العلاقة لعدم كفاءته، يثبت العامل في منصب عمله، إذا كان عقد العمل مبرما لمدة غير محددة أو تثبت المدة المحددة في العقد إذا كان العقد محددا للمدة[5].

---

(1) انظر المادة 22 من الاتفاقية الجماعية لقطاع النشاط الاقتصادي الخاص الموقعة من قبل الاتحاد العام للعمال الجزائريين من جهة ونقابات أرباب العمل من جهة أخرى المؤرخة في 28 سبتمبر 2006 والثلاثية يوم 30 / 09 / 2006.

(2) انظر المادة 53 فقرة 2 من الاتفاقية الجماعية لصناديق الضمان الاجتماعي. وانظر كذلك المادة 21 من الاتفاقية الجماعية لمؤسسة PETRO-SER.- انظر كذلك المادة 20 فقرة 2 من الاتفاقية الجماعية لمؤسسة تكرير السكر بمستغانم SORASUCRE. المادة 61 فقر2 من الاتفاقية الجماعية للعمل لمؤسسة SONALGAZ.

(3) المادة 22 من الاتفاقية الجماعية للعمل لمؤسسة تربية الدواجن بمعسكر: " تجدد مدة التجربة في الحالات التالية:- عندما تكون غير كافية لتوضيح كفاءات وقدرات العامل. - عندما تكون غير مرضية. - في حالة الطوارئ غير المنتظرة.

(4) انظر المادة 20 من الاتفاقية الجماعية لدواوين الترقية والتسيير العقاري. وكذلك المادة 47 من الاتفاقية الجماعية لمؤسسة SONATRACH.

(5) انظر المادة 21 من الاتفاقية الجماعية لدواوين الترقية والتسيير العقاري.

هل صاحب العمل ملزم بإثبات فشل العامل أثناء الفترة التجريبية؟ مادام أن المشرع الجزائري، منح للطرفين الحق في إنهاء علاقة العمل خلال فترة التجربة دون إشعار ولا تعويض، فإن صاحب العمل لا يكون ملوما بإثبات فشل العامل خلال فترة التجربة، وهو ما ذهبت إليه الغرفة الاجتماعية بالمحكمة العليا في إحدى قراراتها[1].

في اعتقانا أن الأحكام الواردة في بعض الاتفاقيات الجماعية، القاضية بإنهاء علاقة العمل بين العامل والهيئة المستخدمة، بمجرد أن تنتهي الفترة التجريبية بنتائج غير مرضية تبدو قاصية، حيث هناك من العمال لو أتيحت لهم الفرصة للمرة الثانية، لأبدو قدرات وكفاءات عالية، وهذا ما صرح به بعض إطارات الهيئات المستخدمة في مجال تسيير الموارد البشرية الذين تضمنت اتفاقياتهم نصا تقضي بتجديد المدة، كما أن التجديد يكون ضروريا في حالة توقف مدة التجربة لأسباب تعود للظروف الطارئة والقوة القاهرة.

2 - 2: الآثار المترتبة على الانتهاء بنتائج إيجابية

إذا انتهت فترة التجربة بنتائج إيجابية تثبت مدة العقد إذا كانت علاقة العمل محددة المدة، أو يثبت العامل قانونا في المنصب الذي رشح له إذا كان العقد غير محدد المدة، كما يتمتع بنفس الحقوق، التي يتمتع بها العمال الدائمون الذين يشغلون مناصب عمل مماثلة، ويخضع لنفس الواجبات وتؤخذ هذه المدة بعين الاعتبار في حساب الأقدمية لدى الهيئة المستخدمة مباشرة بعد التثبيت[2]، نسخت أغلبية

---

(1) القرار رقم 132163 المؤرخ في 18 فبراير 1997 الصادر عن الغرفة الاجتماعية بالمحكمة العليا - المجلة القضائية العدد رقم 1 لسنة 1997.

(2) انظر المادة 19 من القانون رقم 90 – 11 السالف الذكر: " يتمتع العامل خلال المدة التجريبية بنفس الحقوق التي يتمتع بها العمال الذين يشغلون مناصب عمل مماثلة ويخضعون لنفس الواجبات. وتؤخذ هذه المدة بعين الاعتبار في حساب الأقدمية لدى الهيئة المستخدمة، عندما يثبت في منصبه، إثر انتهاء الفترة التجريبية ".

الاتفاقيات الجماعية لمختلف الهيئات المستخدمة الأحكام القانونية المتعلقة بحقوق وواجبات العامل خلال فترة التجربة[1]. لم تتعرض أحكام القانون رقم 90-11 المتعلق بعلاقات العمل إلى إجراءات تثبيت العامل بعد نجاح المدة التجريبية، تاركة ذلك لإرادة أطراف التفاوض الجماعي وللاتفاقيات الجماعية، على خلاف ذلك تضمنت النصوص التشريعية والتنظيمية الملغاة بعض إجراءات التثبيت، فحسب هذه الأحكام يثبت العامل في منصب عمله إذا بدت مدة التجربة مرضية، ويتم إقرار هذا التثبيت بإعداد وثيقة تنظيمية، أو عقد عمل يشار فيه بوجه خاص إلى المنصب الأصلي، الذي عين فيه العامل ورتبته، وعند الاقتضاء إلى أجر المنصب[2]. تعرضت أغلبية الاتفاقيات الجماعية لمختلف الهيئات المستخدمة إلى إجراءات تثبيت العامل، الذي انتهت مدة تجربته بنتائج إيجابية، وتقريبا هي نفس الإجراءات المكرسة في النصوص التشريعية والتنظيمية الملغاة. كما أجمعت على أن يثبت العامل في منصب عمله بعد نجاح مدة التجربة، وذلك بتبليغه لقرار مكتوب،

---

[1] أحكام الاتفاقيات الجماعية المنسوخة من المادة 19 من القانون رقم 90 – 11 السالف الذكر: - انظر المادة 48 من الاتفاقية الجماعية لمؤسسة SONATRACH.وكذلك المادة 60 من الاتفاقية الجماعية لمؤسسة SONALGAZ. انظر المادة 42 – 2 من الاتفاقية الجماعية لمؤسسة اتصالات الجزائر. المادة 17 فقرة 2 من الاتفاقية الجماعية لدواوين الترقية والتسيير العقاري.

[2] المادة 58 من القانون رقم 78 – 12 المتضمن القانون الأساسي العام للعامل: " يثبت العامل في منصب عمله إذا بدت مدة التجربة مرضية، ويتم إقرار هذا التثبيت بإعداد وثيقة تنظيمية أو عقد... يشار فيه بوجه خاص إلى المنصب الأصلي الذي يعين فيه العامل، ورتبته، وعند الاقتضاء إلى أجر المنصب ". وهو أيضا ما تضمنته المادة 7 من المرسوم رقم 82 – 302 التي نصت على أنه: " يجب على الهيئة المستخدمة إذا كانت فترة التجربة مرضية، أن تثبت العامل في منصبه بعقد مكتوب ". كما تعرضت المادة 9 من نفس المرسوم إلى مضمون قرار التثبيت حيث نصت على أنه: يجب أن ينص عقد التثبيت على منصب العمل الذي ثبت فيه العمل ورتبة المنصب المشغول وفئة تصنيفه أجر المنصب ومكان العمل ".

يتضمن ورتبة المنصب المشغول، وفئة تصنيفه وأجر المنصب، ومكـان العمـل، عـلى أن يـتم تبليـغ المعني بالأمر قرار التثبيت مباشرة بعد انتهاء المدة التجريبية وبانقضاء هـذا الأجـل، يعـد العامـل مثبتـا بصفة آلية، وأن تحسب مدة التجربة في أقدمية العامل[1].

_____

[1] انظر المادة 19 فقر1 و 2 من الاتفاقية الجماعية لمؤسسة NAFTEC. والمـادة 61 فقـر1 و الأخـيرة مـن الاتفاقيـة الجماعيـة لمؤسسة SONALGAZ. المادة 49 من الاتفاقية الجماعية لمؤسسة SONATRACH. انظر كـذلك المـادة 42-4 و 42 – 5 من الاتفاقية الجماعية لمؤسسة اتصالات الجزائر.

الفصل الثاني

الآثار المترتبة على إبرام

عقد العمل

الفصل الثاني

الآثار المترتبة على إبرام عقد العمل

عقد العمل عقد ملزم للجانبين، فبمجرد إبرامه تنشأ التزامات متقابلة على عاتق طرفيه العامل وصاحب العمل، بالإضافة إلى الالتزامات الجوهرية التي تنشأ عن عقد العمل، والمتمثلة في التزام صاحب العمل بأداء الأجر مقابل التزام العامل بأداء العمل، أخضع قانون العمل طرفي العقد إلى التزامات عدة، حماية لمصلحة العامل من جهة، و مصلحة المؤسسة من جهة أخرى، بحيث لا يجوز للمتعاقدين استبعاد الالتزامات التي أوجبها المشرع أو تغيير مضمونها، إلا إذا كان في المخالفة منح العامل حقوقا أكثر امتياز من تلك الواردة في التشريع[1]. سبق أن تعرضنا إلى التزام العامل بأداء العمل و التزام صاحب العمل بدفع الأجر عند تحديد عناصر عقد العقد، لذا سنتناول باقي الالتزامات الأساسية الأخرى الملقاة على عاتق الطرفين، لذا نقسم هذا الفصل إلى مبحثين، نتناول في المبحث الأول التزامات العامل وجزاء الإخلال بها، ونخصص المبحث الثاني لالتزامات صاحب العمل.

---

[1] انظر الدكتور أحمد حسن البرعي – الوسيط في القانون الاجتماعي – الجزء الثاني شرح عقد العمل الفردي – المرجع السالف الذكر ص 462.

المبحث الأول

التزامات العامل

يعتبر تنفيذ العمل الالتزام الرئيسي الذي يقع على عاتق العامل، ويتفرع عنه عدة التزامات ثانوية يمكن حصرها في التزام العامل بطاعة أوامر صاحب العمل، والتزامه بالمحافظة على أسرار العمل وعدم ومنافسة صاحب العمل أثناء القيام بالعمل، والتزاماته المتعلقة بحقه في الاختراع، وقوفا عند هذه الالتزامات سنقسم هذا المبحث إلى مطلبين نتناول في المطلب الأول التزام العامل بالامتثال لأوامر صاحب العمل والمحافظة على السر المهني ونخصص المطلب الثاني التزام العامل بالامتناع عن منافسة صاحب العمل والتنازل له عن حقه في الاختراع.

المطلب الأول

التزام العامل بالامتثال لأوامر صاحب العمل والمحافظة على الأسرار المهنية

تقع على عاتق العامل بمجرد إبرامه لعقد العمل التزامات عدة، أهمها التزامه بالامتثال لأوامر صاحب العمل وسوف نوضح هذا الالتزام في الفرع الأول، ونخصص الفرع الثاني للالتزام بالمحافظة على الأسرار المهنية.

الفرع الأول

الالتزام بالامتثال لأوامر صاحب العمل

يولد عقد العمل رابطة تبعية بين العامل وصاحب العمل، فالعامل يخضع في أداء العمل المكلف به لإدارة وإشراف صاحب العمل، ومن ثم يلتزم بالامتثال وطاعة أوامر صاحب العمل وتعليماته المتعلقة بالعمل الذي يدخل في وظيفته[1]. فما أساس هذا الالتزام؟ وما مضمونه؟.

---

[1] انظر الدكتور السيد عيد نايل – شرح قانون العمل الجديد – المرجع السالف الذكر ص174.

إجابة على هذه التساؤلات سنتناول من خلال هذا الفرع أسـاس التـزام العامـل بالامتثـال لأوامـر صاحب العمل (العنصر الأول)، ثم ننتقل إلى هذا توضيح مضمون هذا الالتزام (العنصر الثاني).

1: أساس التزام العامل بالامتثال لأوامر صاحب العمل

تأسيسا لسلطة صاحب العمل في إصـداره الأوامـر للعامـل ظهـرت نظريتـان أساسـيتان، النظريـة التقليدية، والنظرية الحديثة وسوف نتطرق إليهما بنوع من الشرح والتحليل.

1 – 1: النظرية التقليدية La théorie classique et individualiste

تبني هذه النظرية سلطة رب العمل في إصدار الأوامـر عـلى أساسـين يتمثل الأول في كونـه مالكـا للمؤسسة، عليه أن يتحمل مسؤولية مخاطر استغلال رأس المال ومن ثم أن يمنح سلطة في إصـدار الأوامـر، ويتمثل الأساس الثاني في عقد العمل وما يفرضه من تبعية العامل لرب العمل، وحسب هذه النظريـة فـإن العامل بارتضائه الارتباط بعقد العمل، ارتضى أن يضع نشاطه أمر صاحب العمل وإدارته، ومـن ثـم يعتـبر النظام الداخلي الذي يضعه المستخدم ملحقا بعقد العمل الفردي، وافق عليه العامل ضمنيا، لقد شاع هذا الاتجاه في ظل النظام الرأسمالي الحـر، الـذي مـنح صـاحب العمـل حريـة واسـعة في إنشـاء علاقـة العمـل وتنظيمها وإنهائها[1].

---

[1] انظر الدكتور همام محمد محمود زهران قانون العمل – عقد العمل الفردي – دار الجامعة الجديدة الإسكندرية طبعة 2007 ص 375 و 376. والدكتور محمود جمال الدين زكي ص151.

1 - 2: النظرية الحديثة La théorie institutionnelle de l'entreprise

تقضي هذه النظرية بتركيز سلطة الإدارة في يد صاحب العمل باعتباره مسؤولا عن المؤسسة كجماعة مهنية، والتي يستلزم حسن سير العمل فيها إسناد مسؤولية إدارتها والقيام بتنظيم شؤونها تشريعيا وتنفيذيا لأحد أفرادها شأن كل مجتمع منظم، وتحمل صاحب العمل المخاطر التي قد تنجر عن المؤسسة يبرر تمتعه دون غيره من أفراد التجمع المهني بسلطة الإدارة والتنظيم والتأديب. عقد العمل في هذا المقام ليس إلا وسيلة انضمام العامل لهذه الجماعة المهنية وخضوعه لنظامها. لقد تغيرت النظرة للمؤسسة على أنها مجرد تجمع مالي يملكه صاحب العمل وينفرد بإدارته على نحو مطلق إلى تجمع مهني يقوم على عنصرين أحدهما مالي، والآخر إنساني، يمثل عمال المؤسسة أحد ركائزه، بحيث لا يمكن إبعاد دور عمال المؤسسة في مجال النظام الداخلي الذي يضعه المستخدم[1].

2: مضمون التزام العامل الامتثال لأوامر صاحب العمل

يلتزم العامل بالامتثال لأوامر صاحب العمل وتعليماته وكذا التعليمات الصادرة عن السلطة السلمية التي يعينها هذا الأخير كمدير الوحدة أو الفرع أو رئيس مصلحة العمال كل في حدود اختصاصه المتعلقة بتنفيذ العمل المتفق عليه في العقد أو الذي يدخل في وظيفته[2]، ويشترط ألا تكون هذه الأوامر والتعليمات مخالفة للقانون، أو للأحكام الواردة في الاتفاقيات الجماعية أو الأنظمة الداخلية أو

---

[1] انظر محمود جمال الدين زكي المرجع السالف الذكر ص 150 وكذا الدكتور همام محمد محمود زهران المرجع السالف الذكر ص 376.

[2] المادة 7 فقرة 3 من القانون رقم 90 – 11 السالف الذكر: " أن ينفذوا التعليمات التي تصدرها السلطة السلمية التي يعينها المستخدم أثناء ممارسته العادية لسلطاته في الإدارة ".

عقد العمل المتفق عليه، و متى كانت كذلك أصبحت غير ملزمة، وجاز للعامل الامتناع عن تنفيذها ولا يعتبر ذلك إخلال بتنفيذ الالتزام الملقى على عاتقه[1].

كما يشترط أن يكون الأمر الصادر عن صاحب العمل متعلقا بالعمل المكلف به، ذلك أن سلطة الإشراف والرقابة تثبت لصاحب العمل بالنسبة إلى العمل الذي يقوم به العامل لحسابه، أما خارج هذا حدود هذا العمل فليس لصاحب العمل سلطان على العامل[2].

كما يجب على العامل أن يمتثل لتلك الأوامر المسندة إليه وأن يبذل في أدائها عناية الرجل العادي[3]، يقاس هذا القدر من العناية بما يبذله عامل يتمتع بنفس مؤهلات العامل المعني ويحتل نفس المنصب، وهو معيار مهم يتحدد بواسطته الخطأ الذي يمكن أن ينسب إلى العامل[4].

تشمل الأوامر التي يصدرها صاحب العمل كل ما يتصل بتنفيذ العمل، مثل تعيين لعمال المؤسسة العمل الذي عليهم أداؤه، وكيفية أدائه، والوسائل التي يكون بها انجازه، والمكان الذي يؤدى فيه، وتحديد ساعات العمل، كما تشمل الأوامر القرارات التي يقيم بها المستخدم النظام داخل المؤسسة مثل احترام القواعد المتعلقة بالوقاية الصحية والأمن وطب العمل داخل أماكن العمل وغيرها من القواعد[5].

---

[1] انظر الدكتور السيد عيد نايل – المرجع السالف الذكر ص 175. ومرجع الدكتور عبد الله مبروك النجار ص263. وانظر كذلك الدكتور محمد لبيب شنب، المرجع السالف الذكرص189.

[2] انظر الدكتور أحمد حسن البرعي – الوسيط في القانون الاجتماعي ص 599. وانظر كذلك الدكتور محمد لبيب شنب ص 190.

[3] المادة 7 فقرة 1 من القانون رقم 90 – 11 المتعلق بعلاقات العمل وتقابلها المادة 56 فقرة أ من قانون العمل المصري: " يخضع العمال في إطار علاقات العمل للواجبات الأساسية التالية: * أن يؤدوا بأقصى ما لديهم من قدرات الواجبات المرتبطة بمنصب عملهم، ويعملوا بعناية ومواظبة في إطار التنظيم العمل الذي يضعه المستخدم ".

[4] الدكتور أحمد حسن البرعي المرجع السالف الذكر ص 597.

[5] انظر الدكتور محمود جمال الدين زكي المرجع السالف الذكر ص 149 و150.

اعتبر المشرع الجزائري رفض العامل بدون عذر مقبول تنفيذ التعليمات المرتبطة بالتزاماته المهنية والتي قد تلحق أضرارا بالمؤسسة خطأ مهنيا جسيما، يحتمل أن ينجر عنه تسريح العامل بدون مهلة وبدون تعويض[1] وفي قرار لها قضت الغرفة الاجتماعية بالمحكمة العليا إلغاء القرار القاضي بتسريح العامل من منصب عمله بحجة رفض التعليمات الصادرة عن الهيئة المستخدمة، ما دام أن رفض التعليمات الصادرة عن المستخدم لم تلحق أضرارا جسيمة بالمؤسسة[2]، ومن تم كان على المستخدم أن يصنف مثل هذه الأخطاء التي لا تلحق أضرارا بالمؤسسة في درجة أقل من الخطورة حتى لا يعتبر تسريح العامل تعسفيا.

الفرع الثاني

التزام العامل بالمحافظة على السر المهني

قيام العامل بالعمل لحساب صاحب العمل، قد يمكنه من التعرف على أسرار هذا العمل، وتسرب هذه الأسرار إلى الغير وبصفة أدق إلى المنافسين من شأنه الإضرار بمصالح صاحب العمل[3]، لذلك اعتبر المشرع الجزائري المحافظة على الأسرار المهنية وعدم إفشائها من الالتزامات الجوهرية التي تقع على صاحب العمل[4]، وهذا الالتزام لا يعدو أن يكون تطبيقا لمبدأ حسن النية في تنفيذ

---

[1] انظر المادة 73 فقرة 1 من القانون رقم 90-11 المعدلة بالمادة 2 من القانون رقم 91-29 المتعلق بعلاقات العمل.

[2] القرار مذكور في مرجع السيد ذيب عبد السلام-قانون العمل والتحولات الاقتصادية تحت رقم 159428 المؤرخ في 9 جوان 1998 ص 435.

[3] انظر الدكتور محمد لبيب شنب المرجع السالف الذكر ص 200. وانظر كذلك الدكتور عبد الله مبروك النجار - مبادئ في تشريع العمل المرجع السالف الذكر ص 267

[4] المادة 7 فقرة 8 من القانون رقم 90 - 11 السالف الذكر: " يخضع العمال في إطار علاقات العمل للواجبات الأساسية التالية: * ألا يفشوا المعلومات المهنية المتعلقة بالتقنيات والتكنولوجيا وأساليب الصنع وطرق التنظيم وبصفة عامة ألا يكشفوا مضمون الوثائق الداخلية الخاصة بالهيئة المستخدمة، إلا إذا فرضها القانون أو طلبتها سلطتهم السلمية ".

العقود[1]. يعتبر هذا الالتزام من مستلزمات عقد العمل، ومن ثم فهو التزام عام يسري على جميع العقود المختلفة، فالالتزام بالسرية التزام لصيق بعلاقات العمل بصرف النظر عن نوع العمل وطبيعته[2]. فما المراد بالسر المهني؟ وما نطاق الالتزام به من حيث الأشخاص وما مداه الزمني؟ إجابة على هذه التساؤلات نقسم هذا الفرع إلى عنصرين نتناول في العنصر الأول مفهوم السر المهني؟ ونخصص الثاني لنطاق الالتزام من حيث الأشخاص ومداه الزمني.

1: مفهوم السر المهني

عرف بعض الفقه السر المهني على أنه: " كل ما توصل إليه العامل من خلال عمله أو بمناسبته ويتكتم عليه حفاظا على مصلحة المؤسسة، وحسن سيرها كما هو الحال بالنسبة لظروف الإنتاج وطريقة العمل والمواد المستخدمة ومقاديرها ومصادر مواد الخام ومعاملات المحل والعملاء واتصالاته سواء كانت سرية بطبيعتها أو وفقا لتعليمات صاحب العمل"[3]. كما عرفه البعض الآخر على أنه: " كل المعلومات التي تتعلق بالمؤسسة والتي أوجب القانون كتمانها أو جرى العرف بذلك، سواء كان الإفشاء قد تناول سرا بأكمله أو جزء منه، بحيث يترتب عنه الإضرار بالمؤسسة وزعزعة الثقة فيها"[4]. كما يعتبر إفشاء أسرار المؤسسة أمرا ماسا بنظامها ككل، ولا يضر بصاحب العمل وحده، لأن الإفشاء هنا قد يؤدي إلى

---

[1] انظر الدكتور أحمد حسن البرعي المرجع السالف الذكر ص 601. وانظر كذلك المستشار علي عمارة قانون العمل الجديد في ضوء أراء الفقه وأحكام القضاء- الطبعة الرابعة 2006 ص 288.

[2] انظر الدكتور إيهاب إسماعيل شرح قانون العمل ص 208 والدكتور عبيد الودود يحي شرح قانون العمل ص 175 أشار إليهما الدكتور على عمارة في الصفحة 288.

[3] الدكتور همام محمد محمود زهران – قانون العمل عقد العمل الفردي – المرجع السالف الذكر ص 346.

[4] انظر الدكتور علي عوض حسن – الوجيز في شرح قانون العمل الجديد – دار المطبوعات الجامعية الإسكندرية 2003 ص 376. وانظر كذلك المستشار محمد عزمي البكري – قانون العمل الجديد – الجزء الثاني – دار محمود للنشر والتوزيع القاهرة بدون سنة الطبع ص443.

إفلاس المؤسسة، مما يعود بالضرر على كافة العمال بها، كما يخل بالإنتاج ومبدأ حسن سير وانتظام العمل، كما أنه لا يمكن وضع قاعدة لما يعد سرا مهنيا وما لا يعد كذلك، فالأمر متروك إذن للسلطة التقديرية لقضاة الموضوع[1].

أوجب الفقه التمييز بين السر المهني وبين ما يكتسبه العامل من خبرة مهنية فللعامل الحق في الحالة الأخيرة استغلال خبرته سواء لحسابه أو لحساب غيره بعد ترك العمل، كما أن الالتزام بالسر المهني لا يحول بينه وبين استخدام ما اكتشف من أسرار أثناء العمل لمصلحة نفسه بعد انقضاء العقد ما لم تكن هذه الأسرار متضمنة اختراعا أو اكتشافا مسجلا باسم صاحب العمل وله وحده استغلاله[2].

2: نطاق الالتزام بالسر المهني

إن احتفاظ العامل بالأسرار المهنية مرهون ببقاء المعلومات التي وقفت عليها سرية العمل، أما إذا زالت السرية عن هذه المعلومات، وذاعت وانتشرت وصارت معروفة لدى الغير، بحيث أصبح في إمكانه معرفتها بسهولة تحرر العامل من هذا الالتزام[3]. يسقط التزام العامل بالحفاظ على السر المهني إذا كان ما توصل إليه العامل من معلومات خلال القيام بنشاطه المهني ينبئ عن ارتكاب واقعة جنائية كأن يستخدم صاحب العمل مواد خام انتهت صلاحياتها، أو قيامه بتصنيع أسلحة وذخائر بغير ترخيص، أو عدم استخدام مصنع الأدوية للنسب المحددة لتركيب الدواء، كل

---

(1) انظر الدكتور علي عوض حسن - الوجيز في شرح قانون العمل الجديد - دار المطبوعات الجامعية الإسكندرية 2003 ص 377.

(2) انظر الدكتور سعيد عبد السلام الوسيط في قانون العمل الجديد - دار النهضة العربية القاهرة 2004 ص 355.

(3) انظر الدكتور محمد لبيب شنب المرجع السالف الذكر ص 201. وانظر كذلك المستشار علي عمارة المرجع السالف الذكر ص 289.

هذه الحالات يحق للعامل إبلاغ السلطات عنها في إطار الواجب المقرر على كل مواطن طبقا لأحكام قانون الإجراءات الجزائية[1].

لا يقتصر الالتزام بالاحتفاظ بالأسرار المهنية على مدة العقد، بل يظل ساريا بعد انقضاء العقد، إذ انه في حال انتهاء علاقة العمل، يكون صاحب العمل مهددا أكثر بخطر إفشاء الأسرار المهنية، خاصة إذا كان الإنهاء قد حدث عقد خلاف بينه وبين العامل[2].

غير أن التساؤل الذي يطرح إلى متى يبقى العامل ملتزما بالحفاظ على السر المهني رغم انتهاء علاقة عمله بالهيئة المستخدمة؟ لا يوجد نص قانوني ولا اجتهاد قضائي صريح في ذلك، لكن يرى الفقه أن الالتزام يظل قائما بالنسبة للعامل، مادام أن تلك الأسرار بقيت وقفا على صاحب العمل وحده[3].

إن التزام العامل بالحفاظ على السر المهني قاصر على عدم إفشاء هذه الأسرار إلى الغير، وبالتالي ليس هناك ما يمنع هذا الأخير من استعمال تلك الأسرار لحسابه الخاص بعد انتهاء عقد العمل، إلا إذا كان اختراعا سجلت براءته[4] ولما كان استعمال العامل للأسرار التي اطلع عليها بحكم عمله يتضمن منافسة

---

[1] انظر المستشار على عمار المرجع السالف الذكر ص 289. ـ انظر الدكتور محمد لبيب شنب المرجع السالف الذكر ص 201 و 202. وانظر كذلك الدكتور سعيد عبد السلام المرجع السالف الذكر ص 357.

[2] انظر الدكتور أحمد حسن البرعي المرجع السالف الذكر ص 603 وكذا المستشار علي عملر المرجع السالف الذكر ص 289. وانظر كذلك الدكتور السيد عيد نايل ـ شرح قانون العمل الجديد ص 185. وانظر كذلك الدكتور حسن كيرة ـ أصول قانون العمل ـ الطبعة الثالثة دار المعارف الإسكندرية 1983 ص 320.

[3] انظر الدكتور توفيق حسن فرج ـ قانون العمل في القانون اللبناني والقانون المصري الجديد ـ المرجع السالف الذكر ص 280.

[4] انظر الدكتور أحمد حسن البرعي المرجع السالف الذكر ص 604. وانظر كذلك الدكتور محمد لبيب شنب المرجع السالف الذكر ص 202.

خطيرة لصاحب العمل، فإنه من اليقظة أن يضمن صاحب العمل بندا أو شرطا في عقد العمل يلزم من خلاله العامل بعدم منافسته له.

اعتبر المشرع الجزائري إخلال العامل بالتزام المحافظة على الأسرار المهنية خطأ مهنيا جسيما يستوجب التسريح، وهو أيضا ما ذهب إليه المشرع المصري[1].

المطلب الثاني

التزام العامل بعدم منافسة صاحب العمل ومدى حق هذا الأخير

على اختراعات العامل

بعد تعرضنا في الفرع الأول إلى التزام العامل بالامتثال لأوامر صاحب العمل والمحافظة على الأسرار المهنية، ننتقل إلى المطلب الثاني للوقوف على التزامين آخرين يتعلق الأول بالتزام العامل بعدم منافسة صاحب العمل وسوف نتعرض إليه في الفرع الأول، ونخصص الفرع الثاني لمدى حق صاحب العمل على اختراعات العامل.

---

[1] المادة 73 فقرة 2 من القانون رقم 90 – 11 المتعلق بعلاقات العمل: " يتم التسريح التأديبي في حالة ارتكاب العامل أخطاء جسيمة...... وتعتبر على الخصوص أخطاء جسيمة * إذا أفضى معلومات مهنية تتعلق بالتقنيات والتكنولوجيا وطرق الصنع والتنظيم أو وثائق داخلية للهيئة المستخدمة، إلا إذا أذنت السلطة السلمية بها أو أجازها القانون ". أما المشرع المصري نص عليه في المادة 69 فقرة 6: " لا يجوز فصل العامل إلا إذا ارتكب خطأ جسيما وتعتبر من قبيل الأخطاء الجسيمة. 6 إذا ثبت أن العامل أفشى أسرار المنشأة التي يعمل بها أدت إلى إحداث أضرار جسيمة بالمنشأة ".

الفرع الأول

التزام العامل بعدم منافسة صاحب العمل والآثار المترتبة عنه

تكريسا لمبدأ حرية العمل المعترف به في الاتفاقيات الدولية و التشريعات العمالية المقارنة، ليس هناك ما يمنع العامل بعد انتهاء مواعيد العمل، أو انتهاء علاقة عمله بصاحب العمل أن يمارس نفس النشاط الذي كان يمارسه مع هذا الأخير، أو أن يعمل لدى صاحب عمل آخر يمارس نفس النشاط وليس لصاحب العمل الأول أن يعترض على ذلك ما دام العامل يقوم بما يكلفه به من أعمال على النحو المتفق عليه، وما دام لم يتفقا عند التعاقد على منع العامل من القيام بأي عمل آخر ولو في أوقات فراغه[1]. غير أن العامل بحكم عمله قد يقف على أسرار صاحب العمل، الأمر الذي يجعله يستغل هذه الأسرار لمصلحته الشخصية، فينافس صاحب العمل في مجال النشاط الذي يمارسه، أو أن يستخدم هذه الأسرار لصالح صاحب العمل الذي التحق بخدمته، وهو أمر غير مشروع، لما قد يلحق أضرارا جسيمة بالمصلحة الاقتصادية لصاحب العمل[2]، و تظهر خطورة هذه المنافسة إذا استطاع العامل الإطلاع على أسرار الصناعة والاتصال بالزبائن بحكم منصبه كمسير أو ممثل تجاري[3].

نظرا لخطورة هذا العمل تدخل المشرع الجزائري، على غرار باقي التشريعات العمالية المقارنة، و ألزم العامل بعدم منافسة صاحب العمل في مجال

[1] انظر الدكتور محمد لبيب شنب المرجع السالف الذكر ص203.وانظر كذلك الدكتور السيد عيد نايل المرجع السالف الذكر ص 186. انظر كذلك المستشار محمد عزمي البكري المرجع السالف الذكر ص 468.

[2] انظر الدكتور أحمد حسن البرعي المرجع السالف الذكر ص 604.

[3] انظر الدكتور محمود جمال الدين زكي – عقد العمل في القانون المصري – المرجع السالف الذكر ص 730.

نشاطه إلا إذا كان هناك اتفاق بينهما يجيز ذلك[1]. يلاحظ أن النص الذي أورده المشرع الجزائري نصا عاما، يقضي بعدم شرعية المنافسة أثناء قيام علاقة العمل، وليس بعد انتهائها، وهو نص لا يتعارض مع حرية العمل[2]، على خلاف ذلك منح المشرع المصري للطرفين الاتفاق على عدم المنافسة حتى بعد انتهاء علاقةالعمل[3]، فالتزام العامل بعدم منافسة صاحب العمل هو التزام قانوني، كما يعد التزاما اتفاقي، إذ يجوز لصاحب العمل أن يضع بندا في عقد العمل يقضي بحرمان العامل بعد انتهاء علاقة عمله من العمل لدى منافس له، أو أن يتخذ من نفس العمل الذي يزاوله حرفة له وتكثر مثل البنود في عقود العمل الخاصة بالصناعات الكيماوية أو بالنسبة للوسطاء التجاريين، غير أن هذا البند يعتبر في مواجهة العامل قيدا خطيرا على حرية العمل أو حرية التجارة التي تعد الدعامة الأساسية التي يقوم عليها النظام الليبرالي في العصر الحديث[4]. حماية لمصلحة الطرف الضعيف من جهة، وتقريرا للمصلحة الاقتصادية للمؤسسة، عني المشرع المصري

---

(1) المادة 7 فقرة 7 من القانون رقم 90 – 11 السالف الذكر: " يخضع العمال في إطار علاقات العمل للواجبات الأساسية التالية: * ألا تكون لهم مصالح مباشرة أو غير مباشرة في مؤسسة أو شركة منافسة أو زبونة أو مقاولة من الباطن، إلا إذا كان هناك اتفاق مع المستخدم....". المادة 57 فقرة ب من قانون العمل المصري: " يحظر على العامل أن يقوم بنفسه أو بواسطة غيره من الأعمال التالية: ب) العمل للغير سواء باجر أو بدون أجر إذا كان في قيامه بهذا العمل ما يخل بحسن أدائه لعمله، أو لا يتفق مع كرامة العمل، أو يمكن الغير أو يساعده على التعرف على أسرار المنشأة أو منافسة صاحب العمل ".

(2) انظر الدكتور أحمية سليمان – المرجع السالف الذكر ص 186 و 187.

(3) المادة 686 من قانون العمل المصري -1: " إذا كان العمل الموكل إلى العامل يسمح له بمعرفة عملاء رب العمل، أو بالإطلاع على سر أعماله، كان للطرفين أن يتفقا على ألا يجوز للعامل بعد انتهاء عقد العمل أن ينافس رب العمل، ولا يشترك في أي مشروع يقوم بمنافسته".

(4) انظر الدكتور محمود جمال الدين زكي – عقد العمل في القانون المصري – المرجع السالف الذكر ص 731.

بتنظيم أحكام هذا الاتفاق، بحيث وضع لذلك البند شروطا[1]، سنتطرق إليها في العنصر الأول

ورتب على إبرام هذا العقد وفقا للشروط القانونية آثارا نتعرض إليها في العنصر الثاني.

1: شروط صحة بند عدم منافسة العامل لصاحب العمل

وضع المشرع المصري شروطا خاصة ببند عدم منافسة العامل لصاحب العمل[2] متأثرا في ذلك بمـا

استقر عليه القضاء الفرنسي وقت وضعه[3] استلهمها من الاجتهاد القضائي الفرنسي، تهـدف هـذه الشروط

إلى تحقيق المصالح المشروعة لصاحب العمل من جهة وتكفل حماية العامل من جهة أخرى، يمكـن حصـر

هذه الشروط في ثلاثة يتمثل الشرط الأول في بلوغ العامل سن الرشد وقت إبرام العقد،

---

[1] انظر الدكتور أحمد حسن البرعي المرجع السالف الذكر ص 604.

[2] المادة 686 فقرة 2 من قانون العمل المصري: " غير انه يشترط لصحة هذا الاتفاق أن تتوفر فيه ما يأتي:
- (أ) أن يكون العامل بالغا رشده وقت إبرام العقد.
- (ب) أن يكون القيد محصورا من حيث الزمان والمكان ونوع العمل، علـى القـدر الضروري لحماية مصالح رب العمل المشروعة.
- المادة 686 فقرة 3: " ولا يجوز أن يتمسك رب العمل بهذا الاتفاق إذا فسخ العقد أو رفض تجديـده دون أن يقـع مـن العامل ما يبرر ذلك، كما لا يجوز له التمسك بالاتفاق إذا وقع منه ما يبرر فسخ العامل للعقد ".

[3] أوجز الدكتور محمود جمال الدين زكي في مرجعه – عقد العمل ص 735 مـا اسـتقر عليـه القضاء الفرنسي۔ وقت وضع القانون المدني المصري في حكم محكمة النقض الفرنسية المـؤرخ في 14 أبريل 1937(دالـوز الأسبوعي 1938 ص 299: " يمكن تقييد حرية العمل والتجارة على وجه صحيح باتفاقات الأفراد، على شرط ألا تتضمن هـذه الاتفاقات منعا عامـا ومطلقا، فتكون هذه الاشتراطات مشروعة إذا كان المنع محدودا في مكان معين، وكذلك إذا امتد المنع إلى جميع الأمكنة، لكنه اقتصر على زمن معين وكان مقصودا به المستخدمين في تجارة أو صناعة معينة ".

والثاني في أن تكون مصلحة جدية لصاحب العمل في اشتراط البند، والثالث نسبية عدم المنافسة، وسوف نتعرض إلى هذه الشروط من خلال العناصر الثلاثة:

1 - 1: شرطا بلوغ العامل سن الرشد

يجب لصحة هذا البند أن يكون العامل بالغا رشده وقت إبرام العقد وسن الرشد غي القانون المصري 21 سنة كاملة[1]، ولا أن يقبله وليه أو وصيه نيابة عنه إذا كان قاصرا[2]، فلا يكفي أن تتوفر لديه الأهلية اللازمة لإبرام عقد العمل، حتى ولو قبل ذلك وليه أو وصيه نيابة عنه وترجع الحكمة في أهلية البلوغ تمكن العامل من الإدراك الجيد للنتائج التي تترتب على هذا الاتفاق، ومن ثم يعد عقد العمل الذي يبرمه العامل الذي لم يبلغ سن الرشد صحيحا، أما شرط عدم المنافسة الذي يرد في الاتفاق يكون قابلا للإبطال لمصلحة العامل[3].

1 - 2: شرط وجود مصلحة لصاحب العمل في المنافسة

تتوفر هذه المصلحة متى كان العمل الموكل إلى العامل يسمح له بمعرفة عملاء رب العمل أو الإطلاع على أسرار أعماله، يعد هذا الشرط منطقيا لأن ما يخشاه صاحب العمل بالفعل هو أن يستخدم العامل الأسرار التي اطلع عليها بحكم عمله، فيجوز عند إذن للطرفين أن يتفقا على منع العامل بعد انتهاء علاقة العمل من منافسة رب العمل، وألا يشترك في أي عند أي صاحب عمل آخر يقوم

---

(1) ورد هذا السن في القانون المصري في مرجع الدكتور أحمد حسن البرعي ص 607 والدكتور محمد لبيب ابو شنب ص 207.

(2) انظر الدكتور محمود جمال الدين زكي ص 737.

(3) انظر الدكتور سعيد عبد السلام – الوسيط في شرح قانون العمل الجديد المرجع السالف الذكر ص 359.والدكتور رفعت الصباحي – الوجيز في قانون العمل – القاهرة 1990 ص 290.والدكتور السيد عيد نايل المرجع السالف الذكر ص 190و 191.

بمنافسته [1]. أما إذا كان العمل الذي يؤديه العامل في المؤسسة لا يسمح له بالاتصال بعملائه، أو بالإطلاع على أسرار الصناعة أو التجارة (كعمال النظافة والحراسة مثلا)، فلا يكون لصاحب العمل مصلحة مشروعة في تقييد حرية العامل، وتكون منافسته لصاحب العمل كمنافسة أي شخص أجنبي، ومتى أدرج صاحب العمل في عقود مثل هؤلاء العمال شرط عدم المنافسة، كان الشرط باطلا لانعدام أية مصلحة جدية تبرر الحد من حرية العمل، وتأسيسا على مبدأ عدم جواز التعسف في استعمال الحق، لأن من هذا الشرط يقصد به الإضرار بمصلحة العامل[2].

1 - 3: شرط نسبية عدم المنافسة

نظرا لما في هذا الشرط من مساس بحرية العمل، أوجب المشرع المصري أن يكون شرط المنع من المنافسة " نسبيا " من حيث الزمان والمكان ونوع العمل، وان يكون مداه بالقدر الضروري لحماية " المصالح المشروعة لصاحب العمل)[3].

فمن حيث الزمان يجب أن يقتصر المنع على مدة معينة معقولة وهي المدة اللازمة لحماية مصالح رب العمل، فلا يجوز أن يكون المنع مؤبدا أو لمدة حياة العامل، ذلك أن عملاء صاحب العمل يتغيرون بعد مدة معينة، وما يعتبر سرا في وقت معين، يشيع وينتشر بعد ذلك. إن تقدير ما إذا كانت المدة المحددة في الاتفاق معقولة مسألة موضوعية يرجع الفصل فيها إلى قاضي الموضوع على ضوء الظروف والملابسات المحيطة بالعمل[4].

---

[1] انظر الدكتور محمود جمال الدين زكي المرجع السالف الذكر ص 735 و 736. والدكتور محمد لبيب شنب ص 207.

[2] انظر الدكتور أحمد حسن البرعي المرجع السالف الذكر ص 608 و 609 والدكتور محمد لبيب شنب ص 208. وانظر المستشار محمد عزمي البكري المرجع السالف الذكر ص 473.

[3] انظر المادة 686 من القانون المدني المصري.

[4] انظر الدكتور محمد لبيب شنب المرجع السالف الذكر ص 208 و 209. وانظر كذلك الدكتور أحمد حسن البرعي المرجع السالف الذكر ص609 و 610. وانظر كذلك الدكتور السيد عيد نايل المرجع السالف الذكر ص 189.

كما يجب أن يكون المنع نسبيا أيضا من حيث المكان، فلا يحظر على العامل منافسة رب العمل إلا في النطاق الذي يباشر فيه صاحب العمل نشاطه، بحيث أن منافسة العامل له في هذا النطاق تؤدي إلى المساس بالمصالح المشروعة لصاحب العمل، أما حرمان العامل من منافسة صاحب العمل في جميع أنحاء البلاد يعتبر شرطا باطلا، إلا إذا كان نشاط صاحب العمل يشمل أنحاء عديدة من البلاد[1]، وفي هذا الإطار قضت محكمة النقض الفرنسية بمشروعية الاتفاق على عدم المنافسة في نفس المدينة التي يباشر صاحب العمل نشاطه فيها[2]، وفي قرار آخر قضت بمشروعية القيد المكاني شبه مطلق بمناسبة منع العامل لمدة 5 سنوات من مباشرة نشاطه في كل إقليم يباشر فيه صاحب العمل نشاطه حيث يتعلق الأمر بشركة متعددة الجنسيات[3]. كما يجب أن يكون المنع من المنافسة نسبيا من حيث نوع العمل، بحيث لا يقتصر إلا على الأعمال التي يمارسها صاحب العمل والأعمال المرتبطة بها أما الأعمال التي لا التي لا علاقة لها بنشاط صاحب العمل، ولا تدخل في مهنته ولا في حرفته، فلا يؤدي قيام العامل بها إلى منافسة رب العمل ومن ثم فهي لا تمس بالمصالح المشروعة له، ولا يجوز إذن يدرج بندا في عقد العمل يحرم من خلاله العامل بعد انتهاء علاقة عمله من العمل، لأنه لا تستوجب شرط عدم المنافسة[4].

---

(1) انظر الدكتور محمد لبيب شنب المرجع السالف الذكر ص 209. انظر كذلك الدكتور سعيد عبد السلام-الوسيط في قانون العمل الجديد المرجع السالف الذكر ص 360

(2) Soc 4 janv 1962 J.C.P.62 II 12521 G.Lyon Caen et J-Pélissier op.cit 2 éd p242. Soc 16 mais 72 Bull.V.no 348 G.Lyon Caen et J-Pélissier.16 éd P 329.

القراران مذكوران لدى الدكتور همام محمد محمود زهران ص 356

(3) Soc 29 Hfvdg 1980.V. No 282 انظر مرجع الدكتور همام محمد محمود زهران ص 356.

(4) انظر الدكتور محمد لبيب شنب 209. وانظر كذلك الدكتور أحمد حسن البرعي ص610. انظر كذلك الدكتور سعيد عبد السلام ص 361. وانظر كذلك الدكتور السيد عيد نايلص190.

2: الآثار المترتبة على عدم الالتزام بالمنافسة

إذا توافرت للاتفاق على عدم المنافسة الشروط السالفة الذكر، انعقد الاتفاق صحيحا، وصار ملزما للعامل في حدود مضمون الاتفاق، ويترتب على إخلال العامل بهذا الالتزام ثبوت مسؤوليته العقدية، فيكون لصاحب العمل أن يطالبه بالتعويض عن الأضرار التي لحقته جراء هذا الإخلال، كما يجوز الحكم بالتنفيذ العيني متى كان ذلك ممكنا، يكون له أن يطلب إغلاق المحل المنافس الذي أنشأه العامل خلافا للبند[1]. إذا كان الأصل هو التزام العامل بعدم منافسة صاحب العمل تنفيذا للاتفاق المبرم بينه وبين الأخير فقد استثنى المشرع المصري من هذا الأصل حالتين، يجوز للعامل من خلالهما التحلل من الالتزام عدم المنافسة رغم توافر شروطه السالفتين الذكر تتمثل الحالة الأولى في فسخ صاحب العمل عقد العمل المحدد المدة، أو رفض تجديده دون أن يقع من العامل ما يبرر ذلك، والحالة الثانية أن يقع من صاحب العمل ما يبرر فسخ العامل للعقد.

2 - 1: فسخ صاحب العمل العقد دون خطأ من العامل

ما دام أنه لم يقع من العامل أي خطأ يبرر فسخ العقد، فإن صاحب العمل لا يستطيع بعد هذا الفسخ أن يتمسك بالاتفاق المانع عن المنافسة، ويتحلل العامل من هذا الاتفاق، وعلى ذلك فإذا كان العقد محدد المدة وفسخه صاحب العمل قبل انقضاء مدته دون أن يقع من العامل ما يبرر الفسخ، أو كان العقد غير محدد المدة وأنهاه صاحب العمل بإرادته المنفردة، فلا يجوز له بعد ذلك أن يتمسك بالاتفاق المانع من المنافسة سواء كان الإنهاء مشروعا لتوافر مبرراته أو تعسفيا، ما دام لم يقع من العامل ما يبرر هذا الإنهاء[2].

---

[1] انظر الدكتور محمود جمال الدين زكي المرجع السالف الذكر ص743. انظر كذلك الدكتور أحمد حسن البرعي ص211 و 212. انظر كذلك الدكتور محمد لبيب شنب 209 وانظر كذلك المستشار محمد عزمي البكري المرجع السالف الذكر ص476 و 477.

[2] انظر الدكتور حسن كيرة – أصول قانون العمل – عقد العمل – الطبعة الثالثة دار المعارف الإسكندرية 1983 ص 326. انظر كذلك الدكتور محمد لبيب شنب 213.

2- 2: وقوع من صاحب العمل ما يبرر فسخ العامل للعقد

إذا وقع من صاحب العمل ما يبرر فسخ العامل للعقد، كما لو امتنع عن الوفاء بالتزاماته، أو كلف العامل بعمل غير متفق عليه في العقد في غير الحالات الضرورة، لأن صاحب العمل يكون هو الذي دفع العامل لفسخ العقد من خلال تصرفه الخاطئ، لذا عامله القانون بنقيض قصده حين قرر حرمانه من التمسك بالاتفاق المانع من المنافسة [1].

الفرع الثاني

مدى حق صاحب العمل على اختراعات العامل

تلقى مسألة تحديد حقوق كل من صاحب العمل والعامل، على الاختراعات التي يتوصل إليها هذا الأخير اهتماما كبيرا خاصة في السنوات الأخير نظرا لما يعرفه العالم من تطور تكنولوجي وعلمي بحيث صار "الاختراع الفردي الحر" مسالة نادرة، وغدت أغلب الابتكارات والاختراعات حكرا على مراكز ومخابر البحوث العلمية. لقد أثار حق العامل في اختراعاته في القانون الفرنسي خلافات شتى لخلو تشريع العمل من قواعد تنظمه، وانتهى الرأي عندهم إلى التمييز بين اختراع يكون لصاحب العمل دور رئيسي في وجوده، فيصير وحده صاحب الحق فيه، وبين اختراع يحصل عليه العامل دون تدخل فعال منه فيستأثر به هذا الأخير[2] وسنحاول إلقاء الضوء على هذا الموضوع من خلال التعرض إلى الأحكام الواردة في التشريع الجزائري في العنصر الأول، وسنحاول تغطية النقائص الموجودة فيه،

---

(1) انظر الدكتور عبد الله مبروك النجار - مبادئ تشريع العمل المرجع السالف الذكر ص 281. انظر كذلك الدكتور محمد لبيب شنب ص 214. وانظر كذلك الدكتور أحمد حسن البرعي ص 613.

(2) انظر الدكتور محمود جمال الدين زكي - عقد العمل في القانون المصري - المرجع السالف الذكر ص 725.

من خلال التعرض في العنصر الثاني إلى الأحكام الواردة في ا التشريع المصري نظرا لتطوره في تنظيم هذه المسالة.

1: موقف المشرع من حق صاحب العمل على اختراعات العامل

لم يتطرق المشرع الجزائري ضمن أحكام قانون العمل موضوع حق صاحب العمل في الاختراعات المنجزة من قبل العامل داخل الهيئة المستخدمة، تاركا تنظيم المسألة لأحكام دقيقة[1]، وأطلق عليها مصطلح " اختراع الخدمة " وهو الاختراع الذي ينجزه شخص أو عدة أشخاص خلال تنفيذ عقد عمل الذي يتضمن القيام بمهمة اختراع التي تسند إلى المخترع أو المخترعين صراحة كما يقصد به أيضا الاختراع الذي ينجزه شخص أو عدة أشخاص بمقتضى اتفاقية، وذلك باستخدام تقنيات المؤسسة ووسائلها على أن يعود الحق في امتلاك هذا الاختراع إلى المؤسسة، إذا لم تكن هناك اتفاقية خاصة بين المؤسسة والمخترع، وإذا تخلت المؤسسة صراحة عن هذا الحق، فإنه يصبح ملكا للمخترع[2].

يتضح من الأحكام الواردة في التشريع الجزائري المنظمة لحماية حق الاختراع، أن لإرادة الأطراف مركزا معتبرا، حيث يتغلب " قانون العقود " على تلك الأحكام التنظيمية الخاصة، ومن ثم على أطراف الاتفاق - المؤسسة والمخترع الأجير - تطبيقا لمبدأ " العقد شريعة المتعاقدين" لتحديد من يحق له طلب إيداع الاختراع، وفي حالة عدم وجود اتفاق خاص يكون هذا الحق من نصيب المؤسسة، إلا إذا تنازلت عنه للمخترع صراحة[3].

[1] الدكتورة فرحة زراوي صالح - الكامل في القانون التجاري الجزائري - المحل التجاري والحقوق الفكرية - القسم الثاني الحقوق الفكرية - نشر وتوزيع ابن خلدون 2001 ص 131.

[2] انظر المادتين 16 و 17 من المرسوم التشريعي رقم 93 - 17 المؤرخ في 23 جمادى الثانية عام 1414 الموافق 7 ديسمبر سنة 1993 يتعلق بحماية الاختراعات - جريدة رسمية عدد 81 مؤرخة في 24 جمادى الثانية عام 1414هـ صفحة 4.

[3] الدكتورة فرحة زراوي صالح - الكامل في القانون التجاري الجزائري المرجع المذكور أعلاه ص 131.

2: موقف المشرع المصري من حق المستخدم على اختراعات العامل

إذا كان المشرع الجزائري قد أخضع الحق في الاختراع داخل المؤسسة إلى مبدأ العقد شريعة المتعاقدين كقاعدة عامة، وفي حالة عدم وجود الاتفاق يرجع الحق للمؤسسة، فإن المشرع المصري قد صنف اختراعات العامل إلى ثلاثة أنواع (الاختراع الحر، واختراع الخدمة، و الاختراع العرضي) فجعل لصاحب العمل على بعضها حق الاستغلال المالي، ونظم بالمقابل الحقوق التي تثبت للعامل المخترع[1].

2 - 1: موقفه من الاختراع الحر

يقصد بالاختراع الحر الاختراع المستقل عن العمل والذي لا يتصل به اتصالا زمنيا أو مكانيا، فيكون العامل قد توصل إليه خارج مكان العمل وفي غير أوقاته الرسمية، وأنه لم يستعن للوصول إليه بالأدوات والوسائل المملوكة لصاحب العمل، كما يعتبر الاختراع حرا حتى ولو كانت الخبرة التي اكتسبها العامل من عمله هذا هي التي هيأت له الوصول إلى الاختراع[2]، ومثاله توصل العامل لاختراعه في أوقات فراغه نتيجة مجهوده الخاص خارج مكان العمل، أو توصله لاختراعه بأدوات وآلات مملوكة له وغير متعلقة بأداء عمله في المؤسسة[3].

إن الاختراع الحر من حق العامل وحده، فالجانب الأدبي والجانب المالي للاختراع ينتميان إلى العامل، وليس لصاحب العمل أي سلطة بشأن هذا الاختراع كما أنه ليس له أن يجبر العامل على التنازل له عن الحق في استغلاله، غير أنه

(1) الدكتور أحمد حسن البرعي المرجع السالف الذكر ص 621.

(2) انظر الدكتور محمد لبيب شنب المرجع السالف الذكر ص 215 و 216. وانظر كذلك الدكتور أحمد حسن البرعي المرجع السالف الذكر ص 622. انظر كذلك الدكتور محمود جمال الدين زكي - عقد العمل في القانون المصري ص 728.

(3) انظر الدكتور السيد عيد نايل - شرح قانون العمل الجديد - دار النهضة العربية 2005 ص197. وانظر كذلك الدكتور أحمد حسن البرعي ص626.

يجوز لصاحب العمل أن يشترط في عقد العمل صراحة على أن يكون له الحق فيما يهتدي إليه العامل من مخترعات، وذلك بشرط أن يدفع له مقابلا خاصا عن استغلال الاختراع[1].

أما إذا اتفقا على أن يستغل صاحب العمل الاختراع بدون مقابل، فإنه يكون للقضاء إعفاء العامل من القيد بهذا الاتفاق، باعتباره شرطا تعسفيا أذعن العامل له[2]، بينما يرى جانب من الفقه بطلان الشرط الذي يعطي لصاحب العمل حق الاستغلال المالي للاختراع الحر الذي يتوصل إليه العامل، حتى ولو كان ذلك بمقابل، لأن ذلك الاتفاق يعد مصادرة لحرية العامل الشخصية بغير مبرر أما ما تعرض إليه المشرع في هذا الصدد فإنه يتعلق بالاختراعات التي تتم أثناء العمل وهي الاختراعات العرضية[3].

2- 2: موقفه من اختراع الخدمة

يقصد باختراعات الخدمة الاختراعات التي يحققها العامل نتيجة التزامه بذلك إما بموجب اتفاق صريح بينه وبين صاحب العمل، وإما لقيامه بأعمال تؤدي بطبيعتها إلى الاختراعات. فاختراعات الخدمة هي التي تستلزم من العامل أن يكرس عمله وجهده من أجل التوصل إليها، بتكليف من صاحب العمل الذي يقوم

---

[1] المادة 688 فقرة 1 و 2 من القانون المدني المصري: " إذا وفق العامل إلى اختراع جديد في أثناء خدمة رب العمل فلا يكون لهذا أي حق في ذلك الاختراع ولو كان العامل قد استنبطه بمناسبة ما قام به من أعمال في خدمة رب العمل. على أن ما يستنبطه العامل من اختراعات في أثناء عمله يكون من حق رب العمل........... إذا كان رب العمل قد اشترط في العقد صراحة أن يكون له الحق فيما يهتدي إليه من المخترعات "

[2] انظر الدكتور السيد عيد نايل - المرجع السالف الذكر ص 197. وانظر أيضا الدكتور أحمد حسن البرعي ص 627.

[3] انظر الدكتور الأهواني حسام - شرح قانون العمل طبعة 1983 ص 473. والدكتور فتحي عبد الصبور - الوسيط في قانون العمل طبعة 1985 ص701. والدكتور حمدي عبد الرحمان أحمد - مذكرات في قانون العمل طبعة 1975 ص 172 و 173.

بتمويل البحوث المؤدية إلى هذا الاختراع، ويقدم الأدوات والآلات اللازمة، ويؤدي للعامل أجره نتيجة التوصل إلى هذا الاختراع[1].

لقد منح المشرع المصري لصاحب العمل الحق المالي على هذه الاختراعات مع بقاء الحق الأدبي ثبتا للمخترع أو المخترعين[2]، على أن ثبوت حق الاستغلال المالي لصاحب العمل لا يحرم العامل كلية من ثمرات جهده فيجوز للعامل إذا كان الاختراع ذا أهمية اقتصادية جدية أن يطالب صاحب العمل بمقابل [3].

2 - 3: الاختراعات العرضية

وهي الاختراعات التي يوفق إليها العامل في أثناء خدمة رب العمل وبمناسبة هذه الخدمة دون أن يكون مكلفا بالبحث والاختراع[4]، فهي تختلف عن الاختراعات الحرة في أنها تتصل اتصالا مباشرا أو غير مباشر بنشاط العامل في خدمة صاحب العمل، كما أنها تختلف عن اختراعات الخدمة في أن العامل يتوصل إليها أثناء قيامه بعمله دون أن يكون مكلفا من قبل صاحب العمل بالبحث

---

(1) انظر الدكتور أحمد حسن البرعي ص 625. والدكتور محمود جمال الدين زكي المرجع السالف الذكر ص 727.

(2) المادة 688 / 2 من القانون المدني المصري: " على أن ما يستنبطه العامل من اختراعات في أثناء عمله يكون من حق صاحب العمل، إذا كانت طبيعة الأعمال التي تعهد بها العامل تقتضي منه إفراغ جهده في الابتداع ".

(3) المادة 688 / 3 من القانون المدني المصري: " وإذا كان الاختراع ذا أهمية اقتصادية جدية، جاز للعامل أن يطالب بمقابل خاص يقدر وفقا لمقتضيات العدالة. ويراعى في تقدير هذا المقابل مقدار المعونة التي قدمها رب العمل وما استخدم في هذا السبيل من منشآته "

(4) المادة 688 / 1 من القانون المدني المصري: " إذا وفق العامل إلى اختراع جديد في أثناء خدمة رب العمل، فلا يكون لهذا أي حق في ذلك الاختراع ولو كان العامل قد استنبطه بمناسبة ما قام به من أعمال في خدمة رب العمل ".

والابتداع[1]. إن استغلال الاختراع العرضي يثبت للعامل لا لرب العمل، غير انه يجوز لهذا الأخير أن يضمن عقد العمل شرطا بمقتضاه يكون له حق الاستغلال المالي لما يهتدي إليه العامل من اختراعات بشرط أن يدفع للعامل مقابلا خاصا عن هذا الاستغلال يقدر وفقا لمقتضيات العدالة [2].

بعدما تعرضنا إلى في المبحث الأول إلى تحديد أهم الالتزامات التي تقع على عاتق العامل، ننتقل إلى المبحث الثاني للحديث عن أهم الحقوق التي يتمتع بها العمال في التشريع الجزائري والتشريعات المقارنة، وسوف لن نتطرق إلى حقوق والتزامات صاحب العمل، لأن حقوق العامل تعد التزامات بالنسبة لصاحب العمل، والتزامات العمل تعد حقوقا بالنسبة لرب العمل.

---

[1] انظر الدكتور محمد لبيب شنب المرجع السالف الذكر ص 218. وانظر كذلك الدكتور أحمد حسن البرعي المرجع السالف الذكر ص 623. انظر كذلك الدكتور محمود جمال الدين زكي – عقد العمل في القانون المصري ص 726.

[2] انظر الدكتور السيد عيد نايل – المرجع السالف الذكر ص 199.- انظر كذلك الدكتور همام محمد محمود زهران – قانون العمل عقد العمل الفردي – المرجع السالف الذكر ص 381.

المبحث الثاني

حقوق العامل

يمكن تقسيم الحقوق الأساسية للعامل إلى حقوق جماعية وأخرى فردية، لذا سنقسم هذا المبحث إلى مطلبين نتعرض في المطلب الأول إلى الحقوق الجماعية ونخصص المطلب الثاني للحقوق الفردية.

المطلب الأول

حقوق العامل الجماعية

استقراء لأحكام قانون العمل يتبين لنا أن أهم الحقوق الجماعية التي يتمتع بها العامل هي الحق النقابي، والمشاركة العمالية في الهيئة المستخدمة وقوفا عند هذين الحقين سنقسم هذا المطلب إلى فرعين نتناول في الفرع الأول الحق النقابي وآليات ممارسته، ونخصص الفرع الثاني لحق العمال في المشاركة داخل الهيئة المستخدمة.

الفرع الأول

الحق النقابي وآليات ممارسته

يعتبر ممارسة الحق النقابي من أهم الحقوق الأساسية المعترف بها للعمال الأجراء، وحتى يتمكن هؤلاء من ممارسة هذا الحق على النحو الذي يكفل لهم الدفاع عن المصالح المادية والمعنوية للعمال، منحتهم الاتفاقيات الدولية والقوانين الداخلين الحق في التفاوض الجماعي، واللجوء إلى الإضراب في حالة فشل جميع الوسائل الودية للنزاع. وقوفا عند المسائل الهامة سنقسم هذا الفرع إلى عنصرين

نتناول في العنصر الأول لممارسة العمال للحق النقابي ونخصص العنصر الثاني لآليات ممارسة الحق النقابي.

1: ممارسة العمال للحق النقابي

سنتعرض من خلال هذا العنصر أولا إلى ممارسة العمال للحق والحرية النقابية في المواثيق الدولية ثم إلى الضمانات المقررة للعمال عند ممارستهم لهذا الحق في القوانين الداخلية أي الدساتير والقوانين.

1 - 1: الحق في ممارسة الحرية النقابية في المواثيق الدولية

تعتبر الحرية النقابية حق دولي تناولته أحكام الإعلان العالمي لحقوق الإنسان[1]، الذي تضمن مبادئ عامة لا تتمتع بالقوة الإلزامية التي تتمتع بها القوانين الداخلية للدول[2]، كما تضمنته أحكام العهد الدولي الخاص بالحقوق الاقتصادية والاجتماعية والثقافية، التي ألزمت الدول المنضمة إليه بحق كل شخص في تكوين النقابات، والاشتراك في الانضمام إليها، ومنحت للنقابات العمالية الحق في إنشاء الاتحادات وممارسة نشاطها بكل حرية[3].

لقد حظي الحق النقابي باهتمام منظمة العمل الدولية التي أصدرت في هذا الشأن اتفاقيتين دوليتين تتمثل الأولى في الاتفاقية رقم87 المتعلقة بالحرية النقابية وحماية حق التنظيم النقابي، والثانية في الاتفاقية رقم 98 المتعلقة بالحق النقابي

---

(1) المادة 23 / 4 من الإعلان العالمي لحقوق الإنسان الصادر عن الجمعية العامة للأمم المتحدة في 10 /1 / 1948: " لكل شخص الحق في أن ينشئ وينضم إلى النقابات حماية لمصلحته".

(2) انظر الدكتور أحمد حسن البرعي الوسط في التشريعات الاجتماعية - علاقات العمل الجماعية - الجزء الثالث - الكتاب الأول النقابات العمالية - دار النهضة العربية القاهرة طبعة 2006 ص 110.

(3) انظر المادة 8 من العهد الدولي الخاص بالحقوق الاقتصادية والاجتماعية والثقافية اعتمد بقرار من الجمعة العامة للأمم المتحدة في 16 ديسمبر 1966 ودخل حيز التنفيذ طبقا لنص المادة 27 منه في 3 يناير 1976.

وتنظيم التفاوض الجماعي[1]. أما على المستوى الأوربي فقد أقرت المعاهدة الأوربية لحقوق الإنسان المؤرخة في 4 نوفمبر 1950 ضمان حرية إنشاء النقابات والانضمام إليها وحرمت كل قيد يرد على هذه الحرية، إلا من أجل العمل على ضمان الأمن للبلاد أو حماية للنظام العام وحريات الآخرين[2]. أما على المستوى العربي فلقد أصدرت منظمة العمل العربية اتفاقيتين عربيتين تتعلق الأولى بالحريات والحقوق النقابية.[3]

---

(1) المادة 2 فقرة من الاتفاقية الدولية رقم 87 المتعلقة الحرية النقابية وحماية الحق النقابي المعتمدة من قبل المؤتمر العام في 9 يوليو 1948 في دورته 31 وبدأ نفاذها في 4 يوليو 1950: " للعمال وأصحاب العمل دون تمييز من أي نوع، الحق في إنشاء ما يختارونه هم أنفسهم من منظمات، ولهم كذلك دون أن يرتهن ذلك بغير القواعد المنظمة المعنية الحق في الانضمام إلى تلك المنظمات، وذلك دون ترخيص مسبق ". انظر كذلك أحكام الاتفاقية الدولية رقم 98 المعتمدة من قبل المؤتمر العام لمنظمة العمل الدولية في 1 يوليو 1949 في دورته 32 وبدأ نفادها في 18 يوليو 1951. وردت أحكام هذه الاتفاقيتين الدوليتين في مرجع الدكتور عبد الفتاح مراد - تشريعات العمل في الدول العربية والمستويات الدولية دار الكتب والوثائق المصرية القاهرة ص من 440 إلى ص 453.

(2) انظر الدكتور أحمد حسن البرعي الوسط في التشريعات الاجتماعية المرجع المذكور أعلاه ص 114.

(3) لقد اعترفت الاتفاقية العربية رقم 8 المعتمدة من قبل مؤتمر العمل العربي في دورته السادسة في مارس 1977 و المتعلقة بالحريات والحقوق النقابية بحق العمال وأرباب العمل في تكوين منظمات نقابية حيث نصت المادة 1 منها على أنه: " لكل من العمال وأرباب العمل، أيا كان القطاع الذي يعملون فيه، أن يكونوا دون إذن مسبق فيما بينهم منظمات، أو ينضموا إليها لتراعي مصالحهم وتدافع عن حقوقهم، وتعمل على تحسين حالتهم المادية والاجتماعية، وتمثلهم أمام الجهات المختلفة، وتسهم في رفع الكفاية الانتاجية، وفي تحقيق الخطط التي تهدف إلى التقدم الاقتصادي والاجتماعي ".

والثانية بالتفاوض الجماعي، حيث حصرت أطرفه في المنظمات العمالية وأرباب العمل [1]. لقد صادقت الجزائر على كل هذه المعاهدات والاتفاقيات الدولية والإقليمية، من ثم كانت ملزمة على تجسيدها في قانونها الداخلي.

1 – 2: الحق في ممارسة الحرية النقابية في التشريع الجزائري

لم يكن دستور 1976 يكرس مبدأ الحرية النقابية، إذ ليس للعمال الجزائريين سوى الانضمام النقابة الوحيدة وهي الاتحاد العام للعمال الجزائريين [2]، ولعل السبب في ذلك يرجع أولا المرجعية التاريخية للاتحاد العام للعمال الجزائريين، الذي ساهم في تحرير البلاد من خلال النضال السياسي وثانيا إلى التوجه الاقتصادي الذي تبنته الجزائر بعد الاستقلال والمتمثل في الاقتصاد الموجه أو المسير القائم على تدخل الدولة المطلق في تنظيم الحياة الاقتصادية والاجتماعية.

---

[1] انظر المادة 6 من الاتفاقية العربية رقم 11 الصادرة عن مؤتمر العمل العربي في دورته 7 المنعقد بالخرطوم في مارس 1979.

[2] المادة 60 من الأمر رقم 76 – 97 المؤرخ في 30 ذي القعدة عام 1396 الموافق 22 نوفمبر 1976 المتضمن إصدار دستور الجمهورية الجزائرية الديمقراطية الشعبية: "حق الانخراط في النقابة معترف به لجميع العمال، ويمارس في إطار القانون". ويقصد بالنقابة الاتحاد العام للعمال الجزائريين انظر في ذلك المواد من 22 إلى 25 من القانون رقم 78 – 12 المؤرخ في 05 أوت 1978 الأساسي العام للعامل. جريدة رسمية عدد 32 المؤرخة في 08 أوت 1978. وانظر كذلك أحكام القانون رقم 88-28 المؤرخ في 19 يوليو 1988 المتعلق بكيفيات ممارسة الحق النقابي. جريدة رسمية عدد 29 المؤرخة في 20 يوليو 1988ص1058.

كان للأزمة الاقتصادية العالمية أثرها البالغ على الاقتصاد الوطني خاصة بعد انخفاض قيمة الدينار، وارتفاع مديونية الدولة، فلم تعد هذه الأخيرة قادرة على تدعيم العجز الكبير الذي عرفته المؤسسات العمومية الاقتصادية وازدادت الأوضاع الاجتماعية للطبقة الشغيلة تدهورا، لذلك كان من الضروري القيام بمجموعة من الإصلاحات في شتى الميادين السياسية والاقتصادية والاجتماعية. تحقق ذلك بعد صدور دستور 1989 المعدل والمتمم بدستور 1996، ففيما يتعلق بالإصلاحات السياسية كرس الدستور الجديد مبدأ التعددية الحزبية بدل نظام الحزب الواحد[1].

وفي المجال الاقتصادي انتقلت الجزائر من الاقتصاد الموجه إلى اقتصاد السوق الذي يقتضي انسحاب الدولة من تنظيم الحياة الاقتصادية والاجتماعية ولم يعد تدخلها إلا في المسائل المتعلقة بالنظام العام.

أما في المجال الاجتماعي كرس الدستور الجديد مجموعة من الحقوق الفردية والجماعية التي لم يكن معترف بها من قبل، حيث ولأول مرة تم الاعتراف للعمال الأجراء ولأصحاب العمل بحق إنشاء المنظمات النقابية[2]، وبذلك كرس الدستور نبدأ التعددية النقابية بدل الأحادية النقابية. نظرا لانسحاب الدولة وتخليها عن الحماية الواسعة للطرف الضعيف في علاقة العمل، منح دستور 1989 المعدل والمتمم بدستور 1996 للعمال سلاحا للدفاع عن مصالحهم المشروعة تمثل في الاعتراف لهم بحق اللجوء إلى الإضراب[3].

يتضح مما سبق أن الجزائر في ظل الدستور الجديد انتقلت من مبدأ الحق النقابي، إلى مبدأ الحق في الحرية النقابية، ويقصد بالحق في الحرية النقابية حق كل مواطن متى توافرت الشروط القانونية في تكوين نقابة والانضمام أو الامتناع عن الانضمام إليها، أو الانسحاب منها[4].

---

[1] المادة 42 من دستور 1989 المعدل والمتمم بدستور 1996: (حق إنشاء الأحزاب السياسية معترف به ومضمون).

[2] المادة 56 من نفس الدستور: (الحق النقابي معترف به لجميع المواطنين).

[3] المادة 57 من دستور 1989 المعدل والمتمم بدستور 1996: (الحق في الإضراب معترف به، يمارس في إطار القانون، يمكن أن يمنع القانون ممارسة هذا الحق، أو يجعل حدودا لممارسته في ميدان الدفاع الوطني والأمن، أو في جميع الخدمات أو الأعمال العمومية ذات المنفعة الحيوية للمجتمع).

[4] انظر الدكتور أحمد حسن البرعي – الوسيط في شرح التشريعات الاجتماعية – الكتاب الأول النقابات العمالية المرجع السالف الذكر ص 124.

تطبيقا لمبدأ حرية النقابة المكرس في الدستور صدر القانون رقم 90 - 14 المتعلق بكيفيات ممارسة الحق النقابي، لقد منح هذا القانون الحق للعمال الأجراء، الذين ينتمون إلى المهنة واحدة، أو الفرع الواحد، أو قطاع النشاط الواحد، أن يؤسسوا منظمات نقابية للدفاع عن مصالحهم المادية والمعنوية، متى توفرت فيهم الشروط القانونية التالية[1]: التمتع بالجنسية الجزائرية الأصلية أو المكتسبة منذ عشر سنوات عن الأقل، التمتع بالحقوق المدنية و الوطنية، أن يكونوا راشدين، أن لا يكون قد صدر منهم سلوك مضاد للثورة التحريرية، أن يمارس نشاطا له علاقة بنشاط المنظمة. فيما يتعلق بالشرطين الأول والثاني " التمتع بالجنسية الجزائرية، وبالحقوق المدنية والوطنية" يعتبران شرطين عامين، يجب توفرهما في كل من ينتخب، أو يترشح لأي مهمة تمثيلية، ولا يطرحان أي إشكال، بينما تحتاج الشروط القانونية الأخرى إلى تحليل ومناقشة، ففيما يتعلق بشرط توافر سن الرشد وردعاما[2].

حدد المشرع الجزائري سن الانتخاب 16سنة[3]، وهو السن الأدنى المقرر قانونا للتشغيل[4]، أما سن الترشح للانتخاب حددها 21 سنة كاملة يوم الاقتراع،

---

(1) المادة 6 من القانون رقم 90 - 14 المؤرخ في 2 يوليو 1990 المتعلق بكيفيات ممارسة الحق النقابي. جريدة رسمية عدد 23 المؤرخة في 6يوليو 1990. لقد عدل هذا القانون بالقانون رقم 91-30 المؤرخ في 21 ديسمبر 1991. جريدة رسمية عدد 68 المؤرخة في 25 ديسمبر 1991.

(2) سبق التعرض إلى شرط السن بالتفصيل في كتابنا الدكتور بن عزوز بن صابر- الوجيز في شرح قانون العمل الجزائري- الكتاب الأول مدخل إلى قانون العمل الجزائري دار الخلدونية للنشر والتوزيع لبقبة القديمة الجزائر العاصمة الطبعة الأولى 2009 من ص 157 إلىص160

(3) المادة 11 من المرسوم التنفيذي رقم 90-289 المؤرخ في 29 سبتمبر 1990 المتعلق بكيفيات تنظيم انتخابات مندوبي المستخدمين المعدل والمتمم بالمرسوم التنفيذي رقم 97-248 المؤرخ في 8 ماي 1997: " يسجل المستخدم قانونا في القوائم الانتخابية كل العمال الذين تتجاوز سنهم 16 سنة.... "

(4) المادة 15 من القانون رقم 90 – 11 السالف الذكر: " لا يمكن في أي حال من الأحوال، أن يقل العمر الأدنى للتوظيف عن 16 سنة، إلا في الحالات التي تدخل في إطار عقود التمهين التي تعد وفقا للتشريع والتنظيم المعمول بهما ".

وهو السن الذي اشترطه في المندوب النقابي، أو ممثل العمال[1] بالإضافة إلى شرط السن، أوجب المشرع فيمن يرغب الترشح لمهمة تمثيلية نقابية، ألا يكون قد صدر منهم سلوك مضاد للثورة يعتبر هذا الشرط غير معقول، إذ لم يعد يساير الواقع العملي، حيث أن كل من عاصروا الثورة التحريرية أحيلوا على التقاعد بعد أن استوفوا الشروط القانونية[2]، وبذلك وجب إلغاء هذا الشرط.

كما اشترط المشرع فيمن يرغب الترشح لمهمة نقابية، أن يمارس نشاطا مهنيا له علاقة المنظمة، فمهمة المندوب النقابي الدفاع عن المصالح المادية والمعنوية للعمال الذين انتخبوه، ومن أهم تلك المصالح المادية تحسين ظروف العمل وشروطه. تؤسس المنظمة النقابية عقب جمعية عامة، تضم أعضاءها المؤسسين الذين توفرت فيهم الشروط السالفة الذكر، كما يشترط أن تكون هذه الأخيرة تمثيلية داخل الهيئة المستخدمة. تحظى النقابة بتمثيل العمال بمرور 6 أشهر على تأسيسها القانوني[3]، ويكون هذا التمثيل على مستويات مختلفة حسب اتساع رقعة نشاط المنظمة، وبغض النظر عن أهمية التمثيل هذه، فإن التعددية النقابية أدت إلى ظهور مقياس ثان للتمثيل، وهو المقياس العددي، فالقاعدة الديمقراطية تقتضي أن تكون النقابة ذات أولوية في التمثيل والتفاوض متى كانت تضم أكثر

[1] المادة 44 من القانون رقم 90-14 السالف الذكر: " يجب أن يبلغ المندوب النقابي أو ممثل العمال 21 سنة كاملة يوم انتخابه....".- المادة 97 فقرة 3 من القانون رقم 90-11: "وينتخب مندوبو العمال من بين العمال المثبتين الذين تتوفر فيهم شروط الناخب، البالغين 21 سنة كاملة.

[2] المادة 6 من القانون رقم 83 ـ 12 المتعلق بالتقاعد المعدل والمتمم: " تتوقف وجوبا استفادة العامل من معاش التقاعد على استفاء الشرطين الآتيين: بلوغ العامل 60 سنة من العمر..... قضاء 15 سنة على الأقل في العمل ".

[3] المادة 34 من القانون رقم 90 – 14 لمتعلق بكفيات ممارسة الحق النقابي: " تعتبر المنظمات النقابية، للعمال الأجراء والمستخدمين، المكونة قانونا منذ 6 أشهر على الأقل وفقا لأحكام هذا القانون، تمثيلية وطبقا للمواد 35 إلى 37 أدناه ".

عدد من المنخرطين[1]. تعتبر المنظمة النقابية تمثيلية، المنظمة التي تضم إليها حوالي 20% على الأقل من العدد الإجمالي للعمال الأجراء، الذين تغطيهم القوانين الأساسية لهذه المنظمات النقابية أو المنظمة التي لها تمثيل 20 % على الأقل في لجنة المشاركة، إذا كانت موجودة داخل المؤسسة المستخدمة[2].

2: آليات ممارسة المنظمة النقابية لوظائفها.

تتبع المنظمة النقابية أسلوبين قانونيين للدفاع عن المصالح المادية والمعنوية لأعضائها أحدهما سلمي يتمثل في التفاوض الجماعي وإبرام الاتفاقيات والاتفاقات الجماعية، والثاني تنازعي تلجأ إليه وقت حالة النزاع الجماعي وفي حالة فشل طرق التسوية الودية ويتمثل في اللجوء إلى الإضراب المشروع، لذا سنقسم هذا العنصر إلى جزأين نتناول في الجزء الأول للتفاوض الجماعي، ونخصص الثاني للإضراب كآلية لتسوية النزاع.

2- 1: التفاوض الجماعي آلية نقابية سلمية

لم يتطرق المشرع الجزائري إلى تعريف التفاوض الجماعي، بل عرفه المشرع المصري باستعمال مصطلح المفاوضة الجماعية على أنها[3]: "الحوار

---

[1] عبد السلام ديب – قانون العمل الجزائري والتحولات الاقتصادية – دار القصبة للنشر طبعة 2003 ص 241.

[2] المادة 35 فقرة 1 من القانون رقم 90- 14 المتعلق بكيفيات ممارسة الحق النقابي المعدلة والمتممة بالمادة 6 من القانون رقم 91 – 30: " تعتبر تمثيلية داخل المؤسسة المستخدمة الواحدة، المنظمات النقابية للعمال التي تضم 20% على الأقل من العدد الكلي للعمال الأجراء، الذين تغطيهم القوانين الأساسية لهذه المنظمات النقابية و / أو المنظمة النقابية التي لها تمثيل 20% على الأقل في لجنة المشاركة، إذا كانت موجودة داخل المؤسسة المستخدمة ".

- الفقرة 2 من المنشور الوزاري رقم 149 المؤرخ في 19 نوفمبر 1990 المتعلق بتمثيل المنظمات النقابية للعمال الأجراء.

[3] انظر المادة 146 من القانون رقم 12 لسنة 2003 المتضمن قانون العمل المصري.

والمناقشات التي تجرى بين المنظمات النقابية العمالية وبين أصحاب الأعمال أو منظماتهم من أجل: - تحسين شروط وظروف العمل وأحكام الاستخدام. - التعاون بين طرفي العمل لتحقيق التنمية الاجتماعية لعمال المنشأة. - تسوية المنازعات بين العمال وأصحاب الأعمال ".

من خلال التعريف السالف الذكر تبرز أهمية التفاوض الجماعي في كونه آلية نقابية حضارية فعالة، يطبع سلوك المجتمع العمالي بطابع الحوار الديمقراطي، ثمرته الاتفاقية الجماعية[1]، التي اعتبرت دستور علاقات العمل الفردية والجماعية، حيث تبرز أهميتها في كونها تكمل النصوص القانونية المنظمة لعلاقات العمل، وذلك بتفصيل العام منها، وتكييفه ليكون أكثر ملائمة لظروف المؤسسة أو قطاع النشاط الذي تنتمي إليه، ومن أمثلة ذلك اعتماد نظام خاص بالتعويضات، وتوزيع ساعات العمل خلال الأسبوع وتحديد المدة التجريبية لمختلف الفئات المهنية داخل المؤسسة، و بتقرير حقوق إضافية للعمال لم تكن مقررة قانونا كإقرار منحة التقاعد، والتعويض عن الذهاب الإرادي، وبذلك فإنها تحد من تدخل المشرع، خاصة وأن التنظيم الذي يضعه الشركاء الاجتماعيين بإرادتهم يكون أقرب إلى الواقع وأكثر ملائمة له. كما أن الأحكام التي تتضمنها الاتفاقيات الجماعية لبعض المسائل، يمكن أن تلعب دورا رائدا في تطوير قانون العمل ذاته، فقد يقتبس المشرع بعض هذه الأحكام التي تثبت التجربة العملية نجاحها ويدخلها في نصوص القانون فيعم بذلك حكمها ليشمل جميع الخاضعين لقانون العمل[2]، ونلاحظ ذلك في الدول التي عرفت الاتفاقيات الجماعية فيها تطورا ملحوظا بسبب قوة التفاوض الجماعي لدى أطرافه، أما في الجزائر فإن التفاوض الجماعي مسألة جديدة لذا يحتاج أطرافه إلى تكوين وممارسة عملية واحتكاك بالمنظمات النقابية المتطورة.

(1) Jean. RIVERO – Jean SAVATIER (Droit du travail) 12 édition 1991 P 316.
(2) Michel Despax – droit du travail – Négociations. conventions et accords collectifs 2édition Dalloz 1898 p2 et 3.

ومن ناحية أخرى تعد الاتفاقية الجماعية للعمل أكثر من التشريع تجاوبا مع التطورات الاقتصادية والاجتماعية، حيث يمكن مراجعتها وإبرام اتفاق جديد يساير ما يستجد من متغيرات تلك الظروف، ولقد أحسن المشرع الجزائري عندما أوجد إلى جانب الاتفاقية الجماعية الملاحق، أي الاتفاقات الجماعية مخالفا بذلك كثير من التشريعات العمالية[1].

من الأهداف الأساسية التي يسعى الشركاء الاجتماعيون إلى تكريسها في ظل التحولات الاقتصادية الاستقرار التشريعي لعلاقات العمل، وذلك بتقرير الحد الأدنى من شروط العمل، تاركا للاتفاقيات الجماعية تفصيل تلك الشروط وفقا لظروف وطبيعة نشاط كل مؤسسة وكل قطاع على حدة[2]. كما يعد التفاوض الجماعي وسيلة لتحقيق السلم الاجتماعي داخل المؤسسات المستخدمة من خلال تكريس مبدأ العدالة الاجتماعية، وذلك بوضع قواعد مهنية يشارك فيها العمال وأرباب العمل على حد سواء، من شأن هذه القواعد أن تحقق العدل والمساواة، ومن أمثلة ذلك اعتمادها نظام عادل ومنصف بواسطته تحدد أجور كافة العمال على مستوى كل الهيئة المستخدمة كأن يتفق أطراف التفاوض الجماعي على وضع التصنيف المهني الذي بموجبه تحدد مختلف مناصب لمختلف فئات العمال، وعلى أساس تلك المناصب تحدد الأجور المطابقة وبالتالي يتساوى جميع العمال في الأجور ماداموا متساوين في مناصب العمل.

---

(1) G. Adam. J. D. Raynaud. J. M. Verdier (La négociation collective en France – éditions économie et humanisme. Les éditions ouvrières 1972 P 56.

J. D. REYNAUD (nature et rôles de la convention collective) Revue Française de la Sociologie 11. 1978 P 171.

- انظر عبد السلام ذيب قانون العمل الجزائري والتحولات الاقتصادية دار القصبة للنشر طبعة 2003 ص 217

(2) Y. DELAMOTTE (Les tendances récentes de la négociation collective en France) Revue internationale du travail. 1971 P 405.

- انظر الدكتور عصام أنور سليم " قانون العمل " الطبعة الثانية دار المعارف الاسكندرية 2002 ص 153 و 154.

يحقق التفاوض الجماعي التكافؤ بين العمال وأصحاب العمل، لأن تكتل العمال كجماعة تشكل طرفا واحدا، يحقق نوعا من التوازن، حيث تكافئ القوة الجماعية للعمال، القوة الاقتصادية لأصحاب العمل، وبهذا يحقق العمال من خلاله مكاسب لم يكن لهم أن يحققوها بعقودهم الفردية[1].

ومن ناحية أخرى تعد الاتفاقية الجماعية للعمل أكثر من التشريع تجاوبا مع التطورات الاقتصادية والاجتماعية، حيث يمكن مراجعتها وإبرام اتفاق جديد يساير ما يستجد من متغيرات تلك الظروف لقد أحسن المشرع الجزائري عندما أوجد إلى جانب الاتفاقية الجماعية الملاحق، أي الاتفاقات الجماعية مخالفا بذلك كثير من التشريعات العمالية[2]. كما تعتبر الاتفاقيات الجماعية وسيلة للحد من نشوب المنازعات الجماعية[3]، التي قد يؤدي تطورها إلى لجوء العمال للإضراب، بكل ما ينطوي على ذلك من أضرار تهدد المصالح الاقتصادية للمؤسسة من جهة، والمصالح الاجتماعية للعمال، بل وبالمصلحة العامة متى ألحق الإضراب ضررا بالاقتصاد الوطني[4]، ولهذا تعتبر الاتفاقية الجماعية (وثيقة للسلم الاجتماعي) داخل

---

[1] انظر الدكتور يوسف إلياس - علاقات العمل الجماعية في الدول العربية - مطابع جامعة الدول العربية 1996 ص 31 و32.

v. Castal: Le rôle des conventions collectives de travail (évolution et développement) thèse université de Montpellier beziers 1940p37.

[2] G. Adam. J. D. Raynaud. J. M. Verdier (La négociation collective en France – éditions économie et humanisme. Les éditions ouvrières 1972 P 56.

J. D. REYNAUD (nature et rôles de la convention collective) Revue Française de la Sociologie 11. 1978 P 171.

- انظر عبد السلام ذيب قانون العمل الجزائري والتحولات الاقتصادية دار القصبة للنشر طبعة 2003 ص 217

[3] Jean – Maurice Verdier (Droit du travail)- Troisième Partie. L'action collective. Négociations et conflits - 10 éditions 1996 Dalloz P 368.

[4] انظر الدكتور يوسف إلياس - علاقات العمل الجماعية في الدول العربية – المرجع السالف الذكر ص 32.

المؤسسة أو القطاع، كلما صيغت أحكامها بطريقة تحقق التوازن بين المصالح المتناقضة للطرفين كلما قلت احتمالات قيام المنازعات الجماعية[1].

كما أن للتفاوض الجماعي تأثير على الإنتاج والإنتاجية، بما يهدف إليه من تحسين أوضاع العامل المادية والمعنوية، حيث يحصل على أجر عادل يحقق له مستوى معقول من المعيشة، مما يزيد في دخله، وهو ما يحفزه على الإنتاج والإنتاجية إلى أعلى حد ممكن[2].

2 - 2: الإضراب كآلية نقابية

إذا استطاعت النقابات العمالية في الدول الرأسمالية، أن تجبر أصحاب العمل على التفاوض الجماعي، فإن السبب في ذلك يرجع إلى ممارسة تلك النقابات لحق الإضراب الذي كان يلحق ألحق بأصحاب العمل خسائر مادية كبيرة، فوجود الإضراب عامل أساسي لنجاح التفاوض الجماعي[3].

ما تجدر الإشارة إليه أن الإضراب سبق التفاوض الجماعي، بل أنه في كثير من الأحيان سبق تكوين النقابة نفسها أو هو الذي أدى إلى تكوينها[4]. لم تهتم أغلبية التشريعات العمالية بتعريف الإضراب مكتفية فقط بالنص على مشروعيته، وترك التعريف للفقه والقضاء، حيث اختلفت فيما بينها حسب الزاوية التي ينظر من

---

(1) Paul – Henri ANTONMATTEI (Les conventions et accords collectifs de travail édition Dalloz 1996 P 2.

(2) انظر الدكتور محمد عبد الله نصار – المفاوضة الجماعية ودور منظمة العمل العربية – مطبعة جامعة الدول العربية - طبعة 1996 ص71.

(3) انظر الدكتور رمضان عبد الله صابر – النقابات العمالية وممارسة حق لإضراب دار النهضة العربية القاهرة طبعة 2004 ص 36. وانظر كذلك الأستاذ وليد سيد حبيب الحقوق والحريات النقابية العمالية – دار العالم الثالث القاهرة طبعة 2006 ص 62.

(4) انظر الدكتور رمضان عبد الله صابر المرجع السالف الذكر ص 36.

خلالها للإضراب[1]. عرفه جانب من الفقه الفرنسي على أنه: " توقف العمال عن العمل توقفا جماعيا ومدبرا بقصد ممارسة الضغط على صاحب العمل أو السلطات العامة "[2].

يعاب على هذا التعريف أن لم يبين الهدف من ممارسة العمال للضغط على صاحب العمل كما أنه يمارس للضغط على صاحب العمل والسلطة العامة، وهو بذلك يشمل الإضراب السياسي الذي يعد بعيدا عن المطالب المهنية للعمال[3].

كما عرفه جانب آخر من الفقه الفرنسي على أنه: " رفض جماعي ومدبر للعمل، بقصد تحلل العمال مؤقتا من شروط عقد العمل، بغية تأييد نجاح مطالبهم[4]. إلى جانب التعريفات الواردة في الفقه الفرنسي عرفه بعض الفقه المصري على أنه: " امتناع العمال عن العمل امتناعا إراديا ومدبرا لتحقيق مطالب مهنية ".

يتسم هذا التعريف بالبساطة فضلا عن شموله كافة عناصر الإضراب المادية والمعنوية، وبذلك فهو محل تأييد غالبية الفقه[5]. كما عرفته محكمة النقض الفرنسية على أنه: " التوقف المدبر عن العمل بغرض تأييد نجاح المطالب المهنية التي سبق رفضها من طرف صاحب العمل"[6].

---

[1] انظر الدكتور محمد هشام أبو الفتوح - الإضراب عن العمل بين التجريم والإباحة دار النهضة العربية 1989 ص 5. الهامش مشار إليه في مرجع الدكتور رمضان عبد الله صابر ص 38.

[2] Camerlynck (G.H)-Lyon- caen (G) - droit du travail 11éd dalloz Paris 1982 N621 P 961.

[3] انظر الدكتور عبد الباسط عبد المحسن - الإضراب في قانون العمل - رسالة دكتوراه كلية الحقوق جامعة القاهرة ص 23.

[4] Sinayet Javiller – La grève – 2 éd 1984 P 157.

[5] انظر الدكتور رمضان عبد الله صابر - النقابات العمالية وممارسة حق الإضراب - المرجع السالف الذكر ص 41 وانظر كذلك الدكتور عبد الباسط عبد المحسن المرجع السالف الذكر ص 27 - والدكتور عبد القادر الطورة - قواعد التحكيم في منازعات العمل الجماعية - رسالة دكتوراه كلية الحقوق جامعة القاهرة 1988 ص 39. وانظر كذلك الدكتور على عوض حسن - الوجيز في شرح قانون العمل الجديد - دار الثقافة للطباعة والنشر القاهرة 1975 ص85.

[6] Cass.soc.17 Janv.1968.Bull.civ,v.n.35.Cass.Soc.8 Nov , 1972,Bull.civ.n 600.

تقرر حق العمال في الإضراب على المستوى الدولي بموجب الاتفاقية الدولية للحقوق الاقتصادية والاجتماعية والثقافية، لقد اعترفت هذه الاتفاقية بهذا الحق لجميع العمال، كيفما كان القطاع الـذي ينتمون إليه عاما أم خاصا[1]. أما على المستوى الداخلي يعتبر دستور 1989 أول دستور يقر حـق العمـال في الإضراب المشروع للدفاع عن مصالحهم المادية والمعنوية[2] علما أن دستور1976 حصر هذا الحق في عـمال القطاع الخاص دون غيرهم[3]. تطبيقا للمبدأ العام الوارد في الدستور والمكرس لحق الإضراب صدر القانون رقم 90 – 02 المتعلق بتسوية النزاعات الجماعية في العمل وكيفية ممارسة حق الإضراب[4]. لقد حدد هـذا القانون شروط ممارسة الحق في الإضراب والتي يمكن إجمالها في[5]:

1- عدم اللجوء إلى الإضراب إلا كآخر حل أي بعد استنفاد إجراءات التسوية الودية للنزاع بـما فيهـا المصالحة والوساطة[6].

---

[1] المادة 8 فقرة (د) من الاتفاقية الدولية للحقوق الاقتصادية والاجتماعية والثقافية التي اقرتها الجمعية العامـة في 16 / 12 / 1966: " تتعهد الدول الأطراف في الاتفاقية الحالية بأن تكفل الحـق في الإضراب علـى أن يمـارس طبقـا لقـوانين القطر المختص ".

[2] المادة 57 من دستور 1989 المعدل والمتمم بدستور 1996: " الحق في الإضراب معترف به يمارس في إطار القانون. يمكن أن يمنع القانون ممارسة هذا الحق أو يجعل حدودا لممارسته في ميادين الدفاع الـوطني والأمـن، أو في جميع الخـدمات أو الأعمال العمومية ذات المنفعة الحيوية للمجتمع ".

[3] المادة 61 فقرة 2 من دستور 1976: " في القطاع الخاص، حق الإضراب معترف به، وينظم القانون ممارسته ".

[4] انظر أحكام القانون رقم 90 – 02 المؤرخ في 6 فبراير 1990 المتعلق بالوقاية من النزاعات الجماعيـة في العمـل وتسـويتها وممارسة حق الإضراب جريدة رسمية عدد 06 المؤرخة في 7 فبراير 1990، المعدل والمتمم بالقانون رقم 91 – 27 المؤرخ في 21 ديسمبر 1991 جريدة رسمية عدد 68 المؤرخة في 25 ديسمبر 1991.

[5] انظر المواد من 27 إلى 31 من القانون رقم 90 – 02 السالف الذكر.

[6] انظر المواد من 4 إلى 12 من القانون رقم 90 – 02 المذكور أعلاه.

2- الموافقة على اللجوء إلى الإضراب في جمعية عامة تنعقد في مكان العمل المعتاد.

3- موافقة أغلبية العمال على اللجوء إلى الإضراب، وذلك عن طريق الاقتراع السري.

4- احترام مهلة الإشعار المسبق المحددة في الاتفاقيات الجماعية، والتي لا يمكن أن تقل عـن ثمانيـة (8) أيام ابتداء من تاريخ إيداعه لدى المستخدم وإعلام مفتشية العمل به.

5- التزام كل من المستخدم وممثلو العمال باتخاذ التدابير اللازمة لضمان المحافظة علـى المنشآت والسهر على أمنها وذلك بتعيين العمال الذين توكل لهم هذه المهام.

خص المشرع الجزائري حق ممارسة الإضراب بحماية بحيث أن الإضراب القانوني أو المشروع يوقف علاقة العمل مؤقتا ولا ينهيها، كما أنـه لا يجـوز لصـاحب العمـل تسـليط أي عقوبـة علـى العمـال بسـبب مشاركتهم في إضراب قانوني استوفى جميع الشروط المطلوبة[1].

إذا كان المشرع الجزائري قد أقر حماية قانونية للعمال المضربين، فإنه بالمقابل منـع علـيهم عرقلـة حرية العمل، من خلال احتلال أماكن العمل ممارسة مناورة احتيالية أو تهديد أو عنف أو اعتـداء، ورتـب على ذلك عقوبات جزائية تتمثل في الغرامة من 500 إلى 2000 دج والحبس 15 عشر يوما إلى شهرين[2].

---

[1] انظر المادتين 32 و33 من القانون رقم 90 – 02 السالف الذكر.

[2] انظر المادة 56 من القانون رقم 90 – 02 المتعلق بكيفيات ممارسة حق الإضراب

الفرع الثاني

حق العمال في المشاركة داخل الهيئة المستخدمة

يختلف حق العمال في المشاركة في تسيير المؤسسة عن حقهم في ممارسة الحق النقابي، وبعبارة أخرى تختلف صلاحيات الممثلين النقابيين عن صلاحيات مندوبي المستخدمين، فبينما تنحصر صلاحيات الممثلين النقابيين في الدفاع عن المصالح المادية والمعنوية مستعملين الآليات القانونية السالف ذكرها (التفاوض الجماعي- إبرام الاتفاقيات الجماعية للعمال- اللجوء إلى الإضراب المشروع في حالة فشل طرق التسوية الودية للمنازعات الجماعية) تتجلى صلاحيات مندوبي المستخدمين في مشاركتهم في تسيير المؤسسة بإبداء رأيهم في القرارات التي يتخذها صاحب العمل، وفي تسيير الخدمات الاجتماعية، ومراقبة الأحكام المتعلقة بالوقاية الصحية والأمن وطب العمل داخل الهيئة المستخدمة.

يعتبر الأمر رقم 71 - 74 المتعلق بالتسيير الاشتراكي للمؤسسات أول نص تشريعي ينظم حق مشاركة العمال في تسيير المؤسسة انطلاقا من الملكية العامة لوسائل الإنتاج[1]. تمثلت مشاركة العمال في التسيير من خلال الأجهزة الثلاثة مجلس العمال واللجان الدائمة، ومجلس المديرية، يعتبر مجلس العمل أهم جهاز لكونه مجلسا نقابيا من حيث العضوية فأعضاؤه نقابيون، ونظرا لاختصاصاته النوعية، فهو يبدي رأيه في شكل توصيات عند إعداد مخطط المؤسسة ومراقبة تنفيذه، ويشارك في إعداد سياسة الموظفين والتكوين المهني، ويصادق على النظام الداخلي للمؤسسة[2].

---

[1] راجع في هذا الشأن أحكام الأمر رقم 71 - 74 المؤرخ في 28 رمضان 1391 الموافق 16 نوفمبر 1971 المتعلق بالتسيير الاشتراكي للمؤسسات. جريدة رسمية عدد 17 المؤرخة في 13 ديسمبر 1971.

[2] انظر الفصل الثالث المواد من 19 إلى 48 من الأمر رقم 71 - 74 السالف الذكر.

ما يلاحظ على هذه المرحلة أن مشاركة العمال في التسيير المؤسسات الاقتصادية كانت في معظمها استشارية، باستثناء تسيير الخدمات الاجتماعية التي كانت مشاركتهم لها بصفة فعلية، أما عن القرارات الحاسمة فكانت تتخذ على مستوى مجلس المديرية الذي يترأسه المدير العام للمؤسسة ولا يشارك العمال فيه إلا بعضوين وهي مشاركة محتشمة لا تؤثر في قرارات المجلس[1]. بعد هذه النبذة التاريخية لحق مشاركة العمال في تسيير المؤسسة في ظل الأمر رقم 71 - 74 المتعلق بالتسيير الاشتراكي للمؤسسات ننتقل للحديث بإيجاز عن حق مشاركة العمال في التسيير في ظل القانون رقم 90 - 11 المتعلق بعلاقات العمل. وسوف نقسم هذا الفرع إلى عنصرين نتناول في العنصر الأول تشكيل لجنة المشاركة وتسييرها، ونخصص العنصر الثاني لصلاحياتها.

1: تشكيل لجنة المشاركة وسيرها

تتم مشاركة العمال في الهيئة المستخدمة إما بواسطة مندوبي المستخدمين Les délégués du personnels في مستوى كل مكان عمل متميز يحتوي على 20 عاملا على الأقل[2]، أو بواسطة لجنة المشاركة Le comité de participation تضم على الأقل مندوبين المستخدمين المنتخبين على مستوى مقر الهيئة المستخدمة التي يتجاوز عدد عملاها 50 عاملا[3].

إذا كان المشرع الجزائري استعمل مصطلح لجنة المشاركة، فإن المشرع الفرنسي أطلق عليها اسم لجنة المؤسسة Le comité d'entreprise الذي يجب على كل مستخدم يشغل أكثر من 50 عامل بتأسيسها[4].أما المشرع التونسي أطلق عليها اسم اللجنة الاستشارية للمؤسسة La commission consultative d'entreprise، التي

---

[1] - انظر المادة 57 من الأمر رقم 71 - 74 السالف الذكر.
[2] - انظر المادة 91 فقرة 1 من القانون رقم 90 - 11 السالف الذكر.
[3] - انظر المادتين 91 فقرة 2 و 102 من القانون رقم 90 - 11.
[4] – voir l'Art 431-1 alinéa 1 du code de travail français.

أن تؤسس في كل هيئة مستخدمة تشغل على الأقل 40 عاملا دائما[1]. أما بالنسبة للمشرع المصري فقد أطلق عليها في ظل القوانين السابقة الملغاة اسم اللجنة الاستشارية المشتركة وتنشأ في مل مشروع يبلغ عدد عماله على الأقل 50 عاملا[2] غيران هذه اللجنة لم يعد لها وجود في ظل القانون الساري المفعول. أما المشرع المغربي جعل حق العمال في التسيير والمشاركة داخل الهيئة المستخدمة محصورا في مندوبي الأجراء، ويجب انتخابهم في كل مؤسسة تشغل اعتياديا ما لا يقل عن 10 أجراء دائمين، يجوز انتخاب مندوبي الأجراء في المؤسسات التي تشغل أقل من 10 عمال دائمين بمقتضى ـ اتفاق مكتوب بين الطرفين[3]. حدد المشرع الجزائري عدد المستخدمين على النحو التالي[4]:

* من 20 إلى 50 عاملا ـــــــــ مندوب واحد (01)

* من 51 إلى 150 عاملا ـــــــــ مندوبان (02)

* من 151 إلى 400 عاملا ـــــــــ أربعة مندوبين (04)

* من 401 إلى 1000 عاملا ـــــــــ ستة مندوبين (06)

* يخصص مندوب إضافي عن كل شريحة 500 عاملا إذا تجاوز العدد 1000 عامل.

---

[1] انظر المادة 157 من قانون العمل التونسي رقم 96 – 62 المؤرخ في 15 يوليو 1996 المعدل والمتمم.
[2] انظر الدكتور محمود جمال الدين زكي – عقد العمل في القانون المصري – المرجع السالف الذكر ص302.
[3] انظر القسم الثاني المعنون " مندوبو الأجراء " خاصة المادتين 430 و 431 من مدونة الشغل المغربية.
[4] انظر المادة 99 من القانون رقم 90 – 11 السالف الذكر.

إذا كان المشرع الجزائري قد اكتفى بالمندوبين الأصليين، فإن المشرع المغربي والفرنسي- حددا عدد مندوبي الأجراء الأصلين والمندوبين النائبين أو الإضافيين حسب عدد عمال المؤسسة[1].

1 - 1: كيفية تنظيم انتخابات مندوبي المستخدمين ولجنة المشاركة

أخضع المشرع الجزائري تنظيم انتخابات مندوبي المستخدمين أو تجديدها لجنة انتخابية، تتشكل في كل هيئة مستخدمة بالتساوي بين ممثلي العمال من جهة، وممثلي الهيئة المستخدمة من جهة أخرى، على ألا يفوق عدد ممثلي كل طرف 03 أعضاء[2]، و يمثل العمال في اللجنة الانتخابية أعضاء يتم تعيينهم من قبل

---

[1] حددت المادة 433 من مدونة الشغل المغربية عدد مندوبي الأجراء ونوابهم على النحو التالي: * من 10 إلى 25 أجيرا مندوب أصلي ومندوب نائب.* من 26 إلى 50 أجيرا مندوبان أصليان و نائبان.* من 51 إلى 100 أجير 3 مندوبين أصليين و3 نواب * من 101 إلى 250 أجير 5 مندوبين أصليين و5 نواب.* من 251 إل 500 أجير 7 مندوبين أصليين و 7 نواب. * من 501 إلى 1000 أجير 9 مندوبين أصليين و9 نواب. يضاف مندوب أصلي ونائب عن كل مجموعة إضافية تتكون من 500 أجير.

Art.R.433 – 1 Du code de travail Français: « La délégation du personnel prévue à l'article L.433-1 est composée comme suit:
De 50 à 74 salariés: 3 titulaires et 3 suppléants ;
De 75 à 99 salariés: 4 titulaires et 4 suppléants ;
De 100 à 399 salariés: 5 titulaires et 5 suppléants ;
De 400 à 749 salariés: 6 titulaires et 6 suppléants ;
De 750 à 999 salariés: 7 titulaires et 7 suppléants ;
De 1000 à 1999 salariés: 8 titulaires et 8 suppléants ;
De 2000 à 2999 salariés: 9 titulaires et 9 suppléants ;
De 3000 à 3999 salariés: 10 titulaires et 10 suppléants ;
De 4000 à 4999 salariés: 11 titulaires et 11 suppléants ;
De 5000 à 7499 salariés: 12 titulaires et 12 suppléants ;
De 7500 à 9999 salariés: 13 titulaires et 13 suppléants ;
A partir de 10.000 salaries: 15 titulaires et 15 suppléants ;

[2] انظر المادتين 2 و3 من المرسوم التنفيذي 90 ـ 289المؤرخ في 29 سبتمبر 1990 المتعلق بكيفيات تنظيم انتخابات مندوبي المستخدمين جريدة رسمية عدد 42 لسنة 1990 المعدل والمتمم بالمرسوم التنفيذي 97 ـ 248 المؤرخ في 8 يوليو 1997 جريدة رسمية عدد 46 لسنة 1997.

المنظمات النقابية الممثلة للعمال وفق لأحكام القانون الخاص بكيفيات ممارسة الحق النقابي[1]، وإذا لم تكن هناك منظمات نقابية بالهيئة المستخدمة يتم تمثيل العمال في اللجنة الانتخابية، إما بواسطة أشخاص تعينهم لجنة المشاركة من غير أعضائها، وإما بواسطة أشخاص ينتخبهم مجموع العمال[2].

يتقدم المستخدم بطلب إلى المنظمات النقابية الممثلة ضمن الهيئة المستخدمة قصد تعيين أعضاء في اللجنة الانتخابية في أجل أقصاه 8 أيام، وفي حالة عدم الاستجابة لطلب المستخدم خلال الأجل المحدد، يخطر المستخدم مفتش العمل المختص إقليميا، الذي يوم بتحرير محضر معاينة. وخلال أجل أقصاه 15 يوما من إثبات تحرير المحضر. يتم تعين العمال في الجنة الانتخابية إما بواسطة لجنة المشاركة أو أشخاص ينتخبهم مجموع العمال من غير مسيري المؤسسات[3]. يرأس اللجنة الانتخابية أكبر أعضائها سنا الذي يعتبر الناطق الرسمي لها[4]. في اعتقادنا أنه كان على المشرع الجزائري أن يلجأ إلى معيار غير معيار السن لرآسة اللجنة، ونرى أن المعيار الأنسب هو معيار الكفاءة، ما دام أن هذا الأخير يعد ناطقا باسم اللجنة ويتمتع بصلاحيات تتطلب ذلك.

---

(1) يقصد بالأحكام المتعلقة بكيفيات ممارسة الحق النقابي القانون رقم 90 ـ 14 المؤرخ في 2 يونيو 1990 جريدة رسمية عدد 23 لسنة 1990 المعدل والمتمم بالقانون رقم 91 - 30 المؤرخ في 21 ديسمبر 1991 جريدة رسمية عدد 68 لسنة 1991 والأمر رقم 96 - 12 المؤرخ في 10 يونيو 1996 جريدة رسمية عدد 36 لسنة 1996.

(2) انظر المادة 4 من المرسوم التنفيذي 90 ـ 289 السالف الذكر.

(3) انظر المادة 4 مكرر من المرسوم التنفيذي 90 ـ 289المتممة المرسوم التنفيذي 97 ـ 248 السالف ذكرهما.

(4) انظر المادة 6 من المرسوم التنفيذي 90 ـ 289 السالف الذكر.

أولا: اختصاصات لجنة الانتخابات قبل وأثناء عملية الاقتراع

وقوفا عند كيفية سير عملية الاقتراع، ارتأينا التطرق إلى اختصاصات لجنـة الانتخابـات قبـل عمليـة الاقتراع في العنصر الأول، ثم اختصاصاتها أثناء عملية الاقتراع في العنصر الثاني، وأخيرا اختصاصاتها بعـد العملية في العنصر الثالث.

أ: اختصاصات اللجنة قبل عملية الاقتراع

إن أول ما تقوم به لجنة الانتخابات بعد تنصيبها، التقسيم الانتخابي، من خلال إعداد أماكن العمل المتمايزة التي يتحقق فيها مشاركة العمال مراعية في ذلك وجـود 20 عـاملا في كـل مكـان عمـل متميـز يمارسون نشاطا متجانسا في الأهداف تحت نفس السلطة الإدارية. وفي حالة ما إذا كانت الهيئة المستخدمة الواحدة تتوفر على أماكن عمل تضم كل واحدة منها أقل من 20 عاملا، يلتحق هؤلاء العمال بأقرب مكـان للعمل أو يجتمعون لانتخاب مندوبي المستخدمين الذين يمثلونهم[1]. تحضيرا لعملية الاقتراع اسند المشرـع الجزائري للجنة الانتخابية مهمتـين أساسيتين تتمثل الأولى في ضبط القائمـة الانتخابيـة، والثانيـة في جمـع الترشيحات.

* ضبط القائمة الانتخابية و توزيع المقاعد حسب كل مجموعة انتخابية

ألزم المشرع المستخدم بتسجيل كـل العـمال الـذين تتـوفر فيهم الشروط القانونيـة للانتخـاب في القوائم الانتخابية تتمثل هذه الشروط في بلوغ العامل 16 سنة كاملة، وأدائه 6 أشهر من الخدمة الفعليـة لدى الهيئة المستخدمة[2]، وهما الشرطان اللذان اشترطهما المشرع المغربي[3].

---

[1] انظر المادتين 9 و 10 من المرسوم التنفيذي 90 ـ 289 السالف الذكر.

[2] المادة 11 من المرسوم التنفيذي 90-289 السالف الذكر: " يسجل المستخدم قانونا في القوائم الانتخابية كل العمال الـذين يتجاوز سنهم 16 سنة ولهم ستة أشهر من الخدمة الفعلية في الهيئة المستخدمة.

[3] المادة 438 من مدونة الشغل المغربية: " يدخل في عداد الناخبين، كل أجير ذكرا كان أو أنثى إذا اكتمل سن 16 وقضى م لا يقل عن 6 أشهر من الشغل في المؤسسة...".

في اعتقادنا أن تحديد المشرع الجزائري سن الانتخاب 16 سنة مسالة تحتاج إلى إعادة النظر فيها، خاصة و أن الاتفاقية الدولية المتعلقة بحقوق الطفل التي اعتمدتها الجمعية العامة للأمم المتحدة في 20 نوفمبر 1989، والتي صادقت عليها الجزائر في 16 أفريل 1993 عرفت الطفل على أنه: " كل شخص لم يبلغ 18 سنة " فكيف يمكن للطفل الذي لم يبلغ 18 أن يؤدي مهمة انتخابية ذات أهمية بالغة كانتخاب الممثلين النقابيين أو مندوبي المستخدمين في لجنة المشاركة؟.

لقد حدد المشرع الجزائري سن انتخاب أعضاء مجلس العمال في ظل الأمر 71 – 74 المتعلق بالتسيير الاشتراكي 19 سنة كاملة[1]، فلم هذا التذبذب في تحديد سن الانتخاب. وفما هو المعيار الذي اعتمد عليه المشرع في تحديد الأهلية؟. في اعتقادنا أنه كان على المشرع الجزائري، أن يحدد سن انتخاب الممثلين النقابيين للعمال وكذا أعضاء لجنة المشاركة 18 سنة وهي السن التي اعتمدها المشرع في قانون الانتخابات سواء بالنسبة لأعضاء الجماعات المحلية أو أعضاء البرلمان أو حتى انتخاب رئيس الجمهورية الذي يعد القاضي الأول للبلاد.

تتضمن القوائم الانتخابية اسم ولقب وتاريخ ازدياد كل عامل، تاريخ التشغيل منصب العمل، المجموعة الاجتماعية المهنية، بحيث تعد قائمة انتخابية خاصة بعمال التنفيذ، وأخرى خاصة بالأعوان المهرة وأخرى بالإطارات هيكل الالتحاق ثم تقفل القوائم الانتخابية وتعلق في آجال لا يتعدى 15 يوما قبل تاريخ الاقتراع[2]، وفي حالة عدم ذكر اسم أي عامل ناخب في القائمة الانتخابية بغير وجه حق بحيث توفرت فيه جميع الشروط القانونية، منح المشرع لهذا الأخير الحق بتقديم شكوى

---

[1] انظر المادة 25 من الأمر رقم 71 – 74 السالف الذكر: " يكون ناخبا كل عامل يبلغ من العمر 19 سنة كاملة، ويتمتع بحقوقه الوطنية، وله 6 أشهر على الأقل من العمل الفعلي داخل المؤسسة ".

[2] انظر المادتين 13 و 14 من المرسوم التنفيذي 90 ـ 289 السالف الذكر.

للجنة الانتخابية خلال 3 أيام التي تلي تاريخ تعليق القائمة الانتخابية، وعلى اللجنة البث في الشكوى في أجل أقصاه 3 أيام من تقديمها[1].

توزع اللجنة الانتخابية المقاعد المطلوب شغلها على مختلف المجموعات المهنية في كل مكان عمل متميز، ولا يجوز أن يكون تمثيل الإطارات والأعوان المهرة في لجنة المشاركة أقل من 3/1 المقاعد المطلوب شغلها إلا في حالة تعديلات تتفق على اللجنة الانتخابية[2].

لقد أصر المشرع الجزائري على هذه النسبة من المقاعد لهذه المجموعة المهنية، لأنها غالبا ما تكون قليلة العدد، لذلك أراد المشرع أن يضمن لها تمثيلا عادلا. حبذا لو اشترط المشرع هذه النسبة عند انتخاب الممثلين النقابيين لأننا لاحظنا أن أغلبية أعضاء المنظمات النقابية في الجزائر يفتقدون للمؤهلات العلمية.

* طريقة جمع ترشيحات الدور الأول للاقتراع

كانت مهمة جمع الترشيحات مسندة إلى اللجنة الانتخابية، ثم عدل المشرع عن ذلك انتقلت إلى المنظمات النقابية التمثيلية، وعلى هذه الأخيرة أن تسلم قوائم الترشيحات المقترحة للجنة الانتخابية في أجل 21 يوما قبل إجراء الاقتراع[3]، ولم يعد من اختصاص اللجنة الانتخابية سوى عملية جمع الترشيحات والإعلان عنها.

إذا كان المشرع الجزائري، وكقاعدة عامة منح الأولوية للمنظمة النقابية لترشيح أعضائها، في لجنة المشاركة، فإن المشرع المغربي وعلى خلاف ذلك منح الحق لكل عامل في المؤسسة سواء كان منخرطا في المنظمة النقابية أم غير

---

[1] انظر المادة 16 من المرسوم التنفيذي 90-289 السالف الذكر.
[2] انظر المادة 17 من المرسوم التنفيذي 90-289 السالف الذكر.
[3] انظر المادة 18 من المرسوم التنفيذي 90-289 المعدلة بالمادة 6 من المرسوم التنفيذي 97-248 السالف الذكر.

منخرط فيها، شريطة أن تتوفر فيه الشروط المنصوص عليها قانونا [1]. وفي اعتقادنا أنه لم تكن هناك مصلحة من تدخل المشرع بمنح المنظمات النقابية مثل هذا الامتياز، وخاصة ونحن في نظام اقتصادي حر يقوم على مبدأ الحرية وعدم تدخل المشرع، إلا في المسائل المتعلقة بالنظام العام. فهل مثل هذا التدخل يتعلق بالنظام العام الاجتماعي؟

لقد أعادنا المشرع بتدخله هذا إلى عهد الاقتصاد الموجه - الذي ألغيت أحكامه - حيث منح آنذاك مهمة تقديم الترشيحات للمنظمة النقابية الوحيدة وهي الاتحاد العام للعمال الجزائريين [2]. وبذلك يكون المشرع الجزائري منح الأولوية للمنظمات النقابية التمثيلية - من الناحية القانونية وللاتحاد العام للعمال الجزائريين باعتباره المنظمة النقابية المهيمنة من الناحية العملية – في ترشيح منخريطها. ينتخب أعضاء لجنة المشاركة من بين العمال المرشحين من قبل التنظيمات النقابية، المثبتين، والبالغين من العمر 21 سنة كاملة يوم الاقتراع - وهو السن الذي اشترطه في الممثلين النقابيين [3] - والمتمتعين بأقدمية أكثر من سنة في الهيئة المستخدمة. أما المشرع المغربي فقد اشترط في المترشح لانتخابات مندوبي

---

[1] المادة 444 من مدونة الشغل المغربية: " يجب على كل المترشحين لمناصب المندوبين الأصليين، والمندوبين النواب، أن يدعوا لوائح الترشيح مقابل وصل إيداع لدى المشغل الذي يوقع على نظير منها.....".

[2] المادة 27 من الأمر رقم 71 – 74 المتعلق بالتسيير الاشتراكي للمؤسسات: " يتم جمع الترشيحات من طرف لجنة الترشيح المحدثة في مستوى الوحدة أو المؤسسة ومؤلفة من ممثلي الحزب والاتحاد العام للعمال الجزائريين والوزارة الوصية ".

[3] انظر في هذا الإطار رسالتنا (الدكتور بن عزوز بن صابر) للدكتوراه في القانون الاجتماعي المعنونة – الاتفاقيات الجماعية للعمل بين الإطار القانوني والواقع العملي – التي نوقشت بكلية الحقوق جامعة وهران في 6 أكتوبر 2008 ص 52 و53.

الأجراء أن يكون ذو جنسية مغربية، وأن يكون بالغا 20 سنة كاملة، وأن يكون سبق له أن اشتغل في المؤسسة مدة متصلة لا تقل عن سنة[1].

يتضح من الشروط الواردة في القانون المغربي أنها كانت أكثر مرونة من الشروط الواردة في التشريع الجزائري، حيث أن المشرع المغربي ترك حرية الترشح للعمال ولم يقيدهم بالانتماء إلى المنظمة النقابية، كما أنه لم يشترك تثبيت العمال في منصب العمل، بالإضافة إلى أنه خفض من سن الترشح وجعله 20 سنة.

استثنى المشرع الجزائري من الترشح لانتخابات مندوبي المستخدمين الإطارات القيادية في الهيئة المستخدمة، وأصول المستخدم، وفروعه وحواشيه وأقاربه بالنسب من الدرجة الأولى، والإطارات المسيرة والعمال الذين يشغلون مناصب مسؤولية مع التمتع بسلطة تأديبية، والعمال الذي لا يتمتعون بحقوقهم المدنية والوطنية[2]. أما المشرع المغربي لم يستثني سوى أصول المشغل وفروعه، وإخوته وأصهاره المباشرين[3].

منع المشرع الجزائري الإطارات القيادية في الهيئة المستخدمة من الترشح وهو أمر منطقي، حيث لم يرد المنع مطلقا إذ يمكن للإطارات الترشح للانتخابات شريطة ألا يتولى مسؤولية إدارية داخل الهيئة المستخدمة فإذا تولوا تلك المسؤولية كرئيس مصلحة أو مدير الموارد البشرية وغيرها من المسؤوليات فإنها يفقد صفة انتمائها للعمال الأجراء، وتنضم إلى الهيئة المستخدمة، ولجنة المشاركة في الأصل هي هيئة عمالية.

كما منع المشرع أصول المستخدم، وفروعه وحواشيه وأقاربه بالنسب من الدرجة الأولى من الترشح لانتخابات أعضاء لجنة المشاركة، لعل السبب من

[1] انظر المادة 439 من مدونة الشغل المغربية.
[2] انظر المادة 97 فقرة 1 و2 و3 من القانون رقم 90 - 11 المتعلق بعلاقات العمل السالف الذكر.
[3] ارجع إلى المادة 439 من مدونة الشغل المغربية المذكورة أعلاه.

حرمان هذه الفئات من الترشح يرجع إلى الصلاحيات التي تتمتع بها اللجنة في القرارات المتخذة من قبل المستخدم، وبالتالي فرابطة الدم التي تربطها بهذا الأخير تجعلها قبل جميع القرارات الصادرة عنه، وفي ذلك مساسا بالمصلحة العامة التي تقضي تحقيق التوازن بين المصلحتين المتناقضتين (مصلحة العمال من جهة ومصلحة صاحب العمل من جهة أخرى).

كما منع المشرع الإطارات المسيرة من الترشح وهو أمر منطقي أيضا باعتبار أن هذه الفئات تخضع لأحكام خاصة، نظر لخصوصيتها فهم ليسوا بعمال أجراء، رغم أنهم يتمتعون ببعض الحقوق التي يتمتع بها العمال الأجراء ويخضعون لبعض التزاماتهم، وليسوا بأصحاب عمل بل يرتبطون بالهيئة المستخدمة بعقد من نوع خاص محدد قانونا [1] فالإطار المسير هو في آن واحد وكيل عن مجلس الإدارة، وعاملا أجيرا لأنه يرتبط بالمؤسسة بموجب عقد عمل[2]. بعد ضبط اللجنة الانتخابية قوائم المترشحين الذين توفرت فيهم القانونية السالفة الذكر، تسلم اللجنة تلك القوائم إلى المستخدم 15 يوما قبل تاريخ الاقتراع، يتعين على هذا الأخير تعليقها في أجل أقصاه 8 أيام قبل تاريخ الاقتراع، في مكان عمل وفي المواقع التي تكون في متناول كل العمال تعتبر مسالة المواعيد من النظام العمال، يترتب على تخلفها بطلان الإجراءات المتعلقة بالعملية الانتخابية.

ب: اختصاصات اللجنة الانتخابية أثناء الانتخابات

تتجلى أهمية اللجنة الانتخابية خلال سير العملية الانتخابية أثناء عملية الاقتراع، حيث تسهر على الإشراف السير الحسن للعملية من خلال إشرافها على

---

[1] انظر في هذا الإطار مرجعنا السالف الذكر الوجيز في شرح قانون العمل - الكتاب الأول "مدخل إلى قانون العمل الجزائر " ص 74 و75.

[2] انظر المادتين 2 و5 من المرسوم التنفيذي رقم 90 - 290 المؤرخ في 29 سبتمبر 1990 النتعلق بالنظام الخاص بعلاقات العمل الخاصة بمسيري المؤسسات - جريدة رسمية عدد 42 لسنة 1990.

مكاتب التصويت، والتحقق من سلامة سير الاقتراع، ثم على جمع الشكاوى المتعلقة بالاقتراع والفصل فيها.

*** الإشراف على مكاتب التصويت والتأكد من سلامة الاقتراع**

تحدد اللجنة الانتخابية تاريخ الاقتراع أو تواريخه لكل مكان عمل متميز والأصل أن تجرى الانتخابات في غير يوم عمل، وخارج أوقات العمل العادية إلا وافق المستخدم على غير ذلك. كما تحدد اللجنة الانتخابية عدد مكاتب الاقتراع بنسبة تقدر بمكتب اقتراع واحد على الأقل لكل 200 ناخب. يتكون كل مكتب اقتراع من 4 عمال غير مرشحين تعينهم اللجنة الانتخابية على أساس ممثلين 02 عن العمال و02 عن المستخدم، يرأس المكتب أكبر الأعضاء سنا. من أجل ضمان السير الحسن للانتخابات، يتعين على المستخدم أن يضع تحت تصرف اللجنة الانتخابية الوسائل الضرورية اللازمة من مقر والصناديق وأوراق الاقتراع[1].

ينتخب العمال المسجلين في القوائم الانتخابية مندوبي المستخدمين بالاقتراع الفردي الحر والسري والمباشر، الأصل أن يتم الاقتراع في الدور الأول غير انه في حالة عدم بلوغ عدد المصوتين نصف 2/1 عدد الناخبين يجرى الدور الثاني الاقتراع في أجل أقصاه 30 يوما، وفي هذا الدور يمكن لكل العمال الذين تتوفر فيهم شروط الانتخاب أن يرشحوا أنفسهم، ويتم اختيارهم من قبل اللجنة الانتخابية[2]

يتضح مما سبق أن المشرع الجزائري لم يترك للمنظمات النقابية التمثيلية صلاحية مطلقة في اختيار وجمع الترشيحات، بل قيد ذلك بمدى مشاركة العمال المسجلين في القوائم الانتخابية في عملية الاقتراع.

---

[1] انظر المواد من 20إلى 24 من المرسوم التنفيذي 90 ـ 289 السالف الذكر.

[2] المادة 98 فقرة 1 و2 من القانون رقم 90ـ 11 المتعلق بعلاقات العمل المعدلة بالمادة 14 من الأمر رقم96 ـ 21 السالف الذكر.

*** جمع اللجنة للشكاوى المتعلقة بالاقتراع والفصل فيها**

تتلقى اللجنة الانتخابية كافة الشكاوى المتعلقة بسير الانتخابات، سواء كانت تلك الشكاوى مقدمة من قبل المترشحين أو الناخبين، وتقوم اللجنة بالنظر فيها أثناء سير الاقتراع، أما بعد انتهاء اللجنة الانتخابية وزوالها، ترفع الاحتجاجات المتعلقة بالانتخابات في أجل 30 يوما الموالية للانتخابات أمام المحكمة المختصة إقليميا، ويقصد بالمحكمة هنا القسم الاجتماعي، الذي يبث في الموضوع بحكم ابتدائي ونهائي في أجل 30 يوما من إخطاره[1]. منح المشرع المغربي أيضا لكل ناخب الحق في الطعن في العمليات الانتخابية خلال 8 أيام الموالية للإعلان عن نتائج الانتخابات، ويقدم الطعن في شكل مقال يودع ويسجل دون مصاريف قضائية، لدى كتابة ضبط المحكمة الابتدائية، التي يقع في دائرة اختصاصها المكان الذي جرت فيه الانتخابات، وتبث المحكمة خلال 15 يوما الموالية لتقديم المقال، بحكم نهائي لا يجوز الطعن فيه إلا بالنقض[2].

تعد مسالة تحديد الآجال القانونية من النظام العام، يترتب على عدم احترامه سقوط الحق المتنازع عليه، يبدو أن الآجال الواردة في القانون المغربي أقرب منها للواقع من تلك الواردة في التشريع الجزائري لكون تشكيل لجنة المشاركة وما تتمتع به بعد تشكيلها من صلاحيات، يستدعي اتخاذ إجراءات تتسم بنوع من الاستعجال، والدليل على ذلك أن كل من التشريعين الجزائري والمغربي، خرج عن القواعد العامة في الإجراءات المدنية التي تكرس مبدأ التقاضي على درجتين، وجعل الأحكام المتعلقة بالموضوع ابتدائية ونهائية. لذلك يبدو أن الآجال الواردة في التشريع الجزائري لا تتماشى مع هذا المنطق.

---

(1) المادة 100 من القانون رقم 90ـ 11 المتعلق بعلاقات العمل المعدلة بالمادة 15 من الأمر رقم96 ـ 21 السالف الذكر.

(2) انظر المادتين 453 و 454 من مدونة الشغل المغربية.

ثانيا: اختصاصات لجنة الانتخابات بعد الاقتراع

تتمثل صلاحيات اللجنة الانتخابية بعد الاقتراع في تسجيل النتائج والإعلان عنها وسوف نتطرق إليه في العنصر الأول، ثم تنظيم انتخاب مندوبي المستخدمين للجنة المشاركة وسنخصص له العنصر الثاني.

* تسجيل النتائج والإعلان عنها

فور انتهاء عمليات الاقتراع، يتم فرز الأصوات علانية، يحرر رئيس مكتب الاقتراع بعد الانتهاء من عملية الفرز محضر الانتخابات، بعد أن يوقع عليه جميع أعضاء مكتب التصويت، حيث يدون فيه كل ما ميز سير عملية الاقتراع، وعند الضرورة الإشكالات والاحتجاجات والتجاوزات   وفي الأخير تعد اللجنة الانتخابية بدورها المحضر النهائي لنتائج الاقتراع ترسل نسخة من المحضر إلى مفتشية العمل المختصة إقليميا، ويتم الإعلان عن نتائج الاقتراع في كل مكان عمل متميز[1]. يعتبر فائزا في الانتخابات المترشحون الذين تحصلوا على أكبر عدد من الأصوات، وعندما يحصل مترشحان أو عدة مترشحين على نفس عدد الأصوات، تؤخذ الأقدمية ضمن الهيئة المستخدمة بعين الاعتبار من أجل الفصل بينهم، غير أنه إذا كان المترشحون الفائزون يتمتعون بنفس الأقدمية ضمن الهيئة المستخدمة يعتبر فائزا المترشح الأكبر سنا، وهو أيضا ما ذهب إليه المشرع المغربي[2].

* انتخاب مندوبي المستخدمين لجنة المشاركة

فور الإعلان عن النتائج النهائية، تستدعي اللجنة الانتخابية كل المندوبين المنتخبين في أجل أقصاه 8 أيام قصد الشروع في انتخاب لجنة المشاركة من بينهم

---

[1] انظر المادتين 25 و26 من المرسوم التنفيذي رقم 90 – 289 السالف الذكر.
[2] انظر المادة 98 فقرة 4 من القانون رقم 90 – 11 المعدلة بالمادة 14 من الأمر رقم 96 21 المتعلق بعلاقات العمل. وانظر كذلك المادة 450 فقرة أخيرة من مدونة الشغل المغربية.

عن طريق التصويت السري [1]، بعد تشكيل أعضاء اللجنة ينتخب المكتب الذي يتكون من رئس ونائبه عندما تتكون لجنة المشاركة من مندوبين على الأقل. وبعد انتخاب المكتب تعد لجنة المشاركة نظامها الداخلي [2].

لم بتطرق المشرع الجزائري إلى مضمون النظام الداخلي، على خلاف ذلك تعرض إليه المشرع الفرنسي، فهو يحدد كيفيات تسيير اللجنة، علاقتها بالعمال الأجراء داخل الهيئة المستخدمة، ويحدد أيضا مهام كتب اللجنة الأشكال والآجال المتعلقة بالإستدعاءات، طريقة توزيع المحاضر [3].

حدد المشرع الجزائري مدة عضوية مندوبي المستخدمين 3 سنوات، بينما حددها المشرع الفرنسي بسنتين [4]. ويمكن أن تسحب هذه العضوية بناء على قرارأغلبية العمال الذين انتخبوهم خلال جمعية عامة يستدعيها رئيس مكتب لجنة المشاركة أو بناء على طلب 3/1 أعضاء عمال الهيئة المستخدمة. وفي حالة شغور عضوية أحد مندوبي المستخدمين لأي سبب يتم تعويضه بالمترشح في الانتخابات الذي تحصل على عدد الأصوات التي تلي مباشرة عدد الأصوات التي تحصل عليها آخر فائز في الترتيب عند الانتخابات [5]. وفي الأخير يمكن القول أن الأحكام المتعلقة بانتخاب وتشكيل لجنة المشاركة في ظل القانون رقم 90-11 المتعلق بعلاقات العمل المعدل والمتمم وكذا المرسوم التنفيذي رقم 90-289

---

(1) انظر المادة 26 مكرر من المرسوم التنفيذي رقم 90 - 289 السالف الذكر المتمم بالمرسوم التنفيذي رقم 97 - 248.

(2) انظر المادة 102 من القانون رقم 90 ـ 11 المعدلة بالمادة 16 من الأمر رقم 96 21 المتعلق بعلاقات العمل.

(3) jean pélissier - Alain supiot - Antoine Jeammaud (Droit du travail) N685 P 708.et Voir aussi Christophe Radé (droit du travail) 3 éd Montchrestien 2004 p 43. et voir l'Art 434-8 du code de travail Français.

(4) Voir Lamy Social sous la direction de Marie HAUTEFORTet Catherine GIRODROUX avec la collaboration de GUILLORIT1999 n2284 P 1015.et Voir aussi Art L. 423 - 16 du code de travail Français.

(5) انظر المادة 101 من القانون رقم 90 ـ 11 السالف الذكر.

المتعلق بكيفيات تنظيم انتخابات مندوبي المستخدمين المعدل والمتمم كانت أكثر فعالية وتنظيم من الأحكام التي وردت في الأمر رقم 71 - 74 المتعلق بالتسيير الاشتراكي للمؤسسات، حيث أصبحت تتولى عملية الانتخابات لجنة واحدة على مستوى الهيئة المستخدمة، بعدما كانت تسند إلى لجنتين الأولى على مستوى المؤسسة وتسمى لجنة الترشيحات، والثانية على مستوى الولاية وتدعي لجنة الانتخابات، وأصبحت للجنة الانتخابات في القانون الساري المفعول كافة الصلاحيات المتعلقة بالعملية الانتخابية ابتداء من مرحلة التحضير إلى غاية الإعلان عن نتائج الانتخابات و تنصيب لجنة المشاركة.

ما زاد اللجنة الانتخابية مصداقية ونزاهة تشكيلتها حيث أنها لجنة متساوية الأعضاء تتشكل الأطراف المعنية من ممثلي العمال من جهة، والهيئة المستخدمة من جهة أخرى. ومن إيجابيات القانون الجديد أنه حرص على تمثيل جميع الفئات المهنية في لجنة المشاركة (عمال التنفيذ - المهارة - والإطارات) على خلاف القانون السابق الذي أهمل هذه المسالة.

1 - 2: سير عمل لجنة المشاركة والتسهيلات الممنوحة لها

قبل التطرق إلى تحديد مهام وصلاحيات لجنة المشاركة، ارتأينا التطرق أولا إلى تسيير عمل هذه الجنة، وثانيا إلى التسهيلات التي منحها لها المشرع الجزائري، للقيام بعملها على أحسن وجه.

أولا: تسيير عمل لجنة المشاركة

تجتمع لجنة المشاركة في التشريع الجزائري في دورات عادية مرة واحدة كل 3 أشهر على الأقل، واستثناء أي في دورات غير عادية بناء على طلب رئيسها، أو بطلب من أغلبية أعضائها على الأقل، وفي جميع الحالات يجب إبلاغ

المستخدم بجدول أعمال هذه الاجتماعات 15 يوما قبل تاريخ انعقادها، يجوز للمستخدم أن يفوض واحدا أو أكثر من مساعديه لحضور هذه الاجتماعات[1].

أما في التشريع الفرنسي تجتمع لجنة المؤسسة على الأقل مرة في الشهر إذا عدد عمال المؤسسة لا يقل عن 150 عاملا بناء على طلب من صاحب العمل، أو ممثله القانوني، ومرة في كل شهرين على الأقل إذا كان عدد العمال يقل عن 150 عاملا[2].

وفي اعتقادنا أنه أمام الصلاحيات الهامة والمتنوعة التي تتمتع بها لجنة المشاركة من جهة، وكذا حجم المؤسسات وطبيعتها الاستراتيجية كان على المشرع الجزائري أن يحدو حدوا المشرع الفرنسي، بحيث يقلص مدة دورات الاجتماعات في المؤسسات الصغيرة، ويرفعها في المؤسسات الكبيرة ذات الطابع الاستراتيجي على غرار مؤسسة SONATRACH و مؤسسة SONALGAZ واتصالات الجزائر وغيرها. بالإضافة إلى الاجتماعات التي تقوم بها لجنة المشاركة تحت رئاسة رئيس مكتبها، أجاز المشرع الجزائري للمستخدم أو ممثله المخول قانونا أن يترأس مكتب لجنة المشاركة مرة واحدة على الأقل كل 3 أشهر، وفي هذه الحالة يجب على المستخدم أن يبلغ جدول أعمال هذه الاجتماعات إلى رئيس مكتب لجنة المشاركة قبل 30 يوما على الأقل تاريخ انعقاد الاجتماع، ولا تصح اجتماعات اللجنة المنعقدة برئاسة المستخدم إلا إذا تقيد هذا الأخير عند إعداده لجدول الأعمال بالمواضيع التي تدخل ضمن اختصاصات لجنة المشاركة كما يجوز لمكتب لجنة المشاركة أن يقترح على المستخدم مسائل أخرى تدخل ضمن اختصاصاته في جدول أعمال تلك الاجتماعات، على أن ترسل تلك الاقتراحات مع الملفات المطابقة لها إلى المستخدم خلال أجل أقصاه 15 يوما قبل تاريخ انعقاد الاجتماع[3].

---

[1] - انظر المادة 103 من القانون رقم 90 ـ 11 السالف الذكر.

[2] - Voir art L.434-3 du code de travail Français.

[3] - انظر المادة 104 من القانون رقم 90 – 11 السالف الذكر.

إذا كانت الهيئة المستخدمة تضم أماكن عمل متمايزة، يعقد ممثل صاحب العمل المخول قانونا بمساعدة مساعدوه الرئيسيون اجتماعات مع مندوبي المستخدمين في كل مكان عمل متمايز على حدة مرة واحدة على الأقل كل 3 أشهر، ويتم تبليغهم بجدول أعمال هذه الاجتماعات 7 أيام على الأقل قبل تاريخ عقد هذه الاجتماعات[1].

ثانيا: التسهيلات الممنوحة لأعضاء لجنة المشاركة

حتى يتسنى لمندوب المستخدمين، أو لأعضاء لجنة المشركة التفرغ لمهامها التمثيلية المنوطة بها على أحسن وجه، منحهم المشرع الجزائري حق التمتع بعشر 10 ساعات عمل في الشهر مدفوعة الأجر، على حساب المستخدم ماعدا خلال عطلهم السنوية، يتم تحديد كيفية حساب هذه الساعات بموجب اتفاق مع المستخدم[2] والمقصود هنا بالاتفاق هو الاتفاق المبرم مع أعضاء لجنة المشاركة الذي أطلق عليه المشرع الفرنسي اسم Les accords atypique أي الاتفاقيات من نوع خاصة وليس الاتفاق المبرم بين المستخدم والممثلين النقابين الذي يخضع لإجراءات وشروط شكلية خاصة والذي أطلق عليه كل المشرع الجزائري والفرنسي اسم Les accords collectifs أي الاتفاقات الجماعية للعمل[3].

إذا كان المشرع الجزائري، قد منح لأعضاء لجنة المشاركة ومندوبي العمال الحق في التمتع بعشر 10 ساعات في الشهر مدفوعة الأجر لإتاحة لهم الوقت الكافي الذي يمكنهم من أداء مهامهم التمثيلية على أحسن وجه، فإن المشرع المغربي منحهم مدة 15 ساعات فر الشهر[4]، أما المشرع التونسي ميز بين المدة

---

(1) - انظر المادة 105 من القانون رقم 90 – 11 السالف الذكر.

(2) - انظر المادة 106 من القانون رقم 90 – 11 السالف الذكر.

(3) - انظر في هذا الإطار رسالتنا للدكتوراه المعنونة – الاتفاقيات الجماعية للعمل بين الإطار القانوني والواقع العملي –ص 50.

(4) - انظر المادة 546 من مدونة الشغل المغربية.

الممنوحة لأعضاء لجنة المؤسسة والتي تتراوح ما بين 8 ساعات و15 ساعة في الشهر حسب الضرورة، والمدة المخصصة لمندوب العمال المحددة 5 ساعات في الشهر[1]. أما المشرع الفرنسي ـ حددها 15 ساعة في الشهر بالنسبة لمندوبي العمال الدائمين في المؤسسات التي تشغل ما لا يقل عن 50 عاملا، و10 ساعات في الشهر بالنسبة للمندوبين الذين يقل عدد عمال مؤسساته عن 50 عاملا، وترتفع المدة إلى 20 ساعات في الشهر بالنسبة للمندوبين الذين يمارسون مهام اقتصادية داخل لجنة المؤسسة[2].

وفي اعتقادنا أنه كان على المشرع الجزائري أن يميز بين الحجم الساعي الشهري الذي يمنح لمندوبي العمال وأعضاء لجنة المشاركة، بالنسبة لمندوبي العمال، الذين لا تحتوي مؤسساتهم على لجنة المشاركة باعتبار أن عدد عمال هذه المؤسسات منخفض وقليل فهو يقل عن 50 عاملا الأصل أن يتمتع مندوبيها بحجم أقل من الحجم الذي يتمتع به أعضاء لجنة المشاركة باعتبار أن عدد عمال هذه المؤسسات مرتفع أي يزيد عن 50 عاملا، كما أن المؤسسات التي يرتفع عدد عمالها إلى حد كبير كأن يزيد عن 1000 عامل الأصل أن يتمتع أعضاء لجنة المشاركة فيها بحجم أكبر من المؤسسات التي يزيد عدد عمالها عن 50 ولا يصل إلى عدد ضخم كالمؤسسات الكبرى في الجزائر.إذن من غير المعقول أن يسوي المشرع الجزائري في الحجم الساعي الشهري بالنسبة لجميع أعضاء لجنة المشاركة المؤسسات رغم تباين عدد عمالها، ونشاطاتها.

أجاز المشرع الجزائري لمندوبي المستخدمين الاتفاق على حساب ساعاتهم لينتفع بها مندوب أو عدة مندوبين شريطة أن يتم ذلك بموافقة صاحب العمل غالبا ما تجمع هذه الساعات لفائدة رئيس مكتب المشاركة أو نوابه. لا يدخل في حساب

---

[1] - انظر المادة 165 من قانون العمل التونسي السالف الذكر.

[2] – Voir art L.424 - 1 du code de travail Français.

هذه الساعات الوقت الذي يقضيه مندوبو المستخدمين في الاجتماعات التـي يبـادر المسـتخدم إلى عقدها أو التي يقبل عقدها بناء على طلبهم[1].

أوجب المشرع الجزائري على صاحب العمل أن يضع تحت تصرف لجنة المشاركة وكذا مندوبي المستخدمين الوسائل الضرورية لعقد اجتماعاتهم ولإنجاز أعمالهم السكرتارية[2]، غير أنه لم يحدد طبيعة هذه الوسائل، مما قد يؤدي إلى خلاف بين كل من أعضاء لجنة المشاركة والمستخدم في تحديد مفهوم الوسائل الضرورية، فما تعتبره لجنة المشاركة وسائل ضرورية لممارسة مهامها، يعتبره صاحب العمل من الوسائل الكمالية للتهرب من تنفيذ التزامه، على خلاف ذلك فإن المشرع الفرنسي كان أكثر وضوحا ودقة في تحديده الوسائل الضرورية على رأسها المقر المجهز بالوسائل الضرورية التي تسمح لأعضاء اللجنة الاجتماع في أحسن الظروف من بين هذه الوسائل الطاولات والكراسي والخزانات والهاتف وآلات النسخ و الكتابة. كما ألزم صاحب العمل بتقديم دعم مالي سنوي يقدر 0،2% من كتلة الأجر الخام يستعمل هذا الدعم يستعمل هذا الدعم تزويد المكتب بالوسائل البشرية الضرورية الكاتب الذي يسهر على تحرير محاضر الاجتماعات، وإرسال الاستدعاءات، والمنظفة يقوم بتنظيف المقر، والسائق الذي يعمل على نقل الأعضاء خارج أماكن العمل للقيام بمهامهم الموكلة إليهم. كما يلتزم صاحب العمل بتقديم بعض الإعانات المالية في إطار النشاطات الاجتماعية والثقافية التي تقوم بهااللجنة[3]. أجاز المشرع الجزائري للجنة المشاركة اللجوء إلى خبرات غير تابعة

---

[1]- انظر المادتين 107 و 108 من القانون رقم 90 ـ 11.

[2] - انظر المادة 109 من القانون رقم 90 – 11 السالف الذكر.

[3] jean pélissier – Alain supiot – Antoine Jeammaud Préc N690 P 712.et Voir aussi Christophe Radé(droit du travail) 3 éd pré p 46 et voir l'Art 431 -7 et 434 – 8 du code de travail Français.

لأصحاب العمل، في المسائل التي تندرج ضمن صلاحياتها[1]، ومن أمثلة ذلك إحالة الملف الاجتماعي المعروض عليها من قبل صاحب العمل بغية إبداء رأيها فيه، رغم أن عرض الملف يعتبر إجراء شكليا جوهريا[2]، إلا أن رأيها فيه استشاري غير ملزم بالنسبة لصاحب العمل، لكن قد يكون هذا الرأي الاستشاري مؤثرا، إذا ما استغلت لجنة المشاركة الوسائل المخولة لها قانونا، كاعتمادها على خبير مختص لفحص مضمون التقرير، فإذا أبدت لجنة المشاركة رأيها وفق ما ورد في تقرير الخبير، فعلى صاحب العمل أخذ هذا الرأي بجدية وموضوعية. كما يبدو رأي لجنة المشاركة المطابق لرأي الخبير ذا أهمية أخرى، حيث أنه يكمن للممثلين النقابيين الاعتماد عليه عند عملية التفاوض الجماعي حول الملف الاجتماعي ومن تم يحدث التكامل بين جهازين ممثلين للعمال المنظمة النقابية من جهة، ولجنة المشاركة من جهة أخرى[3].

تسديدا لنفقات الخبرات أوجب المشرع الجزائري على صاحب العمل تخصيص ميزانية خاصة بلجنة المشاركة، إلا أنه ترك كيفية تحديد هذه الميزانية للطرق التنظيمية[4]. غير أن النص التنظيمي المتعلقة بكيفية تحديد ميزانية خاصة بلجنة المشاركة مضت عنه 20 سنة لم يصدر بعد، الأمر الذي يعيق عمل الجنة وسيرها الحسن.

---

(1) المادة 110 من القانون رقم 90 – 11 المتعلق بعلاقات العمل: " تنظم لجنة المشاركة نشاطاتها في إطار اختصاصاتها ونظامها الداخلي، كما يمكنها أن تلجأ إلى خبرات غير تابعة لأصحاب العمل".

(2) المجلة الجزائرية للعمل العدد 23 |98 - تدخل الأستاذ محمد نصرالدين قريش - الموضوع النظام القانون الجديد الخاص بتقليص عدد العمال ص 58.

(3) انظر في هذا الإطار رسالتنا للدكتوراه المعنونة – السالفة الذكر– ص 192.

(4) المادة 111 من القانون رقم 90-11 المتعلق بعلاقات العمل السالف ذكره: (تطبيقا لنص المادة 110 أعلاه، تخصص الهيئة المستخدمة ميزانيات حسب الكيفيات التي تحدد بالطرق التنظيمية).

بالإضافة إلى العائق المالي الذي تواجهه الجنة، فإنها تواجه مشكلا آخر يكمن في الخبرة نفسها، بحيث لا حظنا من الناحية العملية انعدام الخبرة في القانون الاجتماعي، التي تعد ذات أهمية كبرى، يتجلى دور الخبير الاجتماعي في القيام بدارسة قانونية حول مضمون النظام الداخلي وكذا مضمون الملف الاجتماعي الذي تبدي اللجنة رأيها فيه، كما يتجلى دور الخبير الاجتماعي في مساعدة الشركاء الاجتماعيين في إعداد الاتفاقيات الجماعية للعمل، وكذا تحرير عقود العمل وفقا للأحكام التشريعية المعمول بها، بالإضافة إلى تنظيم الملتقيات والأيام الدراسية والبرامج التكوينية لفائدة الشركاء الاجتماعيين. وفي هذا الإطار نأمل أن تعتمد الوزارة الخبراء المتخصصين في القانون الاجتماعي وأخص بالذكر المفتشين الرئيسيين المتقاعدين لدى مفتشية العمل، وكذا الأساتذة الجامعيين المتخصصين في القانون الاجتماعي، وكذا رؤساء وأعضاء مخابر البحث المتخصصين.

ثالثا: الحماية القانونية لمندوبي المستخدمين

يخضع مندوبو المستخدمين عند ممارسة لنشاطهم المهني لنفس الأحكام التشريعية والتنظيمية المكرسة لحقوق العمال وواجباتهم، أما فيما يخص نشاطاتهم التي تدخل في إطار مهامهم التمثيلية، فإنهم يمارسونها في إطار الحماية التي منحهم إياها المشرع[1]. سنتعرض من خلال هذا العنصر ـ أولا إلى مظاهر الحماية القانونية الممنوحة لأعضاء لجنة المشاركة، وثانيا إلى الإجراءات المتبعة تكريسا للحماية القانونية.

أ: مظاهر الحماية القانونية التي يتمتع بها أعضاء لجنة المشاركة

يحظى مندوب العمال وأعضاء لجنة المشاركة بحماية قانونية في التشريع الجزائري، بحيث لا يجوز للمستخدم توقيع أية عقوبة تأديبية في حق أحدهم أيا كان

---

[1] انظر السيد ذيب عبد السلام قانون العمل الجزائري والتحولات الاقتصادية – المرجع السالف الذكر ص 215.

نوعها بسبب ممارسته لنشاطاته التي ترتبط بمهمته التمثيلية[1]. نفس الحماية القانونية أقرها المشرع الجزائري للمندوب النقابي[2].

استقراء للأحكام القانونية المتعلقة بحماية مندوب المستخدمين وأعضاء لجنة المشاركة، نجد أن المشرع الجزائري منح المندوب النقابي حماية أكثر من مندوب المستخدمين، بحيث تستمر وتمتد هذه الحماية، والمتمثلة في عدم تسليط المستخدم أية عقوبة ضده بسبب نشاطاته التمثلية سنة بعد انتهاء مهمته النقابية[3]، وهو ما ذهبت إليه الغرفة الاجتماعية بالمحكمة العليا في إحدى قراراتها، حيث أيدت القرار الصادر عن مجلس قضاء أم البواقي الذي أيد بدوره الحكم الابتدائي الصادر عن محكمة عين البيضاء القاضي بإعادة أدراج المندوب النقابي إلى منصب عمله الأصلي مع التعويضات، لكون عقوبة الفصل وردت خلال السنة التالية لانقضاء المهمة النقابية[4].

---

(1) المادة 133 من القانون رقم 90 ـ 11 المتعلق بعلاقات العمل: " لا يمكن أي مندوب أن يكون موضوع تسريح أو تحويل أو أية عقوبة تأديبية أيا كان نوعها بسبب النشاطات التي يقوم بها بحكم مهمته التمثيلية ".

(2) المادة 53 مكرر من القانون رقم 90 - 14 المعدلة والمتممة بالمادة 15 من القانون رقم 91 - 30 المتعلق بكيفيات ممارسة الحق النقابي السالف الذكر: " لا يحق للمستخدم أن يسلط عقوبة العزل أو التحويل أو أية عقوبة تأديبية على أي عضو في الهيئة التنفيذية القيادية للهيكل النقابي المنصوص عليه في المادة 40 أعلاه، بسبب نشاطاته النقابية، وفقا للتشريع المعمول به".

(3) المادة 53 مكرر من القانون رقم 90 - 14 المتعلق بكيفيات ممارسة الحق النقابي السالف الذكر: " تظل أحكام المواد 54 إلى 56 مطبقة على المندوبين النقابيين طوال الستة أشهر التي تعقب انتهاء مهمتهم النقابية ".

(4) انظر القرار رقم 87228 الصادر عن الغرفة الاجتماعية بتاريخ 1992/10/14 بين كل من المؤسسة الوطنية لصناعة الأنسجة وحدة عين البيضاء و (ز ج).

وفي اعتقادنا أنه كان على المشرع الجزائري أن وسع مدة حماية مندوب المستخدمين وأعضاء لجنة المشاركة، ما دام مهمتهما واحدة مع المندوب النقابي (تمثيل العمال)، وهو ما أقره المشرع المغربي، الذي مدد الحماية القانونية لمندوب الأجراء ستة أشهر من تاريخ انتهاء عهدتهم التمثيلية، بل تشمل الحماية أيضا المترشحين لانتخاب مندوبي الأجراء، فبمجرد وضع اللوائح الانتخابية، تضل الحماية سارية طيلة 3 أشهر الموالية لتاريخ إعلان نتائج الانتخابات[1]. بعدما تعرفنا على مضمون الحماية التي أقرها المشرع الجزائري لمندوبي المستخدمين، ولأعضاء لجنة المشاركة، ننتقل إلى العنصر الثاني للإجراءات القانونية المتبعة حماية لمندوب المستخدمين.

ب: إجراءات متابعة مندوب المستخدمين تأديبيا

من خلال استقراء أحكام القانون رقم 90-14 المتعلق بكيفيات ممارسة الحق النقابي اتضح لنا المشرع الجزائري خص المندوب النقابي بحماية أفضل من الحماية التي خص بها مندوب المستخدمين، فالأصل أنه لا يجوز للمستخدم أن يسلط على المندوب النقابي أية عقوبة تأديبية كالعزل والتحويل بمناسبة ممارسة نشاطه النقابي، وإنما تختص بذلك المنظمة النقابية التي ينتمي إليها المندوب، في مجال الأخطاء ذات الطابع النقابي المحض[2] غير أنه استثناء عن القاعدة العامة، يخضع المندوب النقابي أثناء ممارسته لنشاطه المهني لنفس الأحكام التي يخضع لها العمال الأجراء، ومن ثم إذا أخل المندوب النقابي بالتزاماته المهنية المنصوص

---

[1] انظر المادة 458 من مدونة الشغل المغربية: تسري المسطرة الواردة في المادة 457 أعلاه، في حق قدماء مندوبي الأجراء خلال ستة أشهر من تاريخ انتدابهم، إذا كانوا محل إجراء يرمي إلى نقلهم من مصلحة إلى أخرى، أو من شغل إلى آخر، أو إلى توقيفهم عن شغلهم، أو فصله عنهم، كما تسري نفس المسطرة في حق المترشحين لانتخابات مندوبي الأجراء، بمجرد وضع اللوائح الانتخابية، وتضل سارية طيلة ثلاثة أشهر من تاريخ إعلان نتائج الانتخابات ".

[2] انظر المادة 53 من القانون رقم 90 – 14 السالف الذكر.

عليها في الأحكام التشريعية أو التنظيمية أو في الاتفاقيات الجماعية للعمل أو النظام الداخلي أو في بنود عقد العمل، جاز للمستخدم أن يباشر الإجراءات التأديبية ضده بعد إعلام المنظمة النقابية المعنية التي ينتمي إليها المندوب، وكل عزل لمندوب نقابي يتم خرقا لهذا الأجراء يعد باطلا وعديم الأثر، ومن ثم يكيف التسريح تسريحا تعسفا، و يعاد إدماج المعني بالأمر في منصب عمله وترد إليه حقوقه، بناء على طلب مفتش العمل بمجرد ما يثبت هذا الأخير المخالفة. في حالة رفض مؤكد للإدماج من قبل المستخدم خلال أجل 8 أيام يحرر مفتش العمل محضرا لذلك ويخطر الجهة القضائية المختصة التي تبت في أجل لا يمكن أن يتجاوز 60 يوما بحكم نافذ بصرف النظر عن المعارضة والاستئناف[1].

إن هذه الحماية التي خص بها المشرع الجزائري المندوب النقابي، لا تطبق على مندوب المستخدمين، ولا على أعضاء لجنة المشاركة، ومن ثم فإن هؤلاء لا يتمتعون بأي حماية قانونية في حالة اتخاذ عقوبات تأديبية ضدهم أثناء ممارسة نشاطهم المهني.

على خلاف المشرع الجزائري أقرت التشريعات العمالية المقارنة حماية قانونية لمندوبي المستخدمين من تعسف صاحب العمل. فالمشرع الفرنسي ألزم صاحب العمل الذي يريد اتخاذ إجراءات تأديبية تتعلق بتسريح مندوب المستخدمين أن يطلب رأي لجنة المؤسسة أولا، ثم ترخيصا كتابيا من مفتشية العمل المختصة إقليميا، وفي حالة ارتكاب المندوب لخطأ لجسيم جاز للمستخدم توقيفه عن العمل في انتظار القرار النهائي للفصل بعد ترخيص من مفتشية العمل، وفي حالة رفض مفتشية العمل تسريح المندوب يعاد إدراجه إلى منصب عمله مع تمتعه بكافة حقوقه[2]. أما المشرع المغربي ألزم صاحب العمل قبل اتخاذه لأي إجراء تأديبي

---

[1] انظر المواد 54 و 55 و 56 من القانون رقم 90 – 11 المتممة بالمادة 7 من الأمر 96 – 12 السالف الذكر.

[2] Voir art L.436- 1 du code de travail Français.

ضد مندوب الأجراء سواء تعلق الأمر بنقله من مصلحة إلى أخرى أو من منصب عمل إلى آخر، أو توقيفه عن شغله، أو فصله عنه، بموافقة العون المكلف بالتشغيل، غير أنه يمكن لصاحب العمل في حالة الخطأ الجسيم أن يقرر حالة التوقيف المؤقت في حق مندوب الأجراء، وعليه أن يشعر فورا العون المكلف بتفتيش الشغل بالإجراء التأديبي المزمع اتخاذه، وعلى العون أن يتخذ قراره بالموافقة أو بالرفض خلال 8 أيام الموالية لإشعاره، كما يجب أن يكون قراره
معللا[1].

أما المشرع التونسي ألزم صاحب العمل بإشعار مفتش العمل المختص إقليميا قبل اتخاذ قرار تأديبي يقضي بعزل العضو الأصلي أو الإضافي الذي يمثل العمال في اللجنة الاستشارية للمؤسسة، وعلى مفتش العمل أن يبدي رأيه المعلل في أجل لا يتجاوز 10 أيام من إخطاره. اعتبر المشرع التونسي التسريح تعسفيا في حالة عدم إخطار مفتش العمل، أو في حالة اتخاذ صاحب العمل قرارا مخالفا لرأي مفتش العمل، إلا إذا أيدت الجهة القضائية المختصة قرار المستخدم باعتبار أن التسريح مؤسس على أسباب جدية وحقيقية[2].

من خلال الدراسات القانونية المقارنة السالفة الذكر، وكذا أحكام الاتفاقية الدولية المتعلقة بتوفير الحماية والتسهيلات لممثلي العمال في المؤسسة[3] نرى

---

[1] انظر المادتين 458 و459 من مدونة الشغل المغربية.

[2] انظر المادة 166 من قانون العمل التونسي.

[3] المادة 2 من الاتفاقية الدولية رقم 135 المتعلقة بتوفير الحماية والتسهيلات لممثلي العمال في المؤسسة المعتمدة من قبل المؤتمر العام لمنظمة العمل الدولية في 23 يونيو 1971 والتي بدأ نفاذها في 30 يونيو 1973 وفقا أحكام المادة 8: " توفر لممثلي العمال في المؤسسة حماية فعالة من أية تدابير يمكن أن تنزل بهم الضرر، بما في ذلك الفصل ويكون سببها صفتهم أو أنشطتهم كممثلين للعمال، أو عضويتهم النقابية، أو مشاركتهم في أنشطة نقابية، طالما ظلوا في تصرفاتهم ملتزمون بالقوانين أو الاتفاقيات الجماعية القائمة أو غيرها من الترتيبات المشتركة المتفق عليها ".

ضرورة تدخل المشرع الجزائري، بوضع إجراءات قانونية لحماية مندوبي المستخدمين وكذا أعضاء لجنة المشاركة على غرار الحماية التي أقرها للمندوبين النقابيين، مادام أن الاتفاقية الدولية لم تميز بين ممثلي العمال في الحماية الممنوحة لهم.

2: صلاحيات لجنة المشاركة

تتمتع لجنة المشاركة بثلاثة أنواع من الصلاحيات، أولها الصلاحيات الاستشارية التي يقتصر دورها من خلالها في إبداء الرأي، ثانيها الصلاحيات الإعلامية والتي تتمثل في تلقي المعلومات التي يبلغها إياها المستخدم، وآخرها الصلاحيات الفعلية منها مراقبة الأحكام التشريعية والتنظيمية المطبقة في ميدان الوقاية الصحية والأمن، تسيير الخدمات الاجتماعية، المشاركة في أعمال مجلس الإدارة ومجلس المراقبة.

2 – 1: الصلاحيات الاستشارية للجنة المشاركة

تتمتع لجنة المشاركة بصلاحيات استشارية واسعة فلا يجوز للمستخدم أن يتخذ بعض القرارات إلا بعد أن تبدي لجنة المشاركة رأيها فيها، رغم أن رأيها استشاري، إلا أنه إجراء جوهري يترتب على تخلفه بطلان هذه القرارات، من هذه القرارات ما هو تنظيمي وهو ما سنتناوله في العنصر الأول، وما هو مالي واقتصادي وسوف نتطرق إليه في العنصر الثاني.

أولا: إبداء الرأي في القرارات التنظيمية

يقصد بالقرارات التنظيمية القرارات المتعلقة بتنظيم العمل، كمقاييس العمل وتوقيته، وطرق التحفيز، كما تشمل القرارات التنظيمية القرارات المتعلقة بالنظام الداخلي، ومخططات التكوين المهني ونماذج العقود.

أ: القرارات المتعلقة بتنظيم العمل

تشـمل القرارات الخاصة بتنظيم العمـل L'organisation du travail القرارات الخاصـة بمقاييس العمل Les normes de travail وطرق التحفيز Les systèmes de stimulation ومراقبة العمل Le contrôle du travail وتوقيت العمل Les horaires du travail. يعتبر موضوع تنظيم العمل مـن المواضيع التـي منحتها الاتفاقيات الجماعية للعمل أهمية كبيرة، بحيث خصصت له البعض منها بابا مستقـلا بـنفس التسـمية [1] وأطلقت عليه بعضها اسم شروط العمل [2] Les conditions de travail.

رغم أن موضوع تنظيم العمل من المسائل التي أخضعها المشرع الجزائري إلى التفـاوض الجماعـي ولأحكام الاتفاقيات الجماعية [3]، ومع ذلك فإن المشرع ألزم صاحب العمل عرض هـذا الموضـع كـذلك عـلى مندوبي المستخدمين قصد إبداء الرأي فيه [4].

---

[1] Voir Titre IV organisation du travail - Convention collective de SONATRACH. Et voir aussi le titre IV les conditions de travail – Chapitre 2 l'organisation du travail – convention collective de SONALGAZ.

[2] Voir Titre III relation de travail Chapitre 2 Les conditions de travail Convention collective de NAFTEC. Et voir aussi - Titre III relation de travail Chapitre 2 Les conditions de travail Convention collective de l'entreprise nationale de distribution détail des médicaments EN.DIMED.

[3] المادة 120 فقرة 2 و 9 من القانون رقم 90 – 11: " تعالج الاتفاقيات الجماعية التي تبرم حسب الشروط التـي يحـددها هذا القانون، شروط التشغيل و العمل، ويمكنها أن تعالج خصوصا العناصر التالية:

2 - مقاييس العمل بما فيها ساعات العمل وتوزيعها.

9 – مدة العمل الفعلي التي تتضمن مناصب العمل ذات التبعات الصعبة أو التي تتضمن فترات توقف عن النشاط ".

[4] المادة 94– فقرة 4 من القانون رقم 90-11:" للجنة المشاركة الصلاحيات التالية:

4 - إبداء الرأي قبل تنفيذ المستخدم القرارات المتعلقة بما يلي: * تنظيم العمل (مقاييس العمل وطرق التحفيز ومراقبـة العمل، وتوقيت العمل).

ب: القرارات المتعلقة بمخططات التكوين المهني وتحسين المستوى

يعتبر التكوين المهني من أهم الحقوق المقررة للعمال قصد مواكبة التطور التكنولوجي، ورفع مستواه المهني وهو من الالتزامات التي تقع على عاتق المستخدم[1]. إن موضوع التكوين وتحسين المستوى من المواضيع التي تضمنتها أغلبية الاتفاقيات الجماعية للعمل[2]، بعد أن مرت بعملية التفاوض الجماعي بين الشركاء الاجتماعيين داخل الهيئة المستخدمة، إلا أن المشرع ألزم صاحب العمل بوضع برنامج خاص بالتكوين، وعرضه على لجنة المشاركة قصد إبداء رأيها وملاحظاتها فيه. تضمنت مشاريع خطة التكوين حسب أحكام الاتفاقيات الجماعية أنواع التكوين كالتكوين المهني المتخصص والتربص المهني، والأبجديات الوظيفية، والتكييف المهني للعمال الجدد والدروس بالمراسلة، والتمهين، ولقد حددت تلك الاتفاقيات حقوق وواجبات العامل أثناء عملية التكوين المهني[3]. كما تستشار لجنة المشاركة في أشكال عقود العمل التي تعتزم الهيئة المستخدمة إبرامها سواء كانت طبيعتها محددة المدة أو غير محددة المدة، بالتوقيت الجزئي أو بالتوقيت الكلي[4].

ج: إبداء الرأي في محتوى النظام الداخلي للمؤسسة

عرف المشرع الجزائري النظام الداخلي بأنه: " وثيقة مكتوبة يحدد فيها المستخدم لزوما القواعد المتعلقة بالتنظيم التقني للعمل، والوقاية الصحية والأمن

---

[1] - انظر المادة 6 فقرة 4 من القانون رقم 90 ـ 11 المتعلق بعلاقات العمل.

[2] - المادة 94 من الاتفاقية الجماعية لمؤسسة SONALGAZ: " تعرض مشاريع التكوين، التربص والتمهين، وكذا مشاريع عقد التكوين المهني على لجنة المشاركة وفقا للتشريع المعمول به ولأحكام هذه الاتفاقية ".

[3] - انظر المواد من 217 إلى 237 من اتفاقية مؤسسة SONATRACH وكذا المواد من 92 وكذا المواد من 92 إلى 103 من اتفاقية مؤسسة SONALGAZ و المواد من 48 إلى 52 من اتفاقية مؤسسة اتصالات الجزائر.

[4] - انظر المادة 94 - 4 فقرة 5 من القانون رقم 90 - 11 السالف الذكر.

والانضباط. يحدد النظام الداخلي في المجال التأديبي طبيعة الأخطاء المهنية ودرجات العقوبات المطابقة وإجراءات التنفيذ "[1].

تلتزم كل هيئة مستخدمة تشغل 20 عاملا فأكثر بإعداد نظام داخلي ويجوز للمؤسسات التي تشغل اقل من 20 عاملا أن تعد نظاما داخليا حسب خصوصيات الأنشطة الممارسة داخل هذه المؤسسات[2]. يمكن للمؤسسة التي تحتوي على مجموعة من الوحدات تشغل كل واحدة منها 20 عاملا على الأقل أن تضع نظام داخلي واحد يطبق على جميع الوحدات التابعة لها إلا إذا كانت وحدة أو عدة وحدات منها تتمتع بخصوصيات تقتضي بالضرورة إعداد نظام داخلي خاص بها[3]، وهو ما ذهبت إليه مجموعة كبيرة من الهيئات المستخدمة منها مؤسسة سوناطراك، وسونالغاز واتصالات الجزائر وغيرها حيث وضعت نظاما داخليا واحدا خاص بكل الوحدات التابعة لها.

نظرا للأهمية التي يحتلها النظام الداخلي باعتباره مصدرا هاما من مصادر قانون العمل، أوجب المشرع الجزائري على صاحب إشراك العمال - عن طريق ممثليهم - عند وضع مشروع النظام الداخلي وذلك بطلب رأيهم في أحكامه، والأصل أن يعرض المستخدم مشروع النظام الداخلي على لجنة المشاركة Le comité de participation وفي حالة عدم وجودها - كما هو الحال في بعض لمؤسسات[4] - على ممثلي العمال[5]، وهو أيضا ما كرسه المشرع الفرنسي، حيث

---

(1) - انظر المادة 77 من القانون رقم 90 - 11 المتضمن علاقات العمل السالف الذكر.

(2) - انظر المادتين 75 و 76 من القانون رقم 90 - 11 السالف الذكر.

(3) - CE 5 juin 1987,Dr , Soc , 1987 , P 653 dans le même sens voir: CE Mai 1993 , RJS 7/93 n 741.

(4) - رغم أن تشكيل لجنة المشاركة التزام قانوني على جميع الهيئات المستخدمة التي تتوفر فيها الشروط القانونية بل تتعرض الهيئات المستخدمة التي تعرقل تكوين لجنة المشاركة إلى عقوبة جزائية حسب نص المادة 151 من القانون رقم 90 - 11 المتعلق بعلاقات العمل، غير أنه من الناحية العملية لاحظنا غياب هذا الجهاز في مؤسسة سوناطراك وهو خرق للقانون.

(5) - انظر المادة 75 من القانون رقم 90 - 11 السالف الذكر.

ألزم صاحب العمل بعرض مشروع النظام الداخلي على لجنة المؤسسة Le comité d'entreprise وفي
غيابها على مندوبي المستخدمين لإبداء رأيهم، كما يجب عرضه على لجنة النظافة والأمن وشروط العمل La
commission d'hygiène et de sécurité et des conditions de travail(CHST) في المسائل المتعلقة بالنظافة
والأمن وطب العمل[1]. ذهبت المحكمة العليا إلى اعتبار عرض النظام الداخلي على لجنة المشاركة إجراء
شكلي جوهري يترتب عدم احترامه اعتبار أحكام النظام الداخلي عديمة الأثر، وليس لصاحب العمل في
هذه الحالة تقديم الدلائل على شرعية الإجراءات التأديبية[2]، وهو أيضا ما كرسته محكمة النقض
الفرنسية[3].

لم يحدد المشرع الجزائري طريقة تعبير لجنة المشاركة على رأيها حول مشروع النظام الداخلي، على
خلاف ذلك وبموجب التعليمة المؤرخة في 15 مارس 1983 أكد المشرع الفرنسي على أن رأي العمال يترجم
بناء على محضر اجتماع لجنة المؤسسة، أو بناء على وثيقة مكتوبة ناتجة عن اجتماع مندوبي المستخدمين.
يجب أن تخضع استشارة ممثلي العمال إلى القواعد العامة، إذ يجب على المستخدم أن يضمن الإعلام
الكافي كتابة وبشكل دقيق وأن يمنح الوقت الكافي للفحص حتى يتسنى للجنة إبداء رأيها وملاحظاتها[4].

ثانيا: إبداء لجنة المشاركة رأيها في القرارات المالية

يقصد بالقرارات المالية التي تبدي لجنة المشاركة رأيها بشأنها القرارات المتعلقة بإعادة هيكلة
الشغل، والقرارات المتعلقة بالمخططات السنوية وحصيلات تنفيذها.

---

[1] انظر المادة 122 ـ 36 فقرة 1 من قانون العمل الفرنسي.
[2] الغرفة الاجتماعية بالمحكمة العليا ـ ملف رقم 135360 المؤرخ في 7 مايو 1996 قرار غير منشور.
[3] Cass. Soc. 4 juin 1969. Dr Soc 1969 P 515
[4] المادة 431 ـ 5 فقرة 2 من قانون العمل الفرنسي

أ: القرارات المتعلقة بمشاريع إعادة هيكلة الشغل.

تعتبر قرارات إعادة هيكلة الشغل من أهم القرارات التي تستشار فيها لجنة المشاركة وتشمل هذه المشاريع تخفيض مدة العمل، إعادة توزيع العمال تقليص عددهم، إدماج عدة مؤسسات في مؤسسة واحدة، أو نقل بعض أقسام المؤسسة أو إلغاؤها مما يترتب عن ذلك إلغاء بعض مناصب العمل أو كأن يجهز المستخدم مؤسسته بآلات حديثة وتكنولوجية متطورة لتحسين نوعية الإنتاج وزيادته[1].

وفي هذا الإطار منح المشرع الجزائري للمستخدم عاما كان أم خاصا، الحق في اللجوء إلى تقليص عدد العمال الأجراء إذا بررت ذلك أسباب اقتصادية[2] غير أنه قبل اللجوء إلى هذا الإجراء يتعين عليه إعداد تقرير مفصل يبين فيه الأسباب الاقتصادية التي دفعته إلى اتخاذ الإجراءات القانونية المتعلقة بتقليص عدد العمال، كما يجب عليه أن يضمنه التدابير الواجب احترامها قبل اتخاذ قرار التسريح والتي ورد ذكرها في المرحلتين من الجانب الاجتماعي[3]. ألزم المشرع الجزائري المستخدم بعرض الملف الاجتماعي - مباشرة بعد المصادقة عليه من قبل الأجهزة المؤهلة قانونا للتابعة للهيئة المستخدمة - على لجنة المشاركة لإبداء رأيها فيه[4].

---

[1] انظر المادة 94 – 4 فقرة 3 من القانون رقم 90 – 11 السالف الذكر.

[2] المادة 69 من القانون رقم 90 - 11 المتضمن علاقات العمل: (يجوز للمستخدم تقليص عدد المستخدمين إذا بررت ذلك أسباب اقتصادية).

[3] المادة 5 من المرسوم التشريعي رقم 94 - 09 المؤرخ في 26 مايو 1994 المتعلق بالحفاظ على الشغل وحماية الأجراء الذين قد يفقدون عملهم بصفة لا إرادية ولأسباب اقتصادية جريدة رسمية عدد 34 لسنة 1994.

[4] المادة 10 من المرسوم التشريعي رقم 94 - 09 السالف الذكر: " يعرض المستخدم أو ممثله القانوني محتوى يشمل مجموع التدابير المقررة في الجانب الاجتماعي بمجرد المصادقة عليه على لجنة المساهمة والمنظمات النقابية التمثيلية لعمال المؤسسة في إطار اجتماعات منفصلة تعقد خصيصا لهذا الغرض.

إن دور لجنة المشاركة في هذه المسألة استشاري يكمن في إبداء رأيها فيما عرض عليها من قبل المستخدم وكما هو معلوم أن الرأي الاستشاري غير ملزم بالنسبة لصاحب العمل لكنه يعد إجراء شكليا جوهريا[1]، و في حالة عدم وجود لجنة المشاركة داخل مقر الهيئة المستخدمة يعرض الملف الاجتماعي على مندوبي المستخدمين ويقوم هؤلاء مقام لجنة المشاركة[2].

ب: المخططات السنوية وحصيلات تنفيذها

أوجب المشرع الجزائري على صاحب العمل بعد إنجاز المخططات السنوية وقبل تنفيذها عرضها على لجنة المشاركة لإبداء رأيها فيها[3]، تشمل المخططات السنوية التوقعات السنوية فيما يتعلق بتطور هياكل الشغل الإجراءات المتبعة للوقاية من حوادث العمل والأمراض المهنية، مشاريع الاستثمار والتكنولوجية داخل المؤسسة، بالإضافة إلى مخططات توزيع أوقات العمل وتكييفها مع نمط الإنتاج، برمجة العطل السنوية.

2 - 2: الصلاحيات الإعلامية للجنة المشاركة

تتلقى لجنة المشاركة المعلومات التي يبلغها إليها المستخدم كل 3 أشهر على الأقل، تتعلق تلك المعلومات بتطوير إنتاج المواد والمبيعات وإنتاجية العمل وبنسبة التغيب وحوادث العمل والأمراض المهنية، وبمدى تطبيق أحكام النظام الداخلي،

---

(1) المجلة الجزائرية للعمل العدد 23 |98 - تدخل الأستاذ محمد نصرالدين قريش - الموضوع النظام القانون الجديد الخاص بتقليص عدد العمال ص 58.

(2) المادة 93 مكرر المضافة بالأمر 96 - 21 المؤرخ في 9 جويلية 1996: (يمارس مندوب المستخدمين طبقا للمادتين 91، 92 من هذا القانون صلاحيات لجنة المشاركة المنصوص عليها في المادة 94 أدناه في الحالات التي تتوفر فيها الهيئة المستخدمة على مكان عمل متميز وحيد).

(3) انظر المادة 94 – 4 فقرة 1 من القانون رقم 90 – 11 السالف الذكر.

كما تتعلق تلك الصلاحيات بإعلام العمال، وكذا الإطلاع على الكشوف المالية للمؤسسة.

أولا: تقلي لجنة المشاركة المعلومات وإعلام العمال

سنتعرض من خلال هذا العنصر إلى صلاحية لجنة المشاركة في تلقيها للمعلومات التي يقـدمها لهـا المستخدم من جهة، وصلاحياتها في إعلام عمال المؤسسة بتلك المعلومات.

أ: صلاحيات لجنة المشاركة في تلقي المعلومات[1]

يجب على المستخدم أن يبلغ لجنة المشاركة خلال كل 3 أشهر ببعض المعلومـات التـي تهـم عـمال المؤسسة، وتتعلق تلك المعلومات بتطوير إنتاج المواد والمبيعات وإنتاجية العمل، كما يجب عليه أن يبلغها أيضا بتطور نسبة التغيب وكذا حوادث العمل والأمراض المهنية، تكتسي هذه المعلومـات أهميـة بالغـة، إذ تمكن لجنة المشاركة من اتخاذ كافة الوسائل الضرورية لفرض احترام قواعد الوقاية الصحية والأمن، وسوف نتعرض إلى تلك القواعد عند ما نتطـرق إلى الحقـوق الفرديـة التـي يتمتـع بهـا العـمال. كـما يجـب عـلى المستخدم أيضا أن يشعرها بمدى تطبيق الأحكام الواردة في النظام الداخلي، وخاصة تلك المتعلقة بـالتنظيم التقني للعمل والتدابير المتعلقة بالأمن والصحة وطب العمل، وكذا القواعد المتعلقة بالمجال التأديبي.

ب: دور لجنة المشاركة في إعلام العمال[2]

تعتبر لجنة المشاركة وسيلة اتصال بين المستخدم والعمال، لإزالـة الهـوة بـين العميقـة بـين عنصر- العمل وعنصر رأس المال، فالعمال داخل المؤسسة لا يعلمون شيئا عن كيفيـة إدارتهـا، والجهـل بـذلك مـن شانه أن يكون مصدر قلق وانعدام للثقة لديهم، كما أن صاحب المؤسسة لا يعرف شيئا عن الظروف التـي تكتنف حياة

---

[1] - انظر المادة 94 – 1 فقرة 1 و 2 و3 من القانون رقم 90 – 11 السالف الذكر.

[2] - انظر المادة 94 – 7 من القانون رقم 90 – 11 المتعلق بعلاقات العمل.

عماله داخل المؤسسة، وانعدام التفاهم على هذا الوجه بين عنصري العمل ورأس المال، من شأنه إلحاق الضرر بالمصلحتين المتناقضتين[1]، ولذلك فإن تلقي لجنة المشاركة المعلومات من صاحب العمل وتبليغها للعمال داخل المؤسسة كفيل بتجنب تلك الأضرار، غير أن هناك معلومات يمنع على لجنة المشاركة الإدلاء بها للعمال حماية للمصلحة العامة للمؤسسة كالمسائل المتعلقة بأساليب الصنع، وعلاقة المؤسسة مع الغير.

ثانيا: الإطلاع على الكشوفات المالية[2]

تعتبر الوثائق الشاملة من أهم الكشوفات المالية التي تطلع عليها لجنة المشاركة، وهي عبارة عن جدول يضم في جانبه الأيمن الأصول وفي جانبه الأيسر ـ الخصوم، تتمثل مجموع الأصول في الاستثمارات وتتضمن المصاريف الإعدادية، القيم غير المادية، الأراضي، تجهيزات الإنتاج والمعدات ووسائل النقل، كما تشمل مجموع الأصول المخزونات وحقوق المؤسسة كأموالها الجاهزة، وحسابها الجاري في البنك. أما الخصوم تتضمن الحصة أو الحصص المقدمة عند التأسيس، كما تشمل الديون بمختلف أنواعها. من الكشوف المالية أيضا جدول حساب النتائج وهو عبارة عن جدول تحليلي يجمع حسابات التسيير من نفقات وإرادات. من بين الوثائق المالية أيضا جداول عمليات الجرد المادي والحسابي للممتلكات وجدول جرد المخزونات. من خلال هذه الوثائق والكشوف يمكن للجنة أن تقف على وضعية المؤسسة المالية، كما يمكن لها عند الحاجة أن تستدعي محافظ الحسابات الذي يقدم لها كافة التوضيحات الضرورية.

---

[1] انظر الدكتور محمود جمال الدين زكي – عقد العمل في القانون المصري – المرجع السالف الذكر ص 252 و 253.
[2] انظر المادة 94 – 6 من القانون رقم 90 – 11 السالف الذكر.

2 - 3: الصلاحيات الفعلية للجنة المشاركة

تعد الصلاحيات الفعلية التي تتمتع بها لجنة المشاركة ذات أهمية بالغة رغم قلتها مقارنة بالصلاحيات الاستشارية والإعلامية، تتمثل الصلاحيات الفعلية في مراقبة تنفيذ الأحكام المتعلقة بالوقاية الصحية والأمن داخل أماكن العمل وكذا الأحكام الخاصة بمجال الضمان الاجتماعي، غير أن أهم الصلاحيات الفعلية التي تتمتع بها هذه اللجنة هي تسيير الخدمات الاجتماعية ومشاركتها في أعمال مجلس الإدارة والمراقبة.

أولا: مراقبة تنفيذ الأحكام المتعلقة بالصحية والأمن

ما دام أن ضمان الوقاية الصحية والأمن داخل أماكن العمل مسؤولية تقع على عاتق الهيئة المستخدمة[1]، فإن المشرع الجزائري ألزم صاحب العمل باحترام قواعد الصحة والأمن، وبتوفير طب العمل، وإعلام وتكوين العمال في هذاالمجال[2]. تعتبر لجنة المشاركة صاحبة الاختصاص العامّ فيما يتعلّق بترقية سياسة الوقاية الصحيّة والأمن، وتحسين ظروف العمل، من خلال حقّها في الرقابة على تطبيق النّصوص القانونيّة في هذا المجال واقتراح كلّ ما من شأنه تحسين وضعية العامل وظروفه في المؤسّسة[3]، بينما تعتبر اللّجان المتساوية الأعضاء للوقاية الصحيّة والأمن صاحبة الاختصاص التّقني في هذا المجال ودورها أكثر تخصّصا في مجال حفظ الصحة والأمن[4].

---

[1] المادة 3 من القانون رقم 88-07 المتعلق بالوقاية الصحية والأمن وطب العمل: " يتعين على المؤسسة المستخدمة ضمان الوقاية الصحية والأمن للعمال.

[2] المادة 19 من القانون رقم 88-07 من القانون المذكور أعلاه: " يعد التعليم والإعلام والتكوين المتعلق بالأخطار المهنية واجبا تضطلع به الهيئة المستخدمة "

[3] انظر المادة 94 – 2 – 3 من القانون رقم 90 – 11 السالف الذكر.

[4] انظر المادة 3 من المرسوم التنفيذي رقم 05 – 09 المؤرخ في 27 ذي القعدة 1425 الموافق 8 يناير 2005 المتعلق باللجان المتساوية الأعضاء ومندوبي الوقاية الصحية والأمن جريدة

الأصل أن يعين أعضاء لجنة الوقاية الصحية والأمن من قبل لجنة المشاركة وليس من قبل الهيكل النقابي وهو ما ذهب إليه المشرع الفرنسي[1]، لأن ما يتعلق بمراقبة تنفيذ الأحكام المطبقة في ميدان الوقاية الصحية والأمن، وكذا اتخاذ أي إجراء ملائم لدى صاحب العمل في حالة عدم احترام الأحكام التشريعية والتنظيمية الخاصة بحفظ الوقاية الصحية والأمن وطب العمل هو من صلاحيات لجنة المشاركة، وليس المنظمة النقابية، ومن تم تعد الأحكام الواردة في المرسوم التنفيذي رقم 05 – 09 مخالفة للأحكام الواردة في القانون رقم 90 – 11 المتعلق بعلاقات العمل مما يتعين إلغاؤها.

رسمية عدد 4 المؤرخة في 09 يناير 2005: " تتمثل صلاحيات لجان الوحدة فيما يأتي: - التأكد من تطبيق القواعد التشريعية والتنظيمية المعمول بها في مجال الوقاية الصحية والأمن.- اقتراح التحسينات التي تراها ضرورية، وتشرك في هذا الصدد، في كل مبادرة تتضمن لاسيما طرق وأساليب العمل الأكثر أمنا واختيار وتكييف العتاد والأجهزة ومجموع الأدوات اللازمة للأشغال المنجزة وكذا تهيئة مناصب العمل.

- إجراء كل تحقيق إثر وقوع أي حادث عمل أو مرض مهني خطير، بهدف الوقاية تبلغ الهيئة المستخدمة مفتش العمل المختص إقليميا بنتائج التحقيق في أجل لا يتجاوز ثمان وأربعين

(48) ساعة. - المساهمة في إعلام العمال وفي تكوين المستخدمين المعنيين وتحسين مستواهم في مجال الوقاية من الأخطار المهنية، وبهذه الصفة تسهر وتشارك في إعلام المشغلين الجدد والعمال المكلفين بمهام جديدة أو بالعمل في ورشات جديدة حول الأخطار التي قد يتعرضون لها ووسائل الحماية منها.- تنمية الإحساس بالخطر المهني والشعور بالأمن لدى العمال.- إعداد الإحصائيات المتعلقة بحوادث العمل والأمراض المهنية.- إعداد تقرير سنوي عن نشاطاتها وإرسال نسخة منه إلى مسؤول الهيئة المستخدمة ولجنة المؤسسة وكذا مفتش العمل المختص إقليميا.

[1] C. Lobry & M. Ritaine, op.cit, p.89.

رغم أن تأسيس لجنة المشاركة التزام قانوني يقع على عاتق الهيئة المستخدمة يترتب على مخالفة هذا الالتزام عقوبة جزائية[1]، إلا أننا لاحظنا من الناحية العملية عدم وجود هذه اللجنة في المؤسسات العمومية الكبرى ذات الطابع الاستراتيجي[2].

ثانيا: تسيير الخدمات الاجتماعية

يقصد بالخدمات جميع الأعمال التي تضاف إلى الأجر، والتي من شأنها أن تمساهم في تحسين معيشة العمال ماديا ومعنويا، وهي تشمل مجال الصحة والسكن والثقافة والتسلية، وبصفة عامة جميع التدابير ذات الطابع الاجتماعي التي تستهدف تسهيل الحياة اليومية للعامل وأسرته[3]. يستفيد من الخدمات الاجتماعية التي توفرها الهيئة المستخدمة العمال المزاولون لنشاطهم المهني وأسرهم، والمتقاعدون، و أسر العمال المتوفين[4].خول المشرع الجزائري الحق للجنة المشاركة في تسيير الخدمات الاجتماعية بعد اتفاق بينها وبين المستخدم يحدد شروط وكيفيات ممارستها

(1) المادة 151 من القانون رقم 90 – 11: " يعاقب بغرامة مالية تتراوح من 5000 دج إلى 20000 دج وبالحبس من شهر واحد إلى 3 اشهر أو بإحدى هاتين العقوبتين فقط، كل من يعرقل تكوين لجنة المشاركة أو تسييرها أو ممارسة صلاحياتها أو صلاحيات مندوب المستخدمين أو كل من رفض تقديم تسهيلات ووسائل منحها هذا القانون لأجهزة المشاركة ".

(2) نقصد بالمؤسسة العمومية ذات الطابع الاسترتيجي التي لم تؤسس فيها لجنة المشاركة مؤسسة SONATRACH وباحتكاكنا بأعضاء النقابة الوطنية لهذه المؤسسة، فإن الدافع إلى عدم تأسيس لجنة المشاركة يكمن في بقاء الهيكل النقابي مسيطرا في تسيره للخدمات الاجتماعية التي هي في الأصل من صلاحيات اللجنة.

(3) انظر المادة 2 من المرسوم 82-179 المعدل والمتمم المحدد لمحتوى الخدمات الاجتماعية وكيفية تمويلها المعدل والمتمم. جريدة رسمية عدد 20 لسنة 1982. وانظر في هذا المجال أيضا المادتين 301 و 303 من الاتفاقية الجماعية لمؤسسة SONATRACH. والمادة 73 من الاتفاقية الجماعية لمؤسسة اتصالات الجزائر والمادة 144 من الاتفاقية الجماعية للعمل الخاصة بصناديق الضمان الاجتماعي.

(4) انظر المادة 4 من المرسوم 82 ـ 179 المذكور أعلاه.

وكيفيـة الرقابـة عليهـا[1]. وهـو أيضـا مـا كرسـه المشـرع الفرنسي- الـذي أسـند تسـيير النشـاطات الاجتماعية والثقافية للجنة المؤسسة[2].

تطبيقا للنصوص التشريعية والتنظيمية المتعلقة بالخدمات الاجتماعية أسندت أغلبيـة الاتفاقيـات الجماعية للعمل تسيير الخدمات الاجتماعية ومراقبتها للجنة المشاركة بمسـاعدة محاسـب معـين مـن قبـل الهيئة المستخدمة لجرد الحسابات[3] غير أن البعض منها أسندت هـذه المهمـة للمنظمـة النقابيـة[4] لعـدم وجود لجنة المشاركة، رغم أن أحكام هـذه الاتفاقيـة تقـر بتأسـيس هـذه اللجنـة وفقـا للنصـوص التشـريعية والتنظيمية السارية المفعول[5].

تشمل الخدمات الاجتماعية في التشريع الجزائري وهي نفسها في التشريع الفرنسي- النشاطات الاجتماعية والثقافية والتي تتمثل في المساعدة الاجتماعية وهي عبارة عن مبالغ مالية تقدم للعمال وذوي حقوقهم في حالات الفرح كالزواج أو ازدياد مولود أو في حالة زيارة البقـاع المقدسـة أو في حـالات الحـزن كوفاة العامل أو احد أصوله أو فروعه، كما تشمل الخدمات الاجتماعية الخدمات الصحية والمتمثلة

---

[1] انظر المادة 94-5 من القـانون رقـم 09-11 السـالف الـذكر: " للجنة المشاركة الصلاحيات التالية: 5 – تسيير الخدمات الاجتماعية للهيئة المستخدمة، إذا أسند تسيير الخدمات الاجتماعية للمستخدم بعد موافقته، تحدد اتفاقيـة تبرم بـين لجنة المشاركة والمستخدم شروط وكيفيات ممارستها والرقابة ".

[2] voir art.R..432 – 4 du code de travail Français. et voir aussi art 160 –b) du code de travail Tunisie.

[3] انظر المادة 73-1 من الاتفاقية الجماعية لمؤسسة اتصالات الجزائر والمادة 152 من الاتفاقية الجماعيـة لصناديق الضمـان الاجتماعي.وكذا المادتين 139 و 149 من الاتفاقية الجماعية لدواوين الترقية والتسيير العقاري.

[4] سبق القول أن لجنة المشاركة غير موجودة بمؤسسة سوناطراك ولعل السبب الحقيقي في عدم تأسيسها هو موضوع تسيير الخدمات الاجتماعية، بحيث لم تعد نقابة المؤسسة مستعدة للتخلي عن الخدمات الاجتماعية لصالح لجنة المشاركة.

[5] Art 338 de la convention collective de SONATRACH: « La représentation et la participation des travailleurs et appliquée au sein de l'entreprise conformément à la législation et la réglementation en vigueur ».

في إنشاء مصلحة لطب العمل وتجهيزها للقيام بدورها على أحسن وجه، بالإضافة إلى دور الأمومة ورياض الأطفال والتي هي منعدمة من الناحية العملية في العديد من الهيئات المستخدمة، كما تشمل توفير الرياضة الجماهيرية لفائدة عمال المؤسسة وأنشطة الثقافة والتسلية، كإقامة الاحتفالات في بعض المناسبات كعيد العمال أو التكفل بالمخيمات الصيفية لعائلات العمال أو أبنائهم، ومنها أيضا إنشاء التعاونيات الاستهلاكية، كما تساهم الخدمات الاجتماعية في تمويل الأعمال الرامية إلى ترقية السكن الاجتماعي لصالح العمال الأجراء، وكذا نظام التقاعد المسبق[1].

من أجل التسيير الأحسن للخدمات الاجتماعية تستفيد لجنة المشاركة من حساب مالي خاص يفتحه المستخدم باسمها، كما يقع على عاتقه التكفل بالمنشآت الأساسية للخدمات الاجتماعية وكذا تجهيزها، كما يجب عليه أن يمول صندوق الخدمات الاجتماعية بمساهمة سنوية تحسب على أساس نسبة 3 % من كتلة الأجر الخام بما في ذلك العلاوات والتعويضات على اختلاف أنواعها اعتمادا على حسابات السنة المالية المنصرمة، وتخصص هذه النسبة على النحو التالي[2]:

- 2 % للمساعدات الاجتماعية، الخدمات الصحية، رياض الأطفال الرياضة العمالية، أنشطة الثقافة والتسلية، الأنشطة الرامية إلى تنمية السياحة العمالية مثل الرحلات ومراكز الاستحمام والتعاونيات الاستهلاكية.

- 0،5 % للمساهمة في تمويل الأعمال الرامية إلى ترقية السكن الاجتماعي لصالح العمال الأجراء، و0،5 % لتمويل نظام التقاعد المسبق. أما بالنسبة للموارد الأخرى التي يمكن أن يمول بها صندوق الخدمات الاجتماعية هي[3]:

أ- الموارد المحصلة عن تقديم الخدمات.

---

(1) انظر المادة 3 من المرسوم رقم 82 – 179 السالف الذكر المتممة بالمادة 1 من المرسوم رقم 96 – 74 والمادة 2 من المرسوم رقم 94 – 186. Et voir aussi Art.R..432 – 2 du code de travail Français.

(2) - انظر المادتين 6 و 8 المرسوم رقم 82 – 179 المعدلة والمتممة.

(3) انظر المادة 13 من المرسوم رقم 82 – 179 السالف الذكر.

ب- الموارد الناتجة عن التظاهرات الرياضية والثقافية التي تنظمها الهيئة المكلفة بتسيير الخدمات الاجتماعية.

ج- مساعدات الهيئات والمؤسسات العمومية.

د- الهبات والوصايا.

هـ- المساهمة المالية المحتملة من العمال.

3 - 3: المشاركة في أعمال مجلس الإدارة ومجلس المراقبة

عندما تضم الهيئة المستخدمة أكثر من 150 عاملا، وعندما يوجد بداخلها مجلس إدارة أو مراقبة تعين لجنة المشاركة من بين أعضائها أو من غير أعضائها قائمين بالإدارة يتولون تمثيل العمال في هذا المجلس طبقا للتشريع المعمول به(1). يعتبر القانون رقم 88 - 01 المتعلق بالقانون التوجيهي للمؤسسات العمومية الاقتصادية أول قانون يحدث تغيرا على الطبيعة القانونية للمؤسسات الاشتراكية، لتتماشى مع التحول الاقتصادي الذي ستتبناه الجزائر فيما بعد بموجب دستور 1989، كما يعد أول قانون يكرس مشاركة العمال في مجلس الإدارة داخل شركة المساهمة، حيث يتكون المجلس من 7 أعضاء كحد أدنى و 12 عضوا كحد أقصى من بينهم ممثلان ينتخبان بقوة القانون عن العمال(2)، لقد الغي هذا القانون بأحكام الامر رقم 95 - 25 المتعلق بتسيير رؤوس الأموال التجارية التابعة للدولة(3)، ولقد كرس هذا الأمر وجوب احتواء مجلس الإدارة أو مجلس المحاسبة حسب كل حالة

---

(1) انظر المادة 95 من القانون رقم 90 - 11 المتعلق بعلاقات العمل.

(2) انظر المادة 26 من القانون رقم 88 - 01 المؤرخ في 22 جمادى الأولى 1408 الموافق 12 يناير 1988 المتضمن القانون التوجيهي للمؤسسات العمومية الاقتصادية الصادر بالجريدة الرسمية للجمهورية الجزائرية بتاريخ 23 جمادى الأولى 1988.

(3) المادة 28 فقرة 1 من الأمر رقم 95 - 25 المؤرخ في 30 ربيع الثاني عام 1416 الموافق 25 سبتمبر 1995 المتعلق بتسيير رؤوس الأموال التجارية التابعة للدولة جريدة رسمية عدد 55 المؤرخة في 2 جمادى الأولى 1416: " تلغى جميع الأحكام المخالفة لهذا الأمر لاسيما منها: - القانون رقم 88 - 01 المؤرخ في 12 يناير 1988 والمتضمن القانون التوجيهي للمؤسسات العمومية الاقتصادية.....".

على مقعدين لصالح العمال الأجراء الذين يـتم تعيـنهما وفـق الكيفيـة المنصـوص عليهـا في قـانون العمل[1].

وبالرجوع إلى أحكام القانون التجاري يتولى إدارة شركة المساهمة مجلس إدارة الذي خولت له كل السلطات للتصرف في كل الظروف باسم الشركة[2] كما يمارس مجلس المراقبة مهمة الرقابة الدائمة للشركة، وفي هذا الصدد يمكنه في أي وقت من السنة إجراء الرقابة التي يراها ضرورية، كما يمكنه أن يطلع على الوثائق التي يراها مفيدة للقيام بمهمته[3]، يتألف كل من مجلس الإدارة ومجلس المراقبة من 3 أعضاء على الأقل و12 عضوا على الأكثر، تنتخب هؤلاء الأعضاء الجمعية العامة التأسيسية أو الجمعية العامة العادية على ألا تتجاوز مدة عضويتهم 6سنوات[4].

ما تجدر الإشارة إليه أنه يجب استدعاء ممثلي العمال لاجتماعات المجلسين ولا تنعقد هـذه إلا بحضورهما، اعتبرت القرارات الصادرة عنهـا باطلـة ولممـثلي العـمال صـوت تـداولي مسـاوي لصـوت بـاقي الأعضاء، لكن اعتبار أن المجلسـين يتخـذا قـراراتهما بأغلبيـة الأعضـاء، و نظـرا للتمثيـل الضـئيل للعـمال في المجلسين، فإن صوتهما لا يؤثر في اتخاذ القرارات، إلا أنه بفضل وجودهما بالمجلسين تطلـع لجنـة المشـاركة على كل القرارات الحساسة التي تتخذ على مستوى أعلى جهازين بالمؤسسة.

---

(1) المادة 25 فقرة 2 من الأمر رقم 95 – 25 المتعلق بتسيير رؤوس الأموال التجارية التابعة للدولة السالف الذكر.

(2) انظر المادتين 610 و 622 من الأمر رقم 75 – 59 المؤرخ في 20 رمضان 1395 الموافق 26 سـبتمبر 1975 المتضـمن القـانون التجاري المعدل والمتمم.

(3) انظر المادتين 654 و 655 من الأمر رقم 75 – 59 المتضمن القانون التجاري.

(4) انظر المادتين 610 و 611 من الأمر رقم 75 – 59 المؤرخ في 20 رمضان 1395 الموافق 26 سـبتمبر 1975 المتضـمن القـانون التجاري المعدل والمتمم.

بعدما تطرقنا في المطلب الأول إلى حقوق العامل الجماعية والتي شملت الحق النقابي، والحق في المشاركة في تسيير المؤسسة، ننتقل إلى المطلب الثاني لتحديد أهم الحقوق الفردية المكرسة في التشريع الجزائري والتشريعات المقارنة.

المطلب الثاني

حقوق العامل الفردية

سبق تعرضنا إلى الحق في الأجر والذي يعد من أهم الحقوق الأساسية التي أقرتها مختلف التشريعات العمالية للعمال الأجراء عند تعرضنا إلى عنصر الأجر، وسوف نركز في هذا المطلب على حق العامل في الراحة (الفرع الأول)، ثم حقه في الوقاية الصحية والأمن داخل مكان العمل (الفرع الثاني)، وأخيرا حقه في التأمينات الاجتماعية (الفرع الثالث).

الفرع الأول

حق العامل في الراحة

أقر كل من دستور 1976 و 1989 المعدل والمتمم بدستور 1996 حق العامل في الراحة[1]، تطبيقا لهذا المبدأ الدستوري صدر القانون رقم 90 / 11 المتعلق بعلاقات العمل، ليحدد نوعين من العطل القانونية، العطل القانونية العادية، والعطل القانونية الاستثنائية وسوف نركز على العطل العادية.حصر- المشرع

---

[1] المادة 63 من دستور 1976: " الحق في الراحة مضمون. يحدد القانون كيفية ممارسته ". وهو أيضا ما تضمنته المادة 55 فقرة أخيرة من دستور 1996 حيث نصت على أنه: " الحق في الراحة مضمون، ويحدد القانون كيفيات ممارسته ".

الجزائـري العطـل القانونيـة العاديـة في العطلـة الأسـبوعية[1] وسـوف نتناولهـا في العنصرـ الأول، والعطلة السنوية[2] وسوف نخصص لها العنصر الثاني.

1: العطلة الأسبوعية

اعترف المشرع الجزائري عبر التشريعات العمالية المتعاقبة بحق العامل في العطلة الأسبوعية، يبلغ حدها الأدنى 24 ساعة متتابعة بعد كل أسبوع منالعمل[3] أما القانون رقم 90 - 11 المتعلق بعلاقات العمل اعتبر يوم الجمعة يوم راحة أسبوعية في ظروف العمل العادية[4].

كما حددت المدة القانونية للعمل 40 ساعة في الأسبوع في ظروف العمل العادية، توزع هذه المدة على 5 أيام عمل على الأقـل بموجـب الاتفاقيـات الجماعيـة للعمـل بالنسـبة للقطـاع الخـاص والمؤسسـات العمومية ذات الطابع الصناعي والتجاري، وعن طريق التنظيم بالنسبة للمؤسسات والإدارات العمومية[5]. ولقد حدد النص التنظيمي توزيع أيام العمل خلال الأسبوع ابتداء من يوم السبت إلى غاية يوم الأربعاء[6]، إلا أن هذا التوزيع لم يعد جاري العمل به، حيث حدد النص التنظيمي

---

(1) انظر المواد من 33 إلى 38 من القانون رقم 90 - 11 السالف الذكر.

(2) انظر المواد من 39 إلى 52 من القانون رقم 90 - 11 السالف الذكر.

(3) انظر المادة 199 من الأمر رقم 75 - 31 المتعلق بعلاقات العمل في القطاع الخاص والمـادة 79 مـن القـانون رقـم 78 - 12 المتضمن القانون الأساسي العام للعامل.

(4) انظر المادة 33 من القانون رقم 90 - 11 السالف الذكر.

(5) انظر المادتين 2 و 3 من الأمر رقم 97 - 03 المؤرخ في 2 رمضـان 1417 الموافـق 11 ينـاير 1997 المحـدد للمـدة القانونيـة للعمل جريدة رسمية عدد 3 المؤرخة في 3 رمضان 1417 ص 7.

(6) انظر المادة 3 من المرسوم التنفيذي رقم 97 - 59 المـؤرخ في 1 ذي القعـدة 1417 الموافـق 9 مـارس 1997 المحـدد تنظـيم ساعات العمل وتوزيعها في قطـاع المؤسسـات والإدارات العموميـة. جريـدة رسـمية عـدد 13 المؤرخـة في 4 ذي العقـدة 1417 ص 24.

الجديد تنظيم ساعات العمل في الأسبوع من يوم الأحد إلى يوم الخميس بموجب التعديل الأخير⁽¹⁾.

إذا كان المشرع الجزائري قد حدد يوم السبت يوم راحة أسبوعية مدفوعة الأجر، فإن المشرع الفرنسي، أقر حق العامل في الراحة الأسبوعية، التي لا ينبغي أن تقل عن 24 ساعة متتابعة، و حصرها في يوم الأحد⁽²⁾.

أما المشرع المصري أوجب على صاحب العمل منح العامل راحة أسبوعية لا تقل عن 24 ساعة كاملة بعد ستة أيام متصلة على الأكثر⁽³⁾، وبذلك لم يحدد يوم الراحة الأسبوعي، تاركا المسألة لسلطة صاحب العمل وفقا لما يراه محققا لمصلحة العمل⁽⁴⁾.

أما المشرع المغربي والتونسي منح العمال الحق في راحة أسبوعية لا تقل عن 24 ساعة تحسب من منتصف الليل إلى منتصف الليل، ويجب أن تكون تلك الراحة يوم الجمعة أو يوم السبت أو يوم الأحد⁽⁵⁾.

إذا كانت القاعدة العامة في التشريع الجزائري أن الراحة الأسبوعية هي يوم السبت، فإنه يمكن تأجيلها أو التمتع بها في يوم آخر إذا استدعت الضرورات الاقتصادية، أو ضرورات تنظيم الإنتاج. كما يحق للهيئات المستخدمة أن تجعل الراحة الأسبوعية تناوبية، إذا كان التوقف عن العمل فيها يوم العطلة الأسبوعية يتعارض مع طبيعة نشاط الهيئة أو المؤسسة⁽⁶⁾.

⁽¹⁾ انظر المادة 3 من المرسوم التنفيذي رقم 09 - 244 المؤرخ في 29 رجب 1430 الموافق 22 يوليو 2009 المعدل للمرسوم التنفيذي رقم 97 - 59 المذكور أعلاه. جريدة رسمية عدد 44 المؤرخة في 26 يوليو 2009 ص 28.

⁽²⁾ - Voir Art.L.221- 4 alinéa 1 et Art.L.221-5 du code de travail Français.

⁽³⁾ انظر المادة 83 من قانون العمل المصري رقم 12 لسنة 2003.

⁽⁴⁾ انظر الدكتور محمد لبيب شنب- شرح قانون العمل-المرجع السالف الذكر ص 231

⁽⁵⁾ انظر المادتين 205 و 206 من مدونة الشغل المغربية، والمادة 95 من قانون العمل التونسي.

⁽⁶⁾ انظر المادة 37 من القانون رقم 90 - 11 السالف الذكر.

يحق للعامل الذي يشتغل في يوم الراحة الأسبوعية التمتـع براحـة تعويضية مماثلـة لهـا، كمـا لـه الحق في الانتفاع في زيادة الساعات الإضافية[1].

منح المشرع الجزائري للاتفاقيات الجماعية الحق في تحديد التعويضات المتعلقة بالساعات الإضافية[2]، على ألا تقل الزيادة بأي حال من الأحوال عن50% من الأجر العادي للساعة[3]، تعد هذه الزيادة الدنيا من النظام العام الاجتماعي، غير أنه يجوز رفع نسبتها بموجب الاتفاقيات الجماعية[4].

أما المشرع المغربي منح للعمال الذين يشتغلون في يوم الراحة الأسبوعية تعويضا عـن السـاعات الإضافية يصل إلى 100 % حتى ولو عوضت له فترة الراحة الأسبوعية براحة تعويضية[5].

أما التشريع المصري والتونسي، إذا اشتغل العامل في يـوم الراحـة الأسبوعية اسـتحق مثـل أجـره تعويضا عن هذا اليوم، كما يجب على صاحب العمل أن يمنحه يوما آخر عوضا عنه[6]. اختلفت الاتفاقيات الجماعية لمختلف الهيئات المستخدمة في تقديرها لنسبة التعويض عن السـاعات الإضافية لفائدة العمال الذين يشتغلون يوم الراحة الأسبوعية، فبعضها حددتها75%[7]، والبعض الآخر 100%[8].

---

[1] - انظر المادة 36 من القانون رقم 90 – 11 المتعلق بعلاقات العمل.

[2] - انظر المادة 120 فقرة 4 من القانون رقم 90- 11 السالف الذكر.

[3] - المادة 32 من القانون رقم 90 – 11 السالف الذكر.

[4] - انظر ديب عبد السلام – المرجع السالف الذكر ص 281.

[5] انظر المادة 201 فقرة 2 من مدونة الشغل المغربية.

[6] انظر المادة 85 فقرة 2 و 3 من قانون العمل المصري. و المادة 109 من قانون العمل التونسي.

[7] انظر المادة 250 فقرة 2 من الاتفاقية الجماعية لمؤسسة SONALGAZ. وانظر كـذلك ملحـق الاتفاقيـة الجماعيـة للعمـل لدواوين الترقية والتسيير العقاري ص 24 رقم 7.

[8] انظر المادة 65 -2 من الاتفاقية الجماعية لمؤسسة اتصالات الجزائر وانظر كـذلك انظر المـادة 85 فقرة 2 مـن الاتفاقيـة الجماعية لصناديق الضمان الاجتماعي. انظر كذلك المادة 102 فقرة 3 من الاتفاقية الجماعية لمؤسسة SONATRACH.

2: العطلة السنوية

أقرت منظمة العمل الدولية حق كل عامل قضى سنة من الخدمة المتصلة في عطلة سنوية مدفوعة الأجر[1]. لقد أوجبت التشريعات العمالية حق العمال في العطلة السنوية لاستعادة نشاطهم وقواهم المادية والمعنوية، ومن ثم الإقبال على العمل وتنمية الإنتاج[2].

يستحق العمال الذين يخضعون لأحكام قانون العمل إلى عطلة السنوية سواء كانت عقود عملهم محددة المدة أو غير محددة المدة، وأيا كانت طريقة حساب أجورهم سواء كانت بالأجر الشهري أو بالأسبوع أو باليوم أو بالساعة[3]. اعتبر المشرع الجزائري العطلة السنوية المدفوعة الأجر حقا للعامل من جهة، والتزاما يقع على عاتق صاحب العمل من جهة أخرى[4]. غير أن التساؤلات التي يمكن طرحها في هذا المجال كم هي مدة العطلة السنوية وكيف يمكن حسابها؟ وهو ما سوف نتطرق إليه في العنصر الأول وما هي الآثار القانونية المترتبة على ممارسة هذا الحق؟ وهو ما سوف نخصص له العنصر الثاني.

2 - 1: مدة العطلة السنوية وكيفية حسابها

ارتأينا أن نتعرض أولا إلى تحديد مدة العطلة السنوية في التشريع الجزائري والتشريعات المقارنة، ثم نتطرق إلى كيفية حسابها.

---

[1] انظر المادة 2 فقرة 1 من الاتفاقية الدولية رقم 52 المتعلقة بالإجازات السنوية المدفوعة الأجر المعتمدة من قبل المؤتمر العام في دورته 20 بتاريخ 24 يونيو 1936 وبدأ نفاذها في 22 سبتمبر 1939.

[2] انظر الدكتور همام محمد محمود زهران، عقد العمل الفردي، المرجع السالف الذكر ص579.

[3] انظر الدكتور علي عمارة – قانون العمل الجديد في ضوء اراء الفقه وأحكام القضاء الطبعة الرابعة 2006 ص 255.

[4] المادة 39 فقرة 1 من القانون رقم 90 – 11: " لكل عامل الحق في عطلة سنوية مدفوعة الأجر، يمنحها إياه المستخدم ".

أولا: مدة العطلة السنوية

القاعدة العامة أن لكل عامل أتم سنة مـن العمـل الحـق في عطلـة سـنوية   لا تتعـدى مـدتها الإجمالية 30 يوما على أساس يومين ونصف يـوم في عـن كـل شـهر عمـل[1]، وهـو أيضا ما أقره المشرـع الفرنسي[2]، غير أنه في التشريع المصري تختلف مدة العطلة السنوية باختلاف المدة التي قضاها العامل في خدمة صاحب العمل، فتقتصر العطلة في السنة الأولى من خدمـة العامـل عـلى 15 يوما ولا يمنح إلا بعد مضي ستة أشهر من تاريخ التحاق العامل بالعمل[3]، فإذا زادت المدة عن السنة ولم تكمل 10 سنوات فإنه يستحق عطلة لمدة 21 يوما، أما إذا بلغت مدة الخدمة 10 سنوات كاملة أو أكثر كما تكون مـدة العطلة شهرا في السنة. كما يستفيد منها كل عامل تجاوزت سنه الخمسين وقت بدأ العطلة ولو لم يمضي في الخدمة 10 سنوات[4].

أما المشرع المغربي مـنح الحـق لكـل عامـل أجـير قضىـ 6 أشـهر عمـل متصـلة لـدى نفـس الهيئـة المستخدمة عطلة سنوية تحدد مدتها على أسـاس يـوم ونصـف يـوم عـن كـل شـهر مـن الشـغل، ويومـان بالنسبة للأجراء الذين لا تتجاوز سنهم 18 سنة، كـما يمكـن أن ترتفـع مـدة العطلـة السـنوية إلى 30 يومـا بالنسبة للعامل الذي أدى فترة عمل كاملة مدتها 5 سنوات متصلة أو غير متصلة[5].

---

[1] المادة 41 من القانون رقم 90 – 11: " تحسب العطلة المدفوعة الأجر على أساس يومين ونصـف يـوم في كـل شـهر عمـل، دون أن تتعدى المدة الإجمالية 30 يوما تقويميا عن سنة العمل الواحدة ".

[2] Art L.223-1 du code de travail Français: « Tout ouvrier,employé ou apprenti des établissements industriels , commerciaux , artisanaux agricoles, même s'il ont la forme coopérative, et tout salarié des professions libérales, des offices ministériels , des syndicats professionnels , des sociétés civiles , associations et groupements de quelque nature que ce soit , a droit chaque année à un congé payé à la charge de l'employeur dans les conditions fixées par les articles suivants ».

[3] انظر الدكتور محمد لبيب شنب المرجع السالف الذكر ص 269.

[4] انظر المادة 47 فقرة 1 و2 من قانون العمل المصري.

[5] انظر المادة 231 و 232 من مدونة الشغل المغربية.

فالقاعدة العامة إذن في التشريع الجزائري أن مدة العطلة السنوية هي 30 يوما عن كل سنة عمل، غير أنه استثناء عن هذه القاعدة منح المشرع عمال الجنوب عطلة إضافية لا تقل عن 10 أيام، كما أجاز تمديد العطلة السنوية لفائدة العمال الذين يؤدون أشغالا شاقة أو خطيرة أو أشغالا تتسبب في متاعب بدنية أو عصبية، تاركا للاتفاقيات الجماعية كيفية منح هذه العطلة وتحديد طبيعة تلك الأشغال[1].

أما المشرع المصري فقد رفع مدة العطلة السنوية إلى 7 أيام بالنسبة للعمال الذين يشتغلون في الأعمال الصعبة أو الخطرة أو المضرة بالصحة أو في المناطق النائية والتي يتم تحديدها بموجب قرار الوزير المختص بعد أخذ رأي الجهات المعنية[2].

منحت بعضت الاتفاقيات الجماعية للعمل منحت عمال الجنوب عطلة سنوية إضافية قدرها 20 يوما شريطة أن يمارسوا النشاط بصفة دائمة في الجنوب خلال 12 شهرا في السنة المرجعية للعطلة السنوية، و10 أيام بالنسبة للعمال الذين يشتغلون في النواحي المعروفة باسم ما قيل الجنوب[3].

كما منحت بعض الاتفاقيات الجماعية للعمال الذين يشتغلون في أماكن عمل مضرة بالصحة الحق في عطلة إضافية مدفوعة الأجر تقدر بنصف ½ يوم في الشهر[4]. إذا حدث أن صادف العطلة السنوية يوم من أيام الأعياد الدينية أو الوطنية أو يوم راحة أسبوعية، فهل يحسب يوم العيد أو الراحة الأسبوعية ضمن أيام العطلة السنوية أم لا يحتسب وبالتالي يضاف إلى العطلة السنوية؟.

---

(1) انظر المادتين 42 و 45 من القانون رقم 90-11 السالف الذكر.

(2) انظر المادة 47 فقرة 3 من قانون العمل المصري.

(3) انظر المادة 157 من الاتفاقية الجماعية للعمل لمؤسسة SONALGAZ.

(4) انظر المادة 163 من الاتفاقية الجماعية لمؤسسة SONALGAZ. وانظر كذلك المادة 44 من الاتفاقية الجماعية لدواوين الترقية والتسيير العقاري.

إجابة على هذا التساؤل انقسم الفقه إلى اتجاهين، ذهب الاتجاه الأول إلى أن مدة العطلة تمتد بقدر أيام الراحة الأسبوعية أو أيام الأعياد وذلك تطبيقا لمبدأ استقلال العطلة السنوية[1]، وهو ما أقره المشرع المصري في ظل أحكام قانون العمل الجديد و المشرع التونسي[2].

وذهب الاتجاه الثاني من الفقه إلى احتساب أيام الأعياد و الراحة الأسبوعية ضمن مدة العطلة السنوية، على اعتبار أن الحكمة من الراحة الأسبوعية إعطاء العامل راحة بعد أسبوع عمل فإذا كان العامل في عطلة سنوية فهولا يحتاج إلى راحة أسبوعية، كما أن عطل الأعياد تستهدف تمكين العامل من الاحتفال بالمناسبات الدينية أو الوطنية فإذا كان العامل خلال هذه الفترة في عطلة سنوية، فإن ذلك يعني تمكينه من الاحتفال من تلك الأعياد[3]، وهو ما نص عليه المشرع المغربي صراحة حيث أضاف إلى مدة العطلة السنوية عدد أيام الأعياد وعدد أيام الراحة التي يصادف حلولها فترة التمتع بالعطلة السنوية المؤدى عنها[4].

على خلاف التشريعات العمالية السالفة الذكر، التزم المشرع الجزائري الصمت، ولم يحدد موقفه من احتساب أو عدم احتساب فترة العطل القانونية ضمن مدة العطلة السنوية، وفي اعتقادنا أن نية المشرع اتجهت إلى الرأي الثاني، حيث

---

[1] انظر الدكتور السيد عيد نايل- شرح قانون العمل الجديد-المرجع السالف الذكر ص 300. وانظر كذلك الدكتور همام محمد محمود زهران- المرجع السالف الذكر ص 582.

[2] انظر المادة 47 فقرة 1 من القانون رقم 12 لسنة 2003. وانظر كذلك المادة 118 فقرة 3 من قانون العمل التونسي.

[3] انظر الدكتور السيد عيد نايل - المرجع السالف الذكر ص 300.انظر كذلك الدكتور همام محمد محمود زهران ص 583. والدكتور محمد لبيب شنب ص 272. وانظر كذلك الدكتور محمود جمال الدين زكي - عقد العمل في القانون المصري - المرجع السالف الذكر ص792

[4] انظر المادة 235 من مدونة الشغل المغربية.

أنه استثنى احتساب العطلة المرضية فقط ضمن فترة العطلة السنوية[1]، وبـذلك يكون قـد أدرج مدة العطل القانونية ضمن مدة العطلة السنوية وهو الموقف الذي ندعمه. كما لا يمكن في أي حـال مـن الأحوال أن تخول العطلة المرضية الطويلة المدى الحق في دفع أكثر من أجر شهر واحـد للعطلـة السـنوية، وذلك مهما كانت مدة العطلة المرضية[2].

ثانيا – كيفية حساب مدة العطلة السنوية

يعتمد الحق في العطلة السنوية على أساس العمل المتمم خلال فترة سـنوية مرجعيـة تمتـد مـن 1 يوليو (جويلية) للسنة السابقة للعطلة إلى غاية 30 يونيو (جوان) مـن سـنة العطلـة، وتحسـب الفـترة المرجعية للعمال الجدد تشغيلهم ابتداء من تاريخ التشغيل[3].

كل فترة تساوي 24 يوم عمل كامل أو 4 أسابيع عمل تعادل شهر عمل فعلي إذا تعلق الأمـر بتحديد العطلة السنوية المدفوعة الأجر[4]. وتساوي هـذه الفـترة 180 سـاعة عمل للعمال الموسـميين أو العاملين بالتوقيت الجزئي[5]، بعدما كانت محـددة 120 سـاعة في القـانون رقـم 81-08 المتعلـق بالعطل السنوية الملغى بموجب القانون رقم 90-11 المتضمن علاقات العمل[6]. بينما اعتبر المشرع المغربي والتونسي

---

[1] المادة 50 من قانون 90 – 11: " يرخص للعامل بتوقيف العطلة السنوية إثر وقوع مـرض ليسـتفيد مـن العطلـة المرضيـة والحقوق المرتبطة بها ".

[2] انظر المادة 47 من القانون رقم 90-11 السالف الذكر.

[3] انظر المادة 40 من القانون رقم 90-11 السالف الذكر.

[4] انظر المادة 43 فقرة 1 من القانون رقم 90-11 السالف الذكر. Et voir aussi Art. L. 223 – 4 du code de travail Français.

[5] انظر المادة 43 فقرة 2 من القانون رقم 90-11 السالف الذكر.

[6] المادة 6 من القانون رقم 81 – 08 المؤرخ في 24 شعبان 1401 الموافق 27 يونيو 1981 المتعلق بالعطل السنوية الملغى بموجب المادة 157 من القانون رقم 90 – 11: ".....وتكون هـذه الفـترة مسـاوية 120 سـاعة مـن العمل الموسـمي أو المتناوب ".

26 يوما من العمل بمثابة شهر عمل فعلي كما تعادل شهر عمل فعلي 191 ساعة بالنسبة للأعمال الموسمية في النشاطات غير الفلاحية و208 ساعة في النشاطات الفلاحية[1].

وفي اعتقادنا أنه كان على المشرع الجزائري تخفيض عدد الساعات المعادلة لمدة الشهر الفعلي لحساب العطلة السنوية بالنسبة للعمال الموسميين أو العاملين بالتوقيت الجزئي، إذ لما كانت المدة القانون للعمل محددة 48 ساعة في الأسبوع[2]، حدد المشرع عدد الساعات 120 ساعة وعندما انخفضت المدة القانونية إلى 40 ساعة في الأسبوع[3] ارتفع عدد الساعات إلى 180 فما هو المعيار الذي اعتمد عليه المشرع الجزائري لرفع عدد الساعات؟.

يجب عند احتساب مدة العطلة السنوية اعتبار الفترات التالية بمثابة فترات عمل فعلي، ولا يمكن إسقاطها عن مدة العطلة السنوية[4] منها فترات العمل المؤدى، فترات العطلة السنوية والمستحقة عن السنة الفارطة،وفترات الغيابات بسبب الأمومة والمرض وحوادث العمل وسوف نتطرق لها عند الحديث عن حق العامل في التأمينات الاجتماعية.

---

(1) انظر المادة 238 من مدونة الشغل المغربية. وانظر المادة 114 من قانون العمل التونسي.

(2) انظر المادة 4 من القانون رقم 81 – 03 المؤرخ في 16 ربيع الثاني الموافق 21 فبراير 1981 المحدد للمدة القانونية للعمل الملغى بالمادة 57 من القانون رقم 90 – 11.

(3) انظر المادة 2 من الأمر رقم 97 – 03 المؤرخ في 2 رمضان 1417 الموافق 11 يناير 1997 المحدد للمدة القانونية للعمل جريدة رسمية عدد 3 لسنة 1997.

(4) المادة 46 من القانون رقم 90 – 11 السالف الذكر: " تعتبر فترات عمل لتحديد مدة العطلة السنوية ما يأتي: * فترات العمل المؤدى.* فترات العطل السنوية.

* فترات الغيابات الخاصة المدفوعة الأجر والتي يرخص بها المستخدم. * فترات الراحة القانونية المنصوص عليها في المواد المذكورة أعلاه. * فترات الغيابات بسبب الأمومة والمرض وحوادث العمل. * فترات البقاء في الجيش أو إعادة التجنيد.

2-2: الآثار القانونية المترتبة على ممارسة الحق في العطلة السنوية

يتمتع العامل أثناء استفادته من العطلة السنوية بحقوق أهمها حصوله على أجره كاملا، وحقه في استمرار علاقة العمل بينه وبين صاحب العمل دون تعليق ولا انقضاء وهو ما سوف نتعرض إليه في العنصر الأول، كما منح المشرع لصاحب العمل الحق في كيفية تنظيم العطلة وهو ما سنخصص له العنصر ـ الثاني.

أولا: حق العامل خلال العطلة السنوية

يترتب على حق العامل في العطلة السنوية استحقاقه لأجره كاملا خلال العطلة السنوية، إذ لا يتسنى تحقيق الحكمة منها زهي استعادة العامل لقواه المادية والمعنوية، إلا إذا حصل على الدخل الذي كان يتقاضاه خلال سنة العمل المؤدى[1]، ويعتبر الأجر أهم التزام يقع على عاتق صاحب العمل أثناء العطلة، فلو لم يلزم المشرع صاحب العمل بذلك، لفضل العامل العمل بدل العطلة ليعوض النقص الذي يصيبه في دخله[2].

إذا كان المشرع الجزائري قد أقر العطلة السنوية مدفوعة الأجر، فإنه بالمقابل علقها بالنظام العام بحيث أبطل كل اتفاق يتنازل بموجبه العامل عن حقه فيها[3].

حاولنا الحصول على قرارات من المحكمة العليا في هذا المجال غير أننا لم نجد لها أثر في المجالات القضائية، الأمر الذي أدى بنا اللجوء إلى القرارات الصادرة عن محكمة النقض المصرية حيث أكدت وأيدت هذا المبدأ " ارتباط

---

[1] انظر الدكتور محمود جمال الدين زكي – عقد العمل في القانون المصري – المرجع السالف الذكر ص 794.
[2] انظر الدكتور أحمد حسن البرعي – الوسيط في القانون الاجتماعي – المرجع السالف الذكر ص494.
[3] المادة 39 فقرة 2 من القانون رقم 90 – 11: " وكل تنازل من العامل عن كل عطلته أو بعضها يعد باطلا وعديم الأثر ".

العطلة السنوية بالنظام العام " حيث قضت بأن الإجازة السنوية، وإن كانت حقا أوجبه المشرع سنويا للعامل لاستعادة نشاطه وقواه المادية والمعنوية تنمية للإنتاج، مما يجعل هذا الحق بسبب ذلك متعلقا بالنظام العام ومن فلا يمكن حرمانه منها ولو كان ذلك برضاه، أو حتى ولو كان بمقابل[1].

حدد المشرع الجزائري قيمة الأجر الذي يتقاضاه العامل خلال العطلة السنوية، فهو يساوي الجزء الثاني عشر 12/1 من الأجر الكامل الذي يتقاضاه العامل خلال السنة المرجعية للعطلة[2]. يقصد بالأجر الكامل الأجر الثابت والأجر المتغير أي الأجر الأساسي تضاف إليه المنح والتعويضات التي كان يتقاضاها العامل أثناء أداء عمله[3]، وهو ما أقره كل من المشرع الفرنسي و المصري والمشرع المغربي[4].

---

(1) الطعن رقم 827 لجلسة 15 / فبراير 1981 - القرار أشار إليه الدكتور أحمد حسن البرعي في مرجعه السالف الذكر ص 513.

(2) انظر المادة 52 من القانون رقم 90 - 11 السالف الذكر.

(3) انظر الدكتور حسن كيرة - أصول قانون العمل - الطبعة 3 ص 598. وانظر كذلك الدكتور السيد عيد نايل - المرجع السالف الذكر ص 301. والدكتور محمد لبيب شنب - المرجع السالف الذكر ص 274.

(4) انظر المادة 223 - 11 من قانون العمل الفرنسي. والمادة 47 فقرة 1 من قانون العمل المصري: " تكون مدة الإجازة السنوية 21 يوما بأجر كامل لمن أمضى في الخدمة سنة كاملة". المادة 249 من مدونة الشغل المغربية: "يستحق الأجير أثناء عطلته السنوية المؤدى عنها، تعويضا يساوي ما كان سيتقاضاه لو بقي في شغله ". وتضيف المادة 250 من نفس المدونة: " يتكون التعويض عن العطلة السنوية المؤدى عنها من الأجر وتوابعه سواء كانت مادية أو عينية ".

إلى جانب حق العامل في الأجر الكامل خلال العطلة السنوية، يتمتع هذا الأخير بحقه في استمرار علاقة العمل وعدم تعليقها أو إنهائه وهو ما نص عليه المشرع الجزائري من خلال التشريعات العمالية المتعاقبة[1].

هل يجوز للعامل أن يشتغل لحسابه الخاص أو لدى صاحب عمل آخر أثناء عطلته السنوية؟. ليس هناك جواب عن هذا التساؤل في التشريع الجزائري على خلاف ذلك منح المشرع المصري لصاحب العمل الحق في حرمان العامل من أجره خلال مدة العطلة السنوية، أو استرداد ما قبضه من أجر عنها متى ثبت اشتغاله خلالها لدى صاحب عمل آخر، بالإضافة إلى متابعته تأديبيا[2]. إن الحكمة التشريعية من ذلك هو إتاحة الفرصة أمام العامل للاسترخاء واستعادة نشاطه حتى يمكنه مواصلة العمل بجد ونشاط بعد عودته منها، ولا يمكن تحقيق هذا الهدف إذا قام العامل بالعمل لدى صاحب عمل آخر خلال العطلة السنوية، وهو ذات السبب الذي دفع المشرع إلى حظر استبدال العطلة المستحقة بالأجر النقدي أو العيني المؤدى للعامل ومن ثم فإذا ما كان المشرع قد منع استبدال الأجر بالعطلة، فمن باب أولى أن يمنع العامل من الاشتغال لدى صاحب عمل آخر، باعتبار أن ذلك يتنافى مع الغرض الذي تقررت من أجله العطلة[3]. أما المشرع الفرنسي منع العامل من العمل خلال العطلة السنوية لدى صاحب عمل آخر، واعتبر ذلك مساسا بحقوق البطالين، ومن تم يكون محل متابعة قضائية من قبل صندوق البطالة

---

(1) انظر المادة 220 فقرة 3 من الأمر رقم 75 – 31 المتعلق بالشروط العامة لعلاقات العمل في القطاع الخاص و المادة 15 من القانون رقم 81 – 03 المحدد للمدة القانونية للعمل وانظر كذلك المادة 149 من القانون رقم 90 – 11 السالف الذكر.

(2) المادة 50 من قانون العمل المصري: " لصاحب العمل أن يحرم العامل من أجره عن مدة الإجازة أو يسترد ما أداه من أجر عنها، إذا ثبت اشتغاله لدى صاحب عمل آخر وذلك دون الإخلال بالجزاء التأديبي.

(3) انظر الدكتور منير فريد الدكمي – شرح أحكام عقد العمل الفردي طبعة 1999 ص 339 المرجع أشار إليه الدكتور علي عمارة في الصفحة 267.

للمطالبة بالتعويض الذي لا ينبغي أن يقل عن التعويض الذي يتقاضاه العامل خلال مدة العطلة السنوية، كما يمكن للصندوق أن يتابع قضائيا المستخدم الذي يشغل العامل خلال عطلته السنوية وهو يعلم بذلك[1].

ثانيا: حق صاحب العمل في كيفية تنظيم العطلة السنوية

تنظيم وقت حصول العامل على حقه في العطلة السنوية من صلاحيات صاحب العمل وحده، الذي يتعين عليه تحديد مواعيد العطل السنوية لعماله حسب ظروف العمل ومقتضاته، ألزم المشرع الجزائري صاحب العمل بوضع برنامج يحدد من خلالها أوقات العطلة السنوية وتجزئتها، بعد استشارة لجنة المشاركة[2] وهو أيضا ما ذهب إليه المشرع المغربي[3]، وليس للعامل أن يرغم صاحب العمل على منحه عطلته في وقت معين، كما يستطيع صاحب العمل أن يمنح العطلة السنوية لجميع عماله في وقت واحد، ويتحقق ذلك عن طريق إغلاق المؤسسة لفترة معينة خلال السنة[4].

ليس هناك نص صريح في القانون الساري المفعول على تخصيص وقت محدد يتعين من خلاله على المستخدم منح العطل السنوية، على خلاف ما تضمنته

---

[1] Art.D.223-2 du code de travail Français: « Le travailleur qui exécute pendant son congé payé des travaux rétribués , privant de ce fait des chômeurs d'un travail qui aurait pu leur être confié , peut être l'objet d'une action devant le juge d'instance en dommages -intérêts envers le fonds de chômage.
Les dommages –intérêts ne peuvent être inférieurs au montant de l'indemnité due au travailleur pour son congé payé.
L'employeur , quel qui soit , qui a occupé sciemment un travailleur bénéficiaire d'un congé payé peut être également l'objet , dans les même conditions , de l'action en dommages –intérêts prévue par le présent article ».

[2] انظر المادة 51 من القانون رقم 90 – 11 المتعلق بعلاقات بالعمل السالف الذكر.

[3] المادة 245 من مدونة الشغل المغربية: " يتولى المشغل تحديد تواريخ العطلة السنوية بعد استشارة مندوبي الأجراء والممثلين النقابيين بالمقاولة عند وجودهم ".

[4] انظر الدكتور محمد لبيب شنب المرجع السالف الذكر ص 280.

بعض أحكام النصوص التشريعية الملغاة، التي حددت الفترة بين 2 مايو و 31 أكتوبر من كل سنة[1].

في غياب نص صريح في القانون الساري المفعول أخضعت بعض الاتفاقيات الجماعية للعمل، تنظيم وتحديد فترات العطل السنوية للتفاوض الجماعي، وحددت في حدود الإمكانيات المتاحة منح هذه العطلة لرب وربات العائلات خلال العطل المدرسية[2]، رغم أن المشرع الجزائري جعل ذلك من صلاحيات المستخدم يتصرف فيه بإرادته المستخدمة بعد استشارة ممثلي العمال، لأنه أدرى من غيره بمتطلبات الخدمة والمصلحة العامة والإنتاج والإنتاجية. الأصل أن يستفيد العامل من العطلة السنوية في أيام متتالية وجملة واحدة ذلك لأن الغرض من هذه العطلة لا يتحقق إذا منحت له متفرقة خلال السنة، غير أن المشرع الجزائري وضع لهذه القاعدة استثناء، بحيث أجاز لصاحب العمل تجزئتها[3].

مادام أن تجزئة العطلة السنوية استثناء عن القاعدة العامة كان على المشرع الجزائري أن يقيد ذلك الاستثناء بشروط لارتبط الحق في الراحة بالنظام العام، كما كان عليه الحال في ظل القوانين السابقة الملغاة حيث ربط ذلك بضرورات الخدمة الملحة من جهة، كما اشترط أن يستفيد العامل الذي جزئت عطلته من فترة راحة متواصلة لا تقل عن 15 يوما[4].

على خلاف المشرع الجزائري، قيد كل من المشرع المغربي والمشرع المصري تجزئة العطلة السنوية بشروط، فبالنسبة للمشرع المغربي اشترط أن يتم ذلك باتفاق بين كل من العامل وصاحب العمل، وأن تتم الإشارة إلى ذلك في سجل

---

(1) انظر المادة 219 من الأمر رقم 75 – 31 المتعلق بالشروط العامة لعلاقات العمل في القطاع الخاص السالف الذكر.

(2) المادة 177 من اتفاقية مؤسسة سوناطراك حددت فترات العطل السنوية ما بين 1 جويلية و31 ديسمبر من سنة العطلة.

(3) انظر المادة 51 السالفة الذكر من القانون رقم 90 – 11.

(4) انظر المادة 18 من القانون رقم 81 – 08 المتعلق بالعطل السنوية السالف الذكر.

العطل السنوية[1]، أما المشرع المصري جعل مسألة التجزئة من حق رب العمل وحده، فلا يحتاج في تقريريها إلى موافقة العامل، غير أن سلطة صاحب العمل مقيد بقيدين[2]، يتمثل الأول في يكون ذلك لأسباب ملحة تقتضيها مصلحة العمل، كما لو تعذر الاستغناء عن عامل مدة العطلة لخبرته وإلمامه بسير العمل، أما إذا لم تقتضي ظروف العمل ذلك فلا تجوز التجزئة إلا بموافقة العامل، فإن لم يوافق العامل لا يجوز لصاحب العمل تجزئة العطلة، ويتمثل القيد الثاني في أن تكون التجزئة فيما يزيد على ستة أيام متصلة، وبعدها لصاحب العمل أن يجزئ بقية مدة العطلة وفق ما تقتضي مصلحة العمل وضرورة الخدمة[3]. لم يتطرق المشرع الجزائري في ظل أحكام القانون الساري المفعول إلى موضوع تأجيل أو إرجاء العطلة السنوية، بل تناولته أحكام النصوص التشريعية الملغاة، حيث أجازت لصاحب العمل إرجاء جزء من العطلة السنوية أو كلها من سنة إلى أخرى وفقا حالات محددة على سبيل الحصر[4]، وهو ما نسخته أحكام بعض الاتفاقيات الجماعية للعمل[5].

ونحن نرى ضرورة تدخل المشرع الجزائر لتنظيم مسألة تأجيل العطلة السنوية من خلال الشروط والحالات التي تقتضي ذلك على غرار ما ذهب إليه كل من التشريع المغربي[6] والتشريع المصري [7].

---

[1] - انظر المادة 240 من مدونة الشغل المغربية.

[2] - انظر المادة 48 من قانون العمل المصري.

[3]- انظر الدكتور محمد لبيب شنب المرجع السالف الذكر ص 283.

[4] - المادة 17 من القانون رقم 81 / 08 المتعلق بالعطل السنوية بقولها: " لا يجوز إرجاء جزء من العطلة السنوية أو العطلة كلها من سنة إلى أخرى إلا مرة واحدة وذلك في الحالات التالية:

* الضرورات الملحة للخدمة أو المصلحة العامة.* الوقاية من الحوادث الوشيكة الوقوع أو إصلاح الحوادث المحققة.* تكوين نقابي أو مهني. * الالتزامات العائلية الصريحة شرعا والمعترف بها.

[5] - انظر المادة 175 من الاتفاقية الجماعية لمؤسسة سوناطراك.

[6] المادة 240 من مدونة الشغل المغربية: " يمكن تجزئة العطلة السنوية المؤدى عنها أو الجمع بين أجزاء من مددها على مدى سنتين متتاليتين، إذا تم ذلك باتفاق بين الأجير والمشغل وتتم الإشارة غي ذلك في سجل العطل السنوية المؤدى عنها المنصوص عليه في المادة 246 أدناه....".

[7] - انظر المادة 48 من قانون العمل المصري.

يمكن استدعاء العامل المتمتع بالعطلة السنوية متى دعت إلى ذلك ضرورات الخدمة[1]. يتبن مما سبق أن تجزئة أو تأجيل أو استدعاء العامل خلال تمتعه بعطلته السنوية تقتضيه أساب موضوعية تخرج عن المقتضى العادي عن ظروف العمل ألا وهـي ضرورات الخدمـة الملحة، وهي تخضـع لتقـدير وسـلطة محكمة الموضوع[2].

الفرع الثاني

حق العمال في الوقاية الصحية والأمن داخل أماكن العمل

حـق العامـل في الوقايـة الصحية والأمـن داخـل أمـاكن العمـل حـق دولـي[3] ودسـتوري[4]. تطبيقـا للمبـادئ المكرسـة في الاتفاقيـة الدوليـة والدسـتور الجزائـري، صـدرت جملـة مـن النصـوص التشريـعية[5] والتنظيمية[6] تسهر كلها على حماية

---

[1] - انظر المادة 48 من القانون رقم 90 – 11 السالف الذكر.

[2] - انظر الدكتور همام محمد محمود زهران-عقد العمل الفردي-المرجع السالف الذكر ص 579

[3] - انظر الاتفاقيات الدولية الصادرة عن منظمة العمل الدولية تحت رقم 155 الصـادرة في 22 جـوان 1981 المتعلقـة بـأمن وصحة العمال داخل أماكن العمل والتي دخلت حيز التنفيذ في 11 أوت 1983 المصادق عليها من قبل الجزائر بموجب المرسوم الرئاسي رقم 06 / 59 المؤرخ في 11 / 02 / 2006 جريدة رسمية عدد 7 لسنة 2006.

[4] - انظر المادة 55 فقرة 2 من دستور 1996 " يضمن القانون أثناء العمل الحق في الحماية والأمن والنظافة ".

[5] - القانون رقم 83 ـ 13 المؤرخ في 2 جويلية 1983 المتعلق بحوادث العمل والأمراض المهنية المعدل والمتمم جريدة رسمية عدد 28 لسنة 1983 - القانون رقم 88 ـ 07 المؤرخ في 26 جانفي 1988 المتعلق بالوقاية الصحية والأمـن وطب العمـل جريدة رسمية عدد 4 لسنة 1988 - المادة 5 فقرة 5 من القانون رقم 90 ـ 11 المـؤرخ في 21 أفريـل 1990 المتعلـق بعلاقات العمل: "يتمتع العمال بالحقوق الأساسية التالية: الوقاية الصحية والأمن وطب العمل".

[6] - المرسوم التنفيذي رقم 91 ـ 05 المؤرخ في 19 جانفي 1991 المتعلـق بالقواعـد العامـة للحمايـة التـي تطبـق علـى حفـظ الحصة والأمن في أماكن العمل جريدة رسمية عدد 4 لسنة

العمال الأجراء من أخطار حوادث العمل والأمراض المهنية. تؤكد الإحصائيات أن نسبة حوادث العمل والأمراض المهنية في تزايد مستمر فعلى من تقع مسؤولية الوقاية عن هذه الحوادث والأمراض؟ وما هي الأجهزة الرقابية في هذا المجال؟

إن الوقاية من حوادث العمل والأمراض المهنية مسؤولية تقع على عاتق صاحب العمل بالدرجة الأولى، فصاحب العمل ملزم بتوفير كل وسائل الحماية المكرسة في النصوص التشريعية والتنظيمية، كما أنه ملزم بإعلام وتكوين العمال في هذا المجال، لم يكتفي المشرع الجزائري بتحميل صاحب العمل المسؤولية، بل أوجب على بعض الأجهزة القيام بالرقابة على مدى تطبيق الأحكام المتعلقة بمجال الوقاية الصحية والأمن، وأهم هذه الأجهزة الجهاز الرقابي الداخلي " لجنة الوقاية الصحية والأمن " والجهاز الخارجي " مفتشية العمل "وقوفا عند هذه المسائل قسم هذا الفرع إلى عنصرين نتناول في العنصر الأول الالتزامات التي تقع على عاتق الهيئة المستخدمة في مجال الوقاية الصحية والأمن داخل أماكن العمل، ونخصص العنصر الثاني لدور كل من لجنة الوقاية الصحية و مفتشية العمل في مجال الرقابة.

1: التزامات المستخدم في مجال الصحة والأمن وطب العمل

ما دام أن ضمان الوقاية الصحية والأمن داخل أماكن العمل مسؤولية تقع على عاتق الهيئة المستخدمة [1]، فإن المشرع الجزائري ألزم صاحب العمل باحترام

1991 - المرسوم التنفيذي رقم 93 ـ 120 المؤرخ في 15 ماي 1993 المتعلق بتنظيم طب العمل جريدة رسمية عدد 33 لسنة 1993 المرسوم التنفيذي رقم 02 – 452 المؤرخ في 01 ديسمبر 2002 المتعلق بالتكوين والإعلام في مجال الوقاية الصحية والامن داخل أماكن العمل جريدة رسمية عدد 82 لسنة 2002 - المرسوم التنفيذي رقم 05 ـ 09 المتعلق باللجان المساوية الأعضاء ومندوبي الوقاية الصحية والأمن جريدة رسمية عدد 4 لسنة 2005.

[1] - المادة 3 من القانون رقم 88 ـ 07 المتعلق بالوقاية الصحية والأمن وطب العمل: " يتعين على المؤسسة المستخدمة ضمان الوقاية الصحية والأمن للعمال.

قواعد الصحة والأمن، وبتوفير طب العمل، وإعلام وتكوين العمال في هذا المجال[1]. وسوف نتطرق إلى كل مسالة على حدة.

1 - 1 التزام صاحب العمل باحترام قواعد الصحة والأمن

تضمنت مختلف التشريعات الاجتماعية المقارنة جملة من الأحكام المنظمة لتدابير الوقاية الصحية والأمن داخل أماكن العمل[2] تطبق هذه الأحكام على جميع العمال بغض النظر عن طبيعة ومدة علاقة عملهم، وبغض النظر عن قطاع النشاط الذي ينتمون إليه[3]. تعرض القانون رقم 88-07 المتعلق بالوقاية الصحية والأمن وطب العمل إلى التدابير الواجب احترامها في مجال الوقاية الصحية والأمن داخل أماكن العمل[4]، فالمستخدم ملزم باحترام القواعد المتعلقة بنظافة أماكن العمل وتطهيرها(العنصر ـ الأول) وتلك المتعلقة بالإضاءة والضجيج وحماية العمال من تقلبات الأحوال الجوية (العنصر ـ الثاني)، كما أنه ملزم احترام القواعد المتعلقة بالشحن والتفريغ والمرور الوقاية من السقوط العلوي (العنصر الثالث) بالإضافة إلى احترام القواعد الخاصة بالوقاية من أخطار الحريق (العنصر الرابع).

---

(1) - المادة 19 من القانون رقم 88 ـ 07 من القانون المذكور أعلاه: " يعد التعليم والإعلام والتكوين المتعلق بالأخطار المهنية واجبا تضطلع به الهيئة المستخدمة "

(2) عنون المشرع الفرنسي الباب الثالث من القانون رقم 82 - 1097 المؤرخ في 23 ديسمبر 1982 المتعلق بلجان الوقاية الصحية والأمن وشروط العمل " الوقاية والأمن وشروط العمل " - أما المشرع المصري عنون الباب الخامس من القانون رقم 12 لسنة 2003 بالسلامة والصحة المهنية وتأمين بيئة العمل. أما المشرع المغربي عنون القسم الرابع " حفظ صحة الأجراء وسلامتهم "

(3) المادة 3 من القانون رقم 88 - 07 السالف الذكر: " تطبق أحكام هذا القانون على كل مؤسسة مستخدمة، مهما كان قطاع النشاط الاقتصادي الذي تنتمي إليه"

GH.Camerlynck et Gérard lyon- droit du travail-8 édition 1976 P 270

(4) - انظر المواد من 3 إلى 11 من القانون رقم 88 _ 07 السالف الذكر و انظر كذلك المواد من 2 إلى 11 من المرسوم التنفيذي 91 ـ 05 المتعلق بالقواعد العامة للحماية التي تطبق على حفظ الصحة والأمن في أماكن العمل.

أولا: القواعد المتعلقة بنظافة أماكن العمل وتهويتها وتطهيرها

نتطرق أولا إلى القواعد المتعلقة بنظافة أماكن العمل وفق ما كرسته النصوص التشريعية والتنظيمية، ثم ننتقل إلى القواعد المتعلقة بتهوية أماكن العمل وتطهيرها.

أ: القواعد المتعلقة بالنظافة أماكن العمل

تشمل هذه القواعد وتزويد العمال بماء الشرب المطابق للصحة الغذائية[1] وضع وسائل النظافة الفردية تحت تصرفهم منها، تخصيص مرحاض واحد لكل 15 عاملا[2]، وإقامة المرشات ذات الماء الساخن، وتخصيص محل ملائم للعمال إذا كان 25 عامل منهم يتناولون وجبة الغذاء في أماكن العمل[3].

ب: القواعد المتعلقة بتهوية أماكن العمل وتطهيرها

يجب أن تتم تهوية الأماكن المخصصة للعمل إما عن طريق التهوية الميكانيكية أو التهوية الطبيعية الدائمة، وإما عن طريق التهوية المختلطة كما يجب ضمان الحجم الأدنى من الهواء لكل عامل طبقا للمقاييس التي يحددها التنظيم المعمول به في هذا المجال[4].

يجب أن يركب جهاز التهوية الميكانيكية الطبيعية أو المختلطة لتجديد الهواء في الأماكن التي تقع في باطن الأرض أو في الأماكن التي تتم فيها الأشغال بعيدا عن ضوء النهار، وأن يكون الهواء المدخل مأخوذا بعيدا عن أي مصدر تلوث ومنقى ومصفى وإن اقتضى الأمر، ومأخوذا على بعد مسافة كافية من الفروج التي تتصل بالأماكن التي تنطوي على أخطار حريق خاصة[5].

---

[1] المادة 4 من القانون رقم 88 - 07 والمادة 24 من المرسوم التنفيذي 91-05 السالف الذكر.

[2] انظر المادة 18 فقرة أخيرة من المرسوم 91 ـ 05 السالف الذكر

[3] انظر المادتين 20 و 22 من المرسوم رقم 91 ـ 05 السالف الذكر.

[4] انظر المادة 6 من المرسوم رقم 91 ـ 05 السالف الذكر.

[5] انظر المادة 7 من المرسوم رقم 91 ـ 05 السالف الذكر.

كما يجب أن تهيأ فروج تطل على الخارج، وتضمن التهوية، والإنـارة الطبيعيـة في الأمـاكن المغلقـة وتعتمد مقاييس أخرى عندما تكون الأماكن معدة للأشغال خاصة تتطلب الظلام أو الإنـارة الاصـطناعية أو الجو المعقم أو عندما تكون الأساليب التكنولوجية أسـاليب خاصـة كـما يجـب أن تكـون مسـاحة الفـروج تساوي على الأقل سدس مساحة الأرضية [1]. يجب أن يحافظ على جو أماكن العمل والمنشآت الصحية مـن تسرب الروائح الآتية من بالوعات المجاري القذرة وحفر الأوساخ أو مصادر التعفن الأخرى كـما يجـب أن تزود بوسائل إفراغ المياه المستعملة والمرسبة ومياه الغسيل بأجهزة مائيـة قابضـة، وتنظـف تلـك الوسـائل وتغسل كل يوم[2].

إن تعذر إنجاز الأشغال في أجهزة مغلقة كاتمة وترتب عـلى ذلـك تـراكم الغبـار أو تسرـب الـروائح المضرة غير الطاهرة أو المزعجة، يجمع كل من الغبـار والـرذاذ والغـاز والبخـار في مصـدر إنتاجـه ويصرـف مباشرة نحو خارج أماكن العمل حسب شروط لا تنطوي على أي خطر يلـوث البيئـة أو يـزعج المجـاورين. وإذا أفرغت غازات ثقيلة وجب أن يتم امتصاصها بكيفية انحدارية، ويجـب أن تكـون طـاولات العمـل أو أجهزته متصلة اتصالا مباشرا بوسائل التهوية. أما فيما يخص الغبار الذي تحدد وجـوده أجهـزة ميكانيكيـة فيجب أن تركب حول هذه الأجهزة دفوف متصلة بنظام تهوية ماصة. يجـب أن تـتم ميكانيكيـا في أجهـزة مغلقة كل العمليات التي تعالج بها المواد التي تثير الحساسية أو المواد السـامة، لاسـيما السـحق والغربلـة والوضع في الأكياس والبراميل[3].

[1] - انظر المادة 8 من المرسوم رقم 91 ـ 05 السالف الذكر.

[2] - انظر المادة 9 من المرسوم رقم 91 ـ 05 السالف الذكر.

[3] - انظر المادة 10 من المرسوم رقم 91 ـ 05 السالف الذكر.

يجب أن تعزل عن المشاغل أماكن العمل التي تشتمل على أخطار كبيرة مـن التسـمم أو انعـدام النقاوة. ويجب أن تزود الغرف المخصصة لهذا الإستعمال بجهاز استخراج الهواء وتجديده. ولا يقيم العمال في هذه الغرف إلا المدة الدنيا التي تتطلبها طبيعة الأشغال التي يقومون بها، كما يجب أن ينتفعوا بحمايـة ملائمة[1].

لا يمكن القيام بالأشغال التي تنجز في الأماكن المغلقة مثل الأروقة أو الصهاريج والخزانات، وأفوات الغاز، والبرم، أو في أي مكان شبيه آخر إلا بعد تطهير الجو بجهاز تهوية ملائم. كما يجب أن يكون تجديـد الهواء واستخراج الملوث منه طوال مدة الأشغال، و حماية العمال الذين يطلب مـنهم التـدخل في الأمـاكن المغلقة المنصوص عليها في الفقرة الأولى بأجهزة أمن ملائمة ذات صلة بنوع الخطر الذي يتعرضون لـه. ولا يمكن بأي حال من الأحوال أن يترك العامل الذي يعمل في مثل هـذه الظروف دون حراسـة ويتولى هـذه الحراسة عامل واحد على الأقل يقيم خارج المكان المغلق[2].

ثانيا: القواعد المتعلقة بالإضاءة والضجيج وحماية العمال من تقلبات الأحوال الجوية

نتطرق أولا إلى التزام صاحب العمل بالقواعد المتعلقة بالإضاءة وحماية العمال من خطر الضجيج، ثم إلى التزامه بالقواعد المتعلقة بحمايتهم من خطر تقلبات الأحوال الجوية.

---

[1] - انظر المادة 11 من المرسوم رقم 91 ـ 05 السالف الذكر.
[2] - انظر المادة 11 من المرسوم رقم 91 ـ 05 السالف الذكر.

أ: القواعد المتعلقة بالإضاءة و الضجيج

يجب أن تضاء الأماكن ومواقع العمل، ومناطق المرور والشحن والتفريغ وباقي المنشآت الأخرى،

إضاءة تضمن راحة البصر ولا تتسبب في أية إصابة للعيون بحيث تساوي القيم المبنية في الجدول الآتي[1]:

القيم الدنيا للإضاءة	الأماكن المخصصة للعمل وملحقاتها
40 لوكس	طرق المرور الداخلية Les Voies de circulation intérieure
60 لوكس	الأدراج والمستودعات Les Escaliers et les entrepôts
120 لوكس	أماكن العمل وغرف الملابس والمرافق الصحية. Locaux de travail vestiaires,sanitaires
200 لوكس	الأماكن المظلمة المخصصة للعمل الدائم Locaux aveugles affectés à un travail permanent

كما يجب على الهيئات المستخدمة أن تحافظ على كثافة الضجيج التي يتحملها العمال في مستوى

يتلاءم مع صحتهم، ويتم ذلك وفقا للمعايير الواردة في التنظيم المعمول به في هذا المجال[2].

ب: القواعد المتعلقة بحماية العمال من تقلبات الأحوال الجوية

يجب أن يزود العمال الذين تتعرض مواطن عملهم لدرجات حرارة منخفضة جدا أو مرتفعة جدا

بتجهيزات خاصة، تتخذ الهيئة المستخدمة بعد استشارة الجهات المختصة كل التدابير اللازمة لضمان

حماية العمال من البرد وتقلبات الأحوال الجوية[3].

---

[1] - انظر المادة 13 من المرسوم رقم 91 ـ 05 السالف الذكر.

[2] - انظر المادة 15 من المرسوم رقم 91 ـ 05 السالف الذكر.

[3] - انظر المادة 14 من المرسوم رقم 91 ـ 05 السالف الذكر.

ثالثا: القواعد المتعلقة بالشحن والتفريغ والوقاية من السقوط العلوي

ألزم المشرع الجزائري باحترام القواعد المتعلقة بالشحن والتفريغ والمرور داخل أماكن العمل، وباحترام أيضا القواعد المتعلقة بالوقاية من خطر السقوط العلوي، وسوف نتعرض إلى هذه القواعد تبعا.

أ: القواعد المتعلقة بالشحن والتفريغ والمرور

إذا تطلب الأمر أن ينقل العمال أشياء ثقيلة من مكان إلى آخر دون جهاز ميكانيكي، يجب ألا تتجاوز الحمولة لكل عامل بالغ 50 كغ في المسافات القصيرة، أما العاملات والعمال القصرـ لا يجب أن تتجاوز الحمولة 25 كغ أما إذا زاد وزن الحمولة على الحد الأقصى المذكور، يجب أن يزود العمال بوسائل خاصة بالشحن والتفريغ [1].

إذا كان نشاط المؤسسة يشمل حركة الشاحنات أو مركبات النقل أو آليات الشحن والتفريغ، يجب أن خصص طرق لمرورها، كما يجب أن يكون عرض تلك الممرات كافيا لتجنب خطر الاصطدام، بحيث يتجاوز هذا العرض بستين (60) سنتمترا على الأقل عرض الآليات أو العربات المستعملة أو الحمولات إذا كان عرض هذه الحمولات يتجاوز عرض الآليات أو العربات المستعملة. وعندما يكون المرور في الاتجاهين يجب أن يساوي عرض الممرات مرتين على الأقل عرض المركبات أو الحمولات مع زيادة تسعين (90) سنتمترا. كما تجب الإشارة إلى الممرات التي تمر فيها الآليات أو عربات الشحن والتفريغ بوسائل ملائمة كما يجب أن توضع معالم بممرات الراجلين [2].

يجب أن تكون أرضية أماكن العمل والمرور والمنافذ مستوية تمام الاستواء إلا إذا كانت هناك ضرورة تفرضها طبيعة الأشغال المقصودة كما يجب أن تبقى

---

[1] - انظر المادة 26 من المرسوم رقم 91 ـ 05 السالف الذكر.

[2] - انظر المادة 27 من المرسوم رقم 91 ـ 05 السالف الذكر.

الممرات ومنافذ الخروج التي يستعملها العمال خالية من أي عائق، ولا يمكن مطلقا أن لا يقل عرضها عن 80 سم مهما يكن استعمالها[1].

إذا كان نشاط المؤسسة يشمل عادة حركة شاحنات أو مركبات نقل أو أجهزة وآليات للشحن والتفريغ فيجب أن تخصص دروب لمرورها. ويجب أن تكون قدر الإمكان متميزة عن السبل والممرات المخصصة لخروج العمال، وإذا تحتم على سائق المركبة أن يقوم بتحر في ظروف رؤية غير كافية لاسيما تحرك التقهقر فعلى مسئول الوحدة أو مأموره أن يعين شخصا أو عدة أخاص لإرشاد السائق المعني وإبعاد العمال الموجودين في منطقة التحرك. كما يجب أن تتخذ الاحتياطات نفسها لدى تفريغ القحافات والشاحنات المسطحة من المواد والأشياء العائقة والثقيلة[2].

يجب أن تعزل وتميز في مناطق العمل والمرور مساحات خزن المواد والمنتوجات أو البضائع التي تمثل خطرا بطبيعتها أو بوضعها. كما يجب أن يسند تكديس الأكياس والصناديق أو الحمولات على اختلاف أنواعها إلى عمال مؤهلين ويجب أن يتم هذا العمل دون أن يترتب عليه أي خطر[3]. يجب أن يزود العمال بالأجهزة الملائمة لشحن السوائل وتفريغها وتحويلها من وعاء إلى آخر حتى يمكن القيام بأي تحرك يشمل عمليات الصب أو استخراج المنتوجات التي من شأنها أن تسبب في حروق من أصل حراري أو كيمائي. كما يجب أن تغلف الأوعية المصنوعة من مواد هشة بغلاف يقاوم الصدمات، بقطع النظر عن الوسائل المخصصة لنقلها وتفريغها[4].

---

[1] - انظر المادتين 28 و 29 من المرسوم رقم 91 ـ 05 السالف الذكر.

[2] - انظر المادة 30 من المرسوم رقم 91 ـ 05 السالف الذكر.

[3] - انظر المادة 31 من المرسوم رقم 91 ـ 05 السالف الذكر.

[4] - انظر المادة 32 من المرسوم رقم 91 ـ 05 السالف الذكر.

ب: القواعد المتعلقة بالوقاية من السقوط العلوي

يجب أن تزود الجسيرات Les passerelles والسقيفات Les planchersوالمصطبات العلوية Les plates-formes والقوالبLes chafaudages ووسائل الوصل إليها بحواجز واقية صلبة garde-corps rigides تحتوي على سقالات أصلية Une lisse وسقالات فرعية une sous-lisse ووطائد une plinthe، كما يجب أن تكون الأرضيات متصلة الأجزاء[1].

يجب أن تزود البرم Les cuves والأحواض Les basins والخزانات Les réservoirs بالحواجز الجانبية أو بجدران الحماية المخصصة للوقاية من أخطار السقوط. كما يجب أن تسيج الفوهات الأرضية والبوبيات الراضية والسقيفات والآبار وفتحات النزول، وأن توضع إشارة تنبيه إلى وجود السياج بكل الوسائل الممكنة. وفي حالة العمل الليلي أو الرؤية غير الكافية يجب أن يرشد العمال إلى الفتحات ولو بأجهزة منيرة[2]. يجب أن تهيأ وسائل الوصول إلى الأماكن المرتفعة أو إلى الصهاريج والأحواض والخزانات والمطامير، على أن تزود السلالم بحواجز جانبية ومقابض يدوية، وأن تكون السلالم مصنوعة من مواد صلبة وتوفر فيها كل ضمانات الأمن لدى استعمالها، أن تكون درجات السلالم صلبة ثابتة ومحكمة التثبيت. ويمنع أن تنقل أشياء وزنها أكثر من 50 كلغ أو أشياء حجمها ضخم أو عائق[3].

رابعا: القواعد المتعلقة بالوقاية من أخطار الحريق

أوجب المشرع الجزائري على المستخدم عزل أماكن العمل ومراكزه التي تنطوي على كل أخطار اندلاع الحرائق بسبب الاستعمال الدائم للمنتوجات والمواد السريعة الالتهاب، ويتم ذلك بإقامة تلك الأماكن والمراكز في بنايات منفصلة وإما

---

[1] - انظر المادة 33 من المرسوم رقم 91 ـ 05 السالف الذكر.

[2] - انظر المادة 34 من المرسوم رقم 91 ـ 05 السالف الذكر.

[3] - انظر المادتين 35 و 36 من نفس المرسوم السالف الذكر.

بفصلها أو حمايتها بحواجز من أصل البناية نفسها، كما يجب توفير حراسة خاصة لأشغال الصيانة التي تنجز في تلك الأماكن والمراكز التي يمكن أن تتسبب في حريق أو انفجار. كما يجب أن توزع منافذ الأماكن وبنايات العمل ومخارجها توزيعا يمكن من الإجلاء الريع في حالة نشوب الحريق، ولا يمكن أن يكون في المحل الواحد أو البناية الواحدة أقل من منفذين، إذا كان يمر عبرها أكثر من 100 شخص ينتمون إلى المؤسسة أو لا ينتمون إليها، كما لا يمكن أن يقل عرض المنفذ والمخارج المؤدية إلى هذه البنايات عن 80 سم. كما يجب أن توضع علامات مرئية ليلا ونهارا تشير إلى الطريق الذي يؤدي إلى أقرب منفذ أو مخرج[1]. تصنف المواد السريعة الالتهاب في مجموعتين: تتكون المجموعة الأولى من المواد التي تثير بخارا سريع الالتهاب، والمواد التي يمكن أن تحترق دون تزويدها بالأكسجين، وكذا المواد التي تكون في حالة فيزيائية كثيرة الانقسام التي يمكن أن تكون مع الهواء خليطا انفجاريا. وتتكون المجموعة الثانية من المواد التي يمكن أن تشتعل لدى اتصالها باللهب وتتسبب في انتشار الحريق[2]. لا يمكن أن تضاء الأماكن التي تودع أو تعالج فيها مواد سريعة الالتهاب من المجموعة الأولى، إلا بمصابيح كهربائية مزودة بغلاف مزدوج عازل أو بمصابيح خارجية زجاجها مغلق، كما لا يجوز أن تحتوي أي موقد أو لهب أو جهاز أو أجزاء جهاز يمكن أن يؤدي إلى التوهج. يمنع التدخين في هذه الأماكن أو الإتيان بالنار إليها في أي شكل من الأشكال، على أن يكون هذا المنع موضوع إعلام كاف وملائم، كما يكون الدخول إليها مقننا[3] اعتبر المشرع الجزائري قواعد الصحة والأمن من المسائل

---

[1] - انظر المواد 46 و 54 و 55 من المرسوم رقم 91 ـ 05 السالف الذكر.

[2] - انظر المادة 47 من المرسوم رقم 91 ـ 05 السالف الذكر.

[3] - انظر المادة 48 من المرسوم رقم 91 ـ 05 السالف الذكر.

المرتبطة بالنظام العام حيث يترتب على عدم احترام المستخدم لها توقيع عقوبات جزائية[1].

لم يتطرق المشرع الجزائري إلى الجزاء الذي يلحق العامل عند مخالفته للقواعد المتعلقة بالنظافة والأمن داخل أماكن العمل، تاركا ذلك للأنظمة الداخلية للمؤسسات، والتي اعتبرت بعضها أن مثل هذه المخالفات تشكل عقوبة من الدرجة الأولى تستوجب توقيع الإنذار الكتابي[2]، على خلاف التشريع الجزائري اعتبر المشرع المغربي عدم امتثال العمال الأجراء للتعليمات الخصوصية المتعلقة بقواعد السلامة وحفظ الصحة، وهم يؤدون بعض الأشغال الخطرة خطا مهنيا جسيما يمكن أن ينجر عنه الفصل دون إخطار ولا تعويض، إذا سبق إعلامهم بكيفية قانونية علة تلك التعليمات[3].

1- 2: التزام صاحب العمل بتوفير طب العمل

على غرار ما ذهب إليه المشرع الفرنسي[4]، نص المشرع الجزائري على أحكام تشريعية وتنظيمية تلزم صاحب العمل بإنشاء أجهزة وهياكل طبية للعمل على اعتبار أن طب العمل التزاما يلقى على عاتق المؤسسة المستخدمة ويجب عليها التكفل به[5].

---

(1) تتمثل العقوبات الجزائية المترتبة على مخالفة قواعد الصحة والأمن في الغرامات المالية التي تتراوح 1000 دج و6000 دج والحبس شهرين إلى 6 أشهر، يمكن أن يؤدي العود إلى المخالفات إلى الغلق الكامل أو الجزئي للمؤسسة بناء على قرار من المحكمة (انظر المواد من 35 إلى 43 من القانون رقم 88 – 07).

(2) انظر الجدول الملحق بالنظام الداخلي لمؤسسة سوناطراك المصادق عليه من قبل مفتشية العمل بسيدي امحمد الجزائر العاصمة في 17 جوان 1992 تحت رقم 039.

(3) انظر المادة 293 من مدونة الشغل المغربية.

(4) Concernant le droit français voir notamment. art. L. 241- 3s et art. R. 241-1s Code du travail. fr.Pour plus de détails cf. Mémento pratique Francis LEFEBVRE, Social: droit du travail et sécurité sociale, op. cit., n° 5001et P. ANDLAUER,"L'exercice de la médecine du travail",éd. Flammarion Médecine- Sciences, Paris, 1972, pp.5 et s.

(5) انظر المادة 13 من القانون رقم 88 - 07 المؤرخ في 26 يناير 1988 يتعلق بالوقاية الصحية و الأمن و طب العمل السالف الذكر.

ينظم طب العمل في أحد الأشكال التي قررها المشرع، وحسب أهمية المؤسسة المستخدمة، فقد تكون لكل هيئة مستخدمة مصلحة طبية خاصة وإذا تعذر ذلك تكون مشتركة بين مجموعة من الهيئات المستخدمة، أو أن تبرم الهيئة المستخدمة اتفاقا مع القطاع الصحي حسب النموذج الموضح بموجب النص التنظيمي، وفي حالة ما إذا تعذر على القطاع الصحي الاستجابة إلى طلب المؤسسة المستخدمة أو التخلي عن التزاماته، يتعين على هذه الأخيرة أن تبرم اتفاقا مع هيكل مختص في طب العمل أو أي طبيب مؤهل[1]. يساعد طبيب العمل في توفير الرعاية الصحية والأمنية للعمال مساعدون طبيون يعينون ممن يسمح لهم القانون بممارسة المساعدة الطبية في العمل بعد الحصول على شهادة التمريض والإذن بذلك، ويحدد عدد المساعدين الطبيين على أساس شدة الخطورة المهنية وعدد العمال[2].

أولا: الالتزامات التي تقع على عاتق طبيب العمل

استقراء للنصوص التشريعية والتنظيمية السارية المفعول، يمكن استخلاص جملة من الالتزامات يتعلق بعضها بتسيير المصلحة والبعض الآخر بالرقابة في مجال الصحة والأمن.

---

[1] انظر المادة 14 من القانون رقم 88 - 07 السابق الذكر. وارجع إلى القرار الوزاري المشترك المؤرخ في 2 ذي القعدة 1415 الموافق 2 أبريل 1995 المحدد للاتفاقية النموذجية المتعلقة بطب العمل المبرمة بين الهيئة المستخدمة والقطاع الصحي أو الهيئة المختصة أو الطبيب المؤهل.جريدة رسمية عدد 30 لسنة 1996.

[2] راجع المادة 30 من المرسوم التنفيذي رقم 93 - 120 السالف الذكر. و كذلك المادتين 2 و 3 من القرار المؤرخ في 16 أكتوبر 2001 المحدد لكيفيات تطبيق أحكام المادة 30 من المرسوم التنفيذي رقم 93 – 120 المتعلق بتنظيم طب العمل.جريدة رسمية عدد 21 المؤرخة في 27 مارس 2002 ص 26.

أ: التزامات طبيب العمل في مجال تسيير مصلحة طب العمل

يلتزم طبيب العمل بإعداد ملف طبي لكل عامل، ولا يبلغ إلا لطبيب العمل المفتش المختص إقليميا، على أن يتمم هذا الملف بعد كل فحص طبي لاحق تحدد مدة حفظ الملف الطبي 10 سنوات بعد تاريخ الإحالة على التقاعد[1]. كما عليه أن يمسك سجلا للنشاط اليومي والفحوص الطبية للتشغيل والفحوص الدورية والتلقائية، وفحوص الاستئناف، بالإضافة إلى السجل الخاص بالمناصب المعرضة للأخطار، وسجل التلقيحات في وسط العمل وسجل الأمراض المهنية. تمسك هذه السجلات يوميا وباستمرار تحت مسؤولية طبيب العمل، وتحفظ لمدة عشر سنوات ابتداء من تاريخ غلقها[2].

كما يلتزم التصريح بجميع الأمراض المهنية المحددة على سبيل الحصر في القائمة، وبالأمراض ذات الطابع المهني، لدى المصالح الصحية المعنية وعند الإخلال بهذا الالتزام يتعرض للعقوبات المنصوص قانونا [3].

---

[1] انظر المادتين 3 و5 من القرار الوزاري المشترك المؤرخ في 28 رجب 1422 الموافق 16 أكتوبر 2001 المحدد لمحتوى الوثائق المحررة إجباريا من قبل طبيب العمل وكيفيات إعدادها ومسكها. جريدة رسمية عدد 21 المؤرخة في 27 مارس 2002 ص 4

[2] انظر المادة 29 من المرسوم التنفيذي رقم 93 - 120 و كذا المادتين 2 و 7 من القرار الوزاري المشترك المؤرخ في 16 أكتوبر 2001 المذكور أعلاه.

[3] المادة 68 من القانون رقم 83 – 13 المتعلق بحوادث العمل والأمراض المهنية: " تحسبا لتمديد الجداول ومراجعتها، وكذلك لاتقاء الأمراض المهنية يلتزم كل طبيب بالتصريح بكل مرض يكتسي حسب رأيه طابعا مهنيا. و كذاك المادة 54 من القانون رقم 85 - 05 المؤرخ في 26 جمادى الأولى عام 1405 الموافق 16 فبراير 1985المتعلق بحماية الصحة وترقيتها: " يجب على أي طبيب أن يعلم فورا المصالح الصحية المعنية بأي مرض معد شخصه، وإلا سلطت عليه عقوبات إدارية وجزائية ".

ب: الالتزامات في مجال رقابة الصحة والأمن داخل أماكن العمل

منح المشرع الجزائري طبيب العمل رقابة واسعة في مجال الوقاية الصحية والأمن، حيث يتمتع بحرية الدخول إلى كل أماكن العمل، بل حتى تلك المخصصة لراحة العمال داخل الهيئة المستخدمة [(1)]، في حالة معاينة تهاون مفرط أو خطر لم تتخذ بشأنه المؤسسة المستخدمة الإجراءات المناسبة، يتعين عليه إخطار صاحب العمل مسبقا لاتخاذ الإجراءات اللازمة، وفي حالة عدم استجابة هذا الأخير، يتقدم الطبيب بإشعار إلى مفتشية العمل المختصة إقليميا[(2)]، الأمر الذي يجعله عرضة لضغوط المستخدم باعتباره عاملا أجيرا تابعا للمستخدم تبعية قانونية واقتصادية، مما قد يؤدي إلى الإنهاء التعسفي للعلاقة، ومن أصبح أطباء العمل الذين تربطهم علاقة تبعية بالهيئة المستخدمة يطالبون بحماية قانونية من تعسف أصحاب العمل. ونحن نرى أن أفضل حماية قانونية لهؤلاء الأطباء، أن تكون تبعيتهم القانونية لوزارة الصحة التي تقوم بتعيينهم بناء على طلب المؤسسات المستخدمة، ومن ثم تكون إجراءات تأديبهم أمام السلطة التي قامت بتعيينهم، أما التبعية الاقتصادية تكون للهيئة المستخدمة، باعتبارها المنتفعة من خدامات الطبيب.

ثانيا: صلاحيات طبيب العمل في مجال المراقبة الطبية

يتمتع طبيب العمل بصلاحيات في مجال المراقبة الطبية، حيث يخضع العمال إلى نوعين من الفحوصات الطبية الفحوصات الطبية الإجبارية وتكون في حالات معينة، والفحوصات الطبية الاختيارية.

(1) - انظر المادة 26 من المرسوم التنفيذي رقم 93 - 120.

(2) - انظر المادة 32 من القانون رقم 88 - 07 السالف الذكر.

أ: الفحوصات الطبية الإجبارية

تكون الفحوصات الطبية إجبارية في حالة الفحص الطبي للتشغيل، حيث يخضع وجوبا كل عامل أو متمهن للفحوص الطبية الخاصة بالتشغيل[1] ويشمل الفحص الطبي فحص سريري وفحوص شبه سريرية ملائمة بهدف البحث عن سلامة العامل من أي داء خطير على بقية العمال، والتأكد أن هذا الأخير مستعد صحيا للمنصب المرشح شغله،كما تهدف هذه الفحوصات إلى اقتراح التعديلات التي يمكن إدخالها عند الاقتضاء على منصب العمل، وإلى بيان ما إذا كانت الحالة تتطلب فحصا جديدا أو استدعاء طبيب مختص. كما يخضع كل تحويل في منصب العمل لفحص طبي جديد يهدف إلى التأكد من أن العامل أهل لمنصب العمل المرشح لشغله[2].

كما تكون هذه الفحوصات الطبية إجبارية عند الفحوصات الدورية، حيث يجب على كل هيئة مستخدمة أن تعرض عمالها على فحص طبي دوري مرة واحدة في السنة على الأقل للتأكد من استمرار أهليتهم لمناصب العمل التي يشغلونها، غير أن هذه الفحوص الدورية مطلوبة مرتين في السنة على الأقل بالنسبة للعمال المعرضين بشكل خاص للأخطار المهنية، والمعينين في مناصب عمل تتطلب مسؤولية خاصة في ميدان الأمن، والعمال الذين تقل أعمارهم عن 18 سنة، وتزيد أعمارهم عن خمس وخمسين سنة، وكذلك بالنسبة للعمال المكلفين بالإطعام، والمعوقين جسديا وذوي الأمراض المزمنة والنساء الحوامل والأمهات اللائي لهن أطفال تقل أعمارهم عن سنتين[3].

كما تكون الفحوصات الطبية إجبارية عند استئناف العمل بعد غياب سببه مرض مهني أو حادث عمل أو بعد عطلة أمومة، أو غياب لا يقل عن واحد

---

[1] - انظر المادة 17 فقرة 1 من القانون رقم 88 - 07 السالف الذكر.
[2] - انظر المادتين 13 و14 من المرسوم التنفيذي رقم 93 - 120 السالف الذكر.
[3] – انظر المادتين 15 و المادة 16 من المرسوم التنفيذي رقم 93- 120 السالف الذكر.

وعشرين (21) يوما بسبب مرض أو حادث غير مهني، أو في حالة غيابات متكررة بسبب مرض غير مهني. على الهيئة المستخدمة أن تعلم طبيب العمل بهذه الغيابات قبل استئناف العمل، ولا يكون طبيب العمل مؤهلا للتأكد من صحة هذه الغيابات متى كانت بسبب مرض أو حادث[1].

ب: الفحوصات الطبية الاختيارية

وهي التي تكون بطلب من العامل، سواء كان طبيب العمل تابعا للمؤسسة التي يعمل بها، أو للقطاع الصحي، بغرض الحصول على النصائح   والتوجيهات، التي تنعكس إيجابا على مردود العمل وصحة العامل. كما تكون هذه الفحوصات بطلب من طبيب العمل نفسه كأن يلجأ إلى الفحوص التكميلية، والتي على ضوئها يمكن أن يتخذ كل إجراء من شأنه المحافظة على صحة العامل، أو أن يلجأ إلى طبيب اختصاصي لتحديد الأهلية الصحية لمنصب العمل، لاسيما اكتشاف الإصابات التي تتنافى مع المنصب المراد شغله، أو لاكتشاف الأمراض المعدية، أو اكتشاف الأمراض المهنية أو ذات الطابع المهني[2].

1 - 3 التزام المستخدم بالتكوين والإعلام في مجال الصحية والأمن

أولى المشرع الجزائري أهمية بالغة لتكوين العمال وإعلامهم في مجال الوقاية الصحية والأمن، يتجلى ذلك من خلال تخصيص أحكاما بالموضوع[3]، يعد التعليم والإعلام والتكوين المتعلق بالأخطار المهنية واجبا تضطلع به الهيئة

---

[1] انظر المادة 17 من المرسوم التنفيذي رقم 93- 120 السالف الذكر.

[2] انظر المادتين 18 و 19 من المرسوم التنفيذي رقم 93 – 120.

[3] انظر المواد من 19 إلى 22 من القانون رقم 88 – 07 السالف الذكر وكذا أحكام المرسوم التنفيذي رقم 02 – 427 المؤرخ في 07 ديسمبر 2002 المتعلق بشروط تنظيم تعليم العمال وإعلامهم وتكوينهم في مجال الوقاية من الأخطار المهنية.

المستخدمة[1]، فهي ملزمة بإعداد برنامج سنوي للتعليم والتكوين، على أن تشارك في وضعه لجنـة الوقاية الصحية والأمن وطبيب العمل[2].

إذا كان التعليم والتكوين في مجال الوقاية الصحية التزام يقع على عاتق الهيئة المستخدمة، فإن أي عامل يرفض متابعة التكوين دون سبب جدي يعتبر مرتكبا لخطأ يستوجب توقيع العقوبة المناسبة طبقا لأحكام النظام الداخلي للمؤسسة[3].

يهدف التكوين في مجال الوقاية الصحية والأمـن إلى تزويـد العمـال بمعلومـات ضروريـة تتعلق بالموضوع، وكذا تنبيههم بمواقع وأنواع الأخطار التي يمكن أن يتعرضوا لها، وإلى تـدابير الوقايـة الواجـب اتخاذها لضمان أمنهم وسلامتهم، وإلى الإجراءات والاحتياطات التي ينبغي إتباعها في حالة وقـوع حـادث عمل أو خطر. كما يهدف إلى تعليم العمال بقواعد المرور داخل المؤسسة وتحديد مخارج منافذ النجدة لاستعمالها في حالة الخطر[4].

[1] – انظر المادة 19 من القانون رقم 88 – 07 السالف الذكر.

[2] – راجع المواد 4 و5 و6 من المرسوم التنفيذي رقم 02 – 427 السالف الذكر.

[3] – المادة 109 فقرة 4 من النظام الداخلي لمؤسسة اتصالات الجزائر المحرر بالمحمدية " الجزائر العاصمة " بتاريخ 20أفريل 2004 التي تعتبر رفض العامل غير المبرر لمتابعة تكوين مبرمج ومسجل بمخطط التكوين خطأ من الدرجة الثانية متمثلـة في التوقيف عن العمل من 4 أيام إلى 8 أيام مع الحرمان من الأجر المطابق لمدة التوقيف وذلك طبقا لـنص المـادة 118 فقرة ب. – بينما اعتبر النظام الداخلي لمؤسسة سونطراك المصادق عليه مـن قبـل مفتشية العمل في الجزائر العاصمة بتاريخ 17 جوان 1992 أن العقوبة المقرر لنفس الخطأ هي التوقيف لمدة 3 أيام.

[4] Marie HAUTEFORT et Catherine GRODROUX–LAMY SOCIAL–Note 1928 P 859et 860

وانظر كذلك المادة 10 من المرسوم التنفيذي رقـم 02 – 427 المـؤرخ في 07 ديسمبر 2002 المتعلـق بشـروط تنظيـم تعليـم العمال وإعلامهم وتكوينهم في مجال الوقاية من الأخطار المهنية.

إذا كان المشرع الجزائري قد ترك الحرية للمستخدم بمساهمة الأجهزة المؤهلة قانونا في تحديد مضمون التكوين، فإن المشرع الفرنسي قيد مضمونه بثلاثة محاور أساسية: يتمثل المحور الأول في التكوين في مجال الأمن الخاص بالسير داخل المؤسسة ويخص هذا المحور العمال الجدد والعمال المؤقتين، أما المحور الثاني يتعلق بالتكوين عند تنفيذ العمل، أما المحور الأخير ينصب حول تكوين العمال في حالة وقوع حادث أو خطر قصد اتخاذ الإجراءات الضرورية[1].

يتضمن التكوين جانب نظري وآخر تطبيقي، وينبغي مراعاة مستوى التعليم والتأهيل والخبرة المهنية للعمال المعنيين[2]. ألزم المشرع الفرنسي بموجب القانون رقم 90 - 602 المؤرخ في 12 جويلية 1990 المتعلق بالعمل الوقتي المستخدم بتكوين مدعم لفائدة العمال الذين يرتبطون بالهيئة المستخدمة بعقد عمل محدد المدة، الذين كلفوا بأعمال يمكن أن تنجر عنها أخطار تمس صحتهم وسلامتهم الأمنية، يحدد المستخدم قائمة تلك المناصب بعد أخد رأي طبيب العمل ولجنة النظافة والأمن وشروط العمل، على أن تخطر مفتشية العمل بقائمة تلك المناصب[3]. يجرى التكوين خلال أوقات العمل، كما يعد الوقت المستغرق خلال الفترة التكوينية بمثابة وقت عمل[4] ينتهي التكوين بشهادة تربص تسلم من قبل الهيئة المكلفة بالتكوين[5].

2: أجهزة الرقابة في مجال الصحة والأمن داخل أماكن العمل

استقراء للنصوص التشريعية والتنظيمية الخاصة بموضوع الوقاية الصحية والأمن داخل أماكن العمل، يتبين لنا أن هناك جهازين خاصين بموضوع الرقابة،

(1) Voir l'Art. R.231 - 36 et l'Art 231 - 37 du code de travail Français.

(2) Voir l'Art.R. 231 - 44 du code de travail français.

(3) Voir l'Art. L. 231 - 3 - 1 du code de travail Français.

(4) Voir Art.R. 231 - 44 Alinéa 3 du code de travail Français. Et voir l'Art 17 de décret exécutif 02 - 427 du 7 Décembre 2002 relatif aux conditions d'organisation la formation et l'information en matière de prévention des risques professionnels.

(5) انظر المادة 16 من المرسوم التنفيذي رقم 02 - 427 السالف الذكر.

أحدهما داخلي يعرف بلجان الوقاية الصحية والأمن وسوف نتعرض إليها في العنصر الأول، والثاني خارجي تقوم به مفتشية العمل المختصة إقليميا وسوف نخصص لها العنصر الثاني.

2 – 1 رقابة لجان النظافة والأمن

يقتضي موضوع رقابة لجان النظافة والأمن في مجال الوقاية من حوادث العمل والأمراض المهنية، التطرق أولا إلى كيفية تأسيس وتنظيم عمل هذه اللجان، ثم تحديد أهم الصلاحيات المخولة لها قانونا.

أولا: تأسيس وتنظيم عمل لجان النظافة والأمن

أحدث المشرع الجزائري نوعين من اللجان الخاصة بالنظافة الأولى على مستوى الوحدة، والثانية على مستوى المؤسسة، كما بين كيفية تنظيم عمل تلك اللجان من خلال اجتماعاتها، كيفية اتخاذ قراراتها.

أ: تأسيس لجان النظافة والأمن

تؤسس لجان متساوية الأعضاء للوقاية الصحية والأمن ضمن كل هيئة مستخدمة تشغل أكثر مـن تسعة (09) عمال ذوي علاقة عمل غير محددة عندما تكون المؤسسة مكونة مـن عـدة وحـدات، تؤسـس ضمن كل وحدة منها لجنة متساوية الأعضاء للوقاية الصحية والأمن تدعى لجنة الوحدة[1].

تتشكل اللجان المتساوية الأعضاء للوقاية الصحية والأمن على مستوى الوحدة من عضوين (2) يمثلان مديرية الوحدة وعضوين (2) يمثلان عمال الوحدة أما على مستوى المؤسسة من: ثلاثة (3) أعضاء يمثلون مديرية المؤسسة وثلاثة(3) أعضاء يمثلون عمال المؤسسة، يعين الأعضاء الممثلون للعمال ضمن لجان

---

[1] انظر المادة 23 من القانون رقم 88 – 07 السالف الذكر والمادة 2 من المرسوم التنفيذي رقم 05 – 09 المؤرخ في 8 جـانفي 2005 المتعلق بتشكيل اللجان المتساوية الأعضاء للوقاية الصحية والأمن.

المؤسسة ولجان الوحدة من قبل الهيكل النقابي الأكثر تمثيلا أو في حالة عدم وجوده، من طرف لجنة المشاركة، وفي حالة عدم وجود الهيكل النقابي ولجنة المشاركة يتم انتخاب الأعضاء من قبل مجموعة العمال[1].

الأصل أن يعين أعضاء لجنة الوقاية الصحية والأمن من قبل لجنة المشاركة وليس من قبل الهيكل النقابي وسبق توضيح ذلك عندما تعرضنا إلى صلاحيات أجهزة المشاركة. يعين أعضاء لجان الوحدة وأعضاء لجان المؤسسة لمدة ثلاث

(3) سنوات قابلة للتجديد، ويتم اختيارهم على أساس مؤهلاتهم أو خبراتهم في مجال الوقاية الصحية والأمن[2]، يشارك طبيب العمل التابع للوحدة أو طبيب العمل التابع للمؤسسة، حسب الحالة، بصفة مستشار في أشغال لجان الوقاية الصحية والأمن[3].

يمكن أن تستعين لجان الوحدة أو لجان المؤسسة أثناء أشغالهما أو عند تفتيش أماكن العمل وعلى سبيل الاستشارة بأي شخص مؤهل أو هيئة مختصة في ميدان الوقاية الصحية والأمن وطب العمل[4].

ب: تنظيم عمل لجان النظافة والأمن

تجتمع لجان الوحدة مرة في الشهر على الأقل، بينما تجتمع لجان المؤسسة مرة واحدة كل ثلاثة (03) أشهر على الأقل، كما تجتمع بناء عل طلب من رئيسها وهو المستخدم أو الممثل القاني له إثر وقوع حادث عمل خطير[5].

تدون محاضر اجتماعات لجان الوحدة ولجان المؤسسة وكذا التقارير التي تعدها هذه اللجان في سجل الوقاية الصحية والأمن وطب العمل، يوضع هذا السجل

---

(1) -انظر المادة 9 فقرة 2 والمادة 12 من المرسوم التنفيذي رقم 05 – 09 السالف الذكر

(2) - انظر المادة 13 من المرسوم التنفيذي رقم 05-09 السالف الذكر.

(3) - انظر المادة 14 من المرسوم التنفيذي رقم 05-09.

(4) - انظر المادة 15 من المرسوم التنفيذي رقم 05-09.

(5) - انظر المادة 17 من المرسوم التنفيذي رقم 05-09.

وسجل حوادث العمل تحت تصرف مفتش العمل المختص إقليميا[1]. تحدد قواعد سير لجان الوحدة ولجان المؤسسة في النظام الداخلي الذي يتم إعداده خلال الثمانية (08) أيام التي تلي تنصيبها[2]، غير أنه من الناحية العملية وباتصالنا بأعضاء مفتشية العمل وبمختلف الهيئات المستخدمة ليس هناك نظام داخلي لهذه اللجان.

ثانيا: صلاحيات لجان النظافة والأمن

منح المشرع الجزائري للجنة النظافة والأمن صلاحيات واسعة في مجال الرقابة، كما منحها صلاحيات استشارية، وسوفا نتطرق إلى هذه الصلاحيات بنوع من التوضيح.

أ: الصلاحيات الرقابية للجان النظافة والأمن

تتمثل الصلاحيات الرقابية التي تتمتع بها لجان النظافة والأمن في التأكد من تطبيق القواعد والأحكام التشريعية والتنظيمية المعمول بهما في مجال الوقاية الصحية والأمن، ويتم ذلك من خلال الزيارات الميدانية التي تقوم بها داخل المرافق المختلفة على مستوى الهيئة المستخدمة، وفي هذا الإطار يمكنها أن تقترح التحسينات التي تراها ضرورية، وتشرك في هذا الصدد في كل مبادرة تتضمن لاسيما طرق وأساليب العمل الأكثر أمنا واختيار وتكييف العتاد والأجهزة ومجموع الأدوات اللازمة للأشغال المنجزة وكذا تهيئة مناصب العمل[3].

كما تتمتع اللجنة بصلاحية إجراء كل تحقيق إثر وقوع أي حادث عمل أو مرض مهني خطير، بهدف الوقاية، تبلغ الهيئة المستخدمة مفتش العمل المختص إقليميا بنتائج التحقيق في أجل لا يتجاوز ثمان وأربعين (48) ساعة[4].

---

(1) انظر المادة 20 من المرسوم التنفيذي رقم 05-09.

(2) انظر المادة 21 من المرسوم التنفيذي رقم 05-09.

(3) انظر المادة 3 فقرة 1 و 2 من المرسوم التنفيذي رقم 05 – 09 المذكور أعلاه.

(4) انظر المادة 6 من المرسوم التنفيذي رقم 09 – 05 وهو أيضا ما اقره المشرع الفرنسي من خلال المادة 4131 – 2.

منح المشرع الجزائري لأي عضو في لجنة النظافة والأمن أو لمندوب الوقاية الصحية والأمن صلاحية الإشعار الفوري لمسؤول الأمن أو المستخدم في حالة وجود خطر وشيك الوقوع يهدد العمال أو المنشآت داخل مكان العمل بهدف اتخاذ الإجراءات الضرورية الفورية الملائمة، يجب أن يقيد هذا الإشعار مع جميع الملاحظات في سجل خاص بهذا الغرض، أو في سجل الملاحظات والإعذارات، وفي حالة عدم اتخاذ المستخدم الإجراءات الضرورية، يجب على عضو اللجنة أو مندوب الوقاية الصحية والأمن أن يبلغ مفتش العمل المختص إقليميا في اجل لا يتجاوز 24 ساعة[1].

ب: الصلاحيات الإعلامية والاستشارية

تساهم لجنة النظافة والأمن في إعلام العمال وفي تكوين المستخدمين المعنيين وتحسين مستواهم في مجال الوقاية من الأخطار المهنية، وبهذه الصفة تسهر وتشارك في إعلام المشغلين الجدد والعمال المكلفين بمهام جديدة أو بالعمل في ورشات جديدة حول الأخطار التي قد يتعرضون لها ووسائل الحماية وذلك بتنمية الإحساس بالخطر المهني والشعور بالأمن لدى العمال، وإعداد الإحصائيات المتعلقة بحوادث العمل والأمراض المهنية، وكذا إعداد تقرير سنوي عن نشاطاتها وإرسال نسخة منه إلى مسؤول الهيئة المستخدمة ولجنة المؤسسة وكذا مفتش العمل المختص إقليميا[2].

تشارك لجنة النظافة والأمن في إعداد السياسة العامة للهيئة المستخدمة في مجال الوقاية الصحية والأمن[3]، وهو أيضا ما كرسه المشرع الفرنسي حيث ألزم صاحب العمل بعرض التقرير المحدد للسياسة العامة للوقاية الصحية والأمن على لجنة النظام والأمن وشروط العمل، كما ألزم المشرع الفرنسي صاحب العمل

---

[1] - انظر المادة 34 من القانون رقم 88 – 07 السالف الذكر.

[2] - انظر المادة 03 من المرسوم التنفيذي رقم 05- 09 السالف الذكر.

[3] -انظر المادة 8 فقرة 2 من المرسوم التنفيذي رقم 05 – 09.

باستشارة اللجنة فيما يخص مشروع النظام الداخلي في الأحكام المتعلقة بالوقاية الصحية والأمن، سواء تعلق الأمر بإعداده أو تعديله[1].

2 – 2: رقابة مفتشية العمل في مجال النظافة والأمن

تتولى رقابة مدى تطبيق النصوص التشريعية والتنظيمية في مجال الوقاية من حوادث العمل والأمراض المهنية كل من لجنة الوقاية على مستوى هيئة الضمان الاجتماعي، ومفتشية العمل المختصة إقليميا[2]، غير أن دور لجان الوقاية على مستوى هيئات الضمان الاجتماعي يكاد يكون منعدم، حيث أنه يتجلى دورها من الناحية العملية بعد وقوع الحادث كلجنة تحقيق، لذا سنركز على دور مفتشية العمل.

يتمتع مفتش العمل في مجال الوقاية الصحية والأمن داخل أماكن العمل حق الزيارة والدخول إلى المؤسسات[3].

عدة أسئلة يمكن أن يطرحها أرباب العمل في إطار حق الزيارة التي يتمتع بها مفتش العمل فهل يجب على مفتش العمل أن يخطر صاحب العمل بزيارته؟ وهل عليه أن يثبت صفته عند وصوله؟ وهل يمكن للمستخدم أن يعترض دخول مفتش العمل إلى المؤسسة؟ وهل يجوز لمفتش العمل أن يدخل ليلا لزيارة المؤسسة؟.

---

[1] Voir Catherine Puigelier – droit du travail – (Les relations individuelles 3 édition Dalloz 2001 P 178.

[2]– Voir: Marie HAUTEFORT et Catherine GRODROUX–LAMY SOCIAL–Note 1912 P 852.

- انظر المادتين 73 و 74 من القانون رقم 83 – 13 المؤرخ في 2 جويلية 1983 المتعلق بحوادث العمل والأمراض المهنية المعدل والمتمم جريدة رسمية عدد 28 لسنة 1983 - المادة 31 من القانون رقم 88 – 07 السالف الذكر: " تعهد رقابة تطبيق التشريع الساري في مجال الوقاية الصحية والأمن وطب العمل إلى مفتشية العمل طبقا للصلاحيات المخولة لها ".

[3] انظر المادة 5 فقرة 1 من القانون رقم 90 – 03 المؤرخ في 6 فبراير 1990 المتعلق بمفتشية العمل جريدة رسمية عدد 6 لسنة 1990. Jean–Paul Antona – Les relations de l'employeur avec l'inspecteur du travail – édition Dalloz 1991 P 66.

ليس لمفتش العمل أن يعلم مسبقا صاحب العمل بزيارته، لكـن عنـد وصولـه إلى المؤسسـة يجـب عليه أن يعلم صاحب العمل أو من يمثله بوصوله. كما أنه يمكن لصاحب العمل أن يطلب مـن مفتش العمل إثبات صفته وذلك بتقديم بطاقته المهنية، غير أنه من الناحية العملية إذا طلب من مفتش العمل إثبات صفته يمكن للعلاقة بينـه وبـين المستخدم أن تتـأزم ولهـذا مـن الأحسـن أن يقـوم أصحـاب العمـل بزيارات مجاملة إلى مكتب مفتشية العمل[1].

لا يمكن لصاحب العمل أن يعترض دخول مفتش العمل إلى المؤسسة، وإلا يكون قد ارتكب جريمـة يتابع من خلالها جزائيا[2]، كما أنه يمكن لمفتش العمل المختص إقليميا الدخول في أي سـاعة مـن النهار أو الليل، إلى أي مكان يشتغل فيه أشخاص يخضعون لأحكام قانون العمل[3]. إلى جانـب تمتع مفتش العمل بحق الدخول إلى أماكن العمل، يحق له أيضا الإطلاع على مختلف السجلات التي تنحصر في مجال الوقايـة الصحية والأمن في سجل الوقاية الصحية والأمن وطب العمل وسجل حـوادث العمل وسجل المراقبـات التقنية للآلات الصناعية وتعد هذه السجلات ملزمة بالنسبة لصاحب العمل[4]. إذا لا حـظ مفتش العمل تقصيرا أو خرقا للنصوص التشريعية والتنظيمية المتعلقة بالوقاية الصحية والأمن وطب العمل يوجه إعذارا إلى المستخدم قصد الامتثال إلى التعليمات، وإذا تعرض العمـال لأخطار جسـيمة سـببتها مواقـع العمـل أو أساليبه العديمة النظافة أو الخطيرة، يحرر مفتش

---

[1] Jean-Paul Antona. pré. P 66 et 67.

[2] المادة 24 من القانون رقم 90 – 03 السالف الذكر: يعاقب بغرامة مالية تـتراوح بـين 2000 دج و 4000 دج والحبس مـن ثلاثة أيام إلى شهرين أو بإحدى هاتين العقوبتين فقط كل شخص يعرقل مهمة مفتش العمل......".

[3] انظر المادة 5 فقرة 2 من القانون رقم 90 – 03 المتعلق بمفتشية العمل السالف الذكر.
Jean-Paul Antona -Note 72 P 69

[4] انظـر المرسـوم التنفيـذي رقـم 96 – 98 المـؤرخ في 6 مـارس 1996 المحـدد لقائمـة ومضـمون السـجلات الخاصـة الملزمـة للمستخدمين جريدة رسمية عدد 17 لسنة 1996.

العمل فورا محضر مخالفة، ويعذر المستخدم باتخاذ تدابير الوقاية الملائمة، أما إذا لا حظ خلال زيارته خطرا جسيما على صحة العامل وأمنه يوشك أن يقع يخطر الوالي لاتخاذ التدابير اللازمة[1].

وفي الأخير حاولنا إبداء جملة من الاقتراحات في مجال الوقاية الصحية والأمن داخل أماكن العمل يمكن إجمالها فيما يلي:

1- ضرورة إلزام المؤسسات الكبرى والهامة بإنشاء مصالح طب العمل أو مصلحة مشتركة بين المؤسسات ذات النشاط المشترك بدل إبرام اتفاقية مع القطاع الصحي، علما أنه في ولاية من ولايات الوطن مثلا يتكفل 3 أطباء العمل التابعيين للقطاع الصحي بحوالي 300 مؤسسة عمومية وخاصة. فهل يستطيع هؤلاء الأطباء القيام بدورهم الوقائي داخل هذه المؤسسات؟.

2- ضرورة توفير طب العمل في قطاع الوظيفة العمومية مثل قطاع التربية الوطنية والصحة وعمال البلدية... علما أن مثل هؤلاء العمال لا يخضعون حتى للفحوص الطبية الدورية السنوية فهل معنى ذلك أن مثل هؤلاء غير معرضين للأمراض المهنية؟.

3- ضرورة توفير الحماية القانونية لأطباء العمل على مستوى مصالح طب العمل، أي للأطباء الأجراء من تعسف أرباب العمل، علما أن القانون رقم 88 /07 منح لطبيب العمل حق إخطار مفتش العمل بعد إعذار صاحب العمل، في حالة مخالفته الأحكام التشريعية والتنظيمية المتعلقة بالوقاية الصحية والأمن داخل أماكن العمل، غير أن أطباء العمل لم يقوموا بمثل هذا الإجراء كون أنهم لا يتمتعون بحماية قانونية.

4- لوحظ نقص في عدد الأطباء المكلفين بالرقابة والتفتيش الموجودين على مستوى مديريات الصحة بولايات الوطن، والمعينين بقرار من وزير

---

(1) انظر المواد 9 و 10 و11 من القانون رقم 90 – 03 السالف الذكر.

الصحة لذا التمس المتدخلون في الملتقى ضرورة توفير طبيب واحد على الأقل على مستوى كل ولاية، كما أن أرباب العمل يجهلون وجود مثل هؤلاء الأطباء من الناحية الميدانية والعملية.

5- مراجعة قائمة الأمراض المهنية بشكل دوري كلما اقتضى الأمر ذلك علما أن هذه القائمة لم تراجع منذ صدور القرار الوزاري المؤرخ في 5 ماي 1996 المحدد لقائمة الأمراض المهنية التي يحمل أن يكون مصدرها مهنيا وملحقيه 1 و2.

6- ضرورة تدخل المشرع الجزائري بوضع عقوبات جزائية صارمة عند مخالفة الأحكام المتعلقة بالوقاية الصحية والأمن وطب العمل، كون العقوبات المنصوص عليها في القانون رقم 88/ 07 من المواد رقم 35 إلى 43 رمزية غير ردعية فرغم خطورة المخالفات المرتكبة والتي قد تؤدي إلى خسائر بشرية ومادية كبيرة إلا أن هذه العقوبات تتراوح بين 1000 دج و4000 دج. أما في حالة العود يعاقب المخالف بالحبس من شهرين إلى 6 أشهر.

7- ضرورة تكوين مفتشي- العمل خاصة وأن القوانين الاجتماعية (قانون العمل والضمان الاجتماعي) سريعة التطور للتكيف مع الواقع الاقتصادي والاجتماعي من جهة، كما أنه عرفت هذه القوانين تغييرات وتعديلات بعد أن انتقلت الجزائر من الاقتصاد الموجه إلى اقتصاد السوق.

الفرع الثالث

حق العامل في التأمينات الاجتماعية

يعد نظام التأمينات الاجتماعية نظام حديث النشأة، بحيث لم يبدأ في الانتشار إلا في أعقاب الحرب العالمية الثانية[1]، يرجع استعمال مصطلح التأمينات الاجتماعية لأول مرة في التشريع إلى القانون الأمريكي الصادر في 14 أوت 1935 الذي أقر إعانة البطالة والشيخوخة[2]. يستخدم هذا المصطلح للدالة على مجموعة الوسائل التي تهدف إلى تعويض أفراد المجتمع أو بعضهم عن نتائج المخاطر الاجتماعية، فالوظيفة الأساسية للتأمينات الاجتماعية هي درء الأخطار الاجتماعية ومواجهة آثارها[3].

يعرف الخطر الاجتماعي على أنه: "الخطر الذي يؤثر في المركز الاقتصادي للفرد سواء كان عن طريق إنقاص الدخل أو انقطاعه لأسباب فسيولوجية كالمرض والعجز والشيخوخة أو الوفاة أو أسباب مهنية ترتبط بممارسة مهنة معينة كخطر البطالة أو حادث العمل أو المرض المهني"[4].

وسوف نتعرض في العنصر ـ الأول إلى التأمينات الاجتماعية الناتجة عن المخاطر الفسيولوجية، ونخصص العنصر الثاني للتأمينات الاجتماعية الناتجة عن المخاطر المهنية.

---

[1] - انظر الدكتور أحمد حسن البرعي - الوجيز في التأمينات الاجتماعية - الطبعة الأولى دار النهضة العربية 1982 ص 13 وانظر كذلك الدكتور حسن قاسم - قانون التأمين الاجتماعي - دار الجامعة الجديدة للنشر الإسكندرية طبعة 2003 ص 7.

[2] Denis. droit de la sécurité sociale – Bruxelles 1970 P 1.

[3] انظر الدكتور برهام عطا الله - مدخل إلى التأمينات الاجتماعية الطبعة 1 دار المعارف الإسكندرية 1969 ص 40.

[4] P.Durand. La politique contemporaine de la sécurité sociale – dalloz 1953 P 61 – et voir aussi J.Dupeyroux – Droit de la sécurité sociale 11 édition dalloz 1988 P 8.

1: التأمينات الاجتماعية الناتجة عن المخاطر الفسيولوجية

تشمل التأمينات الاجتماعية الناتجة عن المخاطر الفسيولوجية التأمين عن المرض، والولادة، والعجز والوفاة[1]، وسوف نتعرض للتأمين عن المرض والولادة في العنصر الأول، ونخصص العنصر الثاني للتأمين عـن الوفاة والعجز.

1 - 1 التأمين عن المرض والولادة.

تأمين المرض والولادة هو التأمين الذي يغطي المخاطر التي تنتج عن المرض والإصابة التي لا تتصـل بالنشاط المهني، ولقد خص المشرع الجزائري هذين النوعين من التأمين بأحكام خاصة[2].

أولا: التأمين على المرض

ميز المشرع الجزائري بين نوعين من التأمين عن المرض: التـأمين عـن المـرض العـادي، والتـأمين عـن المرض المهني ووضع لكل نوع منهما أحكام خاصة، فالتأمين عن المرض العـادي هـو التـأمين الـذي يغطـي المخاطر التي تنتج عن المرض الذي لا يتصل بالعمل ولا بظروفه، وإنمـا بـالتكوين الفسيولوجي للإنسـان نفسه، أما التأمين عن المرض المهني هو التأمين الذي يغطي المخاطر التي تنتج عن المرض المتصل بالممارسة العادية للنشاط المهني[3]. ولقد اشترط المشرع الجزائري لاعتبار المرض مهني توافر شرطين أساسـيين يتمثـل الأول في كون

---

[1] انظر المادة 2 من القانون رقم 83 - 11 المؤرخ في 21 رمضان 1403 الموافق 2 يوليو 1983 المتعلق بالتأمينـات الاجتماعيـة المعدل والمتمم. جريدة رسمية عدد 28 لسنة 1983.

[2] قسم المشرع الجزائري الباب الثاني من القانون رقم 83 - 11 السالف الذكر إلى فصلين، تناول في الفصل الأول المواد مـن 7 إلى 22 التأمين عن المرض، وفي الفصل الثاني المواد من 23 إلى 30 التأمين عن الولادة.

[3] انظر الدكتور برهام محمد عطا اللـه - أساسيات قانون التأمينات الاجتماعية - مطبعة التوني الإسكندرية طبعة 2001 ص 153.

المرض من الأمراض المهنية الواردة بالجدول، والثاني في أن تكون مهنة العامل مرتبطة بهذا المرض طبقا للجدول[1].

استقراء لأحكام القانون رقم 83 – 11 المتعلق بالتأمينات الاجتماعية يقسم المرض إلى نوعين مرض قصير المدى وهو المرض الذي لا يتجاوز 6 أشهر ومرض طويل المدى وهو المرض الذي يتجاوز 6 أشهر ويصل إلى مدة أقصاها 3 سنوات[2].

يعتبر المرض بنوعيه القصير والطويل المدى حالة من حالات تعليق علاقة العمل، حيث تتوقف علاقة العمل بين العامل والهيئة المستخدمة ليتكفل به الصندوق الوطني للتأمينات الاجتماعية للعمال الأجراء، شريطة أن يكون المستخدم قد التزم التصريح بالعامل لدى هيئة الضمان الاجتماعي في أجل لا يقل عن 10 أيام من تاريخ تشغيل العامل[3]، وسدد الاشتراكات المحددة قانونا 34,5% والتي يتحمل صاحب العمل منها 25%، والعامل 9% وصندوق الخدمات الاجتماعية 0,5% على أن تخصص 14% من النسبة الإجمالية للتأمينات الاجتماعية[4].

---

[1] المادة 64 من القانون رقم 83 – 13 السالف الذكر: " تحدد قائمة الأمراض ذات المصدر المهني المحتمل وقائمة الأشغال التي من شأنها أن تتسبب فيها، وكذا مدة التعرض للمخاطر المناسبة لكل مدة الأعمال بموجب التنظيم ". ويقصد بالتنظيم القرار الوزاري المشترك المؤرخ في 5 مايو 19996 المحدد لقائمة الأمراض المهنية المحتمل أن يكون مصدرها مهنيا جريدة رسمية عدد 16 لسنة 1997.

[2] انظر المادتين 16 و 19 من القانون رقم 83 – 11 السالف الذكر.

[3] انظر المادة 10 من القانون رقم 83 – 14 المؤرخ في 21 رمضان 1403 الموافق 2 يوليو 1983 المتعلق بالتزامات المكلفين في مجال الضمان الاجتماعي المعدل والمتمم جريدة رسمية عدد 28 لسنة 1983.

[4] انظر المادة 2 من المرسوم التنفيذي رقم 94 – 187 المؤرخ في 26 محرم 1415 الموافق 6 يوليو 1994 المحدد توزيع نسبة الاشتراك في الضمان الاجتماعي المعدل والمتمم. جريدة رسمية عدد 44 لسنة 1994.

كما يتوقف حق العامل في الاستفادة من الأداءات النقدية والعينية للتأمين عن المرض في التزامه بإشعار هيئة الضمان الاجتماعي في أجل يومين غير مشمول فيهما اليوم المحدد للتوقف عن العمل، يمكن أن تترتب على عدم احترام هذا الإجراء عقوبات قد تصل إلى سقوط الحق في التعويضات اليومية بالنسبة للمدة التي منعت أثناءها هيئة الضمان الاجتماعي من إجراء المراقبة بسبب عدم التصريح[1].

كما يجب على المؤمن له (العامل المريض) الامتثال للمراقبة الطبية التي تطلبها هيئة الضمان الاجتماعي، وفي حالة رفضه ذلك تتوقف الخدمات العينية والأداءات النقدية خلال المدة التي تعذرت فيها إجراء المراقبة الطبية[2]. متى تحققت الشروط السالفة الذكر استحق العامل المؤمن له أداءات التأمين عن المرض، والتي تشمل الأداءات العينية والنقدية وسوف نتطرق إليهما تبعا.

أ: الأداءات العينية

تشمل الأداءات العينية للتأمين عن المرض التكفل بمصاريف العناية الطبيبة والعلاجية لصالح المؤمن له وذوي حقوقه، وهي تغطي مصاريف العلاج الجراحة، الأدوية والإقامة بالمستشفى الفحوص البيولوجية والكهروديوغرافية، وعلاج الأسنان واستخلافها الاصطناعي، والنظارات الطبية، والعلاجات بالمياه المعدنية والمتخصصة المرتبطة بالأعراض والأمراض التي يصاب بها المريض، والأجهزة والأعضاء الاصطناعية والجبارة الفكية والوجهية، وإعادة التدريب

---

(1) انظر المادة 18 من القانون رقم 83 - 11 السالف الذكر والمادة 2 من القرار المؤرخ في 11 جمادى الأولى عام 1404 الموافق 13 فبراير 1984 المحدد مدة الأجل المضروب للتصريح بالعطلة المرضية لدى هيئات الضمان الاجتماعي. جريدة رسمية عدد 7 لسنة 1984.

(2) انظر المادة 29 من المرسوم رقم 84 - 27 المؤرخ في 9 جمادى الأولى 1404 الموافق 11 فبراير 1984 المحدد كيفيات تطبيق العنوان الثاني من القانون رقم 83 - 11 المتعلق بالتأمينات الاجتماعية. جريدة رسمية عدد 7 لسنة 1984.

الوظيفي للأعضاء، وإعادة التأهيل المهني، والنقل بسيارة الإسعاف وغيرها من وسائل النقل عندما تستلزم حالة المريض ذلك[1].

ما تجدر الإشارة إليه، أنه لا يمكن لهيئة الضمان الاجتماعي أن تقدم الأداءات العينية إلا إذا وصفت العلاجات من طرف طبيب أو شخص مؤهل قانونا لهذا الغرض[2].

ب – الأداءات النقدية

للعامل الذي يمنعه عجز بدني أو عقلي مثبتا طبيا من مواصلة عمله أو استئنافه، الحق في تعويضة يومية تقدر ابتداء من اليوم 1 إلى اليوم 15 الموالي للتوقف عن العمل50 % من الأجر اليومي بعد اقتطاع اشتراك الضمان الاجتماعي والضريبة، واعتبارا من اليوم 16 الموالي لتوقفه عن العمل 100% من الأجر. كما يستفيد من هذه النسبة أي 100% من الأجر اعتبارا من اليوم الأول من توقفه عن العمل في حالة المرض الطويل المدى أو الدخول إلى المستشفى[3].

إن مواصلة تقديم الأداءات النقدية من قبل هيئة الضمان الاجتماعي للمستفيد مرهون بالتزاماته تجاه الهيئة والتي تتمثل في[4]:

• امتناع المؤمن له أي المريض عن كل نشاط مهني مأجور أو غير مأجور إلا بإذن من هيئة الضمان الاجتماعي.

• خضوع المؤمن له للفحوص والكشوف الطبية والمعالجات التي تقررها حالته تحت مراقبة هيئة الضمان الاجتماعي، وبالتعاون مع الطبيب المعالج.

---

[1] انظر المادة 8 من القانون رقم 83 – 11 المعدلة بالمادة 4 من الأمر رقم 96 – 17 المتعلق بالتأمينات الاجتماعية. جريدة رسمية عدد 42 لسنة 1996.

[2] انظر المادة 10 من القانون رقم 83 – 11 السالف الذكر.

[3] انظر المادة 14 من القانون رقم 83 – 11 المذكور أعلاه.

[4] انظر المادة 19 من القانون رقم 83 – 11 السالف الذكر و المادة 26 من المرسوم رقم 84-27 المذكور أعلاه.

• يجب على المريض إلا يغادر منزله إلا بأمر من الطبيب الذي يصف له ذلك لغرض علاجي، كما يجب عليه ألا يقوم بأي تنقل طوال مدة مرضه دون إذن مسبق من هيئة الضمان الاجتماعي.

تجري هيئات الضمان الاجتماعي جميع التحقيقات اللازمة بواسطة أعوانها المؤهلين، وفي حالة تأكد الهيئة من عدم مراعاة المريض الالتزامات السالفة الذكر، يجوز لها أن توقف تقديم الأداءات أو التقليل منها أو منعها[1].

ثانيا: التأمين عن الولادة

منح المشرع الجزائري للمرأة العاملة الحق في الاستفادة من عطلة الأمومة مدفوعة الأجر خلال فترات ما قبل الولادة وبعدها حددت 14 أسبوعا متتاليا تبدأ على الأقل 6 أسابيع منها قبل التاريخ المحتمل للولادة، كما يمكنها الاستفادة أيضا من تسهيلات حسب الشروط المحددة في النظام الداخلي للهيئة المستخدمة[2]. اختلفت التشريعات العمالية في تحديد مدة عطلة الأمومة فالمشرع الفرنسي حددها 16 أسبوعا متتالية على أن تبتدئ على الأقل 06 أسابيع قبل التاريخ المحتمل للوضع[3]، والمشرع المغربي 14 أسبوعا على أن لا تشغل المرأة النافس 07 أسابيع المتصلة التي تلي الوضع[4].

---

(1) انظر المادة 19 فقرة أخيرة من القانون رقم 83 – 11 السالف الذكر و المادة 27 من المرسوم رقم 84 – 27 المذكور أعلاه.

(2) انظر المادة 55 من القانون رقم 90 – 11 المتعلق بعلاقات العمل السالف الذكر والمادة 29 من القانون رقم 83 – 11 السالف الذكر.

(3) voir Art.L. 122-26 alinéa 1 du code de travail Français.

(4) المادة 152 من مدونة الشغل المغربية: " تتمتع الأجيرة التي تثبت حملها بشهادة طبية بإجازة ولادة مدتها 14 أسبوعا..." والمادة 153: " لا يمكن تشغيل الأجيرات النوافس أثناء فترة الأسابيع السبعة المتصلة التي تلي الوضع ".

أما المشرع المصري حددها 90 يوما بالنسبة للمرأة التي أمضت عشرة أشهر في خدمة صاحب العمل، ولا يجوز تشغيلها خلال 45 يوما التالية للوضع كما أنها لا تستحق عطلة الأمومة أكثر من مرتين طوال مدة الخدمة[1]. من التشريعات العمالية من منحت مدة أقل وفي ذلك مساسا بالمقاييس المنصوص عليها في الاتفاقيات الدولية[2]، حيث حدد المشرع الأردني المدة 10 أسابيع على ألا تقع هذه العطلة بعد الوضع عن 6 أسابيع[3] تماشيا ما أقرته الأحكام الصادرة عن منظمة العمل العربية[4] التي لم تعد تساير الأحكام الصادرة عن منظمة العمل الدولية.

أما المشرع التونسي- انفرد في تحديده لمدة عطلة الأمومة تقل عن المدة المحددة في أحكام الاتفاقيات الدولية للعمل، وكذا أحكام منظمة العمل العربية حيث منح المرأة العاملة عطلة مدتها 30 يوما، على أن تجدد هذه المدة كل 15 يوما بموجب شهادات طبية[5].

حتى تستفيد المرأة الحامل من أداءات التأمين على الأمومة اشترط المشرع الجزائري توافر جملة من الشروط وسوف نتعرض إليها في العنصر الأول على أن نخصص العنصر الثاني مضمون تلك الأداءات.

---

[1] انظر المادة 91 من قانون العمل المصري رقم 12 لسنة 2003.

[2] عدلت أحكام الاتفاقية الدولية رقم 103 لسنة 152 والتي كانت تمنح المرأة العاملة الحق في عطلة الأمومة لا تقل عن 12 أسبوعين المعدلة بأحكام الاتفاقية رقم 183 لسنة 2000 والتي رفعت المدة إلى 14 أسبوعا.

[3] انظر المادة 70 من قانون العمل الأردني رقم 8 لسنة 1996 المؤرخ في 16 أبريل 1996 المعدل بالقانون رقم 51 لسنة 2002.

[4] المادة 10 من اتفاقية العمل العربية رقم 5 لعام 1976 بشأن المرأة العاملة: "للمرأة العاملة الحق في الحصول على إجازة بأجر كامل قبل وبعد الوضع، لمدة لا تقل عن 10 أسابيع، على ألا تقل مدة هذه الإجازة بعد الوضع عن 6 أسابيع ".

[5] انظر المادة 64 فقرة أ من قانون العمل التونسي.

أ: شروط استفادة المرأة الحامل من أداءات التأمين على الولادة

حتى تستفيد المرأة العاملة الحامل من أداءات التـأمين عـلى الـولادة يجـب أن تقـوم بالالتزامـات القانونية التالية:

- أن يتم الوضع على يد طبيب أو مساعدين طبيين مؤهلين، إلا في حالة القوة القاهرة[(1)].

- أن تثبت صفتها كمؤمن لها اجتماعيا بتقديم الوثائق الضرورية[(2)].

- أن تعلم هيئة الضمان الاجتماعي بحالة الحمل المعاينة طبيا قبل 6 أشهر على الأقـل مـن تـاريخ توقع الوضع الذي يشير إليه الطبيب المؤهل في الشهادة الطبية. كمـا يجـب عليهـا أن تجـري الفحوص الطبية التي تسبق الولادة، أو تلحق بها، وخاصة الفحـص الطبـي الكامـل قبـل انتهـاء الشهر الثالث من الحمل، وفحص قبالي خلال الشهر السـادس وفحصـان مختصـان بـأمر النسـاء أحدهما قبل 4 أسابيع من الوضع في أقرب الحالات، والثاني بعد 8 أسابيع مـن الوضـع في أبعـد الحالات، يترتب على عـدم أعـلام هيئـة الضـمان الاجتماعـي بالفحوصـات الطبيـة المشـار إليهـا، تخفيض نسبة 20 % من الأداءات النقدية للتأمين على الولادة[(3)].

- أن تقدم لهيئة الضمان الاجتماعي شهادة من المستخدم تبين تاريخ انقطاع علاقة العمـل ومبلـغ الأجور الأخيرة التي تعتمد أساسا في حساب التعويض اليومي[(4)].

[(1)] انظر المادة 24 من القانون رقم 83 – 11 المذكور أعلاه.

[(2)] انظر المادة 37 مـن المرسـوم رقـم 84 – 27 المحـدد كيفيـات تطبيـق العنوان الثاني مـن القـانون رقـم 83 – 11 المتعلـق بالتأمينات الاجتماعية السالف الذكر.

[(3)] انظر المادتين 33 و34 و 38 من المرسوم رقم 84 – 27 السالف الذكر.

[(4)] انظر المادة 39 من المرسوم رقم 84 – 27 السالف الذكر.

ب: مضمون أداءات التأمين والتسهيلات الممنوحة للمرأة الحامل

تستفيد المرأة العاملة الحامل من الأداءات العينية والأداءات النقدية، تشمل الأداءات العينية في التعويض عن المصاريف الطبية والصيدلية على أساس 100% من التعريفات المحددة عـن طريـق التنظيـم، كما تشمل مصاريف إقامة الأم والمولود في المستشفى علـى نفـس الأسـاس لمدة أقصاها 8 أيام وتتمثل الأداءات النقدية في حق المرأة العاملة الحامل في تعويضة يومية تسـاوي 100% مـن الأجر اليومي خـلال المدة القانونية للتوقف عن العمل.[1]

منح المشرع المصري للمرأة الحامل تعويضا عن الأجر يعادل 75% من الأجر اليومي المسدد عنـه الاشتراكات لمدة تسعين يوما[2]. كما منحت بعض التشريعات العمالية المقارنة للمرأة الحامل بعد الوضع تسهيلات وامتيازات منها حقها في فترات راحة مدفوعة الأجر لإرضاع طفلها حددت مـدة الراحـة سـاعة في اليوم توزع على فترتين 30 دقيقة الأولى في الصباح والثانية في المساء[3].

أما المشرع الجزائري عرف تدبدبا في هذه المسالة حيث أقرت القوانين السـابقة الملغـاة في البدايـة حق المرأة الحامل ساعة واحدة في اليوم مدفوعة الأجر في السنة[4]، ثم ارتفعت إلى ساعتين في اليوم خـلال 6 أشهر الأولى من الولادة وساعة واحدة كل يوم مدة الأشهر 6 المتبقية[5]، غير أن القانون رقم 90-11

---

[1] انظر المادتين 26 و28 من القانون رقم 83 – 11 المذكور أعلاه.

[2] انظر المادة 79 من القانون رقم 79 لسنة 1975 المـؤرخ في 1 سبتمبر 1975 المتضمن قانون التـأمين الاجتماعـي المصري المعدل و المتمم جريدة رسمية عدد 17.

[3] انظر المادة 71 من قانون العمل الأردني. والمادة 93 من قانون العمل المصري والمـادة 161 مـن مدونـة الشـغل المغربيـة. والمادة 64 فقرة 2 من قانون العمل التونسي.

[4] انظر المادة 233 من الأمر رقم 75 – 31 المتضمن الشروط العامة لعلاقات العمل في القطاع الخاص.

[5] انظر المادة 46 من المرسوم رقم 82 – 302 المؤرخ في 23 ذي القعدة عام 1402 الموافق 11 سبتمبر 1982 المتعلق بكيفيات تطبيق الأحكام التشريعية الخاصة بعلاقات العمل الفردية. جريدة رسمية عدد 37 المؤرخة في 13 سبتمبر 1982.

الساري المفعول التزم الصمت وترك تنظيم المسألة للنظام الداخلي لكل هيئة مستخدمة[1]، وبالرجوع إلى الأنظمة الداخلية لمختلف الهيئات المستخدمة نجدها نسخت الأحكام الواردة في القوانين الملغاة حيث منحت للمرأة المرضعة الحق في فترة غياب مدفوعة الأجر مدتها ساعتين في اليوم خلال 6 أشهر الموالية لاستئناف العمل، ساعة واحدة خلال 6 أشهر المتبقية[2].

إلى جانب الحق في فترات راحة يومية أقر المشرع المصري بحق المرأة المربية في عطلة طويلة المدى بدون أجر، بغية التفرغ لتربية طفلها حددت مدة العطلة بسنتين في كل مؤسسة تشغل أكثر من خمسين عاملا[3].

تعرض المشرع الجزائري إلى حق المرأة العاملة في هذه العطلة في ظل أحكام القوانين الملغاة وجعلها حالة من حالات الإحالة على الاستيداع، حيث يحق لكل امرأة العاملة المربية لولد يقل عمره عن 5 سنوات أن تستفيد من عطلة غير مدفوعة الأجر مدتها سنة واحدة قابلة للتجديد 4[4]، وهو ما نسخته بعض الاتفاقيات الجماعية للعمل[5].

1 - 2 التأمين عن العجز والوفاة

نتناول أولا التأمين عن العجز وذلك من خلال تعريف العجز وبيان أنواعه والأسباب المؤدية إليه، وتحديد أداءاته مبلغه، ثم ننتقل إلى العنصر الثاني للحديث

---

(1) انظر المادة 55 فقرة 2 من القانون رقم 90 – 11 السالف الذكر.

(2) انظر المادة 13 من النظام الداخلي لمؤسسة سوناطراك السالف الذكر. والمادة 18 من النظام الداخلي لمؤسسة اتصالات الجزائر.

(3) انظر المادة 94 من قانون العمل المصري.

(4) انظر المادة 52 فقرة 4 والمادة 55 فقرة 1 من القانون رقم 82 – 06 المؤرخ في 3 جمادى الأولى عام 1402 الموافق 27 فبراير 1982 المتعلق بعلاقات العمل الفردية الملغى بأحكام القانون رقم 90 – 11 السالف الذكر.

(5) انظر المادتين و256 فقرة 4 و 260 من الاتفاقية الجماعية لمؤسسة سوناطراك.

عن التأمين عن الوفاة، مركزين على وفاة العامل الطبيعية وآثارها القانونية، ووفاته إثر حادث عمل أو مرض مهني.

أولا: التأمين عن العجز

يعتبر الشخص عاجزا عن العمل عجزا كاملا إذا فقد قدرته عن العمل كليا في مهنته الأصلية حتى ولو كان قادرا على الكسب بوجه عام، ويعتبر عاجزا عن العمل عجزا جزئيا كل من فقد القدرة جزئيا على العمل أو الكسب بوجه عام[1].

استعمل المشرع الجزائري مصطلحين مختلفين باللغة الفرنسية للتعبير عن العجز ففي قانون العمل وظف مصطلح L'incapacité أما في قانون الضمان الاجتماعي وظف مصطلح L'invalidité ويبدو أن المصطلح الأخير أنسب لأن L'incapacité تعني عدم القدرة الصحية والجسدية وتعني كذلك عدم الكفاءة والقدرة المهنية[2]. تطرق المشرع الجزائري إلى مصطلح العجز في تشريعات الضمان الاجتماعي ولم يقسمه إلى عجز كامل أو جزئي[3]. بالرجوع إلى لأحكام الواردة في القانون رقم 83 – 13 المتعلق بحوادث العمل والأمراض المهنية، نجد أن المشرع الجزائري قسم العجز إلى نوعين من العجز عجز دائم وعجز مؤقت[4]. قد يكون

[1] انظر الدكتور أحمد حسن البرعي - الوجيز في التأمينات الاجتماعية الطبعة الأولى دار العربي 1982 ص 260 إلى 262. وانظر كذلك الدكتور حسام الدين الأهواني- أصول قانون التامين الاجتماعي – طبعة 1993 ص 106. وانظر كذلك الدكتور محمد حسن قاسم – قانون التامين الاجتماعي – دار الجامعة الجديدة للنشر طبعة 2003 ص149.

[2] انظر رسالة ماجستير للأستاذ بن عزوز بن صابر المعنونة " انتهاء علاقة العمل الفردية في التشريع الجزائري السنة الجامعية 1999 – 2000 ص55.

[3] المادة 32 من القانون رقم 83 – 11 المتعلق بالتأمينات الاجتماعية المعدل والمتمم: " يكون للمؤمن له الحق في معاش العجز عندما يكون مصابا بعجز ذهب بنصف قدرته على العمل أو الكسب على الأقل ".

[4] خص المشرع الجزائري الفصل الأول من الباب الثالث من القانون رقم 83 – 13 المتعلق بحوادث العمل للأداءات عن العجز المؤقت، والفصل الثاني للأداءات عن العجز الدائم.

العجز دائما ولكنه جزئي يسمح للعامل بمزاولة نشاط مهني غير النشاط الذي كان يمارسه من قبل بعد إعادة تكييف نشاطه المهني[1]، ومثال ذلك العامل الذي بترت يده بسبب حادث مهني، ولم يعد قادرا على ممارسة مهنته كسائق يمكن إعادة تكييف منصب عمله حسب قدراته الصحية والجسمية كأن يتولى الحراسة بالمؤسسة. يعتبر الشخص عاجزا عن العمل عجزا كاملا إذا فقد قدرته عن العمل كليا في مهنته الأصلية حتى ولو كان قادرا على الكسب بوجه عام، ويعتبر عاجزا عن العمل عجزا جزئيا كل من فقد القدرة جزئيا على العمل أو الكسب بوجه عام[2]

استعمل المشرع الجزائري مصطلحين مختلفين باللغة الفرنسية للتعبير عن العجز ففي قانون العمل وظف مصطلح L'incapacité أما في قانون الضمان الاجتماعي وظف مصطلح L'invalidité ويبدو أن المصطلح الأخير أنسب لأن L'incapacité تعني عدم القدرة الصحية والجسدية وتعني كذلك عدم الكفاءة والقدرة المهنية[3]. تطرق المشرع الجزائري إلى مصطلح العجز في تشريعات الضمان الاجتماعي ولم يقسمه إلى عجز كامل أو جزئي[4].

---

(1) المادة 32 من القانون رقم 83 – 13 المتعلق بحوادث العمل والأمراض المهنية: "للعامل الذي يصبح إثر حادث غير قادر على ممارسة مهنة أو لا تتأتى له إلا بعد إعادة التكييف، الحق في تكييفه مهنيا داخل المؤسسة أو لدى صاحب العمل لتمكينه من تعلم ممارسة مهنة من اختياره".

(2) انظر الدكتور أحمد حسن البرعي - الوجيز في التأمينات الاجتماعية الطبعة الأولى دار العربي 1982 ص 260 إلى 262. وانظر كذلك الدكتور حسام الدين الأهواني- أصول قانون التامين الاجتماعي – طبعة 1993 ص 106. وانظر كذلك الدكتور محمد حسن قاسم – قانون التامين الاجتماعي – دار الجامعة الجديدة للنشر طبعة 2003 ص149

(3) انظر رسالة ماجستير للأستاذ بن عزوز بن صابر المعنونة " انتهاء علاقة العمل الفردية في التشريع الجزائري السنة الجامعية 1999 – 2000 ص55.

(4) المادة 32 من القانون رقم 83 – 11 المتعلق بالتأمينات الاجتماعية المعدل والمتمم: " يكون للمؤمن له الحق في معاش العجز عندما يكون مصابا بعجز ذهب بنصف قدرته على العمل أو الكسب على الأقل ".

بالرجوع إلى لأحكام الواردة في القانون رقم 83 - 13 المتعلق بحوادث العمل والأمراض المهنية، نجد أن المشرع الجزائري قسم العجز إلى نوعين من العجز عجز دائم وعجز مؤقت[1]. قد يكون العجز دائما ولكنه جزئي يسمح للعامل بمزاولة نشاط مهني غير النشاط الذي كان يمارسه من قبل بعد إعادة تكييف نشاطه المهني[2]، ومثال ذلك العامل الذي بترت يده بسبب حادث مهني، ولم يعد قادرا على ممارسة مهنته كسائق، يمكن إعادة تكييف منصب عمله حسب قدراته الصحية والجسمية كأن يتولى الحراسة بالمؤسسة. بعد تعريف العجز وبيان أنواعه ارتأينا التعرض إلى الأسباب المؤدية إلى العجز أولا، ثم تحديد مبلغ معاش العجز ثانيا.

أ: الأسباب المؤدية إلى العجز

يكون العجز عن العمل ناتجا عن مرض طويل المدى، أو عن حادث أو مرض مهني، ففيما يتعلق بالمرض الطويل المدى الذي يكون سببا مؤديا إلى العجز، قيده المشرع الجزائري بشرطين، يتمثل الأول في حصر الأمراض الطويلة المدى[3]، والثاني في تحديد مدته القصوى والتي هي 3 سنوات كاملة[4]. فإذا توافر

---

[1] خص المشرع الجزائري الفصل الأول من الباب الثالث من القانون رقم 83 - 13 المتعلق بحوادث العمل للأداءات عن العجز المؤقت، والفصل الثاني للأداءات عن العجز الدائم.

[2] المادة 32 من القانون رقم 83- 13 المتعلق بحوادث العمل والأمراض المهنية: "للعامل الذي يصبح إثر حادث غير قادر على ممارسة مهنة أو لا تتأتى له إلا بعد إعادة التكييف، الحق في تكييفه مهنيا داخل المؤسسة أو لدى صاحب العمل لتمكينه من تعلم ممارسة مهنة من اختياره".

[3] حصرت المادة 27 من المرسوم رقم 84 - 27 المؤرخ في 11 فبراير 1998 المتعلق بتحديد كيفيات تطبيق العنوان الثاني من القانون رقم 83 - 11 المتعلق بالتأمينات الاجتماعية جريدة رسمية عدد 7 المؤرخة في 14 فبراير 1984 الأمراض الطويلة المدى في السل بجميع أشكاله، الأمراض العصبية والنفسية، الأمراض السرطانية، أمراض الدم الخراج اللمفاوي، ارتفاع ضغط الدم الخبيث، أمراض القلب والأوعية الدموية الأمراض العصبية، العضلية أو العصبية العضلية، أمراض الدماغ، أمراض الكلى أمراض المفاصل المزمنة الالتهابية، التهاب ما حول المفاصل الروماتزمي، القراض الخمامي المنشور، حالات العجز عن التنفس المزمن الناتج عن انسداد أو انحصاره شلل الأطفال السابق الحاد ".

[4] انظر المادة 16 من القانون رقم 83 - 11 المتعلق بالتأمينات الاجتماعية السالف الذكر.

هذان الشرطان في تقوم هيئة الضمان الاجتماعي وبصفة تلقائية بالنظر في حقوق المؤمن له من باب التأمين عن العجز عوض التأمين عن المرض[1].

كما يكون العجز ناتجا عن حادث عمل أو مرض مهني، يعرف حادث العمل بأنه " كل حادث انجرت عنه إصابة بدنية ناتجة عن سبب مفاجئ وخارجي طرأ في إطار علاقة العمل[2]، كما اعتبر المشرع الجزائري بمثابة حادث عمل كذلك كل حادث يقع خارج مكان العمل أو ما يسمى بحادث المسار والذي يحدث بين مكان العمل، ومكان إقامة العامل أي أثناء المسافة التي يقطعها هذا الأخير عند الذهاب أو الإياب إلى عمله، أيا كانت وسيلة النقل كما اعتبر في حكم حادث المسار المكان الذي يتردد إليه العامل من أجل تناول الطعام أو اقتناء أغراض عائلية[3]. أما فيما يتعلق بالأمراض المهنية فاعتبرها تلك الأمراض الناتجة عن التسمم والتعفف والاعتلال والتي يكون سببها مصدر مهني[4]، وزاد اهتمامه بها حيث خصص لها قائمة تدعى بقائمة الأمراض المهنية حيث حدد في هذه الأخيرة كل الأمراض المهنية المحتملة وكذا الأشغال التي يمكن أن تتسبب فيها وهي تضمن 84 جدولا[5].

---

(1) انظر المادة 35 من القانون رقم 83 – 11 السالف الذكر.

(2) المادة 6 من القانون 83-13 المتعلق بحوادث العمل والأمراض المهنية " يعتبر كحادث عمل كل حادث انجرت عنه إصابة بدنية ناتجة عن سبب مفاجئ وخارجي طرأ في إطار علاقة العمل"

(3) انظر المادة 12 من القانون 83-13 السالف الذكر.

(4) المادة 63 من القانون 83-13 السالف الذكر " تعتبر كأمراض مهنية كل أعراض التسمم والتعفف والاعتلال التي تعزي إلى مصدر أو بتأهيل مهني خاص ".

(5) المادة 64 من القانون 83-13 السالف الذكر " تحدد قائمة الأمراض ذات المصدر المهني المحتمل وقائمة الأشغال التي من شأنها أن تتسبب فيها وكذا مدة التعرض للمخاطر المناسبة لكل مدة الأعمال بموجب التنظيم ". ولقد حدد القرار الوزاري المشترك المؤرخ في 17 ذي الحجة 1416 الموافق 05 مايو 1996 قائمة الأمراض المهنية التي يحتمل أن يكون مصدرها مهنيا وملحقيه 1 و 2 جريدة رسمية عدد 16 المؤرخة في 15 ذي القعدة 1417 الموافق 23 مارس1997 وحصرها 84 حالة مرض.

ب: الأداءات في حالة العجز

قد ينتج عن الحادث أو المرض غير المهني عجز تتفاوت خطورته فقد يكون عجزا مؤقتا أو دائما يستفيد المؤمن له في حالة العجز المؤقت من نفس الأداءات العينية والنقدية التي تقدم في مجال التأمينات الاجتماعية[1]، ويحق للمصاب الحق أن يستفيد من علاج خاص قصد إعادة تأهيله وظيفيا يمكن أن يتضمن العلاج إقامته في مؤسسة عمومية أو خاصة معتمدة [2]. تقسم حالات العجز الدائم غير المهني من حيث تحضير المعاش إلى ثلاث أصناف:

- الفئة الأولى وهي فئة العجزة الذين مازلوا قادرين على ممارسة نشاط مأجور، حيث يساوي المبلغ السنوي للمعاش المدفوع 60% من الأجر السنوي المتوسط للمنصب الذي يحسب بالرجوع إما إلى آخر أجر سنوي تم تقاضيه، وإما إلى الأجر السنوي المتوسط لثلاث سنوات حيث بلغ أجر المعني بالأمر أقصاه خلال حياته المهنية[3].
- أما الفئة الثانية وهي فئة العجزة الذين يتعذر عليهم إطلاقا القيام بأي نشاط مأجور، الذين يتقاضون مبلغا سنويا للمعاش يساوي 80% من الأجر السالف الذكر[4].
- أما الفئة الثالثة فهي فئة العجزة الذين يتعذر عليهم إطلاقا القيام بأي نشاط مهني مأجور، ويحتاجون إلى مساعدة من غيرهم، فهؤلاء يتقاضون مبلغ

---

(1) المادة 28 من قانون 83-13 السالف الذكر " تكون الأداءات عن العجز المؤقت المقدمة إثر وقوع حادث عمل من طبيعة ومبلغ مماثلين لطبيعة الأداءات المقدمة من باب التأمينات الاجتماعية وذلك مع مراعاة الشروط المنصوص عليها في مواد هذا الفصل " ويقصد الفصل الأول من الباب الثالث من نفس القانون.

(2) نظر المواد من 29 إلى 33 من قانون 83-13 السالف الذكر

(3) انظر المادة 36 فقرة 1 والمادة 37 من القانون رقم 83 – 11 المتعلق بالتأمينات الاجتماعية.

(4) انظر المادة 36 فقرة 2 والمادة 38 من القانون رقم 83 – 11 المذكور أعلاه.

سنوي للمعاش يساوي 80% من الأجر السالف الذكر ويضاعف بنسبة 40% دون أن تقل الزيادة عن 12.000 دج [1].

لا يمكن أن يقل المبلغ السنوي لمعاش العجز عن 75% من المبلغ السنوي للأجر الوطني الأدنى المضمون [2]. يمنح معاش العجز بصفة مؤقتة، حيث يمكن مراجعته إما بطريقة إيجابية أو سلبية، فيرتفع مبلغ المعاش حسب تطور الحالة الصحية للمستفيد نحو التدهور، وينخفض عندما تتطور الحالة الصحية نحو التحسن إلى درجة الإلغاء الكلي شريطة أن يؤدي هذا التحسن إلى في القدرة على العمل تفوق 50% [3].

أما إذا كان العجز الدائم ناتجا عن حادث عمل يستفيد المصاب من ريع يحسب على أساس الأجر المتوسط الخاضع لاشتراكات الضمان الاجتماعي الذي يتقاضاه الضحية لدى مستخدم واحد أو عدة مستخدمين خلال 12 شهرا التي تسبق التوقف عن العمل نتيجة الحادث، وإذا كان المصاب وقت انقطاعه عن العمل الناجم عن الحادث أو المرض المهني قد عمل مدة تقل عن 12 شهرا فإن الريع يحسب على أساس:

• أجر منصب عمل المصاب إذا عمل مدة شهر واحد على الأقل.

• أجر منصب عمل مطابق الفئة المهنية التي ينتمي إليها المصاب إذا عمل مدة تقل عن شهر واحد [4].

---

[1] انظر المادة 36 فقرة 3 والمادة 39 من القانون رقم 83 – 11 وكذا المادة الأولى المرسوم رقم 84 – 29 المؤرخ في 9 جمادى الأولى 1404 الموفق 11 فبراير 1984 المحدد للمبلغ الأدنى للزيادة على الغير المنصوص عليها في تشريع الضمان الاجتماعي المعدل والمتمم بالمرسوم رقم 92 – 273 المؤرخ في 5 محرم 1413 الموافق 6 يوليو 1992 جريدة رسمية عدد 52 لسنة 1992.

[2] انظر المادة 41 من القانون رقم 83 – 11 السالف الذكر.

[3] انظر المادة 44 من القانون رقم 83 – 11 السالف الذكر.

[4] المادة 39 و40 من القانون رقم 83 – 13 المتعلق بحوادث العمل والأمراض المهنية وكذا المادة 13 من المرسوم رقم 84 – 28 المؤرخ في 9 جمادى الأولى 1404 الموافق 11 فبراير 1984 يحدد كيفيات تطبيق العناوين الثالث والرابع والثامن من القانون رقم 83 – 13 جريدة رسمية عدد 7 لسنة 1984.

تحدد نسبة العجز عن العمل على يد الطبيب المستشار لدى هيئة الضمان الاجتماعي وفق جدول يحدد عن طريق التنظيم، ويتم تحديد هذا الجدول بعد أخذ رأي لجنة يحدد تشكيلها وسيرها عن طريق التنظيم، غير أنه يجوز أن تضاف إلى النسبة الواردة في الجدول نسبة اجتماعية مع مراعاة العجز المصاب وقدراته، وتأهيله المهني وحالته العائلية والاجتماعية عامل السن وقدراته المهنية ومراعاة عامل القابلية وحالته العائلية والاجتماعية. تمنح النسبة الاجتماعية المتراوحة ما بين 1% و10% التي يستفيد منها المصاب الذي يكون عجزه عن العمل يساوي أو يزيد عن 10%[1]، كما أنه لا يمنح أي ريع إذا كانت نسبة العجز أقل من 10[2]. يساوي مبلغ الريع الأجر المتوسط الخاضع لاشتراكات الضمان الاجتماعي الذي يتقاضاه الضحية خلال 12 شهرا التي تسبق التوقف عن العمل نتيجة الحادث مضروبا في نسبة العجز، ويضاعف مبلغ الريع بنسبة 40% إذا كان العجز الدائم يضطر المصاب إلى اللجوء إلى مساعدة الغير لقضاء شؤون الحياة العادية، ولا يمكن أن تقل هذه الزيادة عن 12.000دج[3].

ثانيا: التأمين عن الوفاة

تعد وفاة العامل قوة قاهرة ينفسخ من خلالها عقد العمل بقوة القانون، سواء كان العقد محدد المدة أو غير محدد المدة[4]، لأن التزام هذا الأخير ينحصر ـ في تنفيذ العمل بنفسه، ويتعذر على ورثته أداؤه[5]، ومن ثم بمجرد وفاة العامل تنتهي

---

[1] المادة 42 من قانون 83-13 السالف الذكر: " تحدد نسبة العجز عن العمل على يد الطبيب المستشار لهيئة الضمان الاجتماعي وفقا لجدول يحدد عن طريق التنظيم...0" وللإطلاع أكثر أنظر التأمين على حوادث العمل والأمراض المهنية السالف الذكر ص 12و 13.

[2] المادة 44 من القانون رقم 83 – 13 السالف الذكر.

[3] انظر المادتين 45 و46 من القانون رقم 83 – 13 السالف الذكر

[4] انظر الدكتور محمود جمال الدين زكي – الوسيط في القانون الاجتماعي – الجزء الثاني شرح عقد العمل المرجع السالف الذكر ص 786.

[5] انظر الدكتور محمود جمال الدين زكي – عقد العمل في القانون المصري المرجع السالف الذكر ص 919 و 920.

علاقة العمل وتزول الالتزامات بين الطرفين، ولا يترتب على وفاة هـذا الأخير أي التـزام لـذوي حقوق على عاتق صاحب العمل إلا ما أقره القانون في مجال التأمينات الاجتماعية.

ما يجب التنبيه إليه أن وفاة العامل قد تكون وفاة حقيقة أو حكما والمقصود بالوفاة حكـما حالـة المفقود والغائب الذي لا تعرف حياته من مماته. تتقرر وفاة العامل محكما بموجب قرار قضائي نهائي، ويظل عقد العمل الذي يربط صاحب العمل بالعامل المفقود أو الغائب موقوفا ومن ثم لا يجوز لصاحب العمل أن يشغل عاملا آخرا بصفة دائمة بدلا من العامـل المفقـود كـما أنـه لا ينفسـخ إلا بصـدور الحكـم النهائي القاضي بموته[1].

يجب التمييز بين الوفاة الطبيعية للعامل وبين الوفاة الناتجة عن حادث عمل أو مرض مهني، ذلك لأن آثار كل منهما مختلفة، لذا سنتناول أولا وفاة العامل الطبيعية، ثم وفاة العامل بسبب حادث عمل أو مرض مهني.

أ: وفاة العامل الطبيعية وآثارها القانونية

يقصد بالوفاة الطبيعية للعامل الوفاة التي لا علاقة لها بالعمل، وبمعنى آخر الوفاة التـي لا تكـون نتيجة حادث عمل أو مرض مهني. إن هـذا النـوع مـن الوفاة لا يترتـب عليـه أي التـزام في ذمـة صاحـب العمل، وإنما يترتب عليه تمتع ذوي الحقوق (أي الورثة) بمنحة الوفاة أو رأسمال الوفاة التي قررتهـا أحكـام قانون الضمان الاجتماعي[2].

---

[1] المادة 113 من القانون رقم 84 – 11 المؤرخ في 9 يونيو 1984 المتضمن قانون الأسرة المعدل والمتمم بـالأمر رقم 05 – 02 المؤرخ في 27 فبراير 2005: " يجوز الحكم بموت المفقود في الحروب والحالات الاستثنائية بمضيـ 4 سـنوات بعـد التحـري، وفي الحالات التي يغلب فيها السلامة يفوض الأمر إلى القاضي في تقدير المدة المناسبة بعد مضي 4 سنوات ".

[2] المادتين 47 و 49 من القانون رقم 83 – 11: " يستهدف التأمين عن الوفاة إفادة ذوي حقوق المؤمن له المتوفى المعـرفين في المادة 67 أدناه من منحة الوفاة "

حصر المشرع الجزائري ذوي حقوق المؤمن له المتوفى في[1]:

- زوج المؤمن له، غير أنه لا يستحق الاستفادة من الأداءات العينية إذا كان يمارس نشاطا مهنيا مأجورا، وإذا كان الزوج نفسه أجيرا يمكنه أن يستفيد من الأداءات بصفته ذا حق عندما لا يستوفي الشروط المنشئة للحقوق بحكم نشاطه الخاص.

- الأولاد المكفولون البالغون أقل عن 18 سنة، ويعتبر أيضا أولادا مكفولين الأولاد البالغون أقل من 25 سنة والذين أبرم بشأنهم عقد تمهين يمنحهم أجرا يقل من نصف الأجر الوطني الأدنى المضمون وكذا الأولاد البالغون أقل من 21 سنة إذا كانوا بصدد مزاولة الدراسة، والأولاد مهما كان سنهم الذين يتعذر عليهم ممارسة أي نشاط مأجور بسبب عاهة أو مرض مزمن، والبنات المكفولين بدون دخل مهما كان سنهم.

- أصول المؤمن له أو أصول زوجه المكفولين عندما لا تتجاوز مواردهم الشخصية المبلغ الأدنى لمعاش التقاعد المحدد 75% من المبلغ السنوي للأجر الوطني الأدنى المضمون[2].

تقدر منحة الوفاة أو رأسمال الوفاة باثني عشر (12) مرة مبلغ الأجر الشهري للعامل الأكثر نفعا، المتقاضى خلال السنة السابقة لوفاة المؤمن له والمعتمد كأساس لحساب الاشتراكات، وفي جميع الحالات لا يمكن أن يقل هذا

---

[1] انظر المادة 67 من القانون رقم 83 – 11 السالف الذكر المعدلة بالمادة 30 من الأمر رقم 96 – 17 جريدة رسمية عدد 42 لسنة 1996.

[2] المادة 16 من القانون رقم 83 – 12 المتعلق بالتقاعد المعدلة بالقانون رقم 99 – 03 جريدة رسمية عدد 20 لسنة 1999: "لا يمكن أن يقل المبلغ السنوي لمعاش التقاعد عن 75% من المبلغ السنوي للأجر الوطني الأدنى المضمون ".

المبلغ عن اثني عشر (12) مرة الأجر الوطني الأدنى المضمون، يمنح مبلغ رأسمال الوفاة دفعة واحدة فور وفاة المؤمن له[1].

ب: وفاة العامل الناتجة عن حادث عمل أو مرض مهني

إذا نتجت وفاة العامل عن حادث عمل أو مرض مهني يستفيد ذوي الحقوق من منحة الوفاة أو رأسمال الوفاة، غير انه لا يمكن الجمع بين هذه المنحة وبين منحة الوفاة التي تدفع في إطار التأمينات الاجتماعية التي سبق التعرض إليها[2].

زيادة عن منحة رأسمال الوفاة يستفيد ذوي حقوق المؤمن له اجتماعيا المتوفى من ريع ابتداء من اليوم الأول الذي يلي تاريخ الوفاة، ويحسب الريع على أساس الأجر الشهري الخاضع للاشتراك الذي تستلمه العامل المتوفى خلال 12 شهرا التي سبقت الحادث، ويتم تقسيم الريع بين ذوي الحقوق على النحو التالي[3]:

- إذا كان الزوج بمفرده، أي مع عدم وجود الأولاد، فإن قسطه في الريع يساوي نسبة 75% من أجر المنصب الخاضع للاشتراك، أما إذا كان مع الزوج أحد ذو حق كالابن أو أحد الأصول، يستفيد الزوج من قسط يساوي 50% وذو الحق 30%.
- أما إذا مع كان الزوج عدد من ذوي الحقوق، يستفيد الزوج من قسط يساوي 50% وذوو الحقوق من 40% تقسم بينهم بالتساوي، وعند عدم وجود يتقاسم ذوو الحقوق الآخرون معاشا يساوي 90% من مبلغ معاش الهالك وهذا ضمن حد أقصى يبلغ 45% من المعاش إذا كان ذو الحق من أبنائه و30% إذا كان ذو الحق من أصوله.

---

(1) انظر المادة 48 من القانون رقم 83 – 11 المعدلة بالمادة 16 من الأمر رقم 96 – 17 المتعلق بالتأمينات الاجتماعية.
(2) انظر المادة 52 فقرة 2 من القانون رقم 83 – 13 المتعلق بحوادث العمل والأمراض المهنية.
(3) انظر المادة 34 من القانون رقم 83 – 12 المتعلق بالتقاعد السالف الذكر.

للاستفادة من منحة الوفاة على ذوي الحقوق أن يقدموا لهيئة الضمان الاجتماعي ملف مكون من الوثائق التالية[1]: ملء استمارة خاصة تستخرج من الهيئة، طلب خاص بمنحة الوفاة، شهادة الوفاة، شهادة عقد الزواج.

شهادة مدنية للحالة الشخصية، بها البيانات الهامشية، الفريضة.

إضافة إلى ذلك:

شهادة مدرسية أو شهادة تربص بالنسبة للأولاد الذين يزيد عمرهم عـن 18 سـنة ويقـل عـن 21 سنة. شهادة أو نسخة لعقد التمهين للأولاد الذين تتراوح أعمارهم مـا بـين 21 سنة أو 25 سنة المتمهنون والحاصلون على أجر يقل عن 2/1 نصف الأجر الوطني الأدنى المضمون. شهادة التكفل وشهادة عدم الزواج بالنسبة للحواشي والبنات بدون دخل مهما كان عمرهن. شهادة تثبت انعدام المـورد أو شـهادة تثبت أن المورد أو الدخل يقل عن القيمة الدنيا لمعاش التقاعد بالنسبة للأصول المكفولين.

2: التأمينات الاجتماعية الناتجة عن المخاطر المهنية

تشمل التأمينات الاجتماعية الناتجة عن المخاطر المهنية التأمين عـن الشيخوخة، وسـوف نتعـرض إليه في العنصر الأول، ونخصص العنصر الثاني للتأمين عن البطالة.

2 – 1 التأمين عن الشيخوخة (التقاعد)

يعتبر التأمين من خطر الشيخوخة (التقاعد) من أهـم الحقـوق الأسـاسية المعـترف بهـا للعـمال في مختلف النظم القانونية على اختلاف مذاهبها واتجاهاتها السياسية والاقتصادية. وفي الجزائر أصدر المشرع القانون رقم 83 – 12 بغية

---

[1] انظر التأمين على الوفاة مديرية الدراسات الإحصائية والتنظيم، قطاع الإعلام والتوثيق مطبعة الصندوق الوطني للتأمينات الاجتماعية - قسنطينة 1997 ص 7.

توحيد كل أنظمة التقاعد[1] وتجسيدا لهذا الهدف أصبح الصندوق الوطني للمعاشات المؤسس بموجب المرسوم 85-223 الهيئة الوحيدة المكلفة بتسيير التقاعد[2]. ولكن بعد الأزمة الاقتصادية التي عرفتها الجزائر في نهاية الثمانينات ومن أجل تخفيف الأعباء على هذه المؤسسات الاقتصادية، أصدر المشرع المرسوم التشريعي رقم 94-10 الذي أحدث نظام التقاعد المسبق، وبعد 3 سنوات عدل المشرع القانون رقم 83 – 12 بموجب الأمر رقم 97 – 13 الذي أحدث نظام التقاعد النسبي.

وقوفا عند الأنواع الثلاثة للتقاعد نتناول في العنصر الأول نظام التقاعد الكلي أو العادي، ونخصص العنصر الثاني لنظام التقاعد المسبق وأخيرا العنصر الثالث للتقاعد النسبي.

أولا: نظام التقاعد العادي أو الكلي

يعرف التقاعد على أنه حق مالي وشخصي يستفيد منه العامل مدى الحياة[3] ويحتوي معاش التقاعد حسب التنظيم المعمول به على معاش مباشر يمنح للعامل على أساس نشاطه ويضاف إليه زيادة الزوج المكفول، ومعاش منقول يتحول إلى من كان يتكفل بهم المتقاعد المتوفى أثناء حياته وهم ثلاثة أصناف: الزوج الباقي على قيد الحياة، الأولاد اليتامى القصر البالغين أقل من 18 سنة، وأصول المؤمن له أو أصول زوجه المكفولين عندما لا تتجاوز مواردهم الشخصية المبلغ الأدنى لمعاش التقاعد[4]. إن الإحالة على التقاعد لا تكون إلا بناء على قرار من

---

[1] المادة الأولى من القانون رقم 83-12 المؤرخ في 02 جويلية 1983 المتعلق بالتقاعد ج. ر عدد رقم 28 المؤرخة في 05 جويلية 1983: (يهدف هذا القانون إلى تأسيس نظام وحيد للتقاعد).

[2] المادة الأولى من المرسوم رقم 85-223 المؤرخ في 20 أوت 1985 المتضمن التنظيم الإداري والمالي لهيئات الضمان الاجتماعي.

[3] المادة 3 من القانون رقم 83 ـ 12 المؤرخ في 02 جوان 1983 المتعلق بالتقاعد.

[4] المادة 67 من القانون رقم 83-11 المؤرخ في 02 جوان 1983 المتعلق بالتأمينات الاجتماعية.

المستخدم[1]، كما أنه لا يمكن للمستخدم أخد هذا القرار إلا إذا توافر شرطان أساسيان هما شرط السن وشرط مدة العمل.

أ: شرط السن القانونية

حسب هذا النوع من التقاعد لا يمكن للعامل طلب الإحالة على التقاعد، كما لا يجوز لصاحب العمل أن يحيل العامل على التقاعد ما لم يبلغ هذا الأخير 60 سنة و55 سنة بالنسبة للمرأة[2]، كما يمكن تقليص هذا السن أي 60 سنة بالنسبة للعمال الذين يعملون في ظروف عمل تتسم بنوع من الخطورة[3] كما يخفض السنة بالنسبة للعاملات اللواتي ربين ولدا واحدا أو عدة أولاد طيلة 9 سنوات على الأقل من تخفيض في السن على أساس سنة واحدة عن كل ولد وذلك في حدود 3 سنوات[4]، كما تخفض السن إلى خمس سنوات بالنسبة للمجاهدين الذين شاركوا في الثورة التحريرية الكبرى[5]. كما أنه يمكن أن ترفع السن القانونية للتقاعد إلى 5 سنوات أي 65 سنة بالنسبة للعمال الذين أدوا مدة عمل تقل عن 15 سنة[6].

كما يمكن للعامل أن يستفيد من معاش التقاعد دون شرط السن إذا كان قد عمل مدة 32 سنة

---

[1] المادة 10 من القانون رقم 83-12 المعدلة بالمادة 3 من الأمر رقم 97-13 المؤرخ في 31 مايو 1997 ج.ر عدد 38 المؤرخة في 04 جوان 1997 ص 3: (للعامل الذي يستوفي الشروط المنصوص عليها في المواد 6و6 مكرر و 7و8 من هذا القانون الحق في الإحالة على التقاعد قبل تبليغ قرار المعاش).

[2] المادة 6 فقرة 1 من القانون رقم 83-12 المذكور أعلاه: (تتوقف وجوبا استفادة العامل من معاش التقاعد على استفاء الشرطين التاليين: -بلوغ ستين سنة من العمل على الأقل بالنسبة للرجال، وخمس وخمسين سنة بالنسبة للمرأة)

[3] انظر المادة 7 من القانون رقم 83 – 12 المتعلق بالتقاعد.

[4] انظر المادة 8 من نفس القانون المذكور أعلاه.

[5] انظر المادة 21 من القانون رقم 83 – 12 السالف الذكر.

[6] المادة 10 من القانون رقم 83-13 المعدلة بالأمر 97-13 المؤرخ في 31 مايو سنة 1997

نتج عنها دفع اشتراكات الضمان الاجتماعي[1]، أما في فرنسا لقد ميز المشرع الفرنسي بين نوعين من التقاعد، التقاعد الخاضع للنظام العام، والتقاعد الخاضع للنظام الخاص، بالنسبة للنظام الأول لا يمكن للمستخدم إحالة العامل المنتمي للنظام العام على التقاعد إلا إذا بلغ هذا الأخير 60 سنة، أما بالنسبة للعمال الخاضعون للنظام الخاص للضمان الاجتماعي، فإن سن التقاعد لديهم تكون أقل من السن المحددة في النظام العام، وعلى المستخدم التقيد بالسن المحددة في النظام الخاص قبل اتخاذ قرار الإحالة على التقاعد.[2]

ب: شرط المدة القانونية للعمل

حتى يستطيع العامل طلب إحالته على التقاعد يجب أن يستوفي الشرط الثاني وهو قضاء مدة عمل لا تقل عن 15 سنة، كما أنه لا يمكن للمستخدم أن يحيل عاملا على التقاعد لم يستوف هذا الشرط حتى ولو بلغ السن القانونية للتقاعد[3]. تعتبر في حكم فترات عمل كل فترة تقاضى خلالها المؤمن له تعويضات يومية للتأمين عن المرض والولادة وحوادث العمل والأمراض المهنية وتعويضا بعنوان التأمين على البطالة[4].

---

(1) الماد 28 فقرة 1 من الأمر رقم 97-13 المؤرخ في 31 مايو 1997 المعدلة للمادة 10 من القانون رقم 83-12 المؤرخ في 02 جويلية 1983 المتعلق بالتقاعد (دون أي شرط بالنسبة للسن إذا كان العامل الأجير قد أتم مدة عمل فعلي نتج عنها دفع مشاركات تعادل 32 سنة كاملة).

(2) Gérard Lyon-Gaen –Jean Pélissier-Alain Supiot (Droit Du Travail) 17 édition 1994 Dalloz 11rue Soufflot 75240 cedex 05 pages 263.

(3) المادة 6 فقرة 2 من القانون رقم 83-12 المتعلق بالتقاعد تتوقف وجوبا استفادة العامل من معاش القاعد على الشرطين التاليين:- قضاء العامل خمسة عشر في العمل على الأقل).

(4) المادة 2 من الأمر 97-13 المؤرخ في 31 مايو 1997 المعدلة للمادة 6 من القانون رقم 83-13 المتعلق بالتقاعد.

كما تعتبر فترات عمل فترة العطل القانونية المدفوعة الأجر، كالعطلة الأسبوعية والسنوية والأعياد الدينية والوطنية بعض الإجازات والعطل الخاصة والتي ذكرتها المادة 54 من قانون علاقات العمل منها حالة تأدية العامل لمهام نقابية، وحالة متابعة العامل لفترات تكوين أو تربص مهني ينظمها أو يسمح بها صاحب العمل، وحالة تقدم العامل لأداء امتحان أو مسابقة مهنية أو أكادمية. كما تعتبر فترات عمل حالة وقوع مناسبة سارة أو محزنة للعامل، كزواجه أو زواج أحد فروعه، أو زيادة مولود جديد، أو حالة وفاة أحد أفراد عائلته كوفاة أحد أصوله أو فروعه أو زوجه أو أحد أصول زوجه وهذه الإجازات مقدرة في كل الحالات3 أيام. وكذلك حالة تأدية العامل فريضة الحج مرة واحدة في حياته المهنية. إذن بالإضافة إلى الشرطين السابقين شرط بلوغ العامل 60 سنة، وشرط قضائه 15 سنة في العمل، يجب على العامل الراغب في الإحالة على التقاعد أن يكون قد دفع الأقساط اللازمة من الاشتراكات الشهرية بصورة منتظمة طوال مدة العمل.

ثانيا: التقاعد المسبق La Retraite Anticipée

هذا النظام الجديد للتقاعد كرسه المرسوم التشريعي رقم 94- 10 المؤرخ في 26 مايو 1994 هذا المرسوم الذي جاء بدوره تطبيقا للمادة 3 والمادة 7 من المرسوم التشريعي رقم 94 - 09 المتضمن الحفاظ على الشغل وحماية الأجراء الذين يفقدون عملهم بصفة لا إرادية ولأسباب اقتصادية.[1] إن هذا النظام الجديد للتقاعد فرضته حتمية التسريح الجماعي لأسباب اقتصادية وتتمثل هذه الأسباب إما في أسباب اقتصادية ظرفية Motif Economique Conjoncturel وهي تلك الضغوط الخارجة عن إرادة صاحب العمل وإما عن إعادة تنظيم وهيكلة العمل في المؤسسة

---

[1] المادة 2 من المرسوم التشريعي رقم 94-10 المؤرخ في 26 مايو 1994 المتعلق بالتقاعد المسبق ج.ر عدد 38:(تطبق أحكام هذا المرسوم التشريعي على جميع أجراء القطاع الاقتصادي الذين قد يفقدون عملهم بصفة لا إرادية لسبب اقتصادي وفي إطار إما تقليص عدد العمل أو التوقف القانوني لعمل المستخدم).

سواء كان ذلك جراء تجميع عدة مؤسسات في مؤسسة واحدة أو حالة تجهيز المؤسسة بوسائل وطرق عمل حديثة ذات آلية وتكنولوجية متطورة[1]. ولقد عرفت المادة الأولى من المرسوم التشريعي 94-10 التقاعد المسبق بأنه: " إحالة العامل الأجير على التقاعد بصفة مسبقة خلال فترة قد تصل إلى 10 سنوات قبل السن المحددة قانونا ". يتضح مما سبق أن هذا النظام الجديد من التقاعد جاء حماية للعمال الأجراء الذين يفقدون في القطاع الاقتصادي من خطر فقدان عملهم بصفة لا إرادية ولأسباب اقتصادية[2]، كما جاء ليواجه سياسة التشغيل لاسيما في الأوقات التي ارتفعت فيها نسبة البطالة.

أ: شروط الاستفادة من التقاعد المسبق

يطبق نظام التقاعد المسبق على العمال الأجراء كمبدأ عام[3]، ولقد عرفت المادة 2 من قانون 90-11 المتضمن علاقات العمل العمال الأجراء على أنهم كل الأشخاص الذين يؤدون عملا يدويا أو فكريا مقابل مرتب في إطار التنظيم ولحساب شخص أخر طبيعي أو معنوي عمومي أو خاص يدعى مستخدم[4]. كما يشترك أن يكون العامل من العمال الواردة أسماؤهم في قائمة المسرحين لأسباب اقتصادية إما في إطار تقليص عدد العمال أو في إطار التوقف القانوني لعمل المستخدم[5]. إضافة تلك الشروط اشترط المشرع بلوغ العامل 50 سنة، والمرأة العاملة 45 سنة وهو السن الأدنى، ويتضح من ذلك أن مدة التسبيق لا يجب أن تتجاوز 10 سنوات عن

---

(1) الدكتور أحمية سليمان التنظيم القانوني لعلاقات العمل في التشريع الجزائري- علاقة العمل الفردية- الجزء الثاني طبعة 1998- ديوان المطبوعات الجامعية ص368.

(2) انظر المواد3 و 5 و 7 من المرسوم التشريعي رقم 94-09 السالف الذكر.

(3) المادة 2 من المرسوم التشريعي رقم 94-10 المؤرخ في 26 مايو 1994 المتضمن التقاعد المسبق ج.ر- عدد 34 المؤرخة في 01 جوان 1994.

(4) المادة 2 من المرسوم التشريعي رقم 94-10 السالف الذكر.

(5) المادة 7 من المرسوم التشريعي رقم 94-10 السالف الذكر.

السن القانونية الواردة في المادة 6 من القانون رقم 83-12 والتي هي 60 سنة بالنسبة للعامل و55 سنة بالنسبة للمرأة العاملة. كما اشترط المشرع على العامل أن يجمع عددا من سنوات العمل أو المماثلة لها القابلة للاعتماد في التقاعد لا تقل عن 20 سنة، وأن يكون قد دفع اشتراكات الضمان الاجتماعي مدة 10 سنوات على الأقل بصفة كاملة وخاصة منها السنوات الثلاث السابقة لانتهاء علاقة العمل التي تثبت الحق في التقاعد المسبق. بالإضافة إلى الشروط السالفة الذكر، أوجب المشرع الجزائري على صاحب العمل أن يدفع مساهمة جزافية مسبقا أي قبل إحالة العامل المعني على التقاعد إلى صندوق التقاعد حتى يخول لهذا الأخير الحق في التقاعد وتحسب هذه المساهمة الجزافية على أساس عدد سنوات التسبيق وهي تتراوح ما بين13 شهرا من الأجر الشهري المتوسط الذي يتقاضاه الأجير المعني خلال 12 شهرا السابقة لإحالته على التقاعد المسبق و19 شهرا.[1]

ب: مدة التسبيق

تتراوح مدة التسبيق مابين 5 سنوات و10 سنوات قبل السن المحددة قانونا للإحالة على التقاعد العادي، والتي هي 60 سنة بالنسبة للرجال و55 سنة بالنسبة

---

[1] المادة 8 من المرسوم التشريعي رقم 94-10: (تخضع إحالة الأجراء المذكورين في المادة 12 أعلاه الذين يستوفون الشروط المحددة في هذا المرسوم التشريعي على التقاعد المسبق لدفع المستخدم مساهمة جزافية قبلية لتخويل الحق وتحسب على أساس عدد سنوات التسبيق في الحدود الآتية:- ثلاثة عشر (13) شهرا من أجر المعني إذا كان عدد سنوات التسبيق يقل عن 5 سنوات
- ستة عشر (16) شهرا من أجر المعني إذا كان عدد سنوات التسبيق يساوي 5 سنوات أو يفوقها - تسعة عشر (19) شهرا من أجر المعني إذا كان عدد سنوات التسبيق يساوي 8 سنوات أو يفوقها.

للنساء، هذه المدة مرتبطة بسنوات العمل المماثلة لها القابلة للاعتماد في مجال التقاعد[1].

ثالثا: التقاعد النسبي La Retraite Proportionnelle

أول نص تشريعي تبنى من خلاله المشرع الجزائري هذا النوع من التقاعد هو المرسوم التنفيذي رقم 95- 119 غير أن هذا المرسوم حصر التقاعد النسبي على فئة معينة من العمال وهي فئة الإطارات العليا للدولة ويعتبر ذلك بمثابة امتياز لهذه الفئة من العمال، لكن هذا النوع من التقاعد توسع فيما بعد ليشمل كافة العمال سواء كانوا في القطاع العام أو القطاع الخاص وسواء كانوا في المؤسسات الاقتصادية أو الإدارات العمومية، وذلك ابتداء من الفاتح جويلية 1997 بموجب الأمر رقم 97-13 المؤرخ في 31 مايو 1997. وما تجدر الإشارة إليه أن هذا الأمر جاء معدلا ومتمما للقانون رقم 83-12 المتعلق بالتقاعد[2]. والدافع لإحداث هذا النوع من التقاعد هو مواجهة أزمة البطالة التي واجهت الجزائر في الآونة الأخيرة وحسب تقرير منظمة العمل الدولية- الذي نشر في جريدة الخبر اليومية

---

[1] لمادة 6 من المرسوم التشريعي رقم 94-10 المذكور أعلاه: (يحدد عدد سنوات التسبيق قبل السن القانونية للإحالة عن التقاعد الممنوحة للأجراء المذكورين في المادتين 2 و 10 من هذا المرسوم التشريعي بحسب سنوات العمل أو المماثلة لها القابلة للاعتماد في مجال التقاعد في الحدود المقررة أدناه: - حتى 5 سنوات للأجراء الذين يستوفون عددا من السنوات القابلة للاعتماد تساوي على الأقل 20 سنة - حتى 6 سنوات لمن استوفى عدد من السنوات تساوي أو تفوق 22 سنة، وإلى 7 سنوات إذا كان عدد سنوات العمل المعتمدة تساوي أو تفوق 24 سنة كما تنخفض المدة إلى 8 سنوات للعمال الأجراء الذين يستوفون عددا من السنوات القابلة للاعتماد تساوي أو تفوق 26 سنة، وتنخفض إلى 9 سنوات لمن استوفى عدد من السنوات يساوي أو يقل عن 28 سنة وأخير إلى 10 سنوات من التسبيق للعمال الأجراء الذين يستوفون عدد من السنوات القابلة للاعتماد تساوي أو تفوق 29 سنة.

[2] المادة 1 من الأمر رقم 97-13 المؤرخ في 31 مايو 1997: (يعدل هذا الأمر ويتمم القانون رقم 83- 12 المؤرخ في 2 جويلية 1983 والمتعلق بالتقاعد)

بتاريخ 16 أوت 1999 تحت العدد رقم 2633 صفحة 3 - أن نسبة البطالة في الجزائر تقد: 2,4 مليون بطال أي بنسبة 29,3% من مجموع السكان النشطين البالغين أكثر من 860000 عامل ومن المتوقع أن ترتفع نسبة البطالة إلى أكثر من 30% عام 2000 و37% عام 2010. ومن العوامل المؤثرة على تزايد نسبة البطالة في الجزائر حسب تقرير المنظمة تراجع نسبة النمو التي لم تتجاوز 3% خارج نطاق المحروقات، فضلا عن تراجع النمو الصناعي وزيادة اليد العاملة مقابل التراجع في النمو وهشاشة التوازنات الاقتصادية وضآلة الاستثمارات الداخلية والخارجية هذه الأخيرة لم تتجاوز 220 مليون دولار خارج نطاق المحروقات في حين سجل 250 ألف طلب عمل جديد سنويا[1].

لهذه الأسباب وتماشيا مع الرهانات الاقتصادية الجديدة عمل المشرع الجزائري على تخفيض سن التقاعد قصد الحفاظ على مناصب الشغل الموجودة وفتح مناصب جديدة لصالح الشباب العاطل عن العمل. توضيحا لما سبق سيتناول هذا العنصر مفهوم التقاعد النسبي، ثم شروط الاستفادة منه كما أوردها الأمر 97-13 المعدل والمتمم القانون رقم 83-12 المتعلق بالتقاعد.

أ: مفهوم التقاعد النسبي

سبق القول أن التقاعد الكلي هو التقاعد الذي يستفيد من خلاله العامل من أعلى نسبة لمعاش التقاعد والتي تقدر 80 % من الأجر المتوسط الذي كان يتقاضاه العامل خلال 3 سنوات. بينما التقاعد النسبي هو التقاعد الذي يتقاضى من خلاله العامل معاشا يقل عن المعاش الأقصى، ويكون حسب مدة العمل التي قضاها العامل الأجير، شريطة ألا تقل عن 20 سنة في العمل وطلب الإحالة على التقاعد النسبي، فإن نسبة معاشه تكون 50 %، أما إذا أدى مدة عمل تساوي 25 سنة فإن

---

[1] تقرير منظمة العمل الدولية- منشور بجريدة الخبر اليومية بتاريخ 16 أوت 1999 العدد رقم 2633 صفحة 3.

نسبة المعاش تكون 62.5 %، إذن التقاعد النسبي هو التقاعد الـذي لا يتحصل فيـه العامـل مـن معاش كامل، بل معاش نسبي، حسب مدة العمل التي أداها العامل الأجير الراغب في طلب الإحالة إليه.

ب: شروط الاستفادة من التقاعد النسبي

إن الإحالة على التقاعد النسبي لا تكون إلا بطلب صريح ن العامل الأجير ولا يمكن لهذا الأخير أن يستفيد من نظام التقاعد النسبي إلا إذا استوفى الشروط التالية:

* أن يبلغ العامل الأجير 50 سنة ويكون قد أدى مدة عمل فعلي نتج عنها دفع اشتراكات تعـادل 20 سنة على الأقل، مع العلم أنه يخفض سن العمل ومدته بخمـس سنوات بالنسبة للمـرأة العملة أي 45 سنة مقابل 15 سنة عمل فعلي [1].

* إن هذا النوع من التقاعد لا يتم إلا بإرادة العامل، وبطلب منه، وبالتالي فـإن قرار الإحالة علـى التقاعد المتخذ من قبل صاحب العمل بصفة منفردة يعد باطلا وعديم الأثر [2].

2-2 التأمـيـن على البطالـة

تعد البطالة من أهم المخاطر التي تضمنتها الاتفاقية رقم 102 الصادرة عن منظمة العمل الدوليـة سنة 1952 والتي يهدف الضمان الاجتماعي إلى حمايتها، كما تعتبر الجزائر منذ إصدارها المرسوم التشريعي رقم 94-11 المتضمن إحداث

---

[1] المادة 2 الفقرة 2 من الأمر 97-13: (ابتداء من سن الخمسين 50، يمكن للعامل الأجير الذي أدى مدة عمل فعلي، نتج عنها دفع اشتراكات تعادل 20 سنة على الأقل، أن يطلب الاستفادة مـن معـاش تقاعـد نسبي. تقلص سـن العمـل ومدتـه المنصوص عليهما في الفقرة أعلاه بخمس سنوات بالنسبة للنساء العاملات).

[2] المادة 2 فقرة 4 من الأمر 97-13 المذكور أعلاه: (يعد قرار الإحالة على التقاعد بمقتضى هذه المادة المتخذة بصفة منفردة من طرف المستخدم باطلا وعديم الأثر).

التأمين على البطالة لفائدة الأجراء الذين يفقدون عملهم بصفة لا إرادية ولأسباب اقتصادية، مـن بين 60 بلدا التي تضمنت تشريعاتها نظام الحماية ضد خطـر فقـدان الشغـل[1]. يعتبر الصنـدوق الوطني للتأمين على البطالة حديث العهد في الجزائر، إذ لم يؤسس إلا في جوان 1994، كما أنه لم يشرع في عمله إلا بعد 13 مايو 1996 وهو التاريخ الذي عين فيه المدراء الجهويون للصناديق الجهوية بقرار من السيد وزيـر العمل والشؤون الاجتماعية، كما للصندوق الوطني وكالات محلية على مستوى 48 ولاية[2].

بلغ عـدد العمال الذين أحيلوا على صندوق التأمين علـى البطالـة CNAC إلى غايـة السـداسي الأول من 1998 حوالي 174742 عاملا أي ما يعادل نسبة 82%. كما بلغ عدد العمال الذين تكفل بهم الصندوق الوطني للتقاعد CNR بصفة التقاعد المسبق حوالي 38218 عاملا أي ما يعادل 18%[3].

وصل عـدد الملفـات المسرحين المودعة لـدى الوكالات الولائيـة إلى غايـة 30 جـوان 1999 حـوالي 191562 ملف، بلغ عدد الملفات المقبولة 175604 أي بنسبة 91.67% من مجمـوع الملفـات المودعـة، أمـا عدد الملفات التي شرع في دفع تعويضاتها قدر168433 أي بنسبة 93.87%[4].

[1] المجلس الوطني الاقتصادي والاجتماعي - لجنـة علاقات العمـل - تقريـر حول نظام علاقات العمل في سياق التعديل الهيكلي - الدورة العاشرة أبريل 1998 صفحة 23.

[2] محمد أيت بلقاسم المدير العام للصندوق الوطني للتأمين على البطالة - التأمين على البطالة بين التسـيير السـلبي للبطالة وإعادة الإدماج الإيجابي في سوق العمل - المجلة الجزائرية للعمل العدد 23 | 98 صفحة 89.

[3] المجلس الوطني الاقتصادي والاجتماعي -لجنـة التقويم -تقريـر حول الظرف الاقتصادي والاجتماعي - الـدورة الثانيـة عشرـ نوفمبر 1998 صفحة 97.

[4] النشرة الشهرية الداخلية رقم 4 الصادرة عن الصندوق الوطني للتأمين على البطالة بتاريخ جويلية 1999.

للصندوق الوطني للتأمين على البطالة مهمتان يقوم بهما، الأولى سلبية تتمثل في تقديم المنح الاجتماعية للعمال الأجراء الذين فقدوا مناصب عملهم بصفة لا إرادية ولأسباب اقتصادية، والثانية إيجابية تتمثل في إعادة إدماج هؤلاء البطالين في الحياة العملية، وللقيام بالدور الأخير، قسم الصندوق الوطني للتأمين على البطالة البطالين إلى ثلاثة أصناف، يتعلق الصنف الأول بأقلية حوالي 10% من البطالين وهم البطالون المأهلون، فهؤلاء تسهل عملية إعادة إدراجهم، يتم ذلك بطرق مختلفة ومتنوعة[1] منها:

- التنسيق مع مراكز البحث عن العمل Centres De Recherche D' Emploi يتجلى دور هذه المراكز في تنظيم دورات مكثفة ومنظمة للبحث عن مناصب العمل للبطالين وتوجيه هؤلاء عند البحث عن العمل ووضع كافة الوسائل المادية تحت تصرفهم دون مقابل.

- التنسيق مع المركز المساعدة على العمل الحر تشمل هذه المراكز يعرف 'Pépiniéres D Entreprises وهي عبارة عن مؤسسات فلاحية صغيرة يزرع فيها بزر الشجر ليقلع بعد نبته ويزرع في مكان آخر.

- المتابعة الشخصية للبطالين من قبل الصندوق الوطني للتأمين على البطالة وذلك بالبحث عن مناصب عمل خاصة بهم في المؤسسات الصغيرة.

- إبرام اتفاقيات التشغيل بين الصندوق الوطني للتأمين على البطالة والمؤسسات العامة، يقترح الصندوق على هذه المؤسسات قبول تشغيل العمال البطالين، وعدم تقديم الأجر كاملا خلال الشهرين الأولين التابعين لتشغيلهم، بل تكتفي هذه المؤسسات بدفع الزيادة على منحة التأمين على البطالة التي يبقى الصندوق ملزما بدفعها.

---

[1] انظر السيد محرز آيت بلقاسم المدير العام للصندوق الوطني للتأمين على البطالة - المرجع السابق صفحة 92 و93.

أما الصنف الثاني فإنه يشمل الأغلبية والتي تمثل نسبة 60% من العمال البطالين وهم ناقصو التأهيل، من المعروف أن إدماج هذه الفئة في مناصب عمل ليس بالأمر السهل، لذا يبقى التكوين المهني الطريقة المثلى في تحسين مستوى هذه الفئة لإعادة إدماجها، وهذه العملية تتطلب وقتا طويلا وتكاليف تتحملها ميزانية الصندوق. ويتعلق الصنف الثالث بالعمال البطالين غير المؤهلين والأميين وهؤلاء وصلت نسبتهم30%، وهذا الصنف الأصعب في إعادة إدماجه، لذا وجب تكاتف جهود الدولة وكذا الصندوق الوطني للتأمين على البطالة لوضع مخطط في إطار السياسة العامة لمحو الأمية. بعدما تعرفنا على مهام الصندوق الوطني للتأمين على البطالة، ننتقل إلى تحديد مجال تطبيقه، والشروط القانونية التي تخول الحق في الاستفادة منه وفي الأخير الحقوق المترتبة للعمال في ظل هذا النوع من التأمين.

أولا: مجال تطبيق نظام التأمين على البطالة

يطبق نظام التأمين على البطالة كمبدأ عام على عمال المؤسسات الاقتصادية الذين يفقدون عملهم بصفة لا إرادية ولأسباب اقتصادية، إما في إطار تقليص عددهم، أو في إطار إنهاء النشاط القانوني للمؤسسة، يمكن توسيع مجال تطبيقه ليشمل الموظفين في المؤسسات والإدارات العمومية بموجب نص خاص[1]. لا يطبق هذا نظام على العمال الأجراء الذين انقطعوا عن العمل بصفة مؤقتة بسبب بطالة تقنية أو بطالة ناتجة عن العوامل المناخية ويقصد بالعوامل المناخية سوء الأحوال الجوية التي تجعل أداء العمل خطيرا على صحة العمال وأمنهم، مثال ذلك

---

[1] انظر المادة 2 من المرسوم التشريع رقم 94-11 المؤرخ في 26 مايو 1994 المتضمن إحداث نظام التأمين على البطالة لفائدة العمال الأجراء الذين يفقدون عملهم بصفة لا إرادية ولأسباب اقتصادية ج. ر عدد 34 المؤرخة في 1 جوان 1994.

عمال قطاعات البناء والأشغال العمومية والري[1]، كما لا يستفيد من خدمات التأمين على البطالة العمال الأجراء الذين هم في انقطاع دائم عن العمل بسبب العجز، والذين استوفوا شروط الإحالة على التقاعد العادي أو التقاعد المسبق، وكذا العمال الأجراء الذين تربطهم بالهيئة المستخدمة عقود عمل محددة المدة، والعمال الموسميون، والعاملون في البيوت والعاملون لحسابهم الخاص، والذين انتهت علاقة عملهم بالهيئة المستخدمة بسبب تسريح تأديبي أو استقالة أو ذهاب إرادي[2].

ثانيا: شروط الاستفادة من أداءات التأمين على البطالة

لكي يستفيد العامل من أداءات التأمين على البطالة، يجب أن تتوفر فيه نوعين من الشروط يمكن وصف الأولى بالأساسية والثانية بالتكميلية[3]. فيما يتعلق بالشروط الأساسية تضمنتها المادة 6 من المرسوم التشريعي رقم 94-11 السالف الذكر والتي تتمثل في:

- أن يكون العامل أجيرا مثبتا في منصب عمله وتم تسريحه بصفة لا إرادية ولأسباب اقتصادية وبمفهوم المخالفة لا يستفيد من التأمين على البطالة العمال غير الأجراء كالموظفين وشبه الأجراء وكذلك غير المثبتين كمن هم في فترة التجربة أو من تربطهم بالمستخدم علاقة عمل محددة المدة، كما يشترط أن يكون التسريح لسبب اقتصادي ومن تم لا يستفيد من التأمين على البطالة من فقد منصب عمله لأسباب أخرى كالتسريح

---

[1] المادتان 1 و4 من الأمر رقم 97 - 01 المؤرخ في 11 يناير 1997 المتعلق بالبطالة الناجمة عن الأحوال الجوية والعطل المدفوعة الأجر. ج. ر عدد 3 المؤرخة في 13 يناير 1997ص7.
[2] المواد من 2 إلى 5 من المرسوم التشريعي رقم 94 - 11 السالف الذكر.
[3] أحمية سليمان - التنظيم القانوني لعلاقات العمل في التشريع الجزائري - علاقات العمل الفردية الجزء الثاني - طبعة 1998 ص 154.

التأديبي مثلا[1]، وألا تقل مدة اشتراك العامل في الضمان الاجتماعي عن ثلاث سنوات، وأن يكون هذا الأخير منخرطا في نظام التأمين عن البطالة لمدة لا تقل عن 6 أشهر قبل انتهاء علاقة العمل وسدد خلالها اشتراكاته بانتظام وتقدر نسبة الاشتراك لدى الصندوق الوطني للتامين على البطالة 4% من مجموع اشتراكات التأمينات الاجتماعية والمقدرة حاليا [2]34,5%

أما بالنسبة للشروط التكميلية فقد حددتها المادة 7 من نفس المرسوم التشريعي رقم 94-11 المتعلق بالحفاظ على الشغل وحماية الأجراء الذين قد يفقدون عملهم بصفة لا إرادية ولأسباب اقتصادية، تتمثل هذه الشروط في:

- ألا يكون العامل المحال إلى صندوق التأمين على البطالة قد رفض عملا أو تكوينا تحويليا لشغل منصب عمل جديد وهي المهام التي يقوم بها صندوق التأمين على البطالة فضلا على دفع الأداءات.
- ألا يكون مستفيدا من أي دخل ناتج عن أي نشاط مهني، وبالتالي تعلق حقوق العامل الأجير المستفيد من أداءات التامين على البطالة الذي يجد خلال فترة التكفل به عملا بعقد لمدة محددة بناء على تصريح من الهيئة المكلفة بتسيير التأمين على البطالة، على أن يستأنف في الاستفادة منها بمجرد انتهاء العقد للمدة المتبقية مع زيادة فترة تتراوح من شهر كحد أدنى إلى 3 أشهر كحد أقصى[3]. وفي هذا الإطار يمكن للهيئة المكلفة بتسيير نظام التأمين على البطالة، بعد مراقبة من أعوانها أو أعوان

---

[1] المادة 6 فقرة 2 من المرسوم التشريعي رقم 94 - 11 السالف الذكر.

[2] المادة 1 من المرسوم التشريعي رقم 94- 12 المؤرخ في 26 مايو 1994 الذي يحدد نسبة الاشتراك في الضمان الاجتماعي ج. ر عدد 34 المؤرخة في 01 جوان 1994 صفحة 17المعدل بالمرسوم التنفيذي 2000 – 50 المؤرخ 4 مارس 2000 جريدة رسمية عدد 10 لسنة 2000.

[3] المادة 25 من المرسوم التشريعي رقم 94 -11 السالف الذكر.

الإدارات العمومية المكلفة بالتشغيل ومفتشية العمـل أن توقـف مـنح الأداءات مـارس المسـتفيد نشاطا مهنيا مأجورا دون تصريح مسبق[1].

- أن يرد اسمه في قائمة العمال الذين هم محل تسريح في إطار التقليص من عدد العـمال أو إنهـاء نشاط صاحب العمل، تحمل تأشيرة مفتشية العمل المختصة إقليميا وبهذا الصـدد يـتم قبـول العامـل الأجـير للاسـتفادة مـن أداءات التـأمين عـلى البطالـة بنـاء عـلى ملـف تقدمـه الهيئـة المستخدمة إلى الهيئة المكلفة بإدارة وتسيير نظام التأمين على البطالة[2].

- أن يكون مسجلا كطالب للعمل لدى المصالح المختصة في الإدارات العموميـة المكلفـة بالتشـغيل منذ 3 أشهر على الأقل.

- يجب أن يكون مقيما بالجزائر.

يستفيد العامل الذي تتوفر فيه الشروط الأساسية الواردة في المادة 6 والشروط التكميلية الواردة في المادة 7 السالفة الذكر من أداءات التأمين على البطالة بمجرد ما يدفع مستخدمه مساهمة تسمى مساهمة تخويل الحقوق La Contribution D' Ouverture des Droits تحسب هذه المساهمة حسب أقدمية العامل الأجير المعني المعتمدة من آخر هيئة مستخدمة له بنسبة 80% من أجر شهر عن كل سنة أقدمية ضمن حد إجمالي قدره 12 شهرا، وتحسب على أساس معدل الأجر الشهري الخام، والذي يشمل الحد الأدنى الوطني المضمون يضاف إليه الأجر الأساسي وكذا التعويضات الثابتة الملحقة أو المرتبطة بمنصب العمل كتعويض الأقدمية والخبرة وتعويض الضرر والمخاطر وتعويض المنطقة والمنح العائلية - الذي يتقاضاه الأجير المعني طوال 12 شهرا التي تسبق تسريحه وهي مستحقة عن كل فترة أقدمية تفوق ثلاث سنوات.

---

(1) المواد 26 و 27 و 38 من نفس المرسوم المذكور أعلاه

(2) المادة 21 من نفس المرسوم التشريعي.

تحدد كيفيات دفع مساهمة تخويل الحقوق ومدته وفتراته بمقتضى اتفاقية تبرم بين صاحب العمل المعني والهيئة المكلفة بتسيير نظام التأمين على البطالة ويجب أن تنص الاتفاقية في جميع الحالات على دفع المستخدم أجر شهرين عن كل أجير معني كتسبيق، وأن تعد رزنامة للدفع تمتد على فترة أقصاها 12 شهرا ابتداء من تاريخ توقيعها[1].

يستفيد العامل الأجير الذي تتوفر فيه الشروط المطلوبة السالفة الذكر من أداءات التأمين على البطالة وهي عبارة عن تعويضات شهرية، يحسب التعويض الشهري عن البطالة على أساس أجر مرجعي Un Salaire De Référence يساوي نصف المبلغ المحصل عليه يجمع متوسط الأجر الشهري الخام زائد الأجر الوطني الأدنى المضمون[2].

لا يمكن أن تقل نسبة حساب تعويض التأمين عن البطالة عن 50% من الأجر المرجعي، ومهما يكن فلا يمكن أن يقل عن 75% من الأجر الوطني الأدنى المضمون ولا أكثر منه بثلاث مرات[3].

توزع فترة التكفل التي تتحملها الهيئة المكلفة بتسيير نظام التأمين على البطالة - والتي لا يمكن أن تقل عن 12 عشر شهرا ولا تتعدى في أي حال من الأحوال 36 شهرا[4] - على أربع فترات متساوية وتكون نسبة حساب التأمين عن البطالة تنازلية بالنسبة لكل فترة من الفترات الأربع من التكفل، يصل إلى 100% من الأجر المرجعي خلال الربع الأول من مدة التكفل، و80% خلال الربع الثاني،

---

[1] انظر المادتين 9 و10 من المرسوم التشريعي رقم 94 – 11 السالف الذكر.
[2] انظر المادة 13 من المرسوم المذكور أعلاه
[3] انظر المادة 17 من المرسوم التشريعي رقم 94-11 السالف الذكر.
[4] انظر المادة 16 من المرسوم المذكور أعلاه والمادة 3 من المرسوم التنفيذي رقم 94 - 189 المؤرخ في 6 يوليو 1994 المتضمن مدة التكفل بتعويض التأمين عن البطالة وكيفيات حساب ذلك.

و60% خلال الربع الثالث، وأخيرا 50% خلال الربع الرابع مـن مـدة التكفـل[1]. أمـا فـيما يتعلـق بتاريخ الاستفادة من أداءات التأمين على البطالة، فإن العامل المعني من هـذه الأداءات بعـد شـهرين مـن تاريخ تسليمه قرار تسريحه[2].

---

[1] المادة 2 من المرسوم التنفيذي رقم 94 - 189 المذكور أعلاه.

[2] المادة 22 فقرة 2 من المرسوم التشريعي رقم 94 - 09 المتضمن الحفاظ على الشغل وحماية الأجراء الـذين قـد يفقـدون عملهم بصفة لا إرادية ولأسباب اقتصادية.

المراجــــع

المؤلفـــــات

1 - المؤلفـــات باللغة العربية

1 - الدكتور محمد عبد الخالق عمـر: قـانون العمـل الليبـي - المكتـب المصري الحـديث للطباعـة والنشر ـ الإسكندرية طبعة 1970.

2 - الدكتور جلال العدوى والدكتور حمدي عبد الرحمان - شرح قانون العمل - طبعـة الأولى الإسكندرية 1973.

3 - الدكتور أحمد حسـن البرعـي - علاقـات العمـل الجماعيـة في القـانون المصري المقارن الجـزء الأول - النقابات - دار الفكر العربي القاهرة 1976.

4 - الدكتور أحمد حسن البرعي - علاقات العمل الجماعية في القانون المصري المقارن الجزء الثاني - عقـد العمل المشترك - دار الفكر العربي القاهرة 1977.

5 - الدكتور عبد الودود يحي - دروس في النظرية العامة للالتزام - الطبعة الأولى القاهرة 1978.

6 - توفيق حسن فرج النظرية العامة للالتزام - الجزء الأول - في مصادر الالتزام طبعة 1981.

7 - انظر الدكتور عبد الرزاق السنهوري - الوسيط في شرح القانون المـدني - نظريـة الالتـزام بوجـه عـام - المجلد الأول مصادر الالتزام دار النهضة العربية القاهرة طبعة 1981

8 - الدكتور جميل الشرقاوي - النظريـة العامـة للالتـزام - الكتـاب الأول - مصـادر الالتزام دار النهضـة العربية القاهرة 1981.

9 - الدكتور أحمـد حسـن البرعـي - الثـورة الصـناعية وآثرهـا الاجتماعيـة والقانونيـة - دار الفكـر العربي القاهرة - 1981.

10- الدكتور محمود جمال الدين زكي – عقد العمل في القانون المصري – الطبعة الثانية دار الهيئة المصرية العامة للكتاب 1982

11- الدكتور أحمد حسن البرعي - الثورة الصناعية وآثرها الاجتماعية والقانونية – دار الفكر العربي القاهرة 1982.

12- الدكتور حسن كيرة – أصول قانون العمل - عقد العمل الطبعة الثالثة – دار المعارف الإسكندرية 1983.

13- الدكتور أحمد زكي بدوي– علاقات العمل في الدول العربية – دار النهضة العربية طبعة 1985

14- الدكتور توفيق حسن فرج – قانون العمل في القانون اللبناني وقانون المصري الجديد – الدار الجمعية بيروت. 1986

15- الدكتور محسن أحمد الخضري – التفاوض علم تحقيق المستحيل انطلاقا من الممكن مكتبة الأنجلو مصرية القاهرة – طبعة. 1988

16- انظر الدكتور عبد الودود يحي – شرح قانون العمل – دار النهضة العربية طبعة 1989

17- الدكتور إدريس فجر – دور القضاء في حماية الأجير " المجلة المغربية لقانون واقتصاد التنمية الدار البيضاء المغرب. 1990

18- الدكتور محمد صبري السعدي – شرح القانون المدني الجزائري – النظرية العامة للالتزام – الجزء الأول العقد والإرادة المنفردة – طبعة 1991 – 1992 دار الهدى الجزائر.-

19- الدكتور عبد السلام عياد – المفاوضة الجماعية – مطبوعات الجامعة العمالية القاهرة 1992.

20- الدكتور بكر محمود رسول – المفاوضة الجماعية ودور منظمة العمل العربية – مطبوعات مكتب العمل العربي – القاهرة 1995.

21- الدكتور محمد عبد الله نصار – المفاوضة الجماعية ودور منظمة العمل العربية – مطبعة جامعة الدول العربية طبعة 1996.

22- الدكتور يوسف إلياس – علاقات العمل الجماعية في الدول العربية - منظمة العمل العربية – البرنامج الإنمائي للأمم المتحدة – منظمة العمل الدولية لسنة 1996.

23- الدكتور عبد الغني عمر الرويمض – علاقات العمل الفردية في القانون الليبي – دار الكتاب الوطنية بنغازي –طبعة 1997.

24- الأستاذ أحمية سليمان – التنظيم القانوني لعلاقات العمل في التشريع الجزائري – علاقات العمل الفردية – الجزء الأول والثاني – ديوان المطبوعات الجامعية طبعة 1998

25- الدكتور السيد عيد نايل – قانون العمل – دار النهضة العربية القاهرة 1999.

26 - انظر الدكتور محمود سلامة جبر – الوسيط في عقد العمل الفردي – الجزء الأول مطبعة أبناء وهبة حسان – القاهرة الطبعة الأولى 1999

27- الدكتور أحمد عبد القادر أبو شنب – شرح قانون العمل الجديد – دار الثقافة والنشر والتوزيع بيروت – الطبعة الأولى 1999.

28- الدكتورة فرحة زراوي صالح – الكامل في القانون التجاري الجزائري – المحل التجاري والحقوق الفكرية – القسم الثاني الحقوق الفكرية – نشر وتوزيع ابن خلدون 2001.

29- الدكتور فتحي عبد الرحيم عبد الله والدكتور أحمد شوقي محمد عبد الرحمان – شرح قانون العمل والتأمينات الاجتماعية - دار المعارف الإسكندرية طبعة 2002.

30- الدكتور عصام أنور سليم – قانون العمل – الطبعة الثانية 2002 دار المعارف الإسكندرية.

31- الدكتور محمد عزمي البكري – رئيس محكمة الاستئناف – قانون العمل الجديد – دار محمود للنشر والتوزيع القاهرة –. 2002.

32- عبد السلام ديب – قانون العمل الجزائري والتحولات الاقتصادية – دار القصبة للنشر طبعة 2003.

33- الدكتور علي عوض حسن – الوجيز في شرح قانون العمل الجديد الصادر بالقانون رقم 12 لسنة 2003 – دار المطبوعات الجامعية الإسكندرية طبعة 2003.

34- الدكتور عبد الحميد قطب بلال – الموسوعة العمالية – قانون العمل رقم 12 لسنة 2003 – الطبعة 1 دار الكتب والوثائق القومية القاهرة 2003.

35- رشيد واضح – منازعات العمل الفردية والجماعية في ظل الإصلاحات الاقتصادية في الجزائر – دار هومة للطباعة والنشر والتوزيع – الجزائر 2003.

36- الدكتور عبد الله مبروك النجار – مبادئ تشريع العمل – دار النهضة العربية القاهرة – الطبعة الرابعة 2004-

37- الدكتور سعيد عبد السلام – الوسيط في شرح قانون العمل الجديد رقم 12 لسنة 2003 – دار النهضة العربية القاهرة 2004.

38- الدكتور عبد الفتاح مراد – تشريعات العمل في الدول العربية والمستويات الدولية دار الكتاب والوثائق المصرية طبعة 2005.

39- الدكتور القاضي حسين عبد اللطيف حمدان – أستاذ محاضر بكلية الحقوق جامعة بيروت – قانون العمل دراسة مقارنة - منشورات الحلبي الحقوقية طبعة 2005.

40- الدكتور السيد عيد نايل – شرح قانون العمل الجديد – دار النهضة العربية القاهرة طبعة 2005

41- الدكتور القاضي حسين عبد اللطيف حمدان – أستاذ محاضر بكلية الحقوق جامعة بيروت – قانون العمل دراسة مقارنة منشورات الحلبي الحقوقية طبعة 2005.

42- الدكتور أحمد حسن البرعي – الوسيط في القانون الاجتماعي – الجزء الثاني – شرح عقد العمل الفردي – دار النهضة العربية القاهرة طبعة 2006

43- الدكتور أحمد حسن البرعي – الوسيط في التشريعات الاجتماعية – علاقات العمل الجماعية – الجزء الثالث – الكتاب الأول " النقابات العمالية " دار النهضة العربية القاهرة. 2006.

44- الدكتور رأفت الدسوقي – المفاوضة الجماعية – في قانون العمل الحالي رقم 12 لسنة 2003 – دار النصر للطباعة القاهرة بدون تاريخ للطبعة.

45- الدكتور عبد الحميد عثمان حنفي-علاقات العمل الجماعية- المكتبة العمالية بالمنصورة- بدون تاريخ للطبعة.

46- الدكتور الهاشمي بناني – علاقات العمل الجماعية – دراسة نظرية مقارنة – منظمة العمل العربية مكتب العمل العربي – بدون تاريخ للطبعة.

47- الدكتور محمد عزمي البكري – موسوعة الفقه والقضاء والتشريع – قانون العمل الجديد ـ الجزء الأول دار محمود للنشر القاهرة بدون طبعة.

2: المؤلفات باللغة الفرنسية

1 - M. Nast: (Les conventions collectives relatives à l'organisation du travail) édition. Rousseau Paris 1908.

2 - A.Rouast: (Essai sur la notion juridique du contrat collectif dans le droit des obligations) édition.Rousseau – Paris 1909

3 - Geot Gesco: (La nature Juridique du contrat collectif du travail) Paris 1914

4 -B.Raynaud (Le contrat collective en France) édition Rousseau Paris 1921

5 - Jean Brethe: (La nature juridique de la convention collective de travail) Bordeaux 1921

6 - G. Pirou: (Le problème du contrat collectif de travail en France) – revue internationale du travail – janvier 1922.

7 - Duguit – (Traité du droit constitutionnel)3 édition Tome1 édition Paris 1927

8 - Planiol et Ripert: (Traité pratique de droit civil Français) T.XI.L.G.D.J Paris 1932.

9 - L. Girod (La convention collective comme moyen de législation secondaire du travail) Paris 1939.

10 - J-M. Arnion: (L'évolution des conventions collectives de travail) – Sirey Paris 1939.

11 - J.B.De La Grassaye: (La convention collective de travail est – elle un contrat ?) édition Dalloz –

Paris 1939.

12 - v. Castal: (Le rôle des conventions collectives de travail - évolution et développement) thèse

université de Montpellier beziers 1940.

13 - Durand et Jassaud: (Traité de droit du travail) édition Dalloz Paris1942

14 – P. Durant et Vitu (Traité de droit du travail)- Tome 3 Dalloz Paris 1956.

15 - L. De Riedmatten (Le problème social à travers l'histoire) – 2 édition de l'observateur , versailles

1957.

16 - Maurice E.Aubert – (Les conflits de conventions collectives de Travail) Thèse Lausanne 1957.

17 - A. Brun et H.Galland: (Droit du travail Préface) D'A.Siegfried Sirey _ Paris 1958.

18 -T.S Ashton – (La révolution industrielle (1760 – 1830) – Civilisation d'hier et d' aujourd'hui) Paris

1965.

19 - M. Despax: (Conventions collectives Traité de droit du travail) sous la direction de

G.H.Camerlyunck T. 7 Dalloz Paris 1966.

20 - Michel Branciard - (Société Française et lute de classe (1789 – 1914) T. I Chronique sociale de

France – Paris 1967.

21 - Jean – Bron – (Histoire du mouvement ouvrier français – du début du x1x siècle à 1884) – Les

éditions ouvrières. Paris 1968.

22 - Y. DELAMOTTE (Les tendances récentes de la négociation collective en France) Revue

internationale du travail. 1971

23 – G. Adam. J. D. Raynaud. J. M. Verdier (La négociation collective en France – éditions économie

et humanisme. Les éditions ouvrières 1972.

24 - CURTI – Gialatino – (La volonté des parties en droit international privé) REC. de cours 1972

25 – J. M. Verdier (Droit du travail) 4 édition Dalloz 1973.

26 - C.H. Camerlynck et G. Lyon Caen – (Droit du travail) 7 édition Dalloz Paris 1975.

27 - J. Rivero.et J. Savatier – (Droit du travail) 6 édition Paris 1975.

28 - J. D. REYNAUD (nature et rôles de la convention collective) Revue Française de la Sociologie 11. 1978

29 - Y. DELAMOTTE (Le Droit du travail en Pratique) Les éditions d'organisations Paris 1984.

30 - Michel despax – (Droit du travail – négociations , conventions et accords collectifs) 2 édition Dalloz 1989.

31 - Jean Rivero – Jean Savatier – (Droit du travail) - 12 édition 1991.

32 - Jean – Claude JAVILLIER (Droit du travail) 4 édition Librairie générale de droit et de jurisprudence1992.

33 - Alain Chirez - Luc Gastaldi - Gérard Farjt - (Droit du Travail) ISBN Publications Du Moniteur. Paris 1993.

34 - Gérard Lyon - Caen. Jean Pélissier. Alain Supiot (Droit du Travail) 17 édition Dalloz 1994.

35 - Jean – Claude Javillier – (Manuel de droit du travail) – 5 édition L.G.D.J.Paris 1995.

36 - Paul Henri ANTONMATTEI - (Les conventions et les accords collectifs de travail) édition DALLOZ 1996.

37 - Jean – Maurice Verdier (Droit du travail)- Troisième Partie. L'action collective. Négociations et conflits - 10 éditions Dalloz 1996.

38 - Jean – Pierre CHAUCHARD (conventions et accords collectifs de travail Droit de la négociation collective) Recueil 7 conventions collectives – édition Dalloz 1997.

39 – Antoine Mazeaud - (Droit du travail) Montchrestien E.J.A. 31 cedex 15 1998.

40 - Corinne Pizzio – Delaporte – (Droit du Travail) 2 édition 1998

41 - Lamy. Social – Droit du travail. Charges sociales – sous la direction de Marie Hautefort. et Catherine Girodroux – avec la collaboration de Ambre Guillorit – édité par lamy. S. A. Paris cedex 9. 1999.

42 - Jean Pélissier – Alain Supiot – Antoine Jeammaud – (Droit du travail) 20 édition Dalloz 2000.

43 - Gabriel.Guéry – (Pratique du droit de travail) 10 édition 2001.

44 - Marie Ducasse – Agnès Roset – Lysiane tholy –(Jurisprudence Sociale Droit du travail) 5 édition 2002.

3 – المواثيق الدولية والتشريعات المقارنة

3 – 1: الاتفاقيات الدولية

1 - الإعلان العلمي لحقوق الإنسان المعتمد من قبل الجمعية العامة للأمم المتحدة في 10 سبتمبر 1948

2 - العهد الدولي الخاص بالحقوق الاقتصادية والاجتماعية والثقافية المعتمد بقرار من الجمعية العامة
للأمم المتحدة في 16 كانون الأول 1966 وبدأ نفاذه في 3 كانون الثاني عام 1976.

3 - الاتفاقية الدولية رقم 87 المتعلقة الحرية النقابية وحماية الحق النقابي المعتمدة من قبل المؤتمر العام
في 9 يوليو 1948 في دورته 31 وبدأ نفاذها في 4 يوليو 1950.

4 - الاتفاقية العربية رقم 8 المعتمدة من قبل مؤتمر العمل العربي في دورته السادسة في مارس 1977
والمتعلقة بالحريات والحقوق النقابية

5 - الاتفاقية العربية رقم 11 الصادرة عن مؤتمر العمل العربي في دورته السابعة المنعقد بالخرطوم في
مارس 1979.

3 - 2: التشريعات المقارنة

1 - قانون العمل الفرنسي رقم 82 ـ 957 المؤرخ في 13 نوفمبر 1982 المتعلق بالتفاوض الجماعي وتسوية
منازعات العمل.

2 - قانون العمل التونسي رقم 66- 27 المؤرخ في 30 أفريل 1966 المعدل والمتمم بالقانون رقم 73-77
المؤرخ في 8 ديسمبر 1973 وبالقانون رقم 76 - 84-المؤرخ في 11 أوت 1976 وبالقانون رقم 96-62
المؤرخ في 15 جويلية 1996.

3 - القانون رقم 12 لسنة 2003 المتضمن قانون العمل المصري الجديد – جريدة رسمية عدد 14 المؤرخة
في 7 أفريل 2003.

4 - الظهير الشريف رقم 1.03.194 المؤرخ في 14 رجب 1424 الموافق 11 سبتمبر 2003 الصادر بتنفيذ
القانون رقم 99 - 65 المتعلق بمدونة الشغل – جريدة رسمية رقم 5167 الصادرة يوم 8 دسمبر
2003.

3- الدساتير

1 - دستور 1963 الصادر بالجريدة الرسمية عدد 64 المؤرخة في 10 سبتمبر 1963.

2 - دستور 1976 الصادر بموجب الأمر 76 – 97 المؤرخ في 22 نوفمبر 1976.

3 - دستور 28 نوفمبر 1996 المعدل والمتمم لدستور 23 فبراير 1989 جريدة رسمية عدد 76.

4 - النصوص التشريعية والتنظيمية

4 - 1 - النصوص التشريعية

1 - الأمر رقم 66 – 211 المؤرخ في 2 ربيع الثاني 1386 الموافق 21 يوليو 1966 المتعلق بوضعية الأجانب في الجزائر جريدة رسمية عدد 64 المؤرخة في 29 يوليو 1966.

2 - الأمر 71 – 74: المؤرخ في 16 نوفمبر 1971 المتعلق بالتسيير الاشتراكي للمؤسسات جريدة رسمية عدد 17 المؤرخة في 13 ديسمبر 1971.

3 - الأمر 71- 75 المؤرخ في 16 نوفمبر 1971 المتعلق بعلاقات العمل في القطاع الخاص.

4 - الأمر 75-31 المؤرخ في 29 أفريل 1975 المتعلق بالشروط العامة لعلاقات العمل في القطاع الخاص ج. ر عدد 39 لسنة 1975.

5 - القانون رقم 76 – 80 المؤرخ في 23 أكتوبر 1976 المتضمن القانون البحري. جريدة رسمية عدد 29.

6 - القانون رقم 78 – 12 المؤرخ في 05 أوت 1978 المتضمن القانون الأساسي العام للعامل جريدة رسمية عدد 32 المؤرخة في 08 أوت 1978

7 - القانون رقم 81 – 07 المؤرخ في 27 جوان 1981 المتعلق بالتمهين جريدة رسمية عـدد 26 لسـنة 1981 المعدلة بالمادة 3 من القانون رقم 90 – 34 المؤرخ في 25 ديسمبر 1990 جريدة رسمية عدد 56 لسنة 1990.

8 – القانون رقم 81 – 10 المؤرخ في 11 جويلية 1981 المتعلق بشروط تشغيل العمال الأجانب جريدة رسمية عدد 28 المؤرخة في 14 جويلية 1981ص946.

9 - القانون رقم 82 – 05 المؤرخ في 13 فبراير 1982 المتعلق باتقاء الخلافات الجماعيـة في العمـل جريدة رسمية عدد 7 المؤرخة في 16 فبراير 1982 ص .336.

10 – القانون رقم 82 – 06 المؤرخ في 27 فبراير 1982 المتعلق بعلاقات العمل الفردية جريدة رسمية عـدد 9 لسنة 1982.

11 - القانون 82 – 180 المـؤرخ في 15 مـاي 1982 المتعلـق بالشـروط والأحكـام الخاصـة بتشـغيل العمـال المعوقين وإعادة تأهيلهم المهني جريدة رسمية عدد 20 المؤرخة في 18 ماي 1982 ص 1047.

12 – القانون رقم 83 – 11 المؤرخ في 02 جويلية 1983 المتعلق بالتأمينات الاجتماعية جريدة رسمية عـدد 28 المؤرخـة في 05 جويلية 1983 ص 1792. المعـدل والمتمم بـالأمر 96 – 17 المـؤرخ في 06 جويليـة 1996 جريدة رسمية عدد 42 المؤرخة في 7 جويلة 1996.

13 - القانون رقم 83 – 12 المؤرخ في 02 جويلية 1983 المتعلق بالتقاعد جريدة رسمية عـدد 28 المؤرخـة في 05 جويلية 1983. المعدل والمتمم بالأمر 97 – 13 المؤرخ في 31 ماي 1997 جريدة رسمية عدد 38 لسنة 1997.

14 – القانون رقم 83 – 13 المؤرخ في 02 جويلية 1983 المتعلق بحوادث العمل والأمـراض المهنيـة جريـدة رسمية عدد 28 المؤرخة في 05 جويلية 1983.

15 - القانون رقم 83 - 14 المؤرخ في 2 جويلية 1983 المتعلق بالتزامات المكلفين في مجال الضمان الاجتماعي جريدة رسمية عدد 28 لسنة 1983 المعدل والمتمم بالقانون رقم 98 - 12 المؤرخ في 31 ديسمبر 1998 المتضمن قانون المالية لسنة 1999 جريدة رسمية عدد 98 لسنة 1998.

16 - القانون رقم 88 - 07 المؤرخ في 26 ينار 1988 المتعلق بالوقاية الصحية والأمن وطب العمل جريدة رسمية رقم 4 لسنة 1988.

17 - القـانون رقـم 88 - 171 المـؤرخ في 2 صـفر عـام 1409 المـوافـق 13 سـبتمبر 1988 المضمن القانون الأساسي النموذجي لرجال البحر. جريدة رسمية عدد 37 مؤرخة في 4 صفر 1409 الموافق 5 سبتمبر 1988 ص. 1296.

18- القانون رقم 90 - 02 المؤرخ في 06 فبراير 1990 المتعلق بالوقايـة مـن النزاعـات الجماعيـة في العمل وتسويتها وممارسة حق الإضراب جريدة رسمية عدد 06 المؤرخة في 7 فبراير 1990. المعـدل والمـتمم بالقانون 91 - 27 المؤرخ في 21 ديسمبر 1990 جريدة رسمية عدد 68 المؤرخة في 25 ديسمبر 1991.

19 - القانون رقم 90 - 03 المؤرخ في 6 فبراير 1990 المتعلق بمفتشية العمل المعدل والمتمم جريدة رسمية عدد 6 المؤرخة في 07 فبراير 1990.

20 - القانون رقم 90- 04 المؤرخ في 6 فبراير 1990 المتعلق بتسوية النزاعـات الفرديـة في العمـل المعـدل والمتمم جريدة رسمية عدد 6 المؤرخـة في 07 فبراير 1990. المعـدل والمـتمم بالقانون رقم 91 - 28 المؤرخ في 21 ديسمبر 1991 جريدة رسمية عدد 68 المؤرخة في 25 ديسمبر 1991

21 – القانون رقم 90 - 07 المـؤرخ في 8 رمضان 1410 الموافـق 3 أبريـل 1990 المتعلـق بالإعلام. جريدة رسمية عدد 14 المؤرخة في 9 رمضان 1410 الموافق 4 أبريل 1990 ص 459

22 - القانون رقم 90 – 11 المؤرخ في 21 أفريل 1990 المتعلق بعلاقات العمل جريدة رسمية عدد 17 المؤرخة في 25 أفريل 1990. المعدل بالقانون رقم 21 – 29 المؤرخ في 21 ديسمبر 1991 جريدة رسمية عدد 68 المؤرخة في 25 ديسمبر 1991 والأمر رقم 96 – 21 المؤرخ في 9 جويلية 1996 جريدة رسمية عدد 43 المؤرخة في 10 جويلية 1996.

23 - القانون رقم 90 – 14 المؤرخ في 2 جويلية 1990 المتعلق بكيفيات ممارسة الحق النقابي جريدة رسمية عدد 23 المؤرخ في 6 جويلية 1990. المعدل والمتمم بالقانون رقم 91 – 30 المؤرخ في 21 ديسمبر 1991 جريدة رسمية عدد 68 المؤرخة 25 ديسمبر 1991.

24 - القانون رقم 91 – 05 المؤرخ في 16 يناير 1991 المتضمن تعميم استعمال اللغة العربية المعدل والمتمم جريدة رسمية عدد 3 المؤرخة في 16 يناير 1991 ص 44 جمد العمل وعطل العمل بهذا القانون إلى حين توفر الشروط اللازمة بموجب المرسوم التشريعي رقم 92 ـ 02 المؤرخ في 4 يوليو 1992 ج عدد 54 الصادرة في 15 يوليو 1992.

25 - المرسوم التشريعي رقم 93 – 12 المؤرخ في 19 ربيع ثاني عام 1414 الموافق 5 أكتوبر سنة 1993 يتعلق بترقية الاستثمار الملغى. جريدة رسمية عدد 64 لسنة 1993.

26 - المرسوم التشريعي رقم 93 – 17 المؤرخ في 23 جمادى الثانية عام 1414 الموافق 7 ديسمبر سنة 1993 يتعلق بحماية الاختراعات – جريدة رسمية عدد 81 مؤرخة في 24 جمادى الثانية عام 1414هـ صفحة 4.

27 - المرسوم التشريعي 94 – 09 المؤرخ في 26 ماي 1994 المتضمن الحفاظ على الشغل وحماية الأجراء الذين قد يفقدون مناصب عملهم بصفة لا إرادية ولأسباب اقتصادية جريدة رسمية عدد 34 مؤرخة في 01 جوان 1994.

28 - المرسوم التشريعي 94 – 10 المؤرخ في 26 ماي 1994 المتضمن إحداث التقاعد المسبق جريدة رسمية عدد 34 مؤرخة في 01 جوان 1994.

29 - المرسوم التشريعي رقم 94-11 المؤرخ في 26 ماي 1994 المتضمن إحداث نظام التأمين على البطالة لفائدة الأجراء الذين يفقدون عملهم بصفة لا إرادية ولأسباب اقتصادية ج. ر عدد 34 المؤرخة في 1 جوان 1994.

30 - الأمر رقم 97 - 01 المؤرخ في 11 جانفي 1997 المتعلق بالبطالة الناجمة عن الأحوال الجوية والعطل المدفوعة الأجر ج. ر عدد 3 المؤرخة في 13 جانفي 1997 ص7

31 - الأمر رقم 97 - 03 المؤرخ في 11 جانفي 1997 المتعلق بالمدة القانونية للعمل جريدة رسمية عدد 3 لسنة 1997.

32 - القانون رقم 04 – 10 المؤرخ في 27 جمادى الثانية 1425 الموافق 14 أوت 2004 المتعلق بالتربية البدنية والرياضية. جريدة رسمية عدد 52 لسنة 2004 ص 12.

33 - القانون العضوي 04 – 11 المؤرخ في 21 رجب 1425 المؤرخ في 6 سبتمبر 2004 المتضمن القانون الأساسي للقضاء. جريدة رسمية عدد 57 لسنة 2004 ص 13.

34 - القانون رقم 04 – 19 المؤرخ في 25 ديسمبر 2004 المتعلق بتنصيب العمال ومراقبة التشغيل جريدة رسمية عدد 83 المؤرخة في 26 ديسمبر 2004 ص 8.

35 - الأمر رقم 06 – 03 المؤرخ في 15 جويلية 2006 المتضمن القانون الأساسي العام للوظيفة العمومية جريدة رسمية عدد 46 لسنة 2006.

36 - الأمر 06 – 02 المؤرخ في 29 محرم 1427 الموافق 28 فبراير 2006 المتضمن القانون الأساسي العام للمستخدمين العسكريين. جريدة رسمية عدد 9 لسنة 2006.

37 – الأمر رقم 07 – 05 المؤرخ في 13 مايو 2007 المعدل والمتمم للأمر 75 – 58 المؤرخ في 26 سبتمبر 1975 المتضمن القانون المدني.

4 – 2 – النصوص التنظيمية

1 – المرسوم 82-179 المعدل والمتمم المحدد لمحتوى الخدمات الاجتماعية وكيفية تمويلها المعدل والمتمم. جريدة رسمية عدد 20 لسنة 1982.

2 – المرسوم 82 – 180 المؤرخ في 15 ماي 1982 المتعلق بتشغيل المعوقين وإعادة تأهيلهم المهني جريدة رسمية عدد 20 المؤرخة في 18 ماي 1982 ص 1047.

3 – المرسوم رقم 82-510 المؤرخ في 25 ديسمبر 1982 الذي يحدد كيفيات منح جواز أو رخصة العمل المؤقت للعمال الأجانب ج.ر عدد 56 المؤرخة في 28 ديسمبر 1982 صفحة 3610.

4 – المرسوم رقم 83 – 518 المؤرخ في 25 ذي القعدة عام 1403 الموافق 3 سبتمبر 1983 المتضمن المصادقة على الاتفاقية رقم 138 الخاصة بالسن الأدنى للقبول في العمل، المعتمدة في المؤتمر العام لمنظمة العمل الدولية في 26 يونيو 1973. جريدة رسمية مؤرخة في 28 ذي القعدة 1403 ص 2217.

5 – القرار المؤرخ في 26 أكتوبر 1983 الذي يحدد خصائص جواز العمل ورخصة المؤقتة للعمال الأجانب.

6 – المرسوم رقم 85 – 59 المؤرخ في 23 مارس 1985 المتضمن القانون الأساسي النموذجي لعمال المؤسسات والإدارات العمومية جريدة رسمية عدد 13 المؤرخة في 24 مارس 1985.

7 – المرسوم التنفيذي 90 – 289 المؤرخ في 29 سبتمبر 1990 المتعلق بكيفيات تنظيم انتخاب ممثلي المستخدمين جريدة رسمية عدد 42 لسنة 1990 المعدل والمتمم بالمرسوم التنفيذي رقم 97 _ 248 المؤرخ في 8 جويلية 1997.

8 - المرسوم التنفيذي رقم 90 - 290 المؤرخ في 29 سبتمبر 1990 المتعلق بالنظام النوعي الخاص بعلاقات العمل الخاصة بمسيري المؤسسات. جريدة رسمية عدد 42 لسنة 1990.

9 - المرسوم التنفيذي 91 - 05 المؤرخ في 19 جانفي 1991 المتعلق بالقواعد العامة للحماية المطبقة على حفظ الصحة والأمن داخل أماكن العمل جريدة رسمية عدد 4 لسنة 1991.

10 - المرسوم التنفيذي رقم 91 - 273 المؤرخ في 10 أوت 1991 المحدد لكيفيات تنظيم انتخاب المساعدين وأعضاء مكتب المصالحة جريدة رسمية عدد 38 لسنة 1991.

11 - المرسوم الرئاسي رقم 92 - 248 المؤرخ في 12 ذي الحجة 1412 الموافق 13 يونيو 1992 يتضمن المصادقة على الاتفاقية الدولية رقم 144 المتعلقة بالمشاورات الثلاثية لتعزيز تطبيق معايير العمل الدولية. جريدة رسمية عدد 45 لسنة 1992 ص 1264.

12 - المرسوم التنفيذي رقم 93 ـ 120 المؤرخ في 15 ماي 1993 المتعلق بتنظيم طب العمل جريدة رسمية عدد 33 لسنة 1993

13 - المرسوم التنفيذي رقم 94 - 189 المؤرخ في 6 يوليو 1994 المتضمن مدة التكفل بتعويض التأمين عن البطالة وكيفيات حساب ذلك.

14 - المرسوم التنفيذي رقم 96 - 98 المؤرخ في 17 شوال 1416 الموافق 6 مارس 1996 المحدد لقائمة ومحتوى السجلات والدفاتر الخاصة الملزمة للمستخدمين - جريدة رسمية عدد 17 لسنة 1996.

15 - المرسوم التنفيذي رقم 96 - 298 المؤرخ في 8 سبتمبر 1996 المتضمن رفع مبلغ المنح العائلية ج ر عدد 52 لسنة 1996.

16 - المرسوم التنفيذي رقم 97 - 59 المؤرخ في 1 ذي القعدة 1417 الموافق 9 مارس 1997 المحدد تنظيم ساعات العمل وتوزيعها في قطاع المؤسسات

والإدارات العمومية. جريدة رسمية عدد 13 المؤرخة في 4 ذي العقدة 1417 ص 24.

17 - المرسوم التنفيذي رقم 97 – 474 المؤرخ في 8 شعبان 1418 الموافق 8 ديسمبر سنة 1997 يحدد النظام الخاص بعلاقات العمل التي تعني العمال في المنزل. جريدة رسمية عدد 82.

18 - المرسوم التنفيذي رقم 02 – 452 المؤرخ في 01 ديسمبر 2002 المتعلق بالتكوين والإعلام في مجال الوقاية الصحية والامن داخل أماكن العمل جريدة رسمية عدد 82 لسنة 2002.

19 - المرسوم التنفيذي رقم 02 – 427 المؤرخ في 7 ديسمبر 2002 المتعلق بشروط تنظيم تعليم العمال وإعلامهم وتكوينهم في ميدان الوقاية من الأخطار المهنية – جريدة رسمية عدد 82 ص 18.

20 - المرسوم التنفيذي 04 / 28 المؤرخ في 14 فبراير 2004 المعدل للمرسوم 65 / 75 المؤرخ في 23 مارس 1965 المتعلق بالمنح ذات الطابع العائلي.

21 - المرسوم التنفيذي رقم 05- 09 المؤرخ في 8 يناير 2005 المتعلق باللجان المتساوية الأعضاء ومندوبي الوقاية الصحية والأمن جريدة رسمية عدد 4 لسنة 2005

22 - المرسوم التنفيذي رقم 05 – 102 المحدد للنظام النوعي لعلاقات عمل المستخدمين الملاحين لسفن النقل البحري أو التجاري أو الصيد البحري. جريدة رسمية عدد 22 مؤرخة في 16 صفر 1426 الموافق 27 مارس 2005ص122.

23 - المرسوم الرئاسي رقم 06 – 61 المؤرخ في 12 محرم سنة 2006 المتضمن التصديق على الاتفاقية رقم 181 بشان وكالات الاستخدام الخاصة المعتمدة بجنيف في 19 يونيو سنة 1997 جريدة رسمية عدد 07 المؤرخة في 12 فبراير 2006 ص 16.

24 - المرسوم التنفيذي رقم 06 – 77 المؤرخ في 19 محرم عام 1427 الموافق 18 فبراير 2006 المحدد مهـام الوكالة الوطنية للتشغيل وتنظيمها وسيرها. جريدة رسمية عدد 09 لسنة 2006.

25 - المرسوم التنفيذي 06 – 264 المـؤرخ في 13 رجب عـام 1427 الموافـق 8 أوت 2006 يضبط الأحكـام المطبقة علـى النـادي الرياضي المحـترف، ويحـدد القـوانين الأسـاسية النموذجيـة للشركـات الرياضيـة التجارية جريدة رسمية عدد 50 لسنة 2006 ص 3.

26 - المرسوم التنفيذي رقم 06 – 297 المؤرخ في 9 شعبان 1427 الموافق 2 سبتمبر 2006 المحـدد للقـانون الأساسي للمدربين. جريدة رسمية عدد 54 لسنة 2006 ص 16.

27 - المرسوم الرئاسي رقم 395/06 المؤرخ في 12 نوفمبر 2006 المحدد للأجر الوطني الأدنى المضمون.

28 - المرسوم التنفيذي رقم 07 – 123 المؤرخ في 6 ربيع الثاني عـام 1428 الموفق 24 أبريـل 2007 يضبط شروط وكيفيات منح الاعتماد للهيئات الخاصة لتنصيب العمـال وسـحبه منها ويحـدد دفتـر الأعبـاء النموذجي المتعلق بممارسة الخدمة العمومية لتنصيب العمال جريدة رسمية عـدد 28 المؤرخـة في 2 مايو 2007 ص 4

29 - المرسوم الرئاسي 07 – 308 المؤرخ في 29 سبتمبر 2007 المحدد لكيفيات توظيف الأعوان المتعاقدين وحقوقهم وواجباتهم، والعناصر المشكلة لرواتبهم والقواعد المتعلقة بتسييرهم وكـذا النظـام التـأديبي المطبق عليهم. جريدة رسمية عدد 61 المؤرخة في 30 سبتمبر 2007.

30 - القرار المؤرخ في6 محرم 1428 الموافق 25 ينـاير 2007 المتضـمن التنظيـم الـداخلي للوكالـة الوطنيـة للتشغيل جريدة رسمية عدد 32 لسنة 2007

5 - **الاتفاقيات والاتفاقات الجماعية للعمل**

1 - الاتفاقية الجماعية لمؤسسة SONATRACH المسجلة لدى مكتب مفتشية العمل بـالجزائر العاصـمة في 22 نوفمبر 1994.

2 - الاتفاقية الجماعية لمؤسســة SONALGAZ المحـررة في 29 ديسـمبر 1991 المعدلـة والمتمـة بالاتفاقـات الجماعية إلى غاية ديسمبر 1997.

3 - الاتفاقية الجماعية لمؤسسة اتصالا الجزائر ALGERIR – TELECOM المسـجلة بمكتـب مفتشـية العمـل بالدار البيضاء بالجزائر العاصمة في 16 جويلية .2003

6 – الاتفاقية الجماعية لقطاع النشاط الاقتصادي الخاص التي تعد إطـارا عامـا المحـررة مـن قبـل الثنائيـة الإتحاد العام للعمال الجزائريين ونقابات أرباب العمل بتاريخ 28 / 09 / 2006 والثلاثية يوم 30 / 09 / 2006.